权威·前沿·原创

皮书系列为
"十二五""十三五""十四五"时期国家重点出版物出版专项规划项目

BLUE BOOK

智 库 成 果 出 版 与 传 播 平 台

体育产业蓝皮书

BLUE BOOK OF SPORTS INDUSTRY

中国高校体育产业创新创业
发展报告

（2023~2024）

REPORT OF SPORTS INDUSTRY INNOVATION AND
ENTREPRENEURSHIP DEVELOPMENT IN
CHINESE UNIVERSITIES（2023-2024）

主编／肖林鹏　靳厚忠

社会科学文献出版社
SOCIAL SCIENCES ACADEMIC PRESS（CHINA）

图书在版编目（CIP）数据

中国高校体育产业创新创业发展报告 . 2023~2024 /
肖林鹏，靳厚忠主编 . --北京：社会科学文献出版社，
2024. 12. --（体育产业蓝皮书）. --ISBN 978-7-5228
-4245-5

Ⅰ. G807. 4

中国国家版本馆 CIP 数据核字第 2024U4S325 号

体育产业蓝皮书

中国高校体育产业创新创业发展报告（2023~2024）

主　　编／肖林鹏　靳厚忠

出 版 人／冀祥德
组稿编辑／陈　颖
责任编辑／连凌云
责任印制／王京美

出　　版／社会科学文献出版社·皮书分社（010）59367127
　　　　　　地址：北京市北三环中路甲 29 号院华龙大厦　邮编：100029
　　　　　　网址：www. ssap. com. cn
发　　行／社会科学文献出版社（010）59367028
印　　装／天津千鹤文化传播有限公司

规　　格／开本：787mm×1092mm　1/16
　　　　　　印张：24.5　字数：367 千字
版　　次／2024 年 12 月第 1 版　2024 年 12 月第 1 次印刷
书　　号／ISBN 978-7-5228-4245-5
定　　价／168.00 元

读者服务电话：4008918866

国家社会科学基金项目"新时代我国体育产业创新创业教育体系研究"（项目编号：21BTY011）阶段性成果

《中国高校体育产业创新创业发展报告（2023~2024）》
编 委 会

閆　静　云南师范大学　教　授
唐立慧　天津商业大学　副教授
郭玉莲　吉林大学　　　副教授
安　靖　哈尔滨体育学院　副教授
刘　娣　北京交通大学　　讲　师
王鑫月　河南省巴迪瑞体育用品有限公司　总经理
李　一　北京大成（大连）律师事务所　律师
石　林　天津工业大学知识产权学院实验中心主任
徐　磊　北京焱石教育科技有限公司　总经理
孟子平　天津众信行健康信息咨询有限公司　董事长

执行编委（以姓氏笔画为序）

马枢佳　王　哲　王少博　王锦钰　成雅欣
刘　晨　刘　鹊　安静雅　牟智佳　苏子豪
李冠南　汪梓晨　宋雪萌　张芮晴　陈绮文
周腾军　孟子平　赵心怡　段贺然　唐立慧
黄　敏　阎隽豪　彭显明　温　蕾

主编简介

肖林鹏 北京体育大学教授，博士生导师，主要研究领域为体育战略管理、青少年体育政策、体育产业创新创业教育等。入选教育部"新世纪优秀人才支持计划"、国家体育总局"优秀中青年专业技术人才百人计划"、天津市"131"创新型人才培养工程第一层次人选、天津市学科领军人物培养计划等。担任"十四五"时期国家体育总局决策咨询专家、中国体育科学学会体育管理分会常委等。主持完成国家社会科学基金项目5项、省部级课题10余项、横向课题30余项。主编各类著述30余部。发表论文百余篇。入选全国万名优秀创新创业导师人才库首批导师、体育经纪人国家职业资格首批培训师。发起创建全国体育院校体育产业创新创业服务平台，获国家体育总局科教司批准成立。策划组织首届全国体育院校大学生体育产业创新创业策划大赛、首届国家体育总局国家退役运动员创新创业成果展示、首届全国大学生体育产业创新创业大赛、首届全国大学生体育产业创新创业培训、首届中国体育产业创新创业高端论坛等活动。

靳厚忠 中央财经大学教授，教育学博士，工学博士后，世界华人体育管理协会理事，国家体育行业职业技能指导委员会专家委员，全国大学生体育产业创新创业大赛专家委员会主席，体育经纪人国家职业资格培训师，中央财经大学创新创业教育指导委员会委员，中央财经大学第八届学术委员会委员。主持国家社会科学基金项目、第二批全国新工科研究与实践项目、北京市社会科学基金项目、中国博士后科学基金项目及各类横向课题26项。

主编、参编及专著图书 20 余部。参与策划首届全国体育院校大学生体育产业创新创业策划大赛、首届国家体育总局国家退役运动员创新创业成果展示、首届全国大学生体育产业创新创业大赛、首届全国大学生体育产业创新创业培训、首届中国体育产业创新创业高端论坛等活动。

摘　要

党的十八届五中全会提出，"坚持创新发展，必须把创新摆在国家发展全局的核心位置，不断推进理论创新、制度创新、科技创新、文化创新等各方面创新，让创新贯穿党和国家一切工作，让创新在全社会蔚然成风"。习近平总书记在党的十九大报告中提出："创新是引领发展的第一动力，是建设现代化经济体系的战略支撑。"习近平总书记在党的二十大报告中强调，坚持创新在我国现代化建设全局中的核心地位，并对加快实施创新驱动发展战略进行部署。"抓创新就是抓发展，谋创新就是谋未来。""抓住了创新，就抓住了牵动经济社会发展全局的'牛鼻子'。"

2016 年中共中央、国务院发布《国家创新驱动发展战略纲要》，明确了我国建设世界科技创新强国"三步走"的战略目标，并提出"推动教育创新，改革人才培养模式，把科学精神、创新思维、创造能力和社会责任感的培养贯穿教育全过程"。体育产业作为第三产业的重要组成部分，在经济发展中占据重要地位。培养一批既懂体育又懂经济管理、既有创新精神又有创业能力的体育产业人才，是当下国家教育、体育事业发展的必然诉求。

本书由总报告、分报告、专题篇三部分组成。在总报告中，分析了我国高校体育产业创新创业在新时代背景下的新形势、新要求与新任务。在分报告部分，对高校体育产业创新创业师资队伍、培训、赛事、成果转化、训练计划实施、社会服务平台等发展情况作了总结分析。在专题篇中，理论结合实际，研究高校体育产业创新创业教育对学生参与行为的影响，分析我国高校体育产业创新创业教育系统演化逻辑，探讨数字时代下中国高校体育产业

创新创业发展态势，辨析我国高校体育产业创新创业现实困囿及应对策略。并通过收集整理相关政策文件，从政策发展脉络、重点领域、政策工具、执行情况等不同维度对我国高校体育产业创新创业政策发展现状进行分析。

本书在"新时代我国体育产业创新创业教育体系研究"（21BTY011）的研究成果基础上编纂而成，同时，在2021～2022年体育产业蓝皮书及调研报告研究基础上，以政策文本及多种理论为支撑，对全国万余名教师、学生、企业家连续三年的调研数据展开分析，以尽可能全面剖析当前我国高校体育产业创新创业的工作实际。目前，我国高校对体育产业创新创业教育的重视程度逐渐加强，创新创业平台初步搭建，创新创业课程稳步推进，师资队伍建设不断完善，学生参与热情有所改进，配套政策支持不断加强，"双创"舆论氛围正在形成。同时，我国高校体育产业创新创业教育整体推进较慢、顶层设计不足、平台建设缓慢、标准建设空白、课程与师资体系不完善等问题依旧突出。统筹推进我国体育产业创新创业教育，需要在分层施教、完善制度、搭建平台、夯基垒台、协同治理、巩固阵地、师资为本等多个方向同步发力。

关键词： 体育产业　创新创业　高校教育改革　创业与就业

目 录 ⟪⟫

Ⅰ 总报告

Ⅱ 分报告

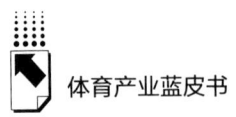

III 专题篇

皮书数据库阅读**使用指南**

总 报 告

B.1

中国高校体育产业创新创业：
新形势、新要求与新任务

肖林鹏　靳厚忠　阎隽豪*

摘　要： 高校体育产业创新创业是培养高质量体育人才的重要抓手，是实现体育产业高质量发展的重要途径，更是实现我国创新驱动发展战略、人才强国战略、体育强国战略的重要任务。当前我国高校体育产业创新创业面临的新形势主要包括：国民经济总体回升向好，高质量发展扎实推进；新一轮科技革命和产业变革深入发展，科技创新发展态势发生重大变化；高等教育事业上升为国家战略，高等教育改革快速推进；体育产业结构优化加快，新业态、新空间加速显现。党和国家对高校体育产业创新创业提出一系列新要求：要从战略高度培养大批高质量体育人才；要以创新增动能，以创业促进就业；要深入推进高校创新创业教育改革；要以创新为动力推动体育产业高

---

* 肖林鹏，北京体育大学教授，博士生导师，主要研究方向为体育战略管理、青少年体育政策、体育产业创新创业教育；靳厚忠，中央财经大学教授，博士，主要研究方向为体育管理、体育产业经济、体育产业创新创业教育；阎隽豪，北京体育大学2023级博士研究生，主要研究方向为体育管理、体育产业创新创业教育。

质量发展。基于上述认识，当前我国高校体育产业创新创业的新任务包括：强化组织领导，不断完善制度建设；优化课程设置，健全完善教学体系；配齐配强队伍，打造专业教师团队；开展实践活动，积极拓宽实践平台；研发标准体系，强化标准规范引领。

关键词： 体育产业　创新创业　高校教育

　　党的十八届五中全会提出："坚持创新发展，必须把创新摆在国家发展全局的核心位置，不断推进理论创新、制度创新、科技创新、文化创新等各方面创新，让创新贯穿党和国家一切工作，让创新在全社会蔚然成风。"① 习近平总书记在党的十九大报告中提出："创新是引领发展的第一动力，是建设现代化经济体系的战略支撑。"习近平总书记在党的二十大报告中强调，坚持创新在我国现代化建设全局中的核心地位，并对加快实施创新驱动发展战略进行部署。"抓创新就是抓发展，谋创新就是谋未来。"② "抓住了创新，就抓住了牵动经济社会发展全局的'牛鼻子'。"③ 2016 年，中共中央、国务院发布《国家创新驱动发展战略纲要》，明确了我国建设世界科技创新强国"三步走"的战略目标，并提出"推动教育创新，改革人才培养模式，把科学精神、创新思维、创造能力和社会责任感的培养贯穿教育全过程"④。

　　"体育强则中国强。"建设体育大国和体育强国，是中国人民实现"两个一百年"奋斗目标的重要组成部分。新时代体育产业高质量发展离不开创新，体育产业一头连着经济发展，一头连着社会事业，是体育强国建设的重要内容。2014 年出台的《关于加快发展体育产业促进体育消费的若干意见》提出，推动体育产业成为经济转型升级的重要力量。2019 年出台的

---

① 《中国共产党第十八届中央委员会第五次全体会议公报》，新华社，2015 年 10 月 30 日。
② 中共中央文献研究室编《习近平关于科技创新论述摘编》，中央文献出版社，2016，第 70 页。
③ 习近平：《在省部级主要领导干部学习贯彻党的十八届五中全会精神专题研讨班上的讲话》（2016 年 1 月 18 日），人民出版社，2016，第 9 页。
④ 《国家创新驱动发展战略纲要》，中国政府网，2016 年 5 月 19 日。

《体育强国建设纲要》提出要加快发展体育产业，培育经济发展新动能，到2035年，体育产业成为国民经济支柱性产业。2020年发布的《国务院办公厅关于以新业态新模式引领新型消费加快发展的意见》提出，要大力发展智能体育，培育体育消费新业态。2021年发布的《中华人民共和国国民经济和社会发展第十四个五年规划和2035年远景目标纲要》进一步提出，要扩大体育消费，发展健身休闲、户外运动等体育产业。随着各项体育产业政策的落地，体育产业高质量发展正迎来前所未有的发展机遇。无论是"新动能""新业态"的探索还是"新机遇"的把握，都离不开"创新创业"。

高校既是人才高地，也是创新高地。国家发展靠人才，民族振兴靠人才。2021年9月27日，习近平总书记在中央人才工作会议上强调，全方位培养、引进、用好人才，加快建设世界重要人才中心和创新高地，为2035年基本实现社会主义现代化提供人才支撑，为2050年全面建成社会主义现代化强国打好人才基础。高校是创新创业教育的主战场、主平台，青年学生是大众创业、万众创新的生力军。高校应着力将创新创业教育贯穿人才培养全过程，增强学生创新意识、激发创业热情。高校在体育产业创新创业中不仅仅承担着"教育基地"的角色，更是推动学生创业实现"从0到1"的突破的"领航船"。

体育人才培养是新发展阶段我国体育产业高质量发展的基础，高校体育产业创新创业是体育人才培养的重要一环。现阶段，体育产业转型升级不断加快，高校教育改革持续推进，创新创业相关政策不断出台，但各界对中国高校体育产业创新创业的认识尚不全面。本文将重点结合党的二十大新政策、新数据，对中国高校体育产业创新创业面临的新形势、新要求、新任务进行全面阐述。

一　高校体育产业创新创业的新形势

（一）国民经济总体回升向好，高质量发展扎实推进

2023年，我国国民经济稳健恢复，高质量发展稳步推进。尽管面临挑

战和困难，我国经济具备深厚韧性和巨大潜力。我国发展处于重要战略机遇期，但机遇和挑战并存，需有效把握机遇，应对风险挑战。因此，必须深刻认识经济发展大势，坚定不移推动高质量发展，全面、准确、深入贯彻新发展理念，实现经济质的提升和量的增长。

我国经济实力历史性跃升，蕴含着结构优化升级的重要机遇。改革开放以来，GDP 年均增长率约 9%，近十年超 6%。2023 年，我国 GDP 达 126 万亿元，稳居世界第二。人均 GNI 接近高收入国家门槛。我国保持产业体系完备、产业链配套能力强、制造业规模领先的优势，同时推动传统产业转型，加速新兴产业和先进制造业发展，促进数字经济成长。科技创新能力提升，经济结构优化。为利用超大规模市场优势，需统筹扩大内需和深化供给侧结构性改革，实现供需动态平衡。这将推动经济结构优化升级，增强稳住经济基本盘、赢得发展主动权的内生动力，为经济长期健康发展奠定基础。2024 年经济预计全面复苏，回升向好，长期向好趋势未变，经济适度扩张主基调已确定。

经济全球化为我国推进高水平对外开放提供了新的机遇。一方面，我国充分利用经济全球化的机遇，推动贸易和投资自由化便利化。我国经济对世界经济增长的平均贡献率连续多年超过 30%。近年来，"一带一路"倡议持续推进，"金砖国家"规模持续扩大，我国已与 152 个国家、32 个国际组织签署了 200 多份共建"一带一路"合作文件，覆盖我国 83% 的建交国，遍布五大洲和主要国际组织，构建了广泛的朋友圈。同时，我国始终积极参与二十国集团（G20）、国际货币基金组织（IMF）、国际清算银行（BIS）、金融稳定理事会（FSB）、多边开发银行等机构，推动国际金融体系改革和完善，逐步提高我国在国际金融领域的话语权和影响力。另一方面，我国也面临经济全球化带来的挑战和风险。国际形势复杂多变，全球经济增长乏力，贸易保护主义抬头，这些都给我国推进高水平对外开放带来了压力。然而，我们坚信，只有不断扩大开放，加强国际合作，才能应对这些挑战和风险，实现经济的可持续发展。经济全球化是我国推进高水平对外开放的重要机遇，也是我们必须面对的挑战。我们将以更加开放的态度、更加务实的作风，推动我国经济实现高质量发展，为构建开放型世界经济贡献中国智慧和中国方案。

（二）新一轮科技革命和产业变革深入发展，科技创新发展态势发生重大变化

当今世界正经历百年未有之大变局，新一轮科技革命和产业变革深入发展，国际力量对比深刻调整，全球科技创新发展的中长期态势也在发生重大变化。党的十九届五中全会强调，"坚持创新在我国现代化建设全局中的核心地位，把科技自立自强作为国家发展的战略支撑"，要求"面向世界科技前沿、面向经济主战场、面向国家重大需求、面向人民生命健康"，加快建设科技强国。为此，需深刻研判全球科技创新趋势，立足于我国科技创新发展实际，下好先手棋，力争在国际格局深刻调整中赢得主动权。

第一，当前数字技术革命正处于导入期的后半阶段，这一革命或将推动全球在 2030 年前后迈进一个全新的繁荣周期。在这一全新的繁荣周期中，数字技术将渗透到社会各个领域，成为推动经济增长和社会进步的重要动力。随着大数据、云计算、人工智能等技术的广泛应用，我们将看到一系列的创新涌现，从而改变人们的生活方式和工作模式。通过运用数字技术，企业可以实现业务流程的优化和升级，提高生产效率和服务质量。同时，数字技术也将促进企业间的合作与共赢，形成更加紧密的产业链和生态系统。政府可以利用大数据和人工智能技术，实现精准治理和智能化服务，提高公共服务水平和效率。此外，数字技术还可以帮助解决一些社会问题，如教育资源不均衡、医疗水平不高等问题，促进社会的公平与和谐。当然，数字技术革命也带来了一些挑战和风险。随着技术的不断发展，数据安全和隐私保护问题日益凸显。因此，在享受数字技术带来的便利和好处的同时，也更需要加强配套政策的制定，为数字技术的发展提供保障。

第二，数据已然成为至关重要的生产要素和战略性资源，科技创新和生产活动对数据的依赖度日益增强。随着科技的飞速发展，数据作为现代社会的基石，正逐步展现出其无穷的潜力与价值。在这一背景下，数据的重要性日益凸显，成为推动科技创新和生产活动不可或缺的关键因素。在人工智能、大数据、云计算等新兴技术领域，数据成为算法训练、模型优化和创新

应用的基础。通过深入挖掘和分析数据，科学家们能够发现隐藏在其中的规律与趋势，为科技创新提供源源不断的灵感和动力。同时，数据也促进了跨学科领域的融合与创新，推动了科技产业的快速发展。通过收集、整理和分析生产过程中的数据，企业能够实现对生产流程的精准控制和优化，提高生产效率和产品质量。此外，数据还能帮助企业预测市场需求和趋势，为生产决策提供有力支持。同时，数据的共享和流通也促进了产业链上下游的协同合作，推动了整个产业的升级和发展。

第三，我们必须深刻认识到，当前国际创新格局正处于前所未有的深刻变革之中。这一变革不仅体现在科技领域的快速发展，更体现在世界创新重心的逐步转移。长久以来，西方发达国家一直是全球创新的引领者，然而，近年来随着东方国家的崛起，世界创新的重心正悄然发生着变化。近年来，中国在科技创新方面取得了举世瞩目的成就。无论是在人工智能、量子通信等前沿领域，还是在5G、高铁等应用领域，中国都展现出强大的创新实力。同时，"创新驱动发展战略"已将创新作为推动经济社会发展的核心动力，为创新提供了强大的政策支持。创新重心的转移不仅带来科技领域的变革，更带来全球经济的深刻调整。我国创新实力不断增强，正在逐步改变世界经济的格局。未来，随着东方国家在创新领域的持续投入和发展，我们有理由相信，世界创新的重心将进一步向东方转移，为全球经济发展注入新的活力。

第四，科技全球化面临技术竞争加剧等挑战，但国际科技合作仍有巨大潜力。知识全球性传播、国际科研合作是科学全球化的核心，趋势不可逆。新一轮技术革命蓬勃发展，国际科技交流与合作需求更迫切。创新全球化趋势不变，前沿科技领域竞争日趋激烈。国际科技合作是应对共同挑战、把握新机遇的关键。新兴经济体科技合作需求增长，国际科技合作领域和空间将不断拓展，形成更多元化、开放合作的格局。

（三）高等教育事业上升到国家战略地位，高等教育改革快速推进

百年大计，教育为本。建设教育强国是全面建成社会主义现代化强国的战略先导。习近平总书记指出："我们对高等教育的需要比以往任何时候都更加迫

切，对科学知识和卓越人才的渴求比以往任何时候都更加强烈。"① 深刻阐释了新时代高等教育的重要战略地位和作用。党的十八大以来，在以习近平同志为核心的党中央坚强领导下，我国高等教育与时代同行，创造了举世瞩目的发展成就。

第一，我国高等教育规模显著增长，已构建全球最大高等教育体系。至2022年，在学总人数超4430万人。高等教育毛入学率从2012年的30%升至2022年的59.6%，实现历史性跨越，进入普及化阶段。目前，接受高等教育人口达2.4亿，劳动力素质结构发生深刻变革，全民族素质提升。高等教育在育人、办学、管理及保障等方面不断创新，为构建人才和创新高地提供坚实支撑。②

第二，我国高等教育实力显著提升，竞争力增强。通过"211工程"、"985工程"及"双一流"计划的推动，一批大学和学科进入世界先进行列，整体实力跃居世界前列。在慕课与在线教育领域，我国形成独特的中国范式，成功举办了中国慕课大会与世界慕课大会，构建了完善的慕课发展体系。在创新创业教育改革方面，我国取得显著进展，开设创新创业课程超3万门，聘请17.4万名行业优秀人才任专兼职教师。超过1000所高校139万名大学生参与"国家级大学生创新创业训练计划"，推动创新创业教育深入发展。此外，我国成功举办七届中国国际"互联网+"大学生创新创业大赛，吸引全球603万个团队、2533万名大学生参与，创造了大量就业岗位，推动新人才培养观和质量观形成。③

第三，高等教育培养质量稳步提升，态势日益优化。我们贯彻"以本为本"理念，推进"四个回归"指导，形成共识和行动指南。依托"双万计划"，认定国家级和省级一流专业建设点，遴选国家级一流课程。连续三年评选教学大师奖等，表彰杰出成就。推进"四新"建设，全面深入改革人才培养范式。面对科技革命和产业变革挑战及现代化建设任务，积极回应世界高等教育趋势，展现我国高等教育的坚定立场和积极作为。

---

① 《习近平：教育是对中华民族伟大复兴具有决定性意义的事业》，中国共产党新闻网，2018年2月1日。
② 《十年建设"创新高地"：中国高校对接国家战略要求》，中华人民共和国教育部官网，2022年5月23日。
③ 《第七届中国国际"互联网+"大学生创新创业大赛有关情况》，中华人民共和国教育部官网，2021年10月9日。

第四，我国高等教育结构持续优化，展现出显著优越性。中国特色的高校学位、专业目录及管理制度不断完善，为高等教育健康发展奠定了坚实基础。高校积极融入国家战略和行业发展，优化学科专业布局，推进学科交叉融合。党的十八大以来，高等教育领域取得显著进展，新增本科专业 265 个，总数达 771 个；新增本科专业布点 1.7 万个，撤销或停招专业点 1 万个，提升人才培养对新技术的适应度。高校共建成效显著，新增共建高校 151 所，首批"双一流"共建高校获超 660 亿元建设资金。"十三五"期间，省部共建地方高校经费超 1000 亿元，提升了办学水平和服务国家及区域战略能力。[①]

（四）体育产业结构优化加快，新业态、新空间加速显现

2023 年实施的《中华人民共和国体育法》新增"体育产业"章节，明确提出，要"扩大体育产业规模，增强体育产业活力，促进体育产业高质量发展"。近年来，我国政府推出《国务院关于加快发展体育产业促进体育消费的若干意见》《"健康中国 2030"规划纲要》《关于印发体育强国建设纲要的通知》等系列政策推动体育产业高质量转型与发展，并表明要让体育产业在 2035 年成为国民经济支柱产业。在当前新发展格局下，体育产业利用政策红利进行转型与发展需要进一步淬炼创新能力，增强创业意识，不断增强体育产业高质量发展动能。体育产业高质量发展与创新创业的结合点由此显现。

第一，体育产业结构不断优化。党的二十大提出，加快建设现代化产业体系，推动高质量发展。自"46 号文件"推出以来，我国体育产业结构持续优化，体育服务业比重稳步提升，内部结构高端化发展趋势日益凸显。社会投资在推动产业结构优化方面的作用显著，产业布局结构展现出集群化和联动化特点。同时，产业技术创新能力和水平不断提升，所有制结构日趋合理。然而，我国体育产业结构发展不平衡的问题依然突出。当前，体育产业内部不断涌现新技术、新业态、新模式，显著提升了体育服务业的规模和质量，推动了体育用品业的高级化发展。这充分证明，在科技进步日新月异的

---

① 《历史性成就，格局性变化》，中华人民共和国教育部官网，2022 年 5 月 17 日。

时代背景下，创新是体育产业实现可持续有效增长的关键动力。在新时期，我国体育产业必将在"立足新发展阶段、贯彻新发展理念、构建新发展格局"的战略任务指引下，以科技创新为引领，实现高质量发展。

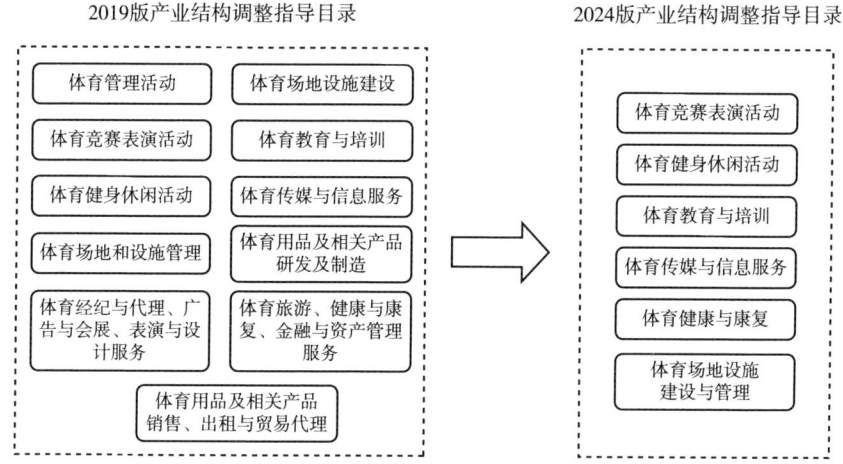

图1　体育产业结构调整指导目录的变更（鼓励类）

资料来源：中国政府网，https://www.gov.cn/。

第二，体育产业新业态持续涌现。"十四五"期间，数字体育对我国体育产业的推动作用全面呈现。数字体育服务业呈现出多元丰富的新业态，数字健身服务、数字群众体育活动、数字赛事转播、数字体育培训以及电子体育项目等，都获得较快发展，既带来传统体育消费品质提升，更创造了许多新的消费场景。数字体育制造业质量获得提升，数字化传感器接入大量设备和工具，连通生产过程甚至整个产业链，实时获取生产和运营信息，大大提高了生产效率，智能制造体系还为消费者提供更多个性化选择。体育制造与体育服务数字化融合加速推进，智能制造系统依托于传感器、网络通信系统、数据挖掘和计算能力，形成了集硬件制造销售、系统平台与应用开发、大数据及相关服务、广告及其他增值服务于一体的产业链闭环。互联网平台已开发出丰富的体育内容，平台依托其强大的互动能力，个性化地推送核心赛事信息、赛事特定信息、赛事花絮、场内外趣闻轶事等，吸引了大批核心体育迷、非核心体育迷和非体育爱好者的关注，体育产业影响力进一步扩大。

　　"体育+"能量持续释放，体育服务综合体与体育产业集群的建设进一步打破业态界限。近年来，体育企业通过围绕体育主体产业积极向纵向和横向延伸产业链，进一步盘活场馆资源，增强自我造血功能，提升了公共体育服务能力。体育服务综合体与体育产业集群的发展，进一步推动了体育文化的发扬、体育资源的利用，"体育+服务+健康""体育+旅游+教育""体育+养老+休闲"等业态不断涌现并发展成熟。体育产业业态升级探索出一条"1+X+Y"的创新之路，"1"指体育本体产业，"X"指体育延伸产业，"Y"指为体育本体产业和体育延伸产业提供商业配套及营销的系统，并逐渐成为体育服务综合体与体育产业集群建设的主流。

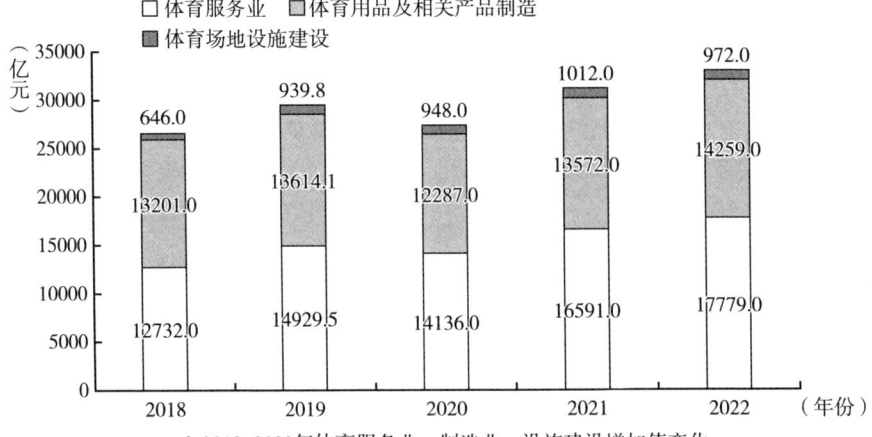

a.2018~2022年体育服务业、制造业、设施建设总产出变化

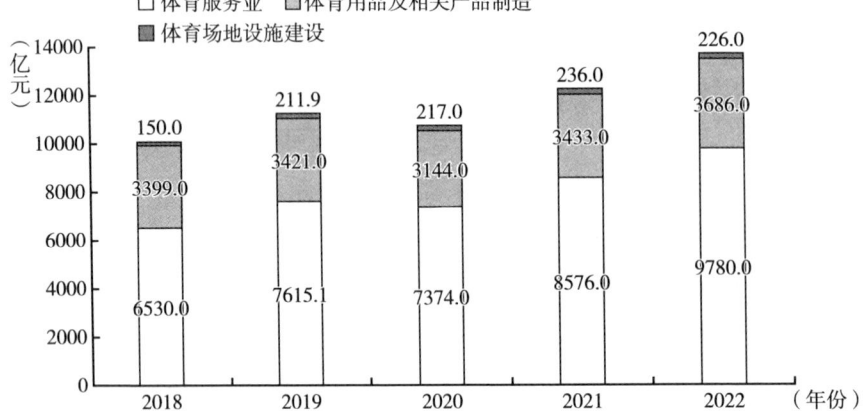

b.2018~2022年体育服务业、制造业、设施建设增加值变化

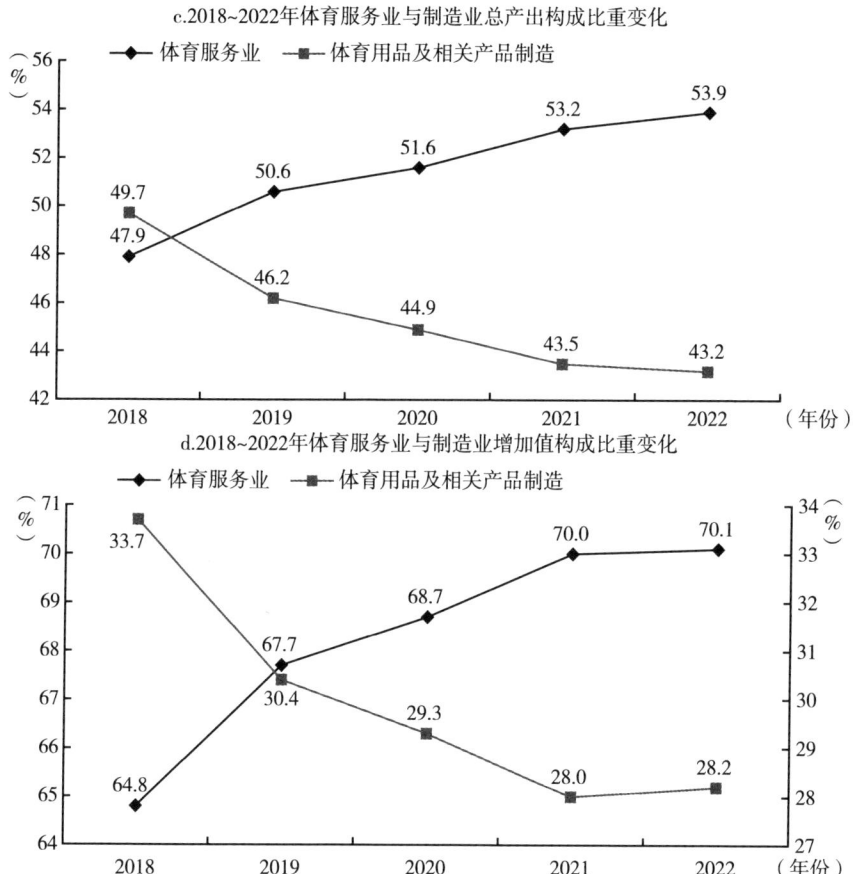

图2 2018~2022 年我国体育产业服务业、制造业、设施建设总产出及增加值变化

资料来源：国家统计局官网，https：//www.stats.gov.cn/。

第三，体育产业新空间不断拓展。2022 年底，国家体育总局、国家发展改革委等八部门联合印发《户外运动产业发展规划（2022—2025 年）》，规划提出要打造"北方冰雪运动引领区"，开发覆盖全生命周期的生活性户外运动服务，鼓励户外运动用品制造企业延长产业链条，推进户外运动与旅游深度融合，优化露营产品供给。加快建设露营旅游相关基础设施，推进户外运动消费场景与乡村旅游、休闲农业等融合，转化绿水青山生态价值。"新空间"的拓展不仅仅体现在场域的利用上，还体现在实现"健身人群全

覆盖、健身过程全覆盖、生命周期全覆盖","新空间"的出现和利用正为体育产业高质量发展注入不竭动力。

体育产业结构的优化,体育产业新业态、新空间的不断出现是以人才培养为基础的,高校体育产业创新创业是体育产业发展的"根",两者相互影响,相辅相成。高校体育产业创新创业不仅要顺应体育产业发展大势,积极调整人才培养方式,明确项目孵化方向,更需要通过体育产业创新创业发现体育产业新形势、认识新形势、学习新形势、创造新动能。

二 高校体育产业创新创业的新要求

(一)从战略高度培养大批高质量体育人才

党的二十大报告提出深入实施人才强国战略,强调"培养造就大批德才兼备的高素质人才,是国家和民族长远发展大计"。把国家所需和学校所能紧密结合起来,发挥高校自身的特色和优势,以造就高素质拔尖创新人才为目标,着力加强人才的创新创业、实践能力培养,按照新阶段新要求深化学科体系、教学体系、教材体系、管理体系等方面的改革,培养堪当民族复兴大任的时代新人是每一所高校的应有之责。《中华人民共和国体育法》中提出"国家鼓励有条件的高等学校设置体育产业相关专业,开展校企合作,加强职业教育和培训,培养体育产业专业人才,形成有效支撑体育产业发展的人才队伍"。《国务院办公厅关于进一步支持大学生创新创业的指导意见》明确"创新引领创业、创业带动就业,支持在校大学生提升创新创业能力"。

党的二十大报告鲜明提出"强化现代化建设人才支撑",深刻指出"培养造就大批德才兼备的高素质人才,是国家和民族长远发展大计"。加快建设体育强国,必须高度重视人才、精心培养人才、真诚吸引人才,筑造强有力人才支撑。首先,人才是实现"两个全面"的战略根基。党的二十大确立了"全面建设社会主义现代化国家、全面推进中华民族伟大复兴"宏伟目标。迈向现代化建设新征程,离不开人才的现代化。综合国力竞争归根到底是人才竞争，必然要求我们完善人才战略布局，加快建设世界重要人才中心和创新高地，建设一支规模宏大、结构合理、素质优良的人才队伍。其次，人才是统筹"三位一体"的重要资源。党的二十大报告强调，科技是第一生产力、人才是第一资源、创新是第一动力。"第一生产力"和"第一动力"作用的发挥，离不开"第一资源"，人才起决定性作用。我们必须进一步深化人才发展体制机制改革，完善相应的条件支撑，持续增强人才"第一资源"促发展、促创新能力。最后，人才是落实"四个重要"的核心力量。习近平总书记深刻指出："体育是提高人民健康水平的重要途径，是满足人民群众对美好生活向往、促进人的全面发展的重要手段，是促进经济社会发展的重要动力，是展示国家文化软实力的重要平台。"[①] 我们要充分认识体育以人为本、成才育才的价值功能，加强人才工作顶层设计，坚持人才工作改革创新，不断激发潜能、培育动能、提升效能。

2023 年，习近平总书记在中央人才工作会议上从统筹"两个大局"的战略高度，提出新时代人才工作一系列新理念新战略新举措，为体育人才工作指明了方向，提供了根本遵循。进入新发展阶段，实现 2035 年建成体育强国战略目标，对高素质体育人才的需求更加迫切。目前，体育人才队伍规模、素质、结构等方面仍有较大差距，亟须对新时代体育人才队伍建设作出规划和安排。2023 年底，国家体育总局印发的《体育强国建设人才规划（2023—2035 年）》中指出：坚持党管人才，提升人才工作优先级。大力加强和完善各级党组织对人才的引进、使用、激励和保障力度，吸纳各方面优秀人才"为体所用"。根据全民健身、竞技体育、体育产业、体育文化和体育对外交往等重点领域迫切需要，前瞻性布局、全局性谋划、整体性推进，努力实现体育人才规模、质量、结构、效益相统一。充分发挥人才体制机制改革牵引作用，在人才引进、人才评价、人才激励等方面创新举措，营造尊重人才、竞争择优、待遇适当、保障有力的制度环境。并坚持高层次人才引领带动。聚焦人民群众对体育的更高要求，结合国际体育竞争的严峻形势，

---

① 习近平：《在教育文化卫生体育领域专家代表座谈会上的讲话》，新华社，2020 年 9 月 22 日。

培养更多"高精尖"人才,打造支撑体育强国建设的高层次人才梯队。

目前,我国高校体育人才培养还存在"重理论、轻实践""重技术、轻产业""重规范、轻特色"等不足,升级体育人才培养路径势在必行。高校是高质量体育人才培养的主阵地。高校拥有完善的体育学科建设,汇聚了大量专业的体育教师和研究人员,拥有先进的体育设施和丰富的体育资源,能够通过系统的教学计划和课程设置,为学生提供全面的体育理论知识和实践技能培养。高校体育产业创新创业教育更加注重培养学生的创新思维和创业能力,为学生的未来发展和体育产业的进步奠定坚实基础。因而,高校体育产业创新创业教育必然成为高质量体育人才培养的重要一环,也必然是贯彻党和国家关于培养大批高质量体育人才要求的重要途径。综上,党和国家对于体育人才的培养提出了明确要求,强调要培养大批高质量的体育人才。高校体育产业创新创业教育正是对这一战略需求的积极响应,要从国家战略高度出发,加强顶层设计,不断通过专业化的教育和实践,培养出既具备体育专业技能,又具备创新思维和创业能力的复合型人才。

(二)以创新增动能,以创业促就业

创新创业是国家赢得未来的基础和关键。推进大众创业、万众创新,是培育和催生经济社会发展新动力的必然选择,是扩大就业、实现富民之道的根本举措,也是激发全社会创新潜能和创业活力的有效途径,对推动经济结构调整、打造发展新引擎、增强发展新动力、走创新驱动发展道路具有重要意义。党的二十大报告指出:"要深入实施科教兴国战略、人才强国战略、创新驱动发展战略。创新是时代之魂,创业是发展之基。高校作为人才培养的主要阵地,是科技第一生产力、人才第一资源、创新第一动力的重要结合点。加强高校创新创业教育,不仅是高校参与创新驱动发展战略的重要举措和时代使命,也是提高人才培养质量,实现高等教育高质量发展的核心内涵。""强化就业优先政策,健全就业促进机制,促进高质量充分就业。"近年来,我国经济下行压力明显加大。从街头巷尾的辛勤劳动,到众创空间的奇思妙想,从科技园区的成果转化,到城市农村的电商网络,"大众创业、万众

创新"蕴藏的无穷创意和无限财富，对稳定就业和经济大局提供了强力支撑。当前，越是爬坡过坎，越要聚众智、汇众力，形成有利于创业创新的良好氛围，让千千万万创业者活跃起来，汇聚成经济社会发展的巨大动能。

以创新增动能，打造新引擎、形成新动力。唯有创新，才能把竞争和发展的主动权牢牢掌握在自己手中，才能推动我国实现高质量发展。2016年，中共中央、国务院印发了《国家创新驱动发展战略纲要》，提出2050年建成世界科技创新强国"分三步走"的发展目标。当前，我国已经迈入创新型国家行列，基本建成中国特色国家创新体系，正朝着跻身创新型国家前列的第二阶段目标而努力奋斗。党的二十大以来，创新驱动发展战略的实施进一步加快，党的二十大报告将"实施科教兴国战略，强化现代化建设人才支撑"作为独立章节进行谋划部署，提出"三个第一"的重要论述，把科技、人才、创新的战略意义提升到新的高度。《"十四五"体育发展规划》中提出"体育产业发展要强化要素创新驱动，要加强体育科教、人才和信息化建设，为体育发展提供坚实支撑"。"以创新增动能"促体育产业高质量发展逐渐成为各界共识。

高校毕业生作为就业市场的重要构成部分，发挥着举足轻重的作用。对于高校就业指导职能部门来说，如何让党的二十大精神与高校毕业生就业工作新要求、新任务结合起来，落实到推动就业创业具体工作行动中，为实施科教兴国战略、培育现代化建设人才作出积极贡献显得尤为重要。就业问题作为最大的民生问题，直接关系到经济发展与社会稳定的大局。当前，尽管我国经济发展正在逐步恢复，但仍面临需求收缩、供给冲击和预期转弱等多重压力，部分中小企业的就业吸纳能力有所减弱，体育产业中的结构性就业矛盾尚未得到根本解决，因此，"就业难"与"招人难"并存的现象依然存在。

创业带动就业具有乘数效应，一个成功的创业项目往往能吸引带动大批高校毕业生就业。2021年国务院印发的《"十四五"就业促进规划》中将"以创促就"作为"十四五"就业促进工作的主要目标，并提出"至2025年，我国的创业引领作用要更加凸显，对高质量就业的带动能力不断增强。创业环境更加优化，政策服务体系更加完备，创业机会更多、渠道更广，更多人可

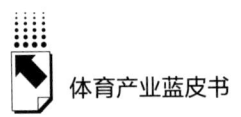

以通过创业实现人生价值"。教育部自2015年起，已连续8年发布《关于部署做好各届全国普通高校毕业生就业创业工作的通知》，健全就业促进机制，强化统筹部署、协同联动和高校责任，调动各方力量形成全员促就业工作合力。

高校体育产业创新创业应以科教兴国战略、创新驱动战略为指导，对标"以创促就"各项新要求、新任务，调动各部门、政校企等多方力量，助力体育产业相关院校、相关专业体育产业创新人才的培养、创新成果的转化、创业实体的形成，进一步实现"以创新增动能，以创业促就业"在体育产业领域动力的充分释放。

（三）深入推进高校创新创业教育改革

习近平总书记在主持召开中央全面深化改革委员会第二十三次会议时发表重要讲话强调："要突出培养一流人才、服务国家战略需求、争创世界一流的导向，深化体制机制改革，统筹推进、分类建设一流大学和一流学科。"[1]遵循教育规律办事，是实现高等教育高质量发展的前提，也是推进教育现代化的必然要求。中共中央、国务院印发的《中国教育现代化2035》提出了推进教育现代化的八大基本理念，为我们准确把握教育规律、推进我国高等教育高质量发展提供了科学指引。高校创新创业教育是教育高质量发展不可或缺的一环，也是连通高校与社会、理论与实践、创新创业与就业的桥梁。

2015年，国务院办公厅《关于深化高等学校创新创业教育改革的实施意见》中提出了高校创新创业教育改革的总体目标："自2015年起全面深化高校创新创业教育改革。2017年取得重要进展，形成科学先进、广泛认同、具有中国特色的创新创业教育理念，形成一批可复制可推广的制度成果，普及创新创业教育，实现新一轮大学生创业引领计划预期目标。到2020年建立健全课堂教学、自主学习、结合实践、指导帮扶、文化引领融为一体的高校创新创业教育体系，人才培养质量显著提升，学生的创新精

---

[1] 《加快建设全国统一大市场提高政府监管效能　深入推进世界一流大学和一流学科建设》，新华社，2021年12月18日。

神、创业意识和创新创业能力明显增强，投身创业实践的学生显著增加。"

2021 年，国务院办公厅发布《关于进一步支持大学生创新创业的指导意见》，强调高校创新创业教育需贯彻党的教育方针，落实立德树人根本任务。当前，高校创新创业教育已迈向深化分层、多元协同发展的新阶段，但仍面临挑战。在产教融合方面，政府积极倡导但社会反响平平；校企合作方面，学校热情高涨但企业参与度偏低。此外，创新创业教育存在学科化倾向，未能全面体现其意义。展望未来，我国创新创业教育需深度融入高校人才培养全过程，纵向上需贯穿大学生在校学习的各阶段，横向上需强化政府、企业、高校三方合作，培养具备国际视野、创新精神、创业能力和社会责任感的高素质大学生。

近年来，高校体育产业创新创业教育持续深入推进，高校对体育产业创新创业教育的重视程度不断提升，但"普及度不高，孵化率较低，专创融合不深入，平台建设不完善"的问题依旧普遍。在高等教育高质量发展的新形势下，高校体育产业创新创业教育改革必须加快推进，我国高校体育产业创新创业教育改革路径需进一步细化。

（四）以创新为动力，推动体育产业高质量发展

"体育强则中国强，国运兴则体育兴。"党的十八大以来，中共中央总书记、国家主席、中央军委主席习近平高度关心和重视体育事业，始终从中华民族伟大复兴和人民群众的美好生活向往的高度引领体育事业健康有序发展。习近平在教育文化卫生体育领域专家代表座谈会上指出："要推动体育产业高质量发展，不断满足体育消费需求。"①

2019 年，《国务院办公厅关于促进全民健身和体育消费推动体育产业高质量发展的意见》中 6 次提到"创新"一词，其中包括"支持体育用品制造业创新发展，创新体育服务业商业模式，开展体育创新科技大赛……"。2020 年，时任国家体育总局经济司司长刘扶民提出："要围绕产业链部署创

---

① 习近平：《在教育文化卫生体育领域专家代表座谈会上的讲话》，新华网，2020 年 9 月 22 日。

新链、围绕创新链布局产业链，提升自主创新能力，在推动高质量发展上闯出新路子，在构建新发展格局中展现新作为，使体育产业逐步成为国民经济支柱性产业。"《"十四五"体育发展规划》中也提出："强化要素创新驱动，加强体育消费产品创新，实现体育产业创新发展。"可见，新时期、新阶段、新形势下的体育产业高质量发展一定是以创新为动力的高质量发展。

以创新为引擎，以新质生产力促进体育产业高质量发展的声音近年来开始出现。2024年，习近平总书记在主持中央政治局第十一次集体学习时发表重要讲话，从理论和实践结合上系统阐明新质生产力的科学内涵，深刻指出发展新质生产力的重大意义，对发展新质生产力提出明确要求。体育产业高质量发展需要新的生产力理论来指导，当前，以新技术、新价值、新动能、新产业、新模式为主导的生产力，为体育产业发展提供新动能和新机制。首先，在激烈的国际竞争中，开辟发展新领域新赛道、塑造发展新动能新优势，从根本上说，还是要依靠体育创新。其次，新质生产力以技术创新、场景创新、模式创新为驱动，以要素变革、动力变革、质量变革和效率变革为主体超越传统生产力，搭建了以新技术、新价值、新动能、新产业、新模式为核心要素的新型体育产品与服务、体育推广与发展生态体系，能更高水平、高效率，更便捷地满足人民群众的体育需求。

当前，我国大力推动大数据、云计算和人工智能等信息技术在体育产业领域的深度应用，推动产业结构优化升级，丰富体育产品和服务供给，促进绿色低碳发展，提高我国体育产业在全球产业链、供应链中的地位，创新更是贯穿始终、无处不在，只有以新质生产力推动我国体育产业创新，走中国特色体育产业发展之路，才能为我国体育产业在世界体育发展中占据一席之地奠定坚实基础。

三 高校体育产业创新创业的新任务

（一）强化组织领导，不断完善制度建设

领导高度重视和积极做好规划，是组织实施创新创业教育的前提和基

础。新时代高校体育产业创新创业要强化党组织的领导和把关，贯彻新时代党的组织路线，以习近平新时代中国特色社会主义思想为指导，全面贯彻党的教育方针，落实立德树人根本任务，立足新发展阶段、贯彻新发展理念、构建新发展格局，推进人才强国战略、科技强国战略、教育强国战略以及创新驱动战略。人力资源和社会保障部、教育部、财政部、民政部、国家体育总局等部门要主动做好顶层规划，加快优化建设创新创业保障政策、财税扶持政策、金融支持政策等，推动与体育产业创新创业相关的各项政策落实。加强政府支持引导，发挥市场主渠道作用，积极研究更加精准、有效的帮扶措施，落实普惠金融政策。鼓励金融机构按照市场化、商业可持续原则对大学生创业项目提供金融服务，解决大学生创业融资难题。充分发挥社会资本作用，以市场化机制促进社会资源与大学生体育产业创新创业需求更好对接。

高校党委要坚持政治站位，根据高校教育改革需求和高校实际情况主动把创新创业教育纳入学校改革发展事业的全局中，尽快把体育产业创新创业教育纳入高校党委重要议事日程，积极做好高校体育产业创新创业教育的整体规划和顶层设计，统筹协调好高校体育产业创新创业教育工作，明确主要牵头部门和相关配合部门的职责分工，推动建立全面实施体育产业创新创业教育的长效机制，形成党委领导、科学实施、师生参与、制度保障的协调保障机制。

（二）优化课程设置，健全完善教学体系

合理的课程设置和完善的教学体系是体育产业创新创业教育教学的重要环节。《国务院办公厅关于进一步支持大学生创新创业的指导意见》中提出"深化高校创新创业教育改革，健全课堂教学、自主学习、结合实践、指导帮扶、文化引领融为一体的高校创新创业教育体系，增强大学生的创新精神、创业意识和创新创业能力"。创新创业课程建设一方面要积极调动学校、政府、企业等各方资源，建立人才的协同培养机制；另一方面要通过各类手段促进大学生创新创业成果的转化，将创新创业的成功落到实处。高校

要进一步优化课程设置，突出专业特色，创新创业类课程的设置要与体育产业相关专业课程体系有机融合，创新创业实践活动要与体育产业相关专业实践教学有效衔接，积极推进人才培养模式、教学内容和课程体系改革。要把体育产业创新创业教育贯穿人才培养全过程，把体育产业创新创业教育有效纳入专业教育和文化素质教育教学计划和学分体系全过程，健全融课堂教学、自主学习、结合实践、指导帮扶、文化引领于一体的高校创新创业教育体系，增强大学生的创新精神、创业意识和创新创业能力。

要加紧落实"五位一体"高校体育产业创新创业教育体系建设，将高校体育产业创新创业教育体系建设与"四新"建设深度融合，面对新一轮科技革命和产业变革，面对社会主义现代化建设，面对体育产业高质量发展，面对世界高等教育发展作出教育应答、时代应答、主动应答、中国应答。整体推进高校课堂学习、自主学习、结合实践、指导帮扶、文化引领，建设适合体育产业创新创业教育发展的教育环境，将创新创业教育贯穿高校课程教育的全过程，将创新思想贯穿高校课程教育的全过程。

（三）配齐配强队伍，打造专业教师团队

配齐配强师资队伍是开展大学生创新创业教育的重要保障。《国务院办公厅关于进一步支持大学生创新创业的指导意见》中提出，"要提升教师创新创业教育教学能力，打造创新创业专业教师团队"。2019年，教育部等四部门出台《深化新时代职业教育"双师型"教师队伍建设改革实施方案》，并在2022年发布《职业教育"双师型"教师基本标准》，这都为高校创新创业教育师资队伍建设提供了参考。高校要配齐配强队伍，打造体育产业创新创业专业教师团队，积极从社会各界聘请企业家、创业成功人士、专家学者等作为兼职教师，建立一支专兼结合的高素质体育产业创新创业教育教师队伍。要强化高校教师体育产业创新创业教育教学能力和素养培训，改革教学方法和考核方式，推动教师把国际前沿学术发展、最新研究成果和实践经验融入课堂教学。要大力支持本校教师到企业挂职锻炼，鼓励教师参与社会行业的创新创业实践，不断提高体育产业创新创业教育本领和综合素质。

要加强体育产业创新创业师资保障，畅通教师职业发展路径。高校应成立独立的教研机构或学院，负责创新创业教育教学和教师队伍管理。将专职教师纳入评聘范畴，完善评聘标准。国家应推进创新创业教育学科化，将其纳入专业目录，鼓励高校开设相关专业并确立研究方向。提高师资质量，打造职业化、专业化教师队伍，出台师资标准。制定教师职业能力标准，规范准入、上岗资格和工作内容。建立国家级师资培训和研修基地，开展全国培训，提高专业化水平。研发本土化的师资培训体系，推出精品课程，建设名师库。

（四）开展实践活动，积极拓宽实践平台

有效的实践平台是开展大学生创新创业教育的重要载体。《国务院办公厅关于进一步支持大学生创新创业的指导意见》中提出，"加强大学生创新创业服务平台建设，建强高校体育产业创新创业实践平台，建设高校体育产业创新创业信息服务平台，提升大众创业万众创新示范基地带动作用"。构建高校体育产业创新创业服务平台并将其纳入高校教育教学改革的整体布局，是推动我国高等教育人才培养体系更加健全、提升高校教育服务能力、推动体育产业经济发展的重要选择。

首先，必须通过"政产学研用"协同配合加强高校体育产业创新创业实践平台的建设，以充分发挥大学科技园、大学生创业园、大学生创客空间等各类创新创业实践平台的作用。这些平台应面向在校大学生免费开放，积极吸纳大学生创业者入驻，并鼓励科研项目承担单位设立科研助理岗位，以吸纳高校毕业生就业。此外，我们还应鼓励高校结合体育产业相关学科专业特色优势，强化产学研联合培养研究生示范基地、校外实习实训基地、产教融合实训基地等实践平台的建设。同时，联合相关行业企业建设一批创新创业教育实践基地，并深入实施大学生创新创业训练计划。我们还应积极培育建设产教融合型试点企业，强化体育企业与政府、高校在体育产业创新创业平台建设中的协同联动，促进教育链、人才链与产业链、创新链的有机衔接。同时，我们应引导高校开展体育产业创新创业类项目研究，以形成高校

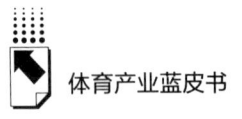

体育产业创新创业的优质科研成果。

其次，加强"双创"基地的带动作用。这包括加强体育产业创新创业示范基地的建设，落实实施创业就业"校企行"专项行动，推动企业示范基地和高校示范基地结对共建，建立稳定的合作关系。同时，应指导高校示范基地所在城市主动规划和布局高校周边产业，积极承接大学生创新成果和人才等要素，打造"城校共生"的体育产业创新创业生态。此外，还应积极推动建设集研发、孵化、投资等功能于一体的体育产业创业创新培育中心、体育产业创新创业培育平台、孵化器和体育科技产业园区。

最后，应加强政府背书、高校主导、社会组织配合，推动体育产业创新创业信息服务平台的建设。这包括汇集创新创业帮扶政策、产业激励政策和创新创业教育优质资源，加强信息资源整合，并做好政策发布、解读等工作。同时，应加强体育产业创新创业服务信息化建设，鼓励社会企业、高校参与建设体育产业创新创业服务信息网络平台，及时收集各方需求，为大学生精准推送行业和市场动向等信息。此外，还应加强对体育产业创新创业大学生和项目的跟踪、服务，畅通供需对接渠道，并支持各地、各高校积极举办体育产业创新创业项目需求与投融资对接会。

高校应将体育产业创新创业实践作为创新创业教育的重要延伸，通过举办体育产业创新创业大赛、讲座、论坛、模拟实践等活动，鼓励高校体育产业创新创业项目参赛，以丰富学生的创新创业知识和体验，提升学生的创新精神和创业能力。同时，应充分发挥大学生创客空间等校内创新创业实践平台的作用，面向在校大学生免费开放，开展专业化孵化服务。此外，还应结合体育产业相关专业特色优势，集聚高校、政府、企业、社会多方资源，大力建设一批校外体育产业创新创业实践教学基地，以实现校校、校地、校企、校社协同育人的目标。

（五）研发标准体系，强化标准规范引领

高校体育产业创新创业教育标准体系建设是高校教育改革的制度要求，是高质量体育人才培养的需要，也是我国教育标准化的重要一环。高校体育产业创新创业教育标准是一个以培养兼具创新意识与创业能力的体育产业人才为任务，以体育"政产学研用"融合发展为主线，运用"专创融合"的教育模式，以"教育标准化"为制定范式，对高校体育产业创新创业教育内部各核心要素改革发展具有概括性和指引性的系统结构。

首先，要立足我国高等教育发展与体育产业发展格局，充分厘清影响我国高校体育产业创新创业教育发展的内外要素，以高校教育研究为借鉴，注重体育产业人才培养理论的研究。形成以马克思主义理论、中国特色社会主义理论体系为指导，以社会发展理论、产业发展理论、高等教育理论等为参考，以教师、课程、平台、专业等教育要素为核心内容的高校体育产业创新创业标准理论体系。

其次，要围绕高校体育产业创新创业教育发展的核心要素构建标准体系，重点以产教融合、专创融合、政产学研用合作为主线，以多维视角突出平台、师资、课程、教学、示范校、学分、专业等标准建设在高校体育产业创新创业教育标准体系中的核心地位，逐渐形成横向贯通、纵向一体、相互支撑、功能各异的高校体育产业创新创业标准体系，以标准建设带动高校教育改革创新与高素质体育人才培养工作。

最后，抓主要矛盾，加强重点任务攻关，形成"统一管理、权责明晰、协同推进"的工作格局。在推进项目研制、集聚优势资源的同时，加强统一领导，提升科研效率，推动高校体育产业创新创业教育政策研制攻关。要加强现有高校体育产业创新创业教育相关标准研制试点，并以此为契机开展高校体育产业创新创业教育试点工作。

四　结语

高校作为"创新高地""人才高地""创新创业教育的前沿阵地"，应该积极发挥先行者和践行者的示范作用，高校体育产业创新创业要把促进学生的全面发展作为根本遵循，坚持党的领导，深入实施科教兴国战略、人才强国战略、创新驱动发展战略，助力我国体育强国战略实施，促进体育产业

高质量发展。高校体育产业创新创业要以高质量体育人才为目标，深化高校教育改革，将体育产业创新创业教育与"四新"建设深度融合。要牢牢把握体育产业的发展方向，以创新增动能，培养既懂管理又有技术的复合型人才。以创业促就业，为高校学生创业就业保驾护航。

参考文献

蔡代平、蒋浪、李春苗：《应用型高校创新创业类课程体系建设的思考》《科技创新导报》2015 年第 2 期。

陈加利、牛宏伟：《聚焦初创的科创型双创体系设计与实践探索——以北京大学深圳研究生院为例》《创新与创业教育》2018 年第 6 期。

陈立春、杨怀宇：《"健康中国"理念下高校体育产业创新创业教育体系构建》，《体育科技》2021 年第 3 期。

杜彬、张铭垚、林子琪：《青年创新创业研究脉络与"十四五"研究展望——基于CNKI 的可视化分析》，《创新与创业教育》2021 年第 8 期。

黄兆信、黄扬杰：《创新创业教育质量评价探新——来自全国 1231 所高等学校的实证研究》，《教育研究》2019 年第 11 期。

李姗霖：《我国高校社会创业教育：内涵，问题与对策分析》，《创新与创业教育》2021 年第 6 期。

宋瑞礼：《"十三五"时期推进我国"双创"的几点建议》，《中国经贸导刊》2017年第 15 期。

孙爱花：《"大众创业，万众创新"背景下大学生创新创业教育研究》，《高教学刊》2022 年第 2 期。

魏源、程传银、韩雪：《数字经济驱动体育产业结构升级的内在作用，现实困境与破解路径》，《体育文化导刊》2021 年第 9 期。

徐小洲：《创新创业教育评价的 VPR 结构模型》，《教育研究》2019 年第 7 期。

分 报 告

B.2
中国高校体育产业创新创业师资队伍发展报告（2023~2024）

安静雅*

摘 要： 新时代，打造校企双栖、教研相长、理实兼具、专创融合的专业化创新创业师资队伍，是深化高等院校创新创业教育改革、建设新时代高素质教师队伍的必然要求，体育产业创新创业师资建设是应对社会需求变化以及社会发展的必然选择。研究发现，现阶段我国高校体育产业创新创业师资队伍发展存在政策落地落细不到位、人力资源结构有待优化、教育教学能力存在不足、管理机制尚未成熟、队伍建设创新贴合性较低等问题，并提出如下建议：第一，加快推进各类政策制定，促进政策落实落细；第二，优化师资人力资源结构，促进专业师资团队建设；第三，提升师资教育教学能力，促进人才培养效能提升；第四，强化师资建设管理机制，夯实师资建设关键环节；第五，大力促进时代要素融入，助力教育服务经济大局。

---

* 安静雅，天津体育学院讲师，2021级博士研究生，研究方向为高等教育、体育公共政策、体育产业创新创业。

关键词： 体育产业　创新创业　师资队伍建设　教师发展

高校教师承担着高等教育立德树人的根本任务，是建设教育高地、提供高质量教育供给的保障，其发展历来受到国家的重视，战略性政策不断出台，例如《国务院关于加强教师队伍建设的意见》（国发〔2012〕41号）、《关于全面深化新时代教师队伍建设改革的意见》（2018年1月）、《教师教育振兴行动计划（2018—2022）》（2018年2月）、《关于加强新时代高校教师队伍建设改革的指导意见》（教师〔2020〕10号）等政策为高校教师发展保驾护航。2024年全国教育工作会议于1月11日在北京召开，会议强调牢牢把握教育的政治属性、战略属性和民生属性，发挥高等院校的龙头作用，深化产教融合，以技术转移为纽带推动"四链"融合，以教育家精神为引领强化高素质教师队伍建设，以教师之强支撑教育之强。此次会议释放了强烈信号，高等教育需要更加明确定位，助力社会经济发展、推动教育深水区改革是应有之义；高校教师建设关乎教育实力的强弱，任重道远。高校教师的重要性不言而喻，创新创业教师亦然。

然而当前高校创新创业教师既面临着结构失衡、评价机制缺失、培训不到位等诸多一般性问题，又面临着如何在新时代突破发展瓶颈、寻求纵深发展的时代难题。所以，从体育产业视角出发，建设好一支专业的体育产业创新创业师资队伍，融合教育与体育两大范畴，既促进教育创新型人才培养输出，又助力体育产业高质量发展，一举两得，十分贴合当下社会需要，推广价值巨大。

一　中国高校体育产业创新创业师资队伍整体情况

师资队伍的性别比例、工作年限、职称等情况共同构成了师资队伍建设的基础结构，这是师资队伍得以发展的基本要素，科学合理的师资队伍基础结构会正向促进教师队伍建设，反之则阻碍师资队伍长远发展。课题组本次调查主要以问卷星服务以及课题组成员关系网结合的方式发布问卷，在最大程度上保证样本数据的质量和数量，尽量降低无效问卷的比例。本次调查课题组共计发放教师类问卷1122份，删除答题时间较短、前后矛盾、填写信息不认真等情况的问卷，最终清洗后获得数据575份，样本数据覆盖全国28个省、自治区、直辖市，教师中具有体育专业背景的308份（54%），教师带过创新创业比赛的285份（50%）。本文以下所涉及的体育产业创新创业师资主要是指承担过创新创业课程或者担任过创新创业项目指导的教师，其具体情况如下。

（一）人口结构

1. 性别结构

据调查显示，在全部的样本数据中，男性教师与女性教师的比例分别为54.8%和45.2%，男性教师多于女性教师9.6个百分点；将承担过体育产业创新创业课程或者指导过创新创业比赛、实践项目的教师筛选出来，即体育产业创新创业教师，其男女比例分别为57.2%和42.8%，男性教师多于女性教师14.4个百分点，差距进一步拉大，但男性教师在承担体育产业创新创业教育、实践中占比较多的总体特征没有变化。同时，与全部样本数据相比，男性教师比例呈现增加、女性教师比例呈现降低情况，再次说明体育产业创新创业师资中男性教师比重更大（见图1）。此情况与2022版体育产业创新创业报告中创新创业师资情况基本一致。

此外，通过对性别与"文化程度"以及"从事工作"分别做交叉分析发现，前两组的渐进显著性（双侧）都大于0.01，说明不同性别的教师在文化程度、教师工作身份方面没有显著差别，不具有统计学意义，男女比例情况基本一致。

2. 年龄结构

在年龄结构方面，体育产业创新创业师资中占比最多的为26~35岁教师，比例为40.4%；其次为36~45岁教师，占比为32.3%，再次为46~55岁教师，占比为20.9%，三个年龄段的教师构成体育产业创新创

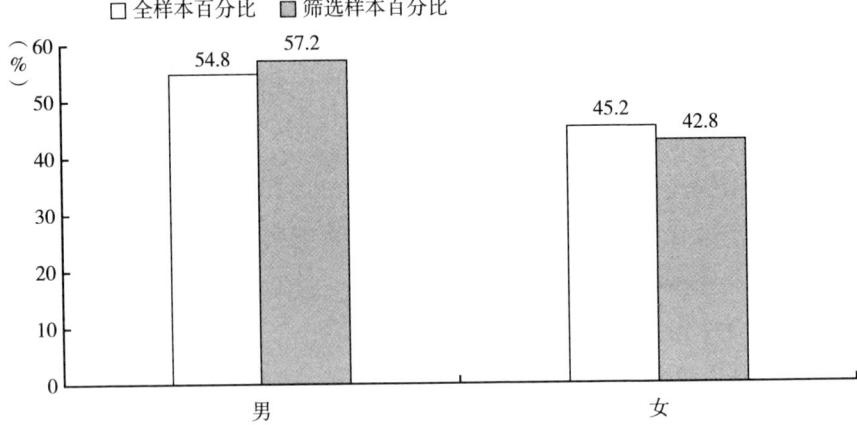

图1 全样本师资和体育双创师资男女比例

资料来源：中国高校体育产业创新创业教育现状调查问卷（2023）。

业师资主要年龄人群。而大于55岁的教师比重总计为4.9%，稍多于25
岁及以下的教师（1.5%）。可见，体育产业创新创业师资的群体以中青
年为主，这部分教师更倾向于从事区别于传统教学的创新创业教育，且
在26~55岁，随着年龄增加，愿意从事创新创业教育工作的教师比例越
低（见图2）。

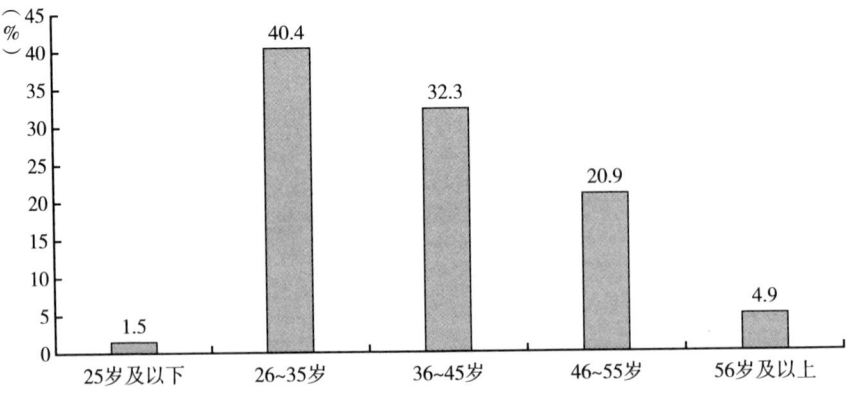

图2 体育产业创新创业师资年龄比例

资料来源：中国高校体育产业创新创业教育现状调查问卷（2023）。

此外，通过对年龄与"文化程度""从事工作""岗位职称""担任导师"分别做交叉分析发现，所有组别的渐进显著性（双侧）都小于 0.01，说明不同年龄教师在文化程度、从事工作、岗位职级以及是否担任导师几方面存在显著性差异。

与学历交叉分析方面，年龄超过 55 岁的教师以本科学历（47.8%）居多；年龄在 26 岁至 55 岁的教师学历以硕士（43.0%）、博士（22.8%）居多；年龄小于 25 岁的教师学历以硕士（71.4%）居多。

与从事工作交叉分析方面，年龄超过 55 岁以及小于 25 岁的教师，以高校专任教师身份（80%）居多；年龄在 26~45 岁的教师以高校教师（76.6%）或者管理者（16.6%）居多；年龄在 46~55 岁的教师，以高校专任教师（86.6%）、双肩挑教师（既担任教师又担任管理者，以下统称双肩挑教师）（10.3%）居多。

与职称交叉分析方面，随着年龄的增长，教师的职称呈现更高水平的状态，教师年龄越小，职称水平越低，这与职称评定一般规律是吻合的。年龄超过 55 岁的教师，正高级职称（69.6%）居多；年龄在 46~55 岁的教师，正高级（22.7%）、副高级（60.8%）职称居多；年龄在 36~45 岁的教师，副高级（38.0%）、中级（40.0%）职称居多；年龄在 26~35 岁和小于 25 岁的教师，都是初级职称居多，比例分别为 50.5% 和 71.4%。

与担任导师交叉分析方面，小于 25 岁的教师，未担任导师情况最多（85.7%）；26~45 岁的教师，未担任导师情况较多（81.1%），担任硕导比例（18.0%）次之；大于 45 岁的教师，担任博导（5.8%）、担任硕导（39.2%）和未担任导师（55.0%）情况都有。

3. 学历结构

学历结构在一定程度上反映了师资的专业水平，从现有的数据来看，硕博学历研究生在一定程度上专业水平要高于本科学历教师，在创新创业教育教学指导方面应该具有较强优势。硕士研究生学历是体育产业创新创业师资中的多数，占比为 64.7%，大于其他三类学历教师比例的总和；博士研究生学历教师比例为 21.9%，占比相对本科及大专学历教师较多，是高学历体育产业创新创业师资的主要部分之一；其他大学本科学历教师比例为13.1%，大专及以下学历教师比例为0.2%，占比相对较少（见图3）。可见，体育产业创新创业师资的学历总体在研究生水平及以上，学历结构相对良好。

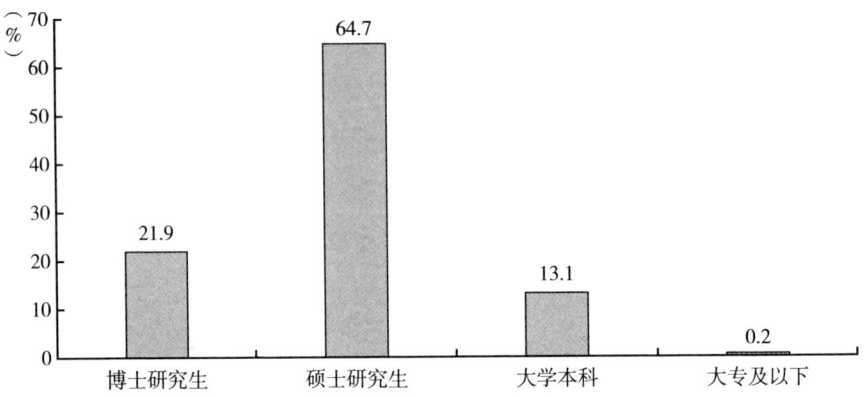

图3 体育产业创新创业师资学历比例

资料来源：中国高校体育产业创新创业教育现状调查问卷（2023）。

此外，通过对学历与"从事工作""岗位职级""担任导师"分别做交叉分析发现，所有组别的渐进显著性（双侧）都小于0.01，说明不同学历的教师在工作身份、岗位职级和是否担任导师方面都存在显著差异。

与从事工作交叉分析方面，博士和本科学历教师多以专任教师身份为主，其担任专任教师比例分别为92.8%和73.8%；硕士学历教师以专任教师身份占比（75.7%）最多，管理者身份也有一定比重（15.9%）。

与岗位职称交叉分析方面，博士学历的教师以副高职称居多（37.3%）；硕士学历的教师以中级职称居多（41.2%）；本科学历的教师在副高（31.1%）、中级（23.0%）和初级（27.9%）职称的比例没有较大差别。

与担任导师交叉分析方面，博士学历教师担任硕导情况居多（55.9%），硕士学历和本科学历教师没有担任导师情况居多，比例分别为84.7%和85.2%，而大专学历教师100%比例没有担任导师。

（二）工作属性

1. 工作身份

就目前而言，高校体育产业创新创业师资主要由高校教师、高校管理者以及双肩挑教师构成（见图 4），其中，高校教师身份占比最多（79%），形成高校体育产业创新创业教育的骨干力量，可见高校教师在承担日常教育教学的同时，也同步开展体育产业创新创业教学、指导工作。高校管理者身份的教师也有一定占比（13%），主要是就业指导中心、学生处、教务处、创新创业服务中心等负责教育教学流程的老师，在整个体育产业创新创业教育过程中发挥学生与各类比赛、科技成果产出等方面的桥梁作用。最后，双肩挑身份的教师占比最少（8%），这类教师既担任行政职务，又担任教学工作，一般具有较高级别职称和行政职务。双肩挑教师的参与，为体育产业创新创业教育的开展和全方位落实提供了强劲后备保障。

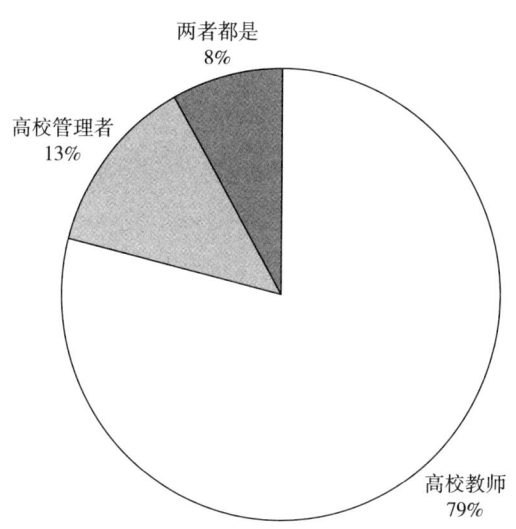

图 4　体育产业创新创业师资工作身份比例

资料来源：中国高校体育产业创新创业教育现状调查问卷（2023）。

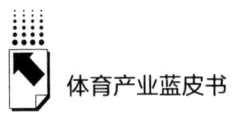

2. 工作年限

从工作年限的统计结果可以看出，工作年限越长的教师在整个队伍中的比重相对越大（见图5）。体育产业创新创业教师的工作年限以大于10年情况居多（49.5%），工作年限长的教师具备相对较多的教学以及体育行业实践经验，在体育产业创新创业教育过程中，可提供更为贴合社会实际的指导意见，提高体育产业创新、创业创意及成果的市场应用价值。其次是工作年限在6~10年的教师占比排在第二位（20.9%），此年龄段的教师是高校的中坚力量，处于既了解教育知识、具备教育经验又兼具奋斗动力的良好状态，是体育产业创新创业教育的重要支撑力量。工作年限在3~5年以及小于3年的教师，占比分别为19.4%和10.3%，此年龄段教师相对年轻，对工作充满热情，积极性高，是体育产业创新创业教育的后备保障力量。

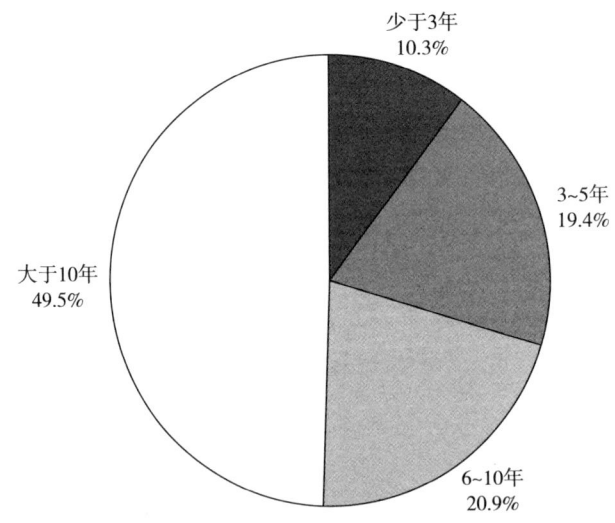

图5 体育产业创新创业师资工作年限比例

资料来源：中国高校体育产业创新创业教育现状调查问卷（2023）。

3. 职称情况

教师职称指教师作为专业技术人员的专业技术、学识水平以及成就的等级称号，是教师技术水平和能力的标志。虽然在职称评审过程中，创新创业教师不是一个单独评审的专业系列，但对于创新创业教育的指导情况，也作为一项评判标准。在体育产业创新创业师资队伍中，中级职称的教师占比最多（37%），副高级职称占比次之（28%），初级职称（23%）和正高级职称（12%）教师占比分别排在第三、第四位（见图6）。

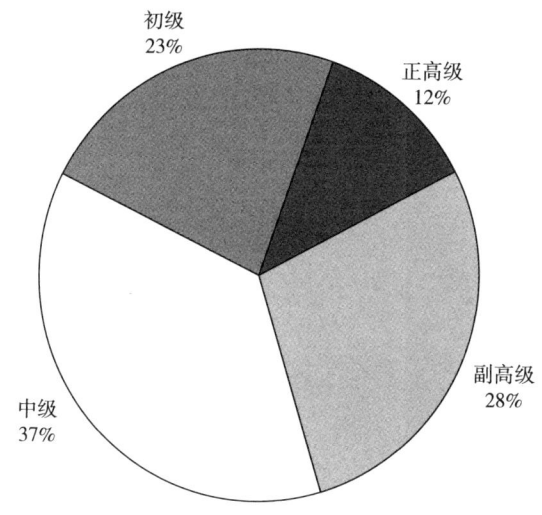

图6 体育产业创新创业师资职称比例

资料来源：中国高校体育产业创新创业教育现状调查问卷（2023）。

4. 担任导师

担任导师主要是统计教师指导本科、硕士及博士研究生的情况，具备导师的教师不但具备较高水平的学术能力与科研素养，还具备学生指导经验，与创新创业教育的学生指导具有一定相通性。从统计结果可以看出，多数体育产业创新创业教师（74.4%）未担任硕博导师，这与从事创新创业教师的资历、经验等多方面因素不无关系，如果将这部分教师比例继续压减，对于体育产业创新创业教育的质量提升会起到促进作用。担任本科、硕士及博士生导师的教师比例分别为74.4%、23.4%和2.2%（见图7）。担任硕士研究生导师的教师将指导学生经验、科研创新素养、提升技巧同步在体育产业创新创业教育过程中，对于科技融入、高水平创新成果产出具有重要意义，所以提高这类教师的比例需要引起足够重视。

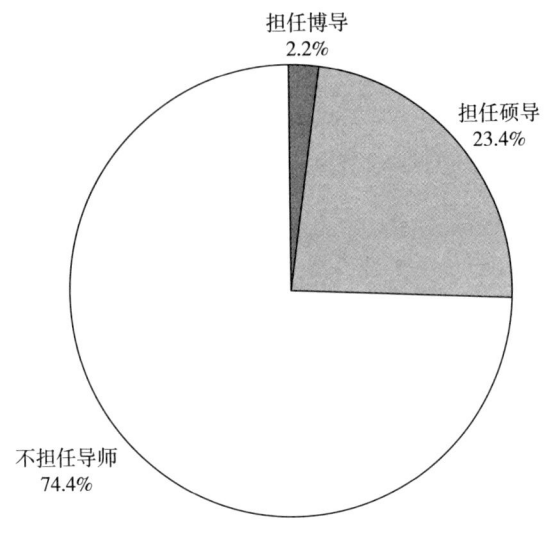

图7　体育产业创新创业师资担任导师比例

资料来源：中国高校体育产业创新创业教育现状调查问卷（2023）。

（三）工作单位

1. 院校类别

体育产业创新创业师资队伍来源主要分布在四大类院校：一是独立建制的体育院校，如北京体育大学、天津体育学院、成都体育学院、首都体育学院等，共计16所院校；二是综合大学的体育院、系、部，如北京师范大学体育与运动学院、华东师范大学体育与健康学院、中央财经大学体育经济与管理学院、上海交通大学体育系、北京大学体育教学部、清华大学体育教学部、天津财经大学体育教学部等；三是体育大专类体育院校，如北京体育职业学院、黑龙江冰雪体育职业技术学院、云南体育运动职业技术学院等，共计18所院校；最后一类是有从事体育产业创新创业教育的非体育类院校。在上述4类院校中，教师来源最多的院校是综合性大学的体育院、系、部（41.5%），其次为非体育院校（37.0%），再次为独立建制的体育院校（19.1%），最后为体育高职高专院校（2.4%）（见图8）。可见综合性大学在体育产业创新创业师资队伍建设方面具备较好的人力资源基础。

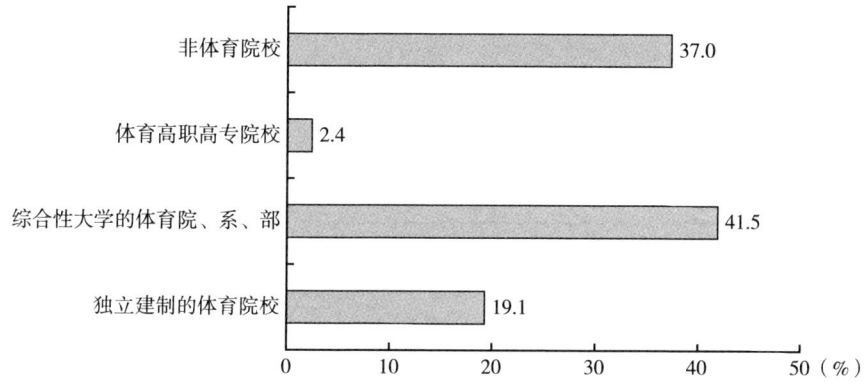

图8 体育产业创新创业师资院校来源类别比例

资料来源：中国高校体育产业创新创业教育现状调查问卷（2023）。

2. 院校层次

体育产业创新创业师资分布在全国不同类型的高校中，其中一般性院校（综合大学）的教师占比最多，为77.0%，比例远远多于其他层次院校的教师；排在第二位的是"双一流"院校的教师，占比为10.5%；排在第三位的是"211"院校教师，占比为9.9%；排在最后的是"985"院校的教师，占比为2.6%。据统计我国内地目前共计有2731所大学（2688所普通院校、43所军事院校），按照39所"985"院校、115所"211"院校、42所"一流大学"建设院校、98所"一流学科"建设院校的数量计算[①]，与上述对应的比例分别为81.7%、5.1%、4.2%和1.4%（见图9），总体上各类院校的百分比排名一致，说明体育产业创新创业师资来源较为均衡。

[①] 《数说中国：985、211、双一流大学分布极不平衡，多者更强》，《四川教育资讯》2019年11月12日，https://www.163.com/dy/article/ETOEIRUT0516FF9P.html。

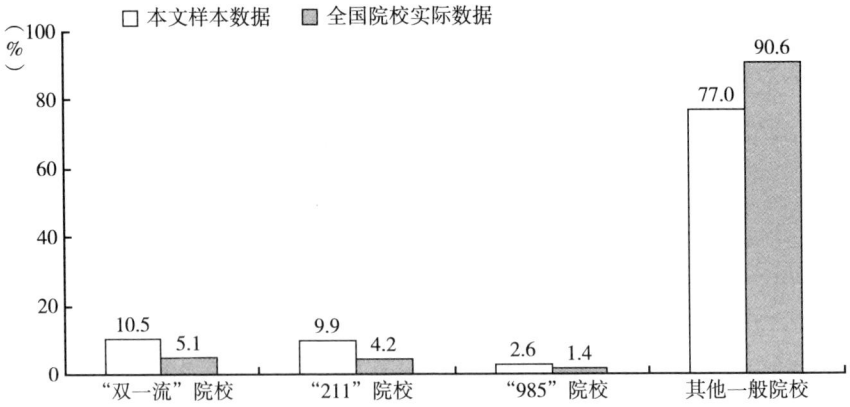

图9　体育产业创新创业师资院校层次比例

资料来源：中国高校体育产业创新创业教育现状调查问卷（2023）。

（四）工作职能

体育产业创新创业师资队伍主要的工作职能是进行传统教学、各类实践指导以及课题研究三大方面。工作职能情况反映了师资队伍建设中工作任务的分配落实情况，是师资队伍建设最终目的所在。

1. 教育教学课程

由于创新创业教育不同于一般传统教育课程，其最大特点是激发学生潜在的创新意识、提高创新能力，是知识创造而非知识被动学习存储的过程。所以体育产业创新创业师资采用多种方式进行教学，使用频率最高的教学方式为创业案例教学（73.3%），以现实案例开阔学生视野、点醒学生创新思路。创业素质训练（61.4%）和开展创业体验（66.7%）也是使用频率较高的授课形式，对于学生创业实践能力的提升具有较大帮助。全理论教学（28.3%）在教师中使用频次较低，该方式被创新创业师资搁置，只作为其他方式的辅助手段。此外，还有少量其他形式的教学方式（6.7%）。由此可见，体育产业创新创业教师基本在用较为新颖、现代的教学方式开展教育教学课程。

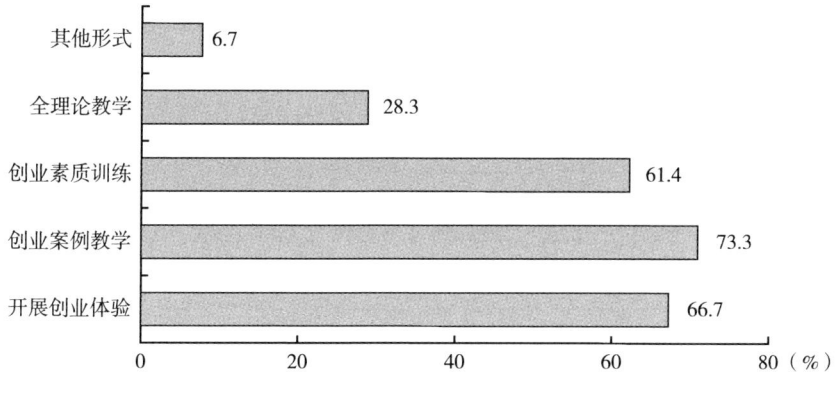

图10 体育产业创新创业课程教学方式比例

资料来源：中国高校体育产业创新创业教育现状调查问卷（2023）。

在课程内容方面，创业方向的选择（66.6%）和创新方向的选择（59.1%）两类内容占比最多。足见在课程实施过程中，教师对于核心内容的把握是准确到位的。此外，专业理论知识（56.2%）和社会实践知识（48.1%）是重点向学生讲解的内容，体育专业知识保障思路的专业深度，社会实践知识则促进想法创意的应用性，是互为补充的两类知识。此外，思政教育内容（38.0%）也是教师关注的一个方面，在立足服务我国经济社会发展的伟大宏图基础上，培养学生国家意识、勇于质疑精神、突破禁锢的勇气等品格。最后，企业运营知识（33.7%），知识产权知识（28.0%），法律、管理、金融知识（28.2%）也是课程内容不可分割的部分（见图11）。

2. 赛事指导

赛事指导是目前创新创业师资教育教学实践最普遍的方式，通过指导学生参与各类创新创业比赛，引导学生如何创新、如何脱颖而出，同时培养学生各种创业思维和能力。在诸多赛事中，体育产业创新创业师资指导最多的赛事为中国国际"互联网+"大学生创新创业大赛（21.7%）和"挑战杯"中国大学生创业计划竞赛（20.1%），这也是目前参与范围及赛事影响力巨大的赛事。各类体育产业创新创业赛事（14.0%）以及其他创新创业赛事

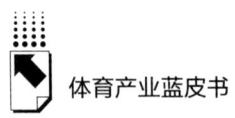

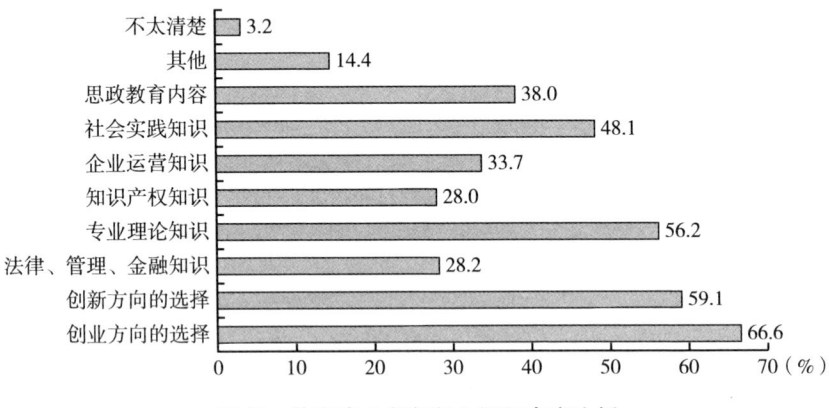

图11　体育产业创新创业课程内容比例

资料来源：中国高校体育产业创新创业教育现状调查问卷（2023）。

（15.7%）是教师指导学生参与相对多的赛事。其他"创青春"中国青年创新创业大赛（10.4%）、全国大学生电子商务"创新、创意及创业"挑战赛（7.2%）、"创客中国"中小企业创新创业大赛（6.9%）、"中国创翼"创业创新大赛（4.0%）占有较小比例（见图12）。

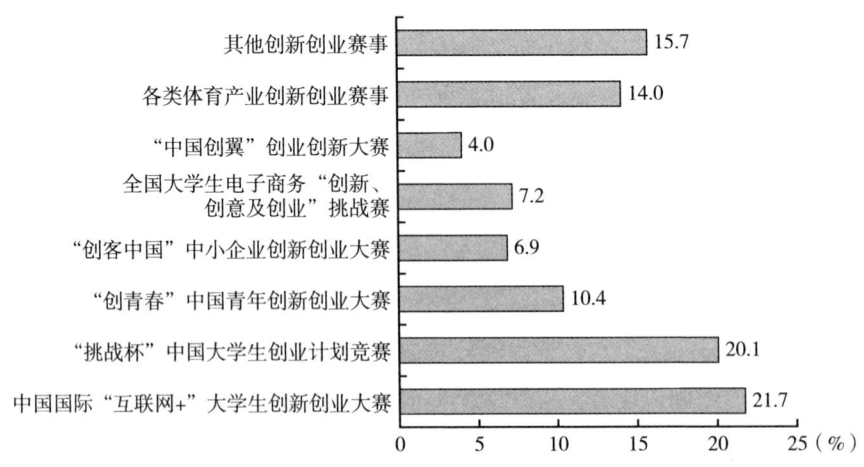

图12　体育产业创新创业师资指导各类比赛比例

资料来源：中国高校体育产业创新创业教育现状调查问卷（2023）。

在指导的赛事获奖方面，有 53.3% 的创新创业教师反馈没有获奖，这是教学指导过程中最为常见的状态。38.1% 的教师反馈带领的学生获奖 1~5 项，这是获奖数量中占比最多的情况。6.5% 的教师反馈带领学生获奖 6~10 项，还有极少一部分教师（2.1%）反馈指导学生获奖大于 10 项（见图13）。

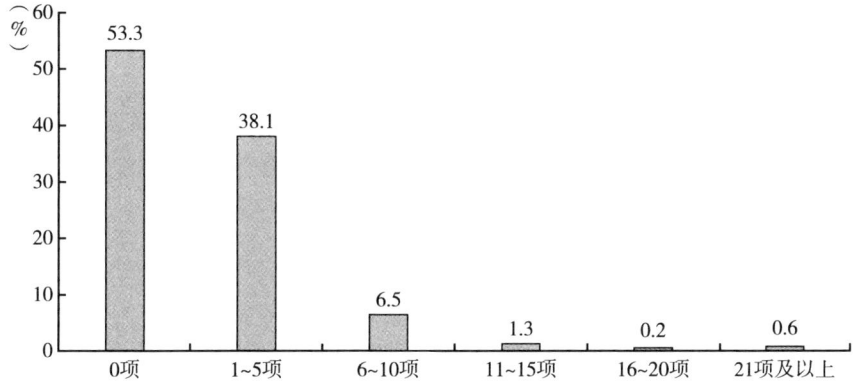

图 13　体育产业创新创业师资指导获奖比例

资料来源：中国高校体育产业创新创业教育现状调查问卷（2023）。

3. 课题研究

对于体育产业创新创业师资而言，课题研究源于实践又高于实践，课题研究是其提升教育教学质量、升华教学理论的重要一环，需要号召所有教师参与其中，不断提高整体师资队伍人力资源质量。根据统计结果，偶尔参与课题（31.2%）是这类教师的最常见的情况。从来没有参与的情况也较多（24.5%），加上很少参与（17.6%）的人群，此情况不利于教师队伍综合素质的提升。周期性参与（15.3%）和经常参与（11.4%）的教师合计占26.7%（见图14），持续增加这两类教师比例，引导更多教师积极参与科研工作，这是建设高素质师资队伍的必要环节，同时为体育产业创新创业提供优质教师资源。

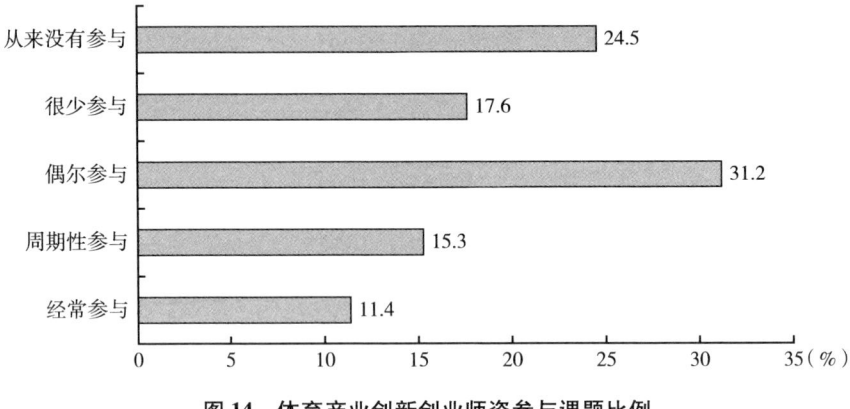

图14 体育产业创新创业师资参与课题比例

资料来源：中国高校体育产业创新创业教育现状调查问卷（2023）。

二 中国高校体育产业创新创业师资队伍建设情况

体育产业创新创业师资队伍管理是盘活各类要素、提高师资队伍人力资源质量的必要手段，是引进优秀外来师资、培养当前内部教师的主要环节。根据人力资源管理理论，企业员工管理包括招聘、配置、培训、激励等主要模块，对于高校内部的教师同样可以采用该理论进行指导管理。厘清当前师资队伍管理现状，"对症下药"，进而改进管理水平，提高体育产业创新创业师资的满意度、敬业度、忠诚度。

（一）师资队伍招聘甄选

招聘甄选是师资队伍建设的第一步，决定着教师队伍发展的起点。但目前体育产业创新创业师资队伍的教师准入没有严格的门槛限制，兼职担任的教师较多。从学科背景来看，体育学相关专业的教师占比42.8%，非体育学相关专业占比57.2%（见图15）。可见体育产业创新创业师资的学科背景相对合理，包括近一半的体育学相关专业教师，对于教育教学的专业性、体育特色融入具有重要推进作用，同时对于教师个体在体育产业创新创业领域的职业发展具有潜在支撑作用。尤其还要关注基于岗位分析的人力资源规划，学科背景的选择、招聘数量的计划以及应届生还是高层次人才的需求等方面需要统筹考虑，逐渐形成人岗匹配的人事关系。

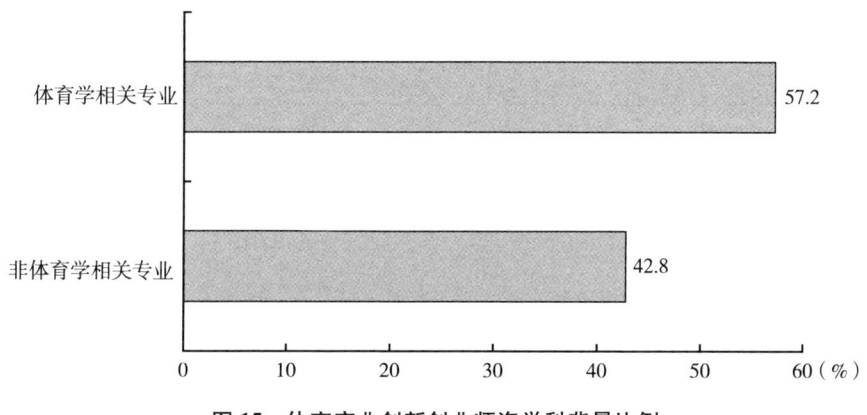

图 15　体育产业创新创业师资学科背景比例

资料来源：中国高校体育产业创新创业教育现状调查问卷（2023）。

体育学专业主要包括体育教育、运动训练、社会体育指导与管理、武术与民族传统体育、运动人体科学、体育人文社会学、体育经济与管理等七个主专业，以及体育学自设专业及其他体育类专业。很多体育产业创新创业教师具有双专业背景，从统计数据可以看出，在众多教师的专业中，体育教育专业（69.5%）是师资队伍主要专业背景，运动训练专业教师占第二位（47.0%），社会体育指导与管理（28.9%）、体育人文社会学（19.9%）、武术与民族传统体育（18.0%）三个专业背景教师占比排名第三，运动人体科学（15.0%）和体育经济与管理（19.9%）专业背景教师占比排名第四，最后体育学相关自设专业（8.3%）和其他体育类专业（4.1%）背景教师占比排名第五（见图16）。可见，对于与体育产业创新创业联系更紧密的体育经济与管理专业不是教师主专业背景，这与该专业的毕业生规模、毕业成为高校任课教师条件限制等因素不无关系。

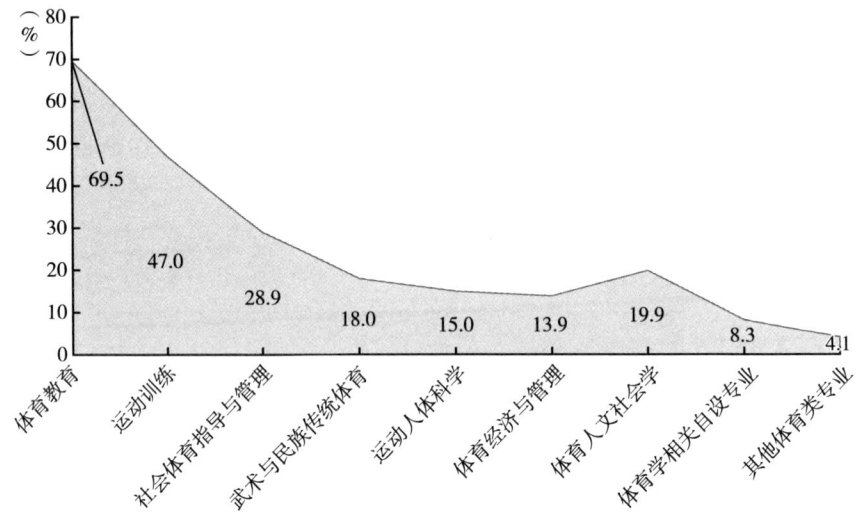

图16 体育产业创新创业师资体育学专业背景比例

资料来源：中国高校体育产业创新创业教育现状调查问卷（2023）。

此外，在非体育学专业中，共计包括哲学、经济学、法学、教育学、文学、历史学等14个专业大类。体育产业创新创业教师的专业背景以管理学专业（45.7%）占比最多，其次为经济学（25.6%），经济管理类专业教师对于体育产业创新创业教育的开展大有裨益，一方面让体育创新创业学生获得更多"地道"的企业管理类专业知识，扩大知识覆盖面；另一方面，弥补体育经济与管理专业背景教师的规模数量欠缺问题，进而提高整个师资队伍的综合能力。排名第三位的是工学专业（18.1%）和教育学专业（17.6%）背景的教师，从事创新创业教育工作。除上述五个占比较多的背景专业外，接下来排名从高到低依次是理学（13.6%）、法学（8.5%）、历史学（6.5%）、艺术学（5.5%）、农学（4.0%）、交叉学科（4.0%）、医学（3.5%）、哲学（3.5%）以及军事学（0.5%）（见图17）。总之，在非体育专业中，体育产业创新创业教师的背景覆盖了全部学科，对于师资队伍建设具有重要意义。

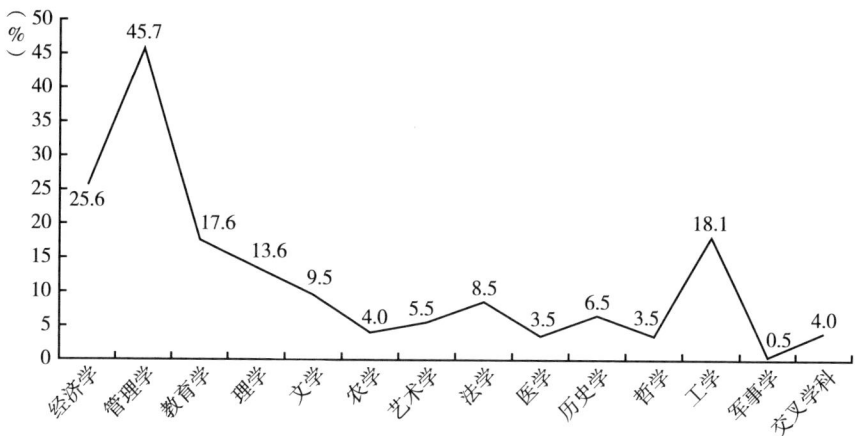

图 17　体育产业创新创业师资非体育学专业背景比例

资料来源：中国高校体育产业创新创业教育现状调查问卷（2023）。

（二）师资队伍配置使用

如何合理配置教师，是促进教育教学效果提升需要重点考虑的环节。部门机构的划分设置，即教师所归属的载体建设，是教师配置的基础条件。只有设置归口管理部门，才能开展师资的培养发展。从统计结果可以看出，体育产业创新创业师资队伍的归口管理部门多集中在教务处（43.7%），再者是学生就业指导中心（39.6%）和二级学院（39.6%），还有体育产业创新创业学院（中心/平台等）（33.5%），还有部分体育产业创新创业师资归属学生处管理（28.6%）。此外，师资没有管理部门的情况也有存在（4.9%）（见图18）。

体育产业创新创业师资的配置目前主要是两大类岗位，一类是授课型教师，主要负责课堂教学，传授创新创业专业理论知识，例如创新思维训练、创新能力提升、创业机会寻找、创业资源整合等多方面专业知识，授课型教师知识的水平决定了学生专业理论基础的扎实程度。另外一类是实践型教师，主要承担学生"第二课堂"的指导与培训，丰富第一课堂专业理论之外的实践积累，例如开设创业专题讲座、指导学生创新创业参与大赛、指导孵化创业项目等，此类教师的配置是拉近学生与社会外界距离的桥梁，开阔

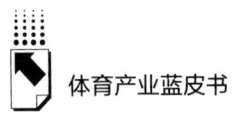

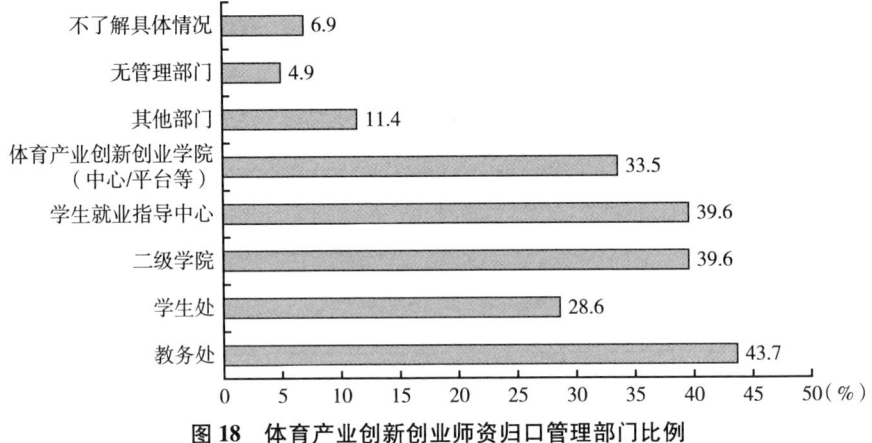

图18　体育产业创新创业师资归口管理部门比例

资料来源：中国高校体育产业创新创业教育现状调查问卷（2023）。

学生眼界，激发创新想法。两类教师互为补充，为学生提供既能讲授专业理论知识又能指导各类创新创业实践的师资团队，促进与社会需求相适应的创新人才培养。同时，在实际教学过程中，有的教师会同时担任授课及实践教师，最大程度发挥个人价值。

从统计结果可以看出，对于授课教师而言，其主要来源于专职教师（67.1%），比例是其他来源的两倍以上；教辅人员（31.2%）和学校就业指导中心人员（31.0%）来源比例排在第二梯次；再次是辅导员（28.0%），最后是学校行政管理人员（20.2%）以及少量其他教师（8.4%）（见图19）。这些教师共同组成了授课教师团队，以校内专职教师为主。

从实践教师的统计情况可以看出，其来源范围要大于授课教师，除了校内专职教师、教辅人员等几类教师外，还包括企业管理专家、政府行政管理人员、社会组织管理者等人员。从总体来看，实践教师中高校内的教师比例总体仍多于校外人员，且校内人员来源的占比情况大体与授课教师呈现一致情形。具体而言，专职教师依旧是实践教师来源占比最多的（44.5%），其次为学校就业指导中心人员（38.3%）、教辅人员（35.7%）、辅导员（31.8%）和学校行政管理人员（27.5%），最后一大类来源是校外的教师，其中企业管理专家（18.3%）是校外范围的实践教师来源占比最大的一类，

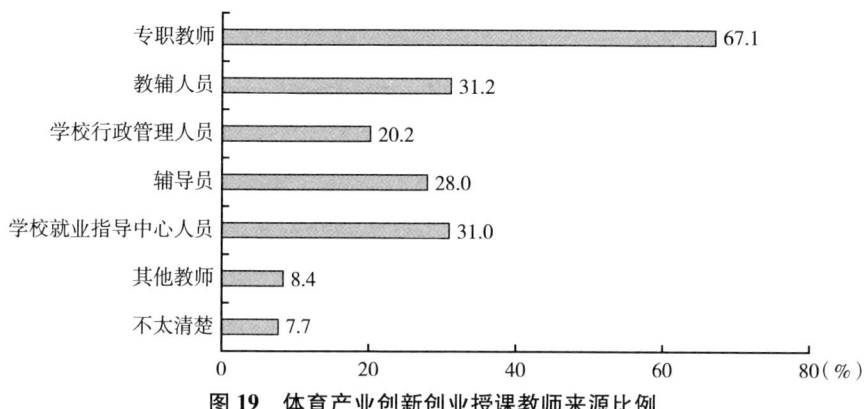

图19 体育产业创新创业授课教师来源比例

资料来源：中国高校体育产业创新创业教育现状调查问卷（2023）。

社会组织管理者（7.5%）和政府行政管理人员（6.7%）占有一定比例，风险投资或银行管理人员（4.1%）相对较少（见图20）。就目前而言，实践教师的校外人员占比相对较少，不利于体育产业创新创业教育的开展，需要优化实践教师比例，提高社会外界在高校创新创业教育过程的参与度，从而提高创新人才供给的社会贴合度。

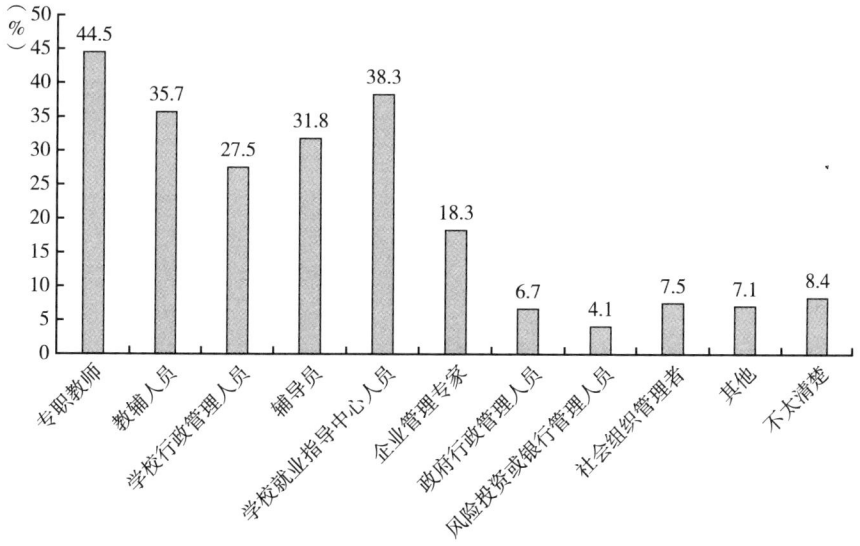

图20 体育产业创新创业实践教师来源比例

资料来源：中国高校体育产业创新创业教育现状调查问卷（2023）。

（三）师资队伍教育培训

培训一直是教师素质能力提升不可或缺的主要渠道，通过定向培训，能够让教师填补知识漏洞，强化知识薄弱之处，促进教师实践更专业的角色。此外，在一些专项培训中，若考核合格，还能够获得专业认证，增加个人职业权重。对于体育产业创新创业师资而言，培训比一般类别高校教师显得更加重要，因为创新创业教育是一项对接社会需求、创造社会价值而进行的创新型、创业型人才培养工作，教师在高校环境中无法全面接触社会，而培训正好可以弥补这一不足之处，为教师的创新创业教育提供多方面支持。

当前体育产业创新创业培训的类别，主要包括创业教育理论培训等六类，以及其他创业类培训。创业教育理论培训（42.6%）是举办类别较多的培训；第二位是创业竞赛指导培训（37.0%），可以强化"以赛促学"的实际效果，契合目前如火如荼开展的各类创新创业大赛指导需要；第三位是创业教学方法培训（34.6%），提高对学生指导的方法技巧；第四位是创业实践能力提升培训（33.1%），提高个人实践能力的同时补充在学生实践指导过程中的情境仿真效果；第五位是其他创业类培训（19.1%），丰富了教师培训的类别；最后是创业资格证书考试培训（14.2%），虽然占比较少，但将帮助教师获得资格认证，增加职业储备，提高竞争力。此外，学校从未组织过类似活动（16.8%）也占据一定比例（见图21），需要格外关注这类情况的存在，否则将直接阻碍体育产业创新创业师资队伍的长远建设发展。

通过调查发现，目前体育产业创新创业师资通过培训获得资格认证的情况总体不足，有高达72.7%的教师至今尚未获得任何创业指导教师相关的资格认证。在已经获得资格认证的教师中，有14.8%的教师获得行业/企业创业能力培训结业证，此类资格证相对容易获得；13.8%的教师获得行业/企业认证创业导师，是数量位居第二的资格证书；9.9%的教师获得SIYB认证讲师，这是由联合国国际劳工组织开发的"创办和改善你的企业"（SIYB）系列培训教程，其规范性和认可度较高；9.7%的教师获得国家创

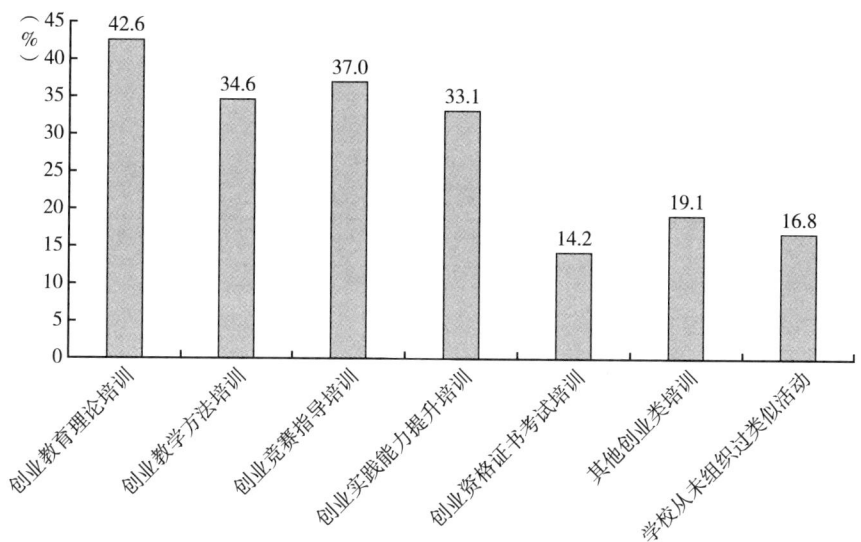

图 21　体育产业创新创业培训类别比例

资料来源：中国高校体育产业创新创业教育现状调查问卷（2023）。

业咨询师认证（见图 22），这是政府发布的第八批新职业，目前该认证包括两级，可以提供创业咨询服务，对于改善创业环境和拉动就业具有重要意义。

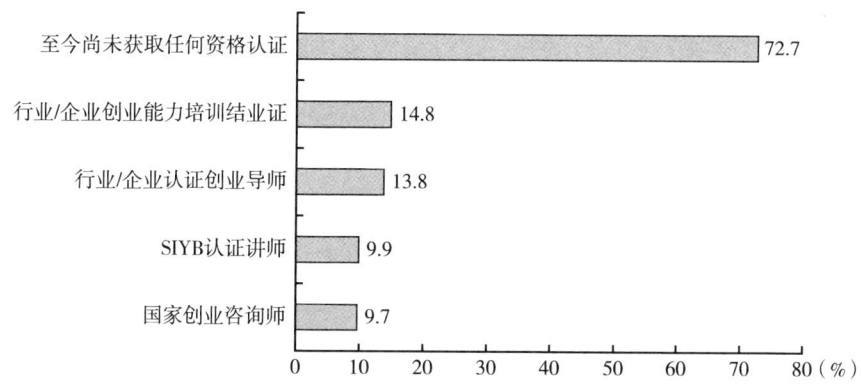

图 22　体育产业创新创业师资资格认证比例

资料来源：中国高校体育产业创新创业教育现状调查问卷（2023）。

虽然总体资格认证的教师规模较小，但进一步挖掘数据可以看到，获得两项资格认证的教师占比7.7%，获得三项资格认证的教师占比3.4%，甚至还有获得四项认证的教师，其占比为1.3%（见表1）。

表1　教师资格认证情况比例表

认证情况	获得1项认证	获得2项认证	获得3项认证	获得4项认证
认证数量	69	36	16	6
占比	14.8%	7.7%	3.4%	1.3%

（四）师资队伍评价激励

评价激励是进一步挖掘教师潜能，提高教师队伍归属感、满意度的主要手段，通过对教师教育教学表现进行综合评定，匹配对应的激励政策，基于物质或者精神奖励。通过对体育产业创新创业师资进行调查，发现45.6%的教师反馈学校有关于创新创业赛事或者项目指导的奖励机制或者办法，但是力度不大，11.0%的教师反馈学校没有激励，即至少有56.6%的学校在体育产业创新创业教师的激励方面存在较大改进空间。同时也有24.9%的教师反馈学校在激励机制方面做得较好，力度较大（见图23）。

进一步调查学校加强体育产业创新创业教师队伍建设文件制定情况，发现25.8%的教师反馈学校已经制定相关文件，19.6%的教师反馈正在制定政策以及18.9%的教师反馈没有制定有关政策，所以至少38.5%的学校没有制定相关政策（见图24），对于教师发展较为不利。

在已经制定的激励政策方面，优先评优选先是相对较多的激励种类（40.4%），其次是给予高度认可（39.4%），这两个方面侧重于精神方面的奖励。第三位是给予物质奖励（35.5%），第四位是优先评定职称（31.8%），这两种激励倾向于物质，更能获得教师的青睐和认可，是具有推广价值的激励方式（见图25）。

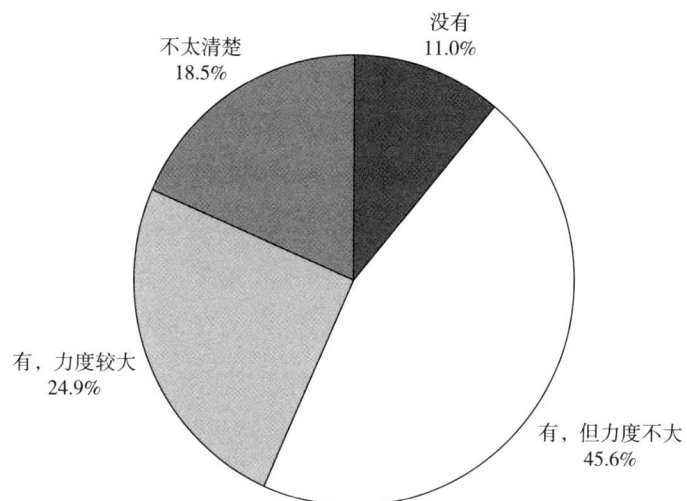

图 23　体育产业创新创业师资激励程度比例

资料来源：中国高校体育产业创新创业教育现状调查问卷（2023）。

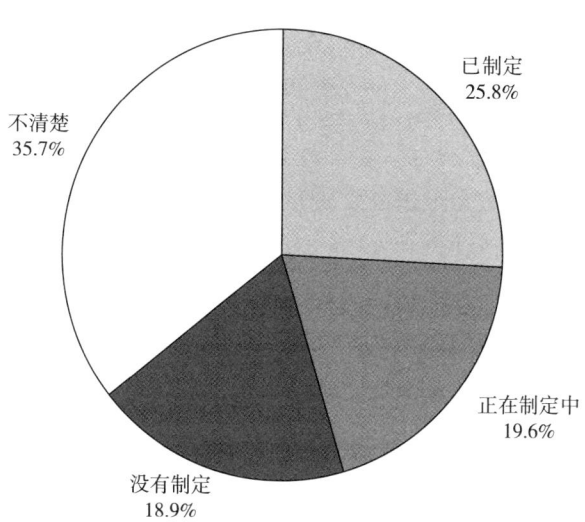

图 24　体育产业创新创业师资激励政策比例

资料来源：中国高校体育产业创新创业教育现状调查问卷（2023）。

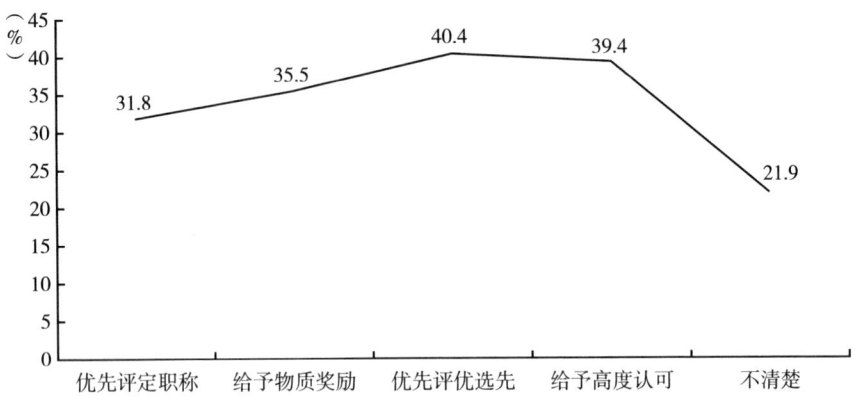

图 25 体育产业创新创业师资激励种类比例

资料来源：中国高校体育产业创新创业教育现状调查问卷（2023）。

三 中国高校体育产业创新创业师资
队伍政策支持情况

（一）师资队伍建设引导政策

多年以来，我国大力推进高素质专业化创新型教师队伍建设，出台各种配套政策促进教师队伍建设和发展，为教育事业不断提供力量支撑。教师队伍整体面貌发生了格局性变化，优秀人才争相从教、教师人人尽展其才、好教师不断涌现的良好局面基本形成[①]。回溯历史进程，对国家级的宏观性政策进行梳理，发现国家对各级各类教师发展一直给予重要支持，政策接连不断。从 2012 年《国务院关于加强教师队伍建设的意见》（国发〔2012〕41号）出台，到 2023 年《国家银龄教师行动计划》（教师〔2023〕6 号）的颁布（见表2），可以看到十年间随着社会需求的不断变化，我国教师的政策导向也在同步调整。从强化各级各类教师队伍素质和结构，到培养卓越的

---

① 赵婀娜：《推动广大教师人人尽展其才（人民时评）》，《人民日报》2021 年 9 月 10 日。

专业化中小学教师，从教师教育振兴到教育评价改革，再到国家银铃教师计划，国家所保障的优质教师资源供给无不对接着社会对教师的新需求。而高等院校教师作为人才高地建设的中坚力量，已然受到国家的特殊重视。所以做大做强新时代高校教师队伍建设是满足当下人们对教育需求的必经之路，是解决人们日益增长的优质教师资源需要同当前教师素质能力不足、结构不优矛盾的有效措施。体育产业创新创业师资是高校师资建设的创新之举，立足产业视角，谋求教师发展，形成经济新引擎，这批创新型师资队伍将在国家宏观政策的引导下不断发展壮大，为高等教育发展补充新的力量。

表 2　师资队伍建设宏观政策情况

政策文件	颁布主体	颁布日期	文件内容
《国务院关于加强教师队伍建设的意见》	国务院	2012 年 8 月 20 日	高等学校教师队伍建设要以中青年教师和创新团队为重点，优化中青年教师成长发展、脱颖而出的制度环境，培育跨学科、跨领域的科研与教学相结合的创新团队。 高等学校按照不同层次和规模情况，统筹安排一定的教师培训经费。
《教育部关于实施卓越教师培养计划的意见》	教育部	2014 年 8 月 18 日	建立高校与地方政府、中小学协同培养新机制，培养一大批师德高尚、专业基础扎实、教育教学能力和自我发展能力突出的高素质专业化中小学教师。
《关于全面深化新时代教师队伍建设改革的意见》	中共中央　国务院	2018 年 1 月 20 日	不断提升教师专业素质能力，建立中国特色师范教育体系。全面提高高等学校教师质量，建设一支高素质创新型的教师队伍，搭建校级教师发展平台，加强院系教研室等学习共同体建设。
《教师教育振兴行动计划（2018—2022 年)》	教育部　国家发展改革委　财政部　人力资源和社会保障部　中央编办	2018 年 2 月 11 日	依托全国教师管理信息系统，加强在职教师培训信息化管理，建设教师专业发展"学分银行"。 高校与中小学协同开展教师培养培训、职前与职后相互衔接的教师教育改革实验区，带动区域教师教育综合改革，全面提升教师培养培训质量

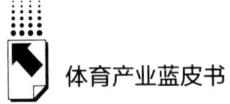

续表

政策文件	颁布主体	颁布日期	文件内容
《深化新时代教育评价改革总体方案》	中共中央 国务院	2020年10月13日	改进高校教师科研评价。突出质量导向，重点评价学术贡献、社会贡献以及支撑人才培养情况。 健全"双师型"教师认定、聘用、考核等评价标准，突出实践技能水平和专业教学能力。
《关于加强新时代高校教师队伍建设改革的指导意见》	教育部 中央组织部 中央宣传部 财政部 人力资源和社会保障部 住房和城乡建设部	2020年12月24日	高校要健全教师发展体系，完善教师发展培训制度、保障制度、激励制度和督导制度。 建实建强教师发展中心等平台；探索将行业企业从业经历、社会实践经历作为聘用职业院校专业课教师的重要条件。 深化高校教师考核评价制度改革。突出质量导向，注重凭能力、实绩和贡献评价教师。
《国家银龄教师行动计划》	教育部 科技部 工业和信息化部 民政部 财政部 人力资源和社会保障部 国家卫生健康委 国家医保局 中国科学院 中国科协	2023年7月14日	银龄教师支持普通高等教育行动。发挥高校人才高地的优势，提升人才自主培养质量。 银龄教师应通过课程教学、教学指导、课题研究、团队建设指导等方式，推动受援学校提升学科建设、教育教学和科研工作水平等。

（二）师资队伍建设专项政策

国家指导政策对于师资发展起到全面的推动作用，引导教师发展以新时代建设教育强国为目标，以培养高素质创新型师资队伍为根本任务。各类专项政策的出台是对国家宏观政策的有效补充，是进一步促进"强师""惠师"政策真正付诸实践、发挥效用的"法宝"。从多项政策内容来看，专项师资政策将全力促进师资在新时代里如何更好发展，如何满足社会经济发展需要，进而获得健康、长远发展。例如，为了贯彻落实习近平总书记关于以信息化推进国家治理体系和治理能力现代化的重要指示精神，全面推进教师管理信息化、更好地开展教师队伍建设工作，2017年《教育部关于全面推进教师管理信息化的意见》出台，提出全方面推进教师信息化管理的具体任务、措施办法和保障机制。教师职业准则和师德失范处理意见是从正面引导和反向抑制两个方面来规范教师队伍建设，朝着健康、专业方向发展；双师型教师认定为职业类教师职业发展提供有力支持；教师数字素养行业标准的出台是落实国家教育数字化战略行动的重要举措，为师资创新发展指明方向；同时，教师兼职管理办法是对教师发展的有效助力，既解决了教师发展与社会实践脱节问题，又促进了学校教师管理规范化。以上种种政策都是基于适应社会发展需求，促进教师队伍高质量建设的有效举措。

表3　师资队伍建设单项政策

政策文件	颁布主体	颁布日期	文件内容
《教育部关于全面推进教师管理信息化的意见》	教育部	2017年4月5日	创新教师管理方式方法。实现各级各类教师信息的"伴随式收集"，建立统一高效、互联互通、安全可靠的全国教师基础信息库，形成教师队伍大数据。积极推进教师系统及相关教育管理服务平台与教师工作的深度融合。
《教育部关于印发〈新时代高校教师职业行为十项准则〉〈新时代中小学教师职业行为十项准则〉〈新时代幼儿园教师职业行为十项准则〉的通知》	教育部	2018年11月8日	明确新时代教师职业规范，针对主要问题、突出问题划定基本底线。要把好教师入口关，在教师招聘、引进时组织开展准则的宣讲，确保每位新入职教师知准则、守底线。要严格落实学校主体责任，建立师德建设责任追究机制。
《关于高校教师师德失范行为处理的指导意见》	教育部	2018年11月14日	努力建设有理想信念、有道德情操、有扎实学识、有仁爱之心的高校教师队伍。 高校教师要自觉加强师德修养，严格遵守师德规范。发生师德失范行为，本人要承担相应责任。

续表

政策文件	颁布主体	颁布日期	文件内容
《关于做好职业教育"双师型"教师认定工作的通知》	教育部	2022年11月25日	坚持把师德师风作为衡量"双师型"教师能力素质的第一标准。要突出对理论教学和实践教学能力的考察,注重教学改革和专业建设实绩。制定激励政策,建立能进能出、能上能下的动态调整机制,根据教师不同能力条件分级认定,引导和鼓励广大教师走"双师型"发展道路。
《教育部关于发布〈教师数字素养〉教育行业标准的通知》	教育部	2022年11月30日	完善教育信息化标准体系,提升教师利用数字技术优化、创新和变革教育教学活动的意识、能力和责任。教师数字化框架包括数字化意识、数字技术知识与技能、数字化应用、数字社会责任,以及专业发展。
《职业学校兼职教师管理办法》	教育部	2023年10月11日	鼓励职业学校与企事业单位互聘兼职,推动职业学校和企事业单位在人才培养、技术创新、科研攻关等方面加强合作。建立合作企事业单位人员到职业学校兼职任教的常态机制。通过多样化的培训方式,持续提高兼职教师教育教学能力水平。加强对兼职教师的帮带和指导,建立专兼职教师互研、互学、互助机制。

四 中国高校体育产业创新创业师资队伍面临的问题与挑战

"十四五"时期是迈向体育强国的第一个5年。当前,我国处于体育强国建设新起点,体育各类需求持续增长,体育产业发展势头强劲,体育人才缺口巨大。创新创业教师作为高等体育院校创新赛道上的一支重要力量,在引领高校创新发展、带动创新型人才培养等方面发挥着愈来愈重要的作用。随着瞬息万变的社会时代发展,体育产业形态快速更迭,体育创新需求不断加大,与此相适应的体育产业创新创业师资面临新的挑战。

（一）体育产业创新创业师资队伍建设政策落地落细不到位

对于体育产业创新创业师资这一高校事业单位中的群体，政策尤其影响发展走向。目前，我国的创新创业教育类政策从国家到地方到高校各级政策一应俱全，从师资保障、服务平台、财税政策、成果转化等多方面，全力支持大学生创新创业教育。然而类似的全面性专门的政策在创新创业师资方面却很少见。针对师资的政策基本在以创新创业教育为主题或者以大学生创新创业为主题的大政策下的分级标题中出现，例如，最具有划时代意义的教育部政策《教育部关于大力推进高等学校创新创业教育和大学生自主创业工作的意见》（教办〔2010〕3号）在第一节第3点指出，"要加强创新创业师资队伍建设。引导各专业教师、就业指导教师积极开展创新创业教育方面的理论和案例研究……要从教学考核、职称评定、培训培养、经费支持等方面给予倾斜支持……"；在《国务院办公厅关于进一步支持大学生创新创业的指导意见》（国办发〔2021〕35号）政策中的第二节（二）款指出，"提升教师创新创业教育教学能力。强化高校教师创新创业教育教学能力和素养培训，改革教学方法和考核方式……"。但是如何政策倾斜、如何提高能力在具体政策落实过程中就难以解决这"最后一公里"问题。据央广网报道，国务院、江苏省、江苏人社局三级"离岗创业"政策"三管齐下"，但两年多时间里全省去人社部门备案的事业单位离岗创业的只有10个人，政策遇冷[①]。总体上政策导向正确，但是推进的力度和方式仍需落实落细，保障创新创业师资真正享受到政策优惠。

（二）体育产业创新创业师资队伍人力资源结构有待优化

体育产业创新创业师资队伍是集产业链、教育链、人才链、创新链

---

① 李卉云、彭迪帆：《江苏鼓励专技人员离岗创业政策遇冷仅10人备案》，央广网，2017年8月27日，https：//www.seu.edu.cn/2017/0828/c124a194172/page.htm。

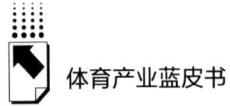
于一体的教师队伍，兼顾体育产业发展、教育推广、人才培养、创新驱动等要素目标，所以其师资队伍的结构一定是多元互补、优秀集聚的，才能满足目标需求。然而，目前高校创新创业师资的结构不尽如人意：一方面是在生师配比结构方面，本来高校师资需求已经较大，加上全国首个创业管理本科专业在 2021 年才获批[①]，创新创业科班教师还未形成成熟供给，创新创业教师与学生的数量形成较大差距。另一方面，在专业知识结构方面，实际上超过半数的创新创业教育教师不具备综合知识结构，大部分教师的专业背景是其他专业学科，而且是偏文科，由此制约创新创业教师向前发展[②]。同时据调查数据，目前体育产业创新创业教师中具有体育经济管理学背景的教师占比仅为 13.9%，对于体育产业视角的创新创业师资而言是十分不利的。此外，师资类型结构方面，经常参与和周期参与科学研究的教师占比仅为 26.7%，多数教师不太参与科学研究，阻碍创新创业教育的高质量发展。所以体育产业创新创业师资的生师配比、专业知识结构以及科研型教师数量结构方面都需要进一步改进提升。

（三）体育产业创新创业师资队伍教育教学能力存在不足

教育教学能力是创新创业师资的立身之本，同时过硬的教育教学能力是学生进行创新创业的有效保障。然而从目前来看，体育产业创新创业师资的教育教学能力总体处于不足状态，对于学生、社会等方面的需求无法完全满足，所以高质量的教育教学能力是师资队伍建设的重中之重。纵观多项创新创业教育政策以及官方媒介报道，师资的教学能力不足多次被明确指出，例如，《国务院办公厅关于深化高等学校创新创业教育改革的实施意见》（国办发〔2015〕36 号）在开篇明确指出"教师开展创新创业教育的意识和能

---

① 蒋炜宁、王媛、王轶群：《宁波财经学院获批设置全国首个创业管理本科专业》，《宁波日报》2021 年 3 月 5 日。

② 李燕娜、陈世荣：《高校创新创业教育师资队伍结构优化路径》，《现代职业教育》2020 年第 32 期，第 102~103 页。

力欠缺，教学方式方法单一，针对性实效性不强"①。同时《人民日报》也指出："国家建设和经济发展对创新创业教育不断高涨的需求与其师资队伍建设滞后性之间的矛盾，已成为制约当前我国高校创新创业教育深入发展的核心问题。"② 最新的"中国高校体育产业创新创业教育现状调查"结果显示，现有师资力量可以满足教学需要且教学效果良好的占比仅为26.3%，多数师资力量不足，影响教学效果。面对创新创业高科技成果转化、项目运营、多元化特色化专业化的发展等内容的指导，教师只能从宏观上给予浅显意见，指导乏力③。所以教育教学综合指导能力的提升迫在眉睫。

（四）体育产业创新创业师资队伍建设管理机制尚未成熟

教师的管理机制是一套复杂管理系统，涵盖组织、培训、激励评价等多个方面，管理机制在师资开展教育教学过程中不断改进、优化，促进建成专业化、高素质、创新型体育师资队伍。然而，就目前大环境来讲，创新创业师资队伍的管理不容乐观。第一，组织载体建设不够。2021年教育部高等教育司司长吴岩在教育部召开的发布会上介绍，目前全国高校已累计开设创新创业教育课程3万余门，共有创新创业专职教师3.5万余人，兼职创新创业导师接近14万人④。而2022年教育部公布的国家级创新创业学院共计100个⑤，这对于做好3.5万专职创新创业教师的管理远远不足。且通过官网公开数据调查可知，全国16所体育高等本科院校中，设置创新创业学院的只有2所，体育产业创新创业师资赖以发展的组织基础存在很大提升空

---

① 《国务院办公厅关于深化高等学校创新创业教育改革的实施意见》，中华人民共和国教育部网站，2015年5月4日，http://www.moe.gov.cn/jyb_ xxgk/moe_ 1777/moe_ 1778/201505/t20150514_188069.html。

② 陈姝悦：《高校创新创业教育亟待加强师资建设》，《人民日报》2018年7月5日。

③ 宁钰球、王震、黄运堪：《产教融合视角下高校创新创业教育师资队伍建设优化路径探讨》，《广西教育》2020年第7期，第81~82、98页。

④ 冯琪：《教育部高教司：全国高校已有创新创业专职教师3.5万余人》，《新京报》2021年10月9日。

⑤ 《大学生创新创业教育项目资金2022年度绩效自评报告》，中华人民共和国教育部网站，2023年6月27日，http://www.moe.gov.cn/s78/A08/tongzhi/202306/t20230629_ 1066373.html。

间。第二，师资培训平台良莠不齐。特别是一些社会组织从社会责任感出发，自觉承担起创业教育普及之责，如 KAB 创业教育（中国）、YBC 创业教育、高校创业教育联盟等。也有一些教育培训企业基于利益驱动，应势而为开展创业教育培训，水平良莠不齐①。第三，激励评价制度建设缺位。在高校进行创新创业师资管理过程中，专门性激励政策较少，多为嵌入在一些教师管理文件中。从现阶段的评估激励体系来看，在创新创业师资队伍的职称评审、教学考核以及成果转化等领域，缺少有效的政策支撑②。同时，在数据调查中发现，45.6%的体育产业创新创业教师反馈学校有关于创新创业赛事或者项目指导的奖励机制或者办法，但是力度不足，即没有实现激励的效果。

（五）体育产业创新创业师资队伍建设创新贴合性较低

体育产业创新创业师资队伍建设的最终目的是产出具备创新意识、创业能力的符合时代要求的体育创新型人才，输出体育领域的创新智库，进而直接或者间接促进体育产业的发展。然而目前创新创业师资建设与时代创新贴合性较低，无法全面掌握时代特性、对接时代创新要求。在理念层面，一些地方应用型高校创新创业教育意识不强，缺乏顶层设计与统筹规划③。同时师资个体角色认知上缺乏对接时代创新强烈意识，师资队伍建设缺少创新元素，师资队伍建设模式与新时代大学生的兴趣爱好连接弱化，无法形成有力的长效契合机制，学生的兴趣、专业知识与创新创业理念融合性较差，创新功能失灵④。在实践层面，师资队伍建设中忽视时代前沿技术的引入、教师

---

① 张海燕、李向红、康冰心：《高职院校创新创业师资培养现状及精益发展模式构建》，《教育与职业》2020 年第 19 期，第 79~83 页。
② 高佳葆：《基于 AMO 理论框架的创新创业师资建设现状与实践策略研究》，《赤峰学院学报（自然科学版）》2023 年第 12 期，第 46~49 页。
③ 刘占彦：《应用型高校创新创业师资队伍教学能力提升对策》，《创新创业理论研究与实践》2019 年第 6 期，第 174~175 页。
④ 李儒怡：《试论高等教育创新创业教育师资队伍有关建设》，《科教文汇》2020 年第 3 期，第 14~15 页。

建设的最新风向标，困囿于旧认识中的创新创业师资建设而缺少动态性创新突破。教师的职业发展与人才培养角色发挥均存在是重科研还是重教学的明显冲突，系统性顶层设计和协同性运行机制均有待进一步加强；一流创新创业人才培养体系中的教学内容缺乏创新性，能力训练体系缺乏与最新科学研究进展的密切对接，游离于行业发展前沿之外，高校人才培养与社会需求脱节[①]。

五　中国高校体育产业创新创业师资队伍发展对策建议

（一）加快推进各类政策制定，促进政策落实落细

对于体育产业创新创业师资队伍，其工作内容和方式区别于一般类教师，这种新型教师的长远发展离不开政策的引导和支撑，只有在各层级政策设计上助力，才能够保障体育产业创新创业师资队伍不断壮大。一方面是出台国家层面的专项政策，以产业视角推进创新创业师资建设是经济动能发掘的创新思路，也是应对当前国际、国内双循环格局的有益尝试，如2017年3月10日人力资源和社会保障部出台《人力资源社会保障部关于支持和鼓励事业单位专业技术人员创新创业的指导意见》，这部专门性的指导政策既是对前期宁夏、河南、浙江、安徽、辽宁等省份出台离岗创业政策的强力支持，又是对之后北京、青海、重庆、海南等省市出台主题政策的巨大引导，由此"离岗创业"成为众多科研人员的敢想敢干之事，无疑直接促进大量科技成果的更快转化、大量经济效益的直接产生，所以更多专项政策的出台势在必行。另一方面跟进出台各级政策，促进政策逐级落地，惠及教师个体。国家级政策往往具有战略指引性，在具体实施层面需要各级部门根据实际情况修订不同省市、不同科研院所和高校的政策。

---

① 王强、黄达、谢寅波：《新时代创新创业人才培养的科教融合创新实践》，《国家教育行政学院学报》2023年第12期，第29~36页。

例如，2022年4月6日福建省教育厅关于印发《福建省进一步促进中国国际"互联网+"大学生创新创业大赛激励措施》的通知，明确提出教师激励政策"国赛金奖项目第一排名指导教师以该项目相关成果申报省级教改、科研、课程项目，两年内享受不占名额申报、立项或认定的激励政策"①，这种具体到教师端能够直接执行的政策对于教师激励是立竿见影的，缩减了市级、校级政策的逐级落实流程，因地制宜解决政策"最后一公里"问题，值得省市级政策借鉴。

（二）优化师资人力资源结构，促进专业师资团队建设

科学的人力资源结构是教师发展的基础，会促进教师更加专业发展。为全面优化体育产业创新创业师资人力资源结构，建议关注以下方面：第一是生师比结构的改进。扩大高校创新创业本科专业开设覆盖面，提高人才培养质量，扩大专业背景的创新创业教师供给规模，增加高校创新创业教师源头；除了"增加一批"，还可"转化一批"，将对创新创业教育感兴趣并且具备一定专业知识积淀的教师带到创新创业师资队伍中，共同构成多元结构的创新创业教师，最大程度改进生师配比结构。第二是专业背景结构更加科学化。就体育产业创新创业师资而言，体育专业背景的师资必不可少，因为"科班"出身对于了解体育行业、掌握体育领域特征具有潜在优势；传统的经济管理专业教师也是必需的，此类教师对于创新成果的市场转化机制及社会市场需求等方面更有经验；此外，物理、化学等理科背景以及材料、机械等工科专业背景教师是创新产品研发的技术担当，创意想法在这类教师的共同合作指导下才能走出文档、面向社会。对于体育创新创业师资队伍，无论个体还是团体，复合型结构是最为理想的结果，"一专多能"是最为理想的状态。第三是科研教师结构，鉴于体育产业创新创业师资在体育领域的创新创业带动作用，需要科研类教师不断将创新创业实践进行提炼升华，由此形

---

① 《福建省进一步促进中国国际"互联网+"大学生创新创业大赛激励措施》，福建省教育厅，2022年4月6日，http://jyt.fujian.gov.cn/xxgk/zywj/202204/t20220406_5875765.htm。

成创新高地，以研促教，形成更多指导性的宏观对策、提供更多的创新切入点，反过来助推创新创业实践发展。

（三）提升师资教育教学能力，促进人才培养效能提升

教育教学能力是体育产业创新创业师资队伍必须具备的基本能力之一，需要匹配时代发展和学生培养的需要，不断更新个人知识技能，从而提高教育教学能力。具体可以从以下方面入手：第一，从教育教学理念上认识、认可体育产业创新创业教育，从服务教育事业、体育产业发展的两个大局出发，将创新创业教育与体育专业教育有机结合，凸显创新创业在体育领域的助推作用；同时摒弃创业即办企业的狭隘认识，扩大创新创业中创新的比重，以创新为起点促进整个创新创业教育的循环发展。第二，在教育教学实践层面，首先，要解决教师缺少实践经验的普遍短板问题，通过邀请企业管理者做讲座、互换交流、合作项目等多种方式，扩充教师实践知识认识范围；再次，提倡教师积极参与不限于体育领域的各类创新创业大赛、企业孵化项目，在过程中提高"半社会"属性的创新创业实践能力；最后，倡导体育产业创新创业教师有序"离岗创业"，在完全融入社会的过程中，获取创新创业信息资源，全面提高创新创业实践能力，最后反哺教育教学。第三，在教育教学方式上，将传统教学与新时代新要素相结合，打破传统教学方式，增加学生体验式课堂，例如在对体育赛事营销、体育产品推广等行业发展介绍的同时，引导学生思考如何通过创新创业活动解决社会发展中的现实问题；关注时代新事物，例如"数字赋能"，全面增强教师的数字意识和数字能力，在具体教学实践中采用新数字技术，同时指导学生创新创业过程中加入数字要素，提高创意项目的时代适用性。

（四）强化师资建设管理机制，夯实师资建设关键环节

教师的组织管理是高校一项重要管理职能，关乎教师人才开发、教学教育质量提升，所以，良好体育产业创新创业师资建设管理机制将同步推进教师和教育质量提升。管理首先需要建设好组织载体，例如创新创业学院、创

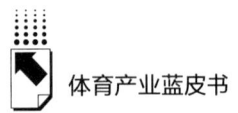

新中心、产业学院等各种可以让教师获得归属感的功能载体,设计明确标识、制定规章制度、提供场地工位等基本条件,从而给予师资团队以基础支持,让教师有底气、有胆识去创新开展各类教育教学工作;同时这也是教师个体长期职业发展的必备条件之一。其次,良好的教师管理机制离不开对教师的"投资",即培训培养,通过培训教师能够得到切实提高,进而学生能够得到切实长进。培训需要关注体育产业创新创业师资的需求,精准对接薄弱环节,将培训的内容、方式、实践、场地等安排做到靶向安排,确保培训的效度。培训还需要关注效果评价,是否产生效果、培训优势与不足等几方面都是需要持续跟进,这样才能够实现"真培训"。最后,良好的激励评价机制是影响体育产业创新创业师资自主发展的关键因素,是提高管理效率、发挥教师潜在价值的有效工具。一方面是对体育产业创新创业教师的绩效评价,建立涵盖课题教学、项目指导、科学研究等因素的评价体系,科学设置权重,定期开展评价;另一方面是在评价基础上的激励机制,合理设置激励档次,调动教师创新创业教育热情,同时及时兑现激励,进一步强化激励效果。

(五)大力促进时代要素融入,助力教育服务经济大局

体育产业创新创业师资需要承担起体育产业创新、体育创新人才培养的重任,如何更好实现这一任务目标,离不开对时代要素的把握,对时代要求的契合。其一,提高对大局时事的关注,关注国际局势,了解当下国际经济走向、国际体育发展趋势,关心国家经济形势、国家体育战略导向,总体上提高对时事的认知,了解时代要素范畴,增加内在的时代感知,催生个人对于从事创新创业教育的责任感、使命感。其二,拓宽信息渠道,关注方方面面的体育创新领域,如中国国际互联网+创新创业大赛、"挑战杯"中国大学生创业计划大赛、体育产业创新创业大赛等各种创新云集的高层次赛事,在过程中开阔个人眼界、激发创新灵感;关注体育类知识产权成果的动态变化,关注国家专利局相关的数据库,了解体育最新科技前沿动态;关注体育头部企业、高精尖企业动态,铺垫创新创业教学案例,在潜移默化中影响认

知，缩近学生与体育产业的距离。其三，体育产业创新创业师资个体积极参与到创新创业实践项目中，摆脱校园象牙塔里的"安逸"，勇于真正走出来走进社会，感知社会的时代新需求，在具体实践项目中不断调整个人对自我时代价值的定位，在学生参与过程中同步提高学生的时代担当意识。其四，团队是时代大环境中不可或缺的重要组织形式。在新时代浪潮下展开或者创新或者创业，一个人的力量往往十分弱小，无法承受住多方、多种压力，所以将多个个体组成团队，通力合作，可以抵御一切冲击；同时集合各方创新想法，不断打磨，在融合中推陈出新，彰显出集体智慧的力量。其五，无论是创新想法的顺利生成，还是成果的有效转化，抑或是创业项目的成功开展，都将助力时代的稳步发展，成为教育服务经济发展的一份坚实力量。

B.3
中国高校体育产业创新创业培训
发展报告（2023～2024）

靳厚忠　黄　敏　陈绮文*

摘　要：　随着体育产业在全球范围内的蓬勃发展，中国高校体育产业创新创业培训成为教育改革的重要方向，高校体育产业创新创业培训对创新创业人才培养有着直接而深远的影响。本报告多层次、多角度地从培训课程、培训形式、培训师资、培训设施、培训需求等角度进行详细介绍说明，进一步采用SWOT分析方法，同时综合运用相关数据资料和具体案例辅以佐证。研究发现，我国高校体育产业创新创业培训缺乏顶层规划，未能与学校整体发展战略相一致；资源整合不足，教育资源利用效率低下；合作网络狭窄，对外交流不够广泛；教学方法陈旧，教学内容与行业需求脱节；创新氛围不浓，学生创新创业积极性不高；缺乏有效反馈，教育改革难以持续改进。基于以上问题，研究提出以下建议：将创新创业纳入高校教育改革，构建创新创业教育的全局视野；打造资源共享平台，促进创新创业教育资源的高效利用；拓展合作网络，加速创新创业教育的国内外交流与合作；推进教学创新，提升创新创业教育质量与效率；培育创新文化，塑造校园创新创业精神与价值观；建立反馈机制，确保创新创业教育与高校发展目标的同步推进。

关键词：　体育产业　创新创业培训　高校教育

---

* 靳厚忠，中央财经大学教授，博士，主要研究方向为体育管理、体育产业经济、体育产业创新创业教育；黄敏，中央财经大学2022级硕士研究生，主要研究方向为体育管理、体育产业经济；陈绮文，中央财经大学副教授，博士，主要研究方向为体育管理、体育赛事组织与管理。

在新时代经济发展背景下，我国体育产业的持续扩张已经成为推动经济发展的新动力。随着体育产业的快速增长，对专业化、高素质、高质量人才的需求亦随之增加，这不仅促进了体育产业人才培养模式的深度优化，也将人才培养质量和水平的要求推向了新高度。在此发展趋势下，高校体育产业创新创业培训成为教育改革的关键方向，对于培育具有创新精神和强大创业能力的人才具有直接且深刻的影响。这种培训不仅是深化教育教学改革的核心内容，也成为高校为学生提供体育产业创新创业教育服务的重要手段，同时，它也是推动体育产业创新创业学术研究和科技成果转化的关键路径。

本报告从高校体育产业创新创业培训的发展现状、环境解读、存在问题等方面进行总结归纳分析，提出构建高质量高校体育产业创新创业培训体系的发展路径，旨在持续促进高校体育产业创新创业培训的高质量发展，培育更多体育产业创新创业人才，进一步推动我国体育产业发展。

一　发展现状

（一）培训内容

中国高校的体育产业创新创业培训课程正在快速发展，逐渐融合了传统体育管理与现代商业技术趋势，培训内容结合了理论学习与实际应用[①]。在参加过创新创业培训的学生中，超过半数的学生（61.62%）表示培训内容涉及创新创业形势背景，说明高校在体育产业创新创业培训中注重为学生提供当前市场和产业的最新动态和趋势，帮助学生理解创新创业的大环境；约四成学生（39.93%）认为培训内容包括理论、技术与方法，这表明培训课程不仅强调理论知识的学习，也注重将理论知识与技术方法结合起来，提升学生的实际应用能力；有34.54%的学生表示培训内容涉及企业创办运营的

---

① 刘振忠、周静：《高等体育院校创新创业教育现状及其实践体系的构建》，《当代体育科技》2012年第21期。

专题课程，如市场营销、财务管理、法律实务等，这表明培训课程旨在加强学生的企业运营能力，为学生提供更为具体和实际的管理技能；27.45%的学生认为培训内容涉及内在素养课程，包括领导力、沟通能力等，表明高校体育产业创新创业培训也注重学生个人能力的提升，帮助学生发展成为具有领导潜力和良好沟通能力的人才；有19.26%的学生提到培训内容包括相关政策解读，这一点反映出课程设计融入了对体育产业政策环境的分析，增强学生的政策意识和适应能力；17.34%的学生表示参加过其他类型的培训课程，显示高校体育产业创新创业培训课程内容的广泛性和多样性，能够满足不同学生的学习需求和兴趣（见图1）。

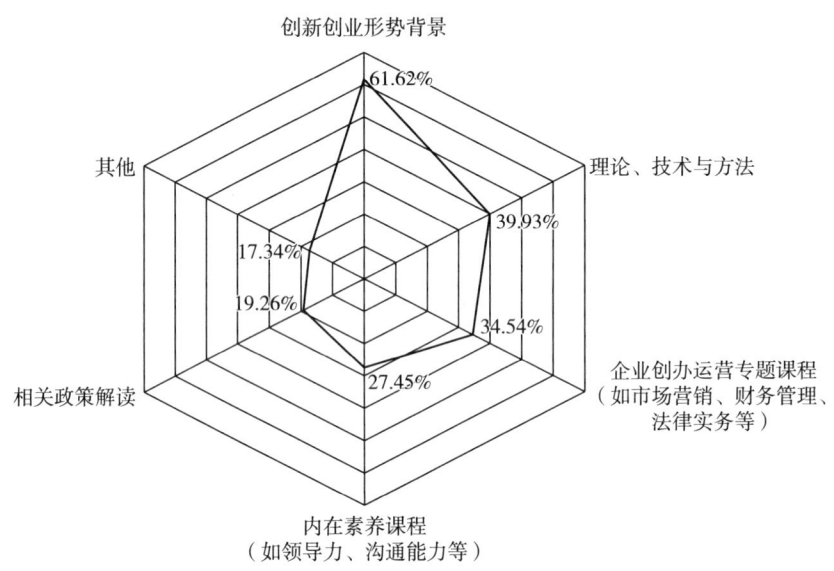

图1 中国高校体育产业创新创业培训内容

调查结果表明中国高校的体育产业创新创业培训课程正在向着更加多元化、实践化和专业化的方向发展，旨在全面提升学生的理论知识、实践技能和个人素养，以适应体育产业快速发展的人才需求，但是也显示了一些潜在的不足和改进空间。虽然有部分学生提到培训内容涉及企业创办运营专题和内在素养课程，但比例相对较低（34.54%和27.45%），表明实际操作和实践机会相对有限，学生对于将理论知识应用于实际工作环境的需求可能未得到充分满足。仅有 19.26% 的学生表示培训内容涉及相关政策解读，反映出在课程中对于体育产业政策、法律及其他相关知识的讲解可能不够广泛，影响了学生对体育产业政策环境的全面理解。这要求高校在未来的课程设计和教学实施中，要更加注重这些方面的改进和优化，以更好地满足学生和体育产业发展的需求。

（二）培训形式

在高校体育产业创新创业培训中，课堂教学作为最常见的培训形式之一，注重基础知识的学习，使学生能够熟悉创新创业相关的基本理论。随着教育模式的创新，除了传统的面对面授课外，网络课堂和混合式教学等多样化的教学形式日益普及，这些形式不仅提升了教学的灵活性和可及性，也丰富了学生的学习体验。网络课堂便于课程讲解、讨论和考试的进行，而面对面的互动更侧重于团队合作和项目实践。此外，情境模拟和实战演练强调实践能力的培养，鼓励学生将理论知识应用于实际，实践创新创业想法。讲座和观摩活动则旨在激发学生的创新创业活力，通过校外实习、国际交流和行业参访等方式，让学生有机会直接触及体育产业的实际运作，从而获得更为全面的行业理解。综合这些多元化的培训形式，高校能够为学生提供一个多层次、全方位的创新创业教育体验，不仅满足不同学生的学习需求和偏好，还相互促进，共同构建丰富而有效的学习环境。

调查结果如图 2 所示，在参加过高校体育产业创新创业教育培训的学生中，有 60.30% 的学生参加过课堂教学，这表明尽管教育模式在不断创新，但传统的课堂教学仍是最基础且普遍的培训形式，主要用于传授创新创业的基础理论知识。36.75% 的学生参加过情境模拟，说明情境模拟作为一种实践导向的教学方法，在创新创业培训中被广泛应用，帮助学生通过模拟真实业务场景来提升解决问题的能力和实际操作技能。34.24% 的学生体验过网络课堂，反映出网络教学以其灵活便捷的特点，为学生提供了更多自主学习的机会，使学习不受时间和空间的限制。32.55% 的学生参与了实战演练，

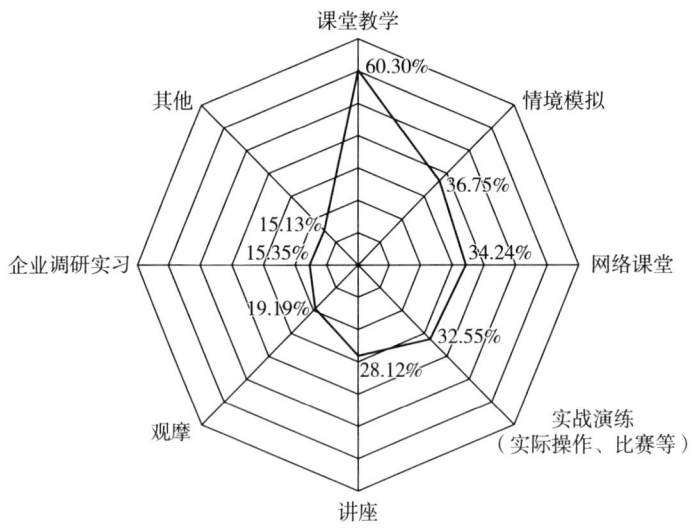

图2　中国高校体育产业创新创业培训形式

包括实际操作和比赛等，这种形式的培训侧重于通过实践活动加深学生对创新创业知识的理解和应用。分别有28.12%和19.19%的学生参加过讲座和观摩，这两种形式主要通过引入行业专家的经验分享和实地考察，激发学生的创新思维和创业热情。组织15.35%的学生参加了企业调研实习，将学生直接带入真实的工作环境中，强化学校与产业界的连接，为学生提供宝贵的行业经验。15.13%的学生体验了其他形式的培训，说明除了上述主流方法外，还有更多创新和定制化的培训方式被探索和实施，以满足学生的个性化学习需求。这些调查结果不仅展示了高校体育产业创新创业教育培训形式的多样性，也反映了学生对于不同培训方式的广泛参与。这种多层次、全方位的教育模式为学生提供了丰富的学习体验，有助于培养他们的创新意识、创业技能和实际操作能力，满足了体育产业对高素质专业人才的需求。

尽管有一定比例的学生参与了实战演练（32.55%），但是相对较低，可能表明学生在获取深入实践和实际操作经验的机会上仍然存在限制。这对于培养学生的实际操作能力和解决实际问题的能力是一个潜在的制约因素。只有15.35%的学生参加了企业调研实习，说明学生在学习期间与实际企业接触和获得行业经验的机会不足，这对于其理解体育产业实际运作和市场需求具有一定的限制作用。讲座和观摩虽有一定比例的参与（28.12%和19.19%），但这也表明有更多的空间去引入行业专家、成功创业者进行经验分享，进一步激发学生的创新和创业活力。这些不足之处需要高校在未来的教育改革和课程设计中予以重视和解决。

（三）培训师资

中国高校体育产业创新创业培训师资队伍主要由专职教师、学校相关部门人员、政府相关部门人员、企事业单位相关人员和社会培训机构人员组成。专职教师指从事创新创业课程教学的教师，一般拥有深厚的学术背景和研究经验。学校相关部门人员指学校就业创业培训指导部门、校团委的工作人员。其中，高校就业创业培训指导部门的设置会有些许差异：有的直接由学校就业处负责，如哈尔滨体育学院、武汉体育学院；有的会另设专门负责创新创业事务的部门，如广州体育学院设立的大学生创新创业中心、吉林体育学院设立的就业创业指导中心。政府相关部门人员指与高校创新创业工作关系较密切的政府部门的相关人员，如当地教育局、人社局、科学技术局等。政府相关部门人员熟悉创新创业的形势背景和相关政策，能够从政府的角度对学生进行创新创业指导。企事业单位相关人员指和高校体育创新创业关系较密切的企事业单位的工作人员，具体包括企业管理专家、投资人、银行管理人员等。这类师资熟悉创新创业实操，对金融、管理等知识在创新创业活动中的应用体会十分深刻，能够为学生带来更贴近实际应用场景的培训。社会培训机构人员指开展创新创业培训的社会机构，如职业生涯规划机构、领导力培训机构。这类师资具有丰富的创新创业培训经验，知识结构更加体系化，能够提供更具专业性的教学。

调查结果如图3所示，高校体育产业创新创业培训师资来源中，专职教师占比51.00%，学校相关部门人员占比45.68%，政府相关部门人员占比26.64%，企事业单位相关人员占比25.98%，社会培训机构人员占比20.66%，其他占比17.49%。可以看出高校体育产业创新创业培训的师资以专职教师和学校相关部门人员为主，以政府相关部门人员、企事业单位相关人员和社会培训机构人员为辅。多层次师资机构同时开展培训活动，集合不同领域专家的知识和经验，为学生提供了更全面、多方位的学习体验。尽管师资来源多元，但政府相关部门人员、企事业单位相关人员和社会培训机构人员的比例相对较低，在一定程度上说明学生在接触实际政策指导、市场实践和专业培训方面的机会仍有待提升。需要高校进一步加强与外部机构的合作，以丰富学生的学习资源和实践经验。

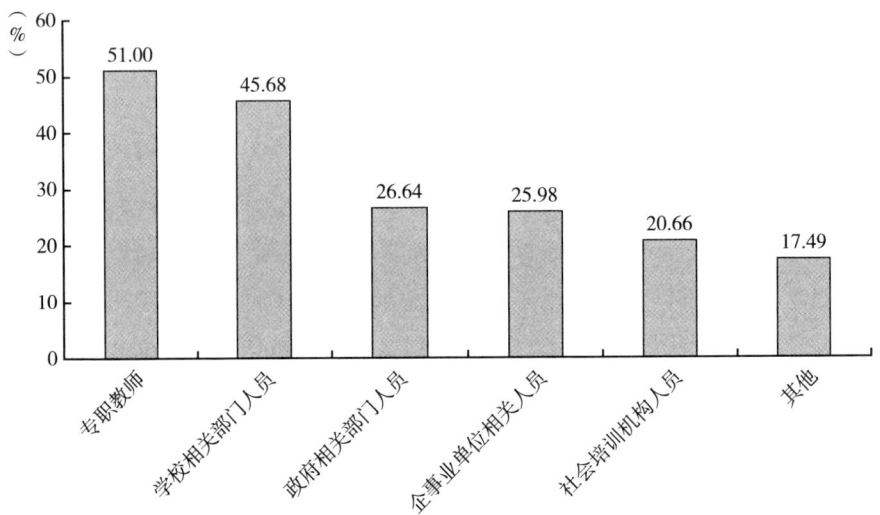

图3　中国高校体育产业创新创业培训师资来源

（四）培训设施

现代化的培训设施对于提高教学质量和学习效果至关重要，中国高校体育产业创新创业培训设施的发展体现在多个方面，旨在为学生提供全面的学习和实践环境。许多高校已经配备了现代化的教学设施，包括智能教室、多媒体演播室等，这些设施支持高清视频传输、远程教学和互动式学习，大大提高了教学效率和质量。例如，天津体育学院配备了体育产业创新创业实验中心，实验中心由多媒体会议室、路演区、演播室、控制室四大功能区组成，可以满足召开视频会议、进行开放式多媒体课堂授课、录制开放式网络课程、视频剪辑、创业模拟等多种需求①。针对体育科学、体育管理等专业，高校建立了专业实验室和研究中心，提供了体育生物力学、运动生理学、体育心理学等实验研究设施。这些设施不仅用于基础科学研究，也支持学生的创新实践活动。例如，北京体育大学拥有多个国家级和省部级科研平台，为体育产业的研究和创新提供了坚实的基础②。一些高校建立了创新创业孵化基地或孵化器，提供了办公空间、创业指导、资金支持等一系列创业服务。这些基地旨在激发学生的创业热情，帮助学生将创意转化为实际项目。例如，山东体育学院立足于体育科技前沿，发展互联网业态，促进体育产业转型升级，在全民健身、竞技体育、群体赛事、场馆运营、体育保险和智能设备等方向全面布局"互联网+体育科技"创新创业专业孵化器③。高校的体育场馆和运动设施不仅用于日常的体育教学和训练，也成为体育产业创新创业培训的实践场所。通过组织体育赛事、文化活动等，学生可以实际参与到体育产业的运营和管理中，积累实践经验。例如，首都体育学院利用其先进的多功能体育场馆，为学生提供体育赛事策划和管理的实践机会④。通过与体育产业企业的合作，高校建立了校企合作平台，为学生提供实习、就业和项目合作的机会。这些合作平台不仅帮助学生了解体育产业的实际运营，也为企业输送创新创业人才。例如，上海体育学院创新产教融合模式，尝试推出"订单式人才培养"举措，与企业共同制定人才培养方案、共同组建"产教融合示范班"，从企业获取人才需求"订单"，为企业量身打造专业型人才，并签订用人协议⑤。总的来说，中国高校体育产业创新创业培训设施的发展，通过提供先进的教学设施、专业实验室、孵化基地、体育场馆以及校企合作平台，为学生的创新学习和实践提供丰富的资源和广阔的平

---

① https：//jgxy.tjus.edu.cn/info/1111/1456.htm.

② https：//kjc.bsu.edu.cn/kypt/index.htm.

③ https：//www.sdpei.edu.cn/news-show-5813.html.

④ https：//www.sohu.com/a/671786783_121643034.

⑤ https：//www.sport.gov.cn/n20001280/n20745751/n20767297/c21116067/content.html.

台，有效促进体育产业创新创业人才的培养。数据调查显示，高校体育产业创新创业教育的硬件条件发展不一。其中，约有19.04%的高校在校园内张贴了双创相关的标语，24.54%的高校设立了专门的工作室，36.47%的高校建立了双创指导与服务中心等专门机构，18.81%的高校设立了孵化机构，25.92%的高校提供了服务平台，15.60%的高校配备了实验室，36.70%的高校拥有实习实训基地（见图4）。表明高校对体育产业创新创业教育的硬件进行了一定程度的建设，但仍然存在一定的差异和不足，需要进一步提升和完善硬件设施，以支持和促进体育产业创新创业教育的发展。

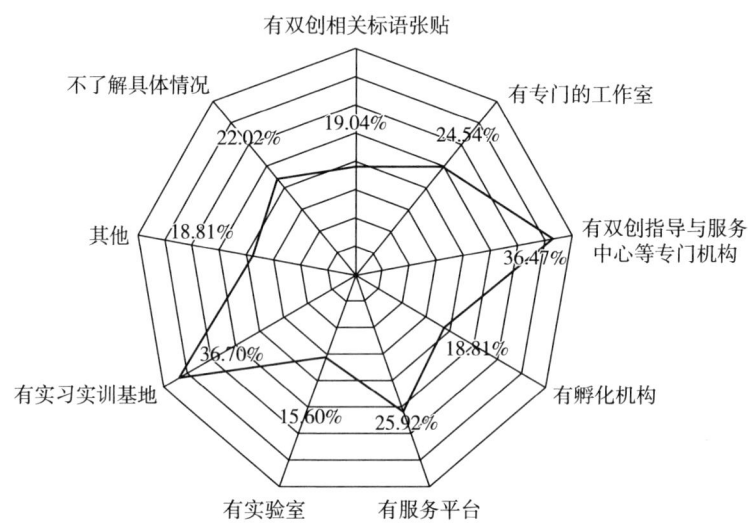

图4　高校体育产业创新创业教育硬件条件

（五）培训需求

数据调查显示，目前只有12.2%的学生参加过体育产业创新创业培训，这一比例相对较低，明显表明在当前阶段，体育产业创新创业培训的普及度尚未达到理想状态（见图5）。同时从图6中可以看出，仅有一半左右学生对学校体育产业创新创业培训满意和非常满意，其他42.99%的学生认为只是一般，甚至还有超过5%的学生不满意和非常不满意。上述现象揭示了体育产业创新创业培训在高校中存在显著的需求缺口，同时也指出了提升培训参与度和培训质量的潜在空间，很多高校还需要提升体育产业创新创业的培训水平，需求促进形成新的供给，以满足学生的需求。在对体育产业创新创业教育的希望或建议调查中，35.98%的学生认为应该建立创新创业教育课程与培训体系，从这也能看出学生对体育产业创新创业培训的迫切需要。

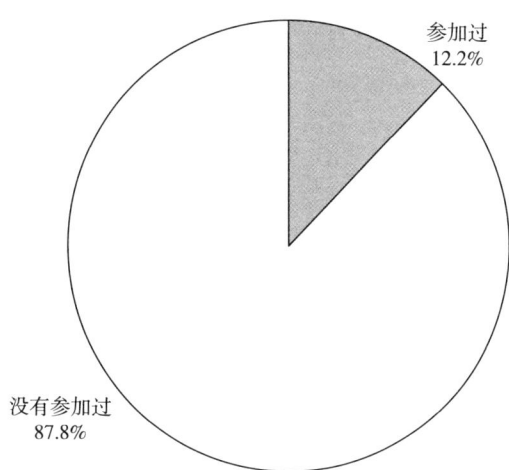

图5　学生是否参加过体育产业创新创业培训

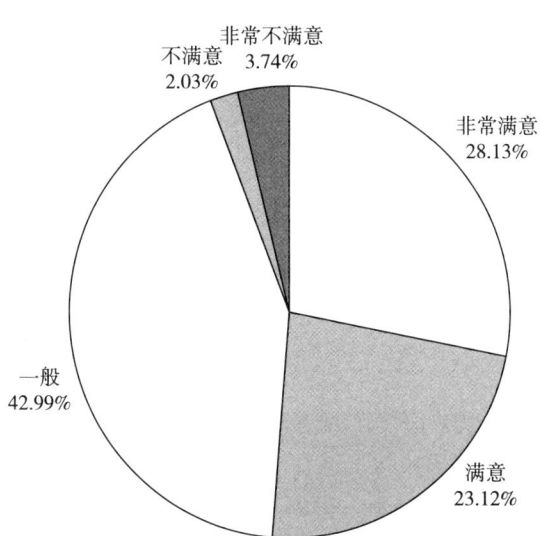

图6　学生对学校体育产业创新创业培训满意度

对体育产业创新创业培训的需求主要集中在获取专业知识、发展实际技能和增强就业竞争力上。随着体育产业的多元化发展，学生们迫切希望通过培训了解体育管理、体育经济学、体育营销等专业知识，以及新兴领域如电子竞技、体育数据分析等的前沿信息。此外，创业教育也日益受到重视，学生们希望学习如何将创新理念应用于体育产业，以及如何在这个领域成功创业。因此，培训课程需要不断更新，以满足学生对知识更新、技能提升和创业准备方面的需求。

二　环境分析

当前，在我国体育产业迅速发展的时代背景下，高校体育产业创新创业培训将成为培育体育产业高质量人才的重要途径，高校体育产业创新创业培训具有巨大的内部优势和外部机遇，但是也存在一些劣势和挑战（见图7）。

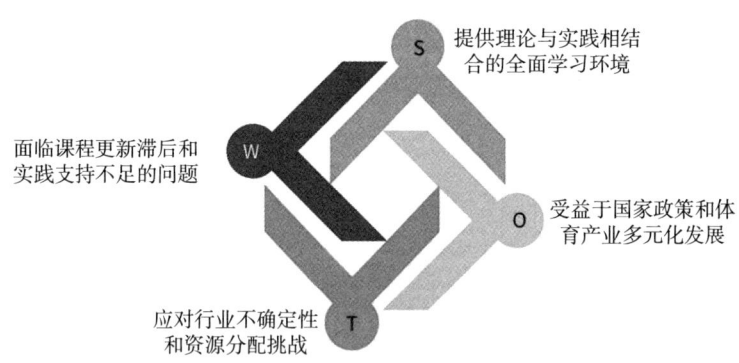

图7　中国高校体育产业创新创业培训 SWOT 分析

（一）优势

1. 丰富的学术资源和实践平台

高校拥有丰富的学术资源，包括图书馆、实验室、研究机构等。学生可以利用这些资源进行深入的学习和研究，掌握专业知识和技能。同时，学术资源也为学生提供广阔的视野，让他们了解到行业的最新动态和发展趋势。此外，高校还提供丰富的实践平台，包括校内实验室、校外实习基地、企业合作项目等。学生可以通过参与这些实践活动，将理论知识应用到实际工作中，提升专业技能和解决问题的能力。实践平台还为学生提供了与行业专业人士交流的机会，让他们了解到行业的实际运作和需求。

2. 多样的教育模式和资深的教师队伍

高校采用多样的教育模式，如讲座、研讨会、实践课程等。这些教育模式不仅能够吸引学生的兴趣，还能够满足不同学生的学习需求。例如，一些学生可能更适合通过听讲座来学习理论知识，而另一些学生则更适合通过参与实践课程来提升实际操作能力。高校拥有一支由学术专家和行业实践者组成的师资队伍。这些教师不仅具有丰富的教学经验和深厚的学术造诣，还有着实际工作经验和行业洞察力，能够为学生提供专业知识和实践指导，帮助他们更好地适应行业需求和发展趋势。

（二）劣势

1. 课程内容与行业需求脱节

随着体育产业的快速发展，行业对人才的需求也在不断变化。然而，高校的课程更新可能无法及时跟上这些变化，导致教育内容与行业需求不匹配。一些课程可能已经过时，而一些新兴领域的知识和技能却未能及时纳入教学大纲中，影响了学生的学习效果和竞争力。

2. 实践机会有限和创业支持不足

虽然高校努力为学生提供实践机会，但由于资源和条件的限制，这些机会仍然不足以满足所有学生的需求。例如，一些学校可能缺乏与行业合作的实习基地，或者实践项目的数量不够多、质量不够高。这导致部分学生缺乏实际操作经验，影响了他们的职业发展和创业能力。同时，高校在提供创业支持方面也存在不足，包括资金、指导和资源的支持不足。创业是一个需要付出大量时间、精力和资金的过程，而学生往往缺乏这些资源。缺乏创业支持可能会阻碍学生将创新想法转化为实际项目的能力，限制了他们的创业潜力和发展空间。

（三）机遇

1. 实践课程纳入双创实践训练

《普通高等学校本科专业类教学质量国家标准》明确指出，各高校应该高度重视创新创业教育，在实践环节中纳入创新创业教育方面的实践训练[①]。体育产业创新创业实践环节在不断创新和完善，由单纯的实习转向创新创业实践，由单一的课程教学转向多领域的实践探究。促使学生在课堂和实践中强化创新创业的理念和实践能力，激发创新创业的活力和动力。

2. 政策制度的强力支撑

2015 年，教育部发布的《关于大力推进高等学校创新创业教育和大学生自主创业工作的意见》中提出"创新创业教育要面向全体学生，融入人才培养全过程"。2019 年，国务院办公厅发布的《关于进一步支持大学生创新创业的指导意见》进一步指出，将创新创业教育贯穿人才培养全过程，建立以创新创业教育为导向的新型人才培养模式。从科教兴国战略、创新型国家战略到实施创新发展驱动战略，从产教融合到产学研融合发展，国家高度重视创新创业教育的发展，努力培育创新创业发展新动能，提高学生的创新创业动力。

此外，国家高度重视体育教育及体育产业发展问题，并出台了一系列政策推动高校体育产业高素质、复合型人才的培养，推进体育产业高质量发展。2014 年，国务院办公厅发布的《关于加快发展体育产业促进体育消费的若干意见》中提出"开展各类职业教育和培训，加强校企合作，多渠道培育复合型体育产业人才"，国家对体育产业的重视和政策支持为体育教育和创新创业培训创造了良好的外部环境。2020 年，国家体育总局、教育部联合发布了《关于印发深化体教融合　促进青少年健康发展意见的通知》，提出了"加强体育与教育融合发展，建立衔接有序的社会体育俱乐部竞赛、

---

① 教育部高等学校教学指导委员会：《普通高等学校本科专业类教学质量国家标准》，高等教育出版社，2018。

训练和培训体系"等具体措施。这一政策文件强调了体育与教育的融合发展，为体育教育和创新创业培训提供了政策支持和指导，促进了体育产业人才的培养和发展。

3. 体育产业市场快速发展

2016~2019 年，我国体育产业保持高速增长，2020 年全国居民体育消费总规模达到 1.80 万亿元，比 2015 年增长 80%，人均体育消费支出 1330.40 元[①]，呈现出体育消费水平显著提升、体育消费结构持续优化、体育消费格局日趋均衡、体育消费新业态不断涌现、体育消费细分市场快速发展等特点。2020~2021 年受新冠疫情影响，体育产业各类别增加值出现下降，但随着 2022 年北京冬季奥运会的成功举办及国家"双减"政策落地，冰雪体育、体育培训等领域快速发展，促使体育消费市场迅速发展，人民体育消费需求不断增加。2023 年，随着社会对健康生活方式认识的加深，以及国家对体育产业发展支持力度的不断增强，体育设施的普及、体育赛事和活动的增多、在线体育教育和健身服务的兴起，进一步推动了体育产业的多元化发展。对体育产业相关企业的发展而言，急迫需要从事体育行业的专业性强、综合素质高的复合型人才。因此，高校体育产业创新创业培训需要不断优化培训体系，加强与行业的合作，创新教育模式，以培养更多符合市场需求的高质量人才，正向推进体育产业的持续健康发展。

（四）挑战

1. 行业变化的不确定性

体育产业在技术、市场和消费者需求等方面都呈现出快速变化的趋势，这给未来的发展路径带来了巨大不确定性。对于高校而言，要想有效地培养出适应未来行业需求的人才，就必须及时更新教育内容和教学方法，还要培养学生的适应能力和终身学习能力。

2. 学生创业成功率低

尽管越来越多的学生有创业的意愿和动力，但他们面临着创业成功率较

---

① 《强化标准引领　夯实消费基础》，国家体育总局官网，2022 年 5 月 10 日。

低的现实挑战。因为学生可能缺乏创业所需的专业知识和技能，以及行业经验和人脉资源。虽然高校提供了理论和实践相结合的教育环境，但创业成功还需要更多的实践经验和行业洞察力，这对于刚刚步入社会的学生来说是一项挑战。激烈的市场竞争也是影响学生创业成功率的重要因素。随着体育产业的快速发展，市场上已经涌现出了大量的竞争对手，这对于创业者来说增加了进入市场的难度和风险。

3. 资源分配的不平衡

高校在资源分配上也面临挑战，如何有效利用有限的资源支持创新创业教育是一个重要课题，特别是在提供实践机会和创业支持方面。在提供实践机会方面，由于资源和条件的限制，一些学校可能无法为所有学生提供充足的实践机会，导致部分学生缺乏实际操作经验。这会影响他们的职业发展和创业能力，降低其竞争力和就业机会。在创业支持方面，一些学校可能缺乏资金、指导和资源，无法为学生提供足够的支持和帮助。创业是一个需要付出大量时间、精力和资金的过程，而学生往往缺乏这些资源，导致创业计划难以顺利实施和推进。

三 存在的问题

在高校体育产业创新创业教育中，存在诸多问题需要解决，数据显示，37.69%的学生认为自身能力和创新意愿不足，32.67%的学生认为学校支持力度不够，27.88%的学生认为师资力量匮乏，21.07%的学生认为孵化器（众创空间）运行不畅，19.17%的学生认为创业教育硬件设施无法满足教学需求，等等（具体见图8）。

总之，从顶层规划到教学方法，再到校园创新氛围和师资力量，各个方面都存在一定的不足。缺乏顶层规划导致教育目标与实际需求脱节，资源整合不足限制了教育质量和效率，而与外部合作网络不畅通则制约了教育资源和视野的拓展。同时，传统教学方法陈旧，教学内容与行业需求脱节导致教育效果不尽如人意，校园创新氛围不浓影响了学生的创业意识和积极性，而

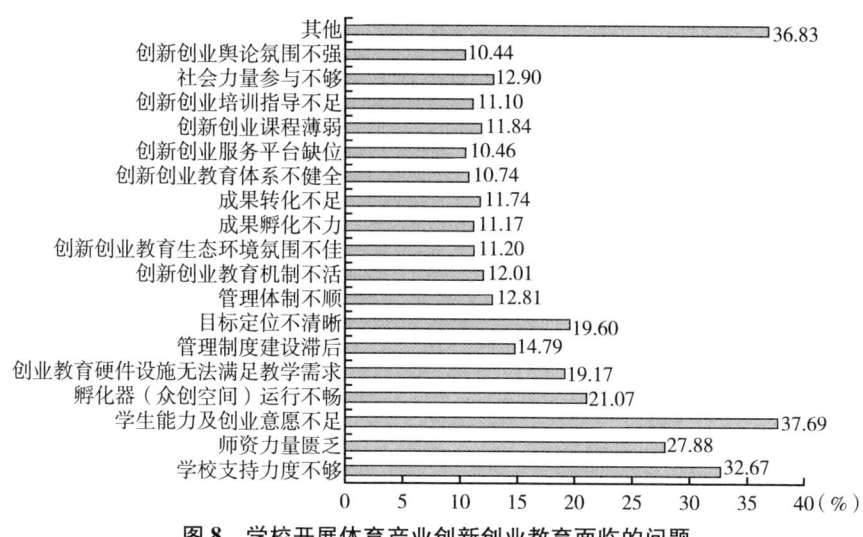

图 8　学校开展体育产业创新创业教育面临的问题

师资力量的不足更是制约了教育的深入开展（见图 9）。针对这些问题，需要进行全面的改革和提升，以期更好地满足体育产业创新创业教育的需求，培养更多高质量的人才，推动体育产业的可持续发展。

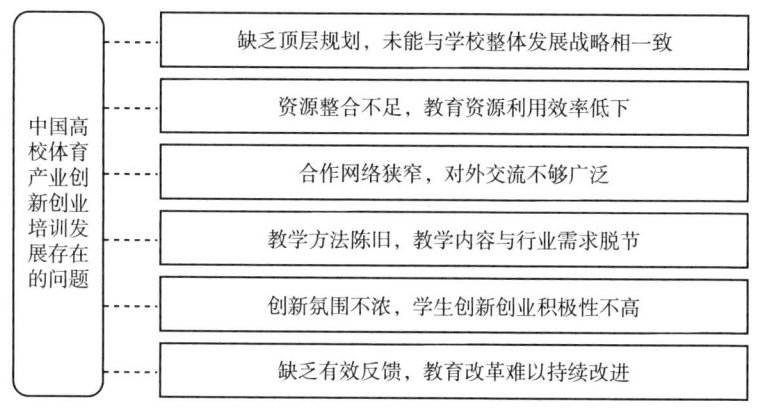

图 9　中国高校体育产业创新创业培训发展存在的问题

（一）缺乏顶层规划，未能与学校整体发展战略相一致

高校体育产业创新创业培训缺乏顶层规划，许多高校在教育改革中将创

新创业教育视为次要任务，缺乏对其重要性的充分认识，导致创新创业教育在学校教育体系中地位不明确，资源配置不足，教学质量参差不齐①。学校领导层对创新创业教育的认识不够，缺乏对其战略地位的重视，缺乏长远规划和持续支持，这使得创新创业教育无法融入学校整体发展战略，教育资源难以得到充分利用，影响了教学质量和培养效果。数据结果显示，仅有35.32%的高校开设了体育产业创新创业相关课程。而其余高校则处于准备开设、未开设或不清楚情况的状态。其中，有9.4%的高校表示正在准备开设此类课程，而有34.17%的高校尚未开设相关课程，另有21.1%的高校对此情况表示不清楚（见图10）。这一数据表明在当前情况下，许多高校对体育产业创新创业课程的开设并不重视。虽然一部分高校正在积极准备开设相关课程，但仍有相当比例的高校尚未意识到或未能有效推进这一领域的教育。数据显示，仅有18.58%的高校制定了关于加强体育产业创新创业课教师队伍建设方面的文件，11.24%的高校正在制定中，19.95%的高校未曾制定，而50.23%的高校对此仍不太清楚（见图11）。

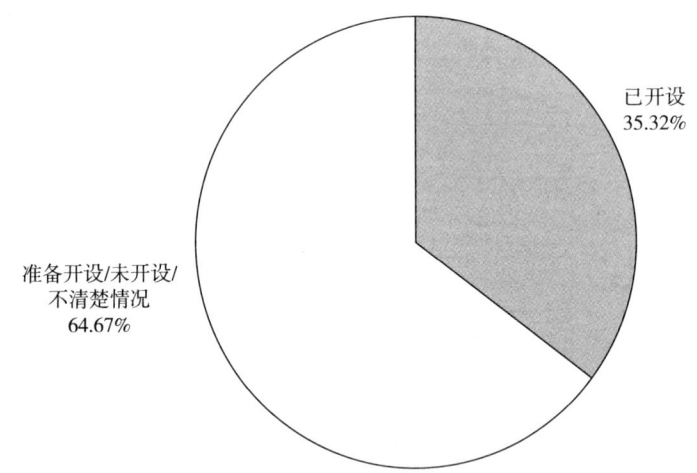

已开设
35.32%

准备开设/未开设/
不清楚情况
64.67%

图 10　高校开设体育产业创新创业相关课程情况

---

① 王洪彪、冯琰、赵洪朋：《体育院校创新创业教育的现状与思考》，《辽宁体育科技》2013
年第 6 期。

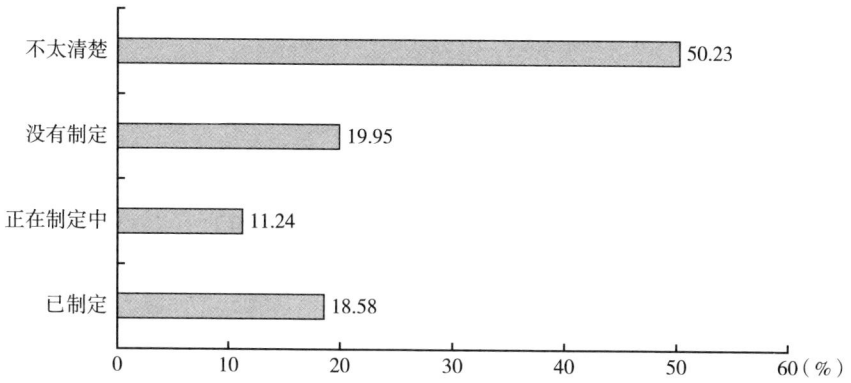

图 11 高校关于加强体育产业创新创业课教师队伍建设方面的文件制定情况

（二）资源整合不足，教育资源利用效率低下

高校体育产业创新创业培训存在资源整合不足的问题，教育资源利用效率低下。学校内部各部门存在教学资源、科研成果、行业联系等碎片化资源，但缺乏有效整合和共享机制，教学资源分散且重复，科研成果无法有效转化为教学资源，导致教育资源的浪费和低效利用。同时，学校与外部行业、企业以及其他高校之间的合作不够紧密，缺乏行业实践基地和实习机会，无法给学生提供实践机会和就业保障。问卷显示，只有 21.79%的高校设立了专门的体育产业创新创业学院（中心/平台等）来负责体育产业创新创业相关管理，其他高校则缺乏专门的管理平台。其中，有 37.61%的高校由教务处负责管理，27.06%的高校由学生处负责，41.28%的高校由二级学院负责管理，35.09%的高校由学生就业（指导）中心管理，甚至有 7.80%的高校没有成立专门的管理部门（见图 12）。这表明高校在体育产业创新创业方面存在一些管理上的不足和差异，这种差异化的管理方式可能导致体育产业创新创业教育的质量和效果存在不确定性，需要进一步统一和完善管理机制，以确保高校在这一领域的发展和教育目标的实现。

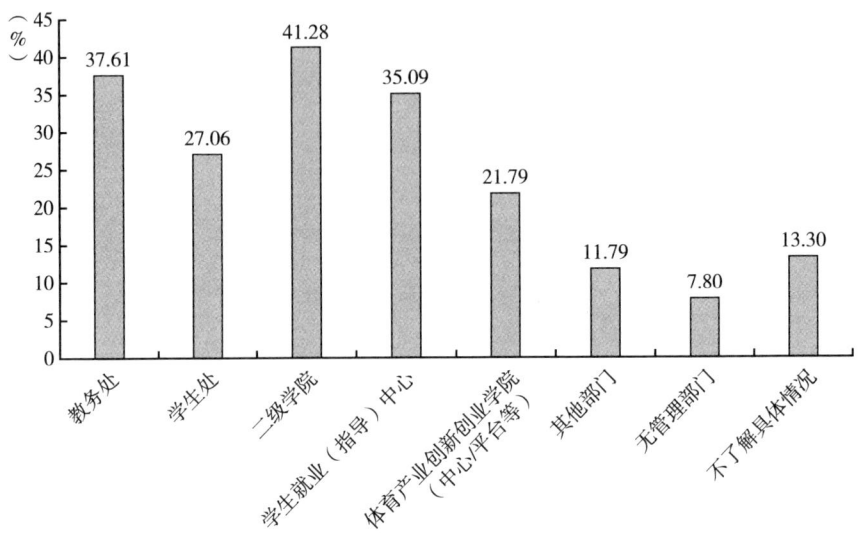

图12　高校体育产业创新创业教育管理部门设置情况

（三）合作网络狭窄，对外交流不够广泛

高校往往局限于内部合作或与少数企业、机构合作，缺乏与其他教育机构、企业以及政府机关的广泛合作网络，合作渠道不够畅通。这导致创新创业培训的资源、经验和视野受限，无法充分获取其他渠道的优质资源，限制了学生视野和竞争力的提升，影响了高校体育产业创新创业培训的总体水平和学生的综合素质培养。调查数据显示，体育产业创新创业培训主办机构有59.48%为体育院校，21.92%为其他高校，企业、协会、政府、产业基地和科技园等平台占比均在8%~16%，这表明高校体育产业创新创业培训主办机构主要集中在院校内部，缺乏与其他教育机构、企业以及政府机关的广泛合作网络（见图13）。

（四）教学方法陈旧，教学内容与行业需求脱节

在高校体育产业创新创业培训中，教学方法可能过于传统，缺乏与时俱进的教学理念和方法。传统的教学模式和教学方法难以满足学生的多样

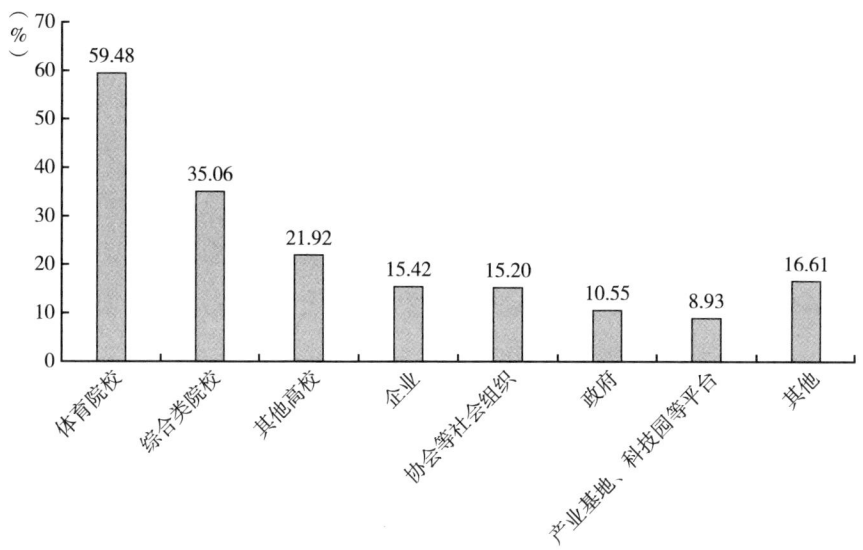

图 13　高校体育产业创新创业培训主办机构

化学习需求和行业的实际需求，导致教育质量和效果不尽如人意。同时，由于师资队伍中缺乏具备行业实践经验和专业知识的教师，教学内容的更新和调整不及时，缺乏与体育产业发展趋势相适应的教育内容，无法有效地满足学生的学习需求和行业的人才需求，使得学生毕业后面临着就业竞争力不足等问题。数据结果显示，只有 3.67% 的高校认为其师资力量完全满足教学需要，教学效果良好；22.48% 的高校表示师资力量大体满足需要；33.72% 的高校称师资力量基本满足需要，但教学效果一般；11.47% 的高校称师资力量勉强满足需要，教学效果较差；而 11.01% 的高校称师资力量不能满足需要，严重影响教学成果（见图 14）。不仅如此，数据显示有高达 86.01% 的教师至今尚未获取任何创业指导教师相关资格认证，表明大多数高校教师在创业指导教师相关资格认证方面存在不足，缺乏相关的资格认证可能意味着他们缺乏系统的创业指导知识和技能，无法提供高质量的创业指导服务。这可能会影响他们在指导学生进行创新创业活动时的能力和水平，限制了学生在创业过程中获取有效指导和支持的机会（见图 15）。

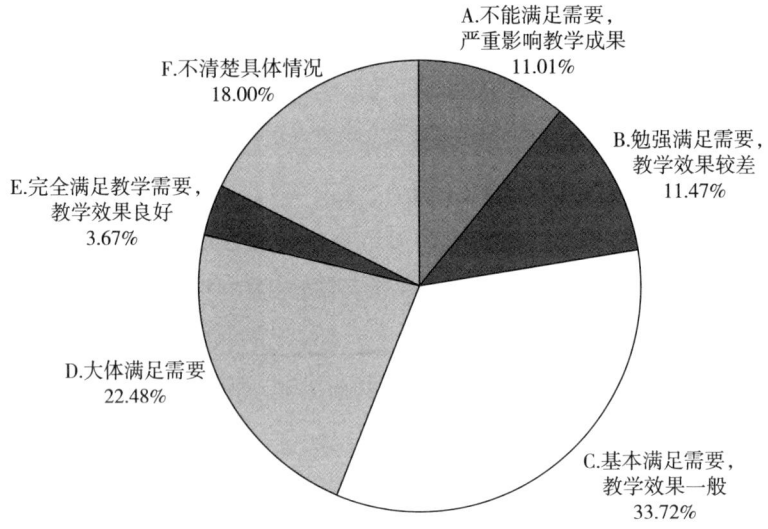

图14　高校体育产业创新创业教育师资力量

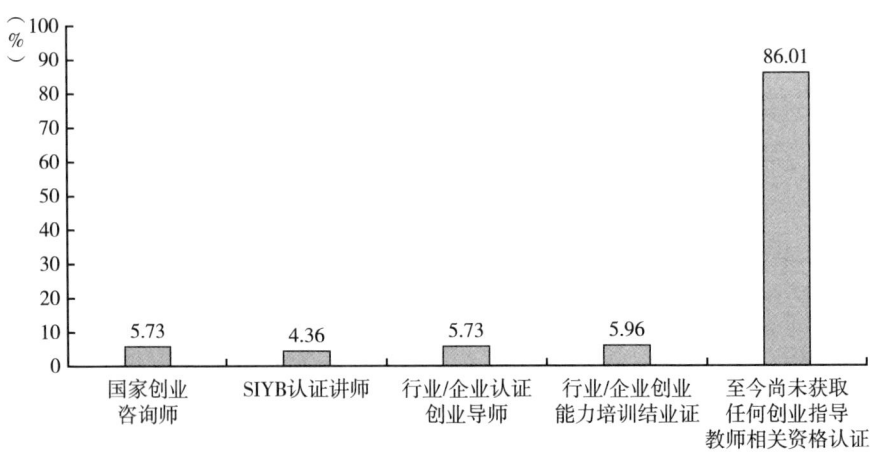

图15　高校教师创业指导教师相关资格认证情况

（五）创新氛围不浓，学生创新创业积极性不高

高校体育产业创新创业教育中，校园创新氛围相对不浓，学生创新创业积极性不高。调查数据显示，仅有8.57%的学生表示毕业后最想要自主创

业，表明学生对于创业的兴趣和意愿相对较低（见图16）。并且仅有5.45%的学生对参与体育产业创新创业有非常强烈的意愿（见图17）。

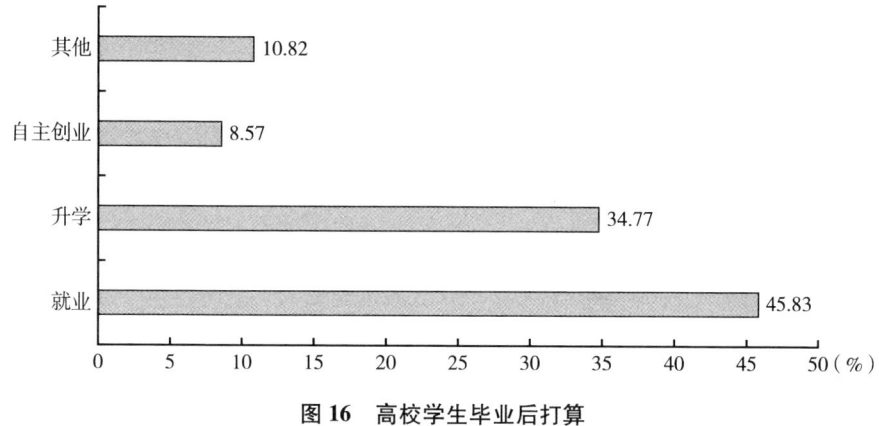

图16　高校学生毕业后打算

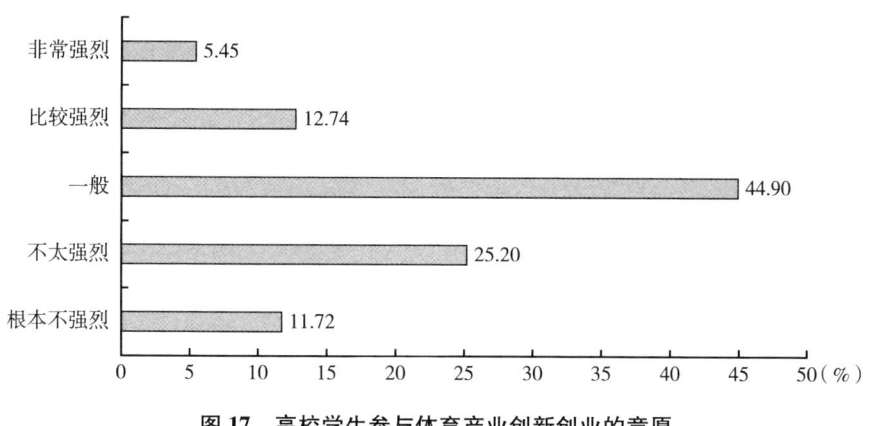

图17　高校学生参与体育产业创新创业的意愿

学校往往缺乏鼓励创新、支持创业的氛围和机制，学生创新创业的想法和行动受到一定的阻碍和限制。同时，校园内部创新创业相关活动和资源较为匮乏，学生缺乏足够的创新创业平台和机会。调查数据显示，65.83%的高校教师未曾指导过体育产业创新创业参赛获奖项目，且仅有29.36%的高校教师指导过1~5项体育产业创新创业参赛获奖项目（见图18）。同时有52.98%的高校教师从未带领学生项目（体育产业相关）参与过创新创业赛

事活动，其他部分教师会带领学生参加诸如中国国际"互联网+"大学生创新创业大赛、"挑战杯"中国大学生创业计划竞赛、各类体育产业创新创业赛事和其他创新创业赛事。这表明教师在指导学生参与创新创业方面存在一定程度的欠缺，数量和质量都有待提高（见图19）。

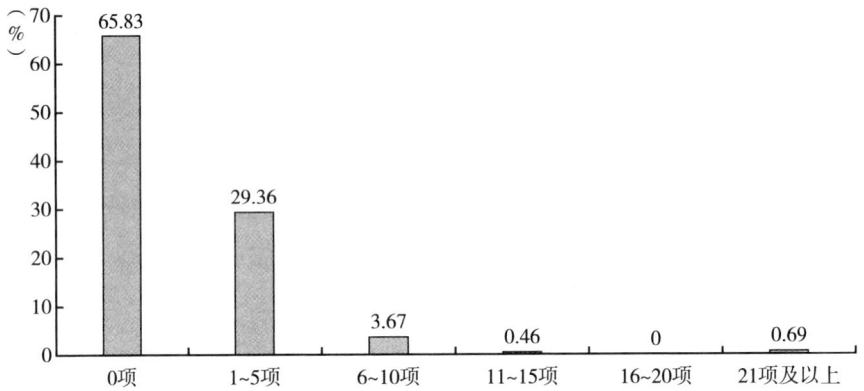

图18 高校教师曾指导的体育产业创新创业参赛获奖项目数

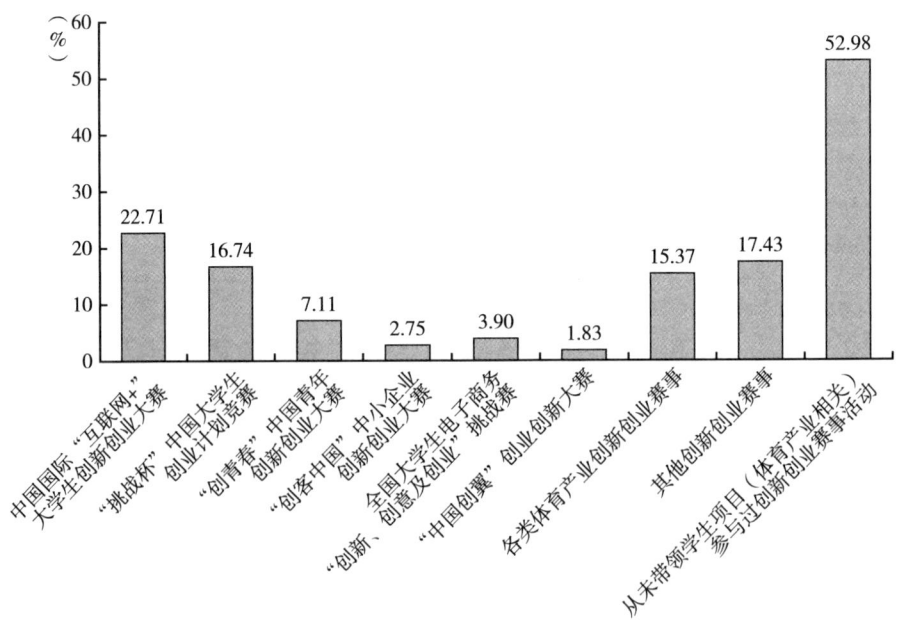

图19 高校教师曾带领学生项目参与过体育创业创新创业赛事的类别

（六）缺乏有效反馈，教育改革难以持续改进

在高校体育产业创新创业培训的实施过程中，很多学校对教育改革效果的评估和调整缺乏及时性。这种滞后性不仅限制了教育改革的深度和广度，还可能使其失去灵活性和创新性。具体而言，许多高校在推行体育产业创新创业教育时，往往过于注重课程的开设和师资的配备，却忽视了教育改革的实际效果和长远影响。如上所述，我国高校体育产业创新创业教育的满意度不高，其中一个重要原因就是教育改革效果的评估和调整不及时，一些高校在教育改革过程中，缺乏对学生、教师以及行业专家的深入调研和沟通，导致教育改革方案与实际需求存在较大差距。

问卷调查结果显示，仅有大约一半的学校将创新创业项目指导或参赛指导纳入师资评价体系（见图20），很多高校仍缺少一定的评价措施，一方面，会导致教师可能难以准确了解自己在创新创业教育方面的表现，从而无法及时调整教学策略和方法；另一方面，由于评价体系的缺失，教师的努力可能无法得到应有的认可和回报，这会降低他们参与创新创业教育的积极性和热情。

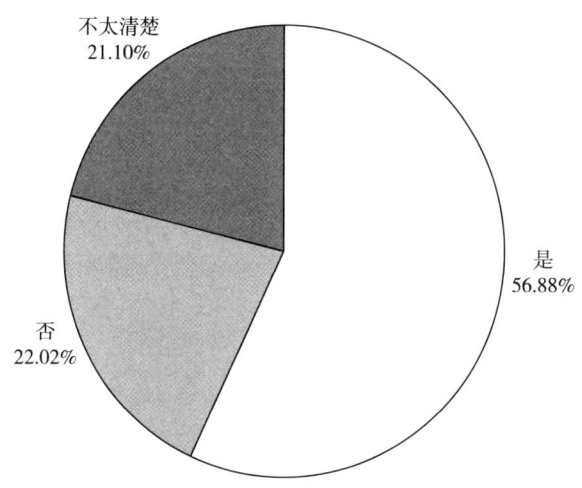

图20　贵校是否将创新创业项目指导或参赛指导纳入师资评价体系

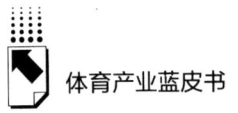

四 对策建议

在当前体育产业迅速发展的背景下，高校体育产业创新创业培训的发展路径存在一定的问题，也面临着前所未有的机遇和挑战。为了充分发挥其内在优势，满足市场对高质量体育产业人才的需求，高校需要采取一系列战略措施来优化其培训体系①。这包括加强教育内容的多元化，更新教学方法，扩大实践平台的建设，加强师资队伍，拓宽国际视野，以及优化政策环境等关键方面。同时，高校还需积极应对行业不确定性、资源分配不平衡等挑战，通过持续追踪与反馈机制来不断调整和优化培训项目，为学生提供更加丰富、实践性强的学习体验，为体育产业培育出更多具有创新精神和创业能力的优秀人才②，推动体育产业的持续健康发展（见图21）。

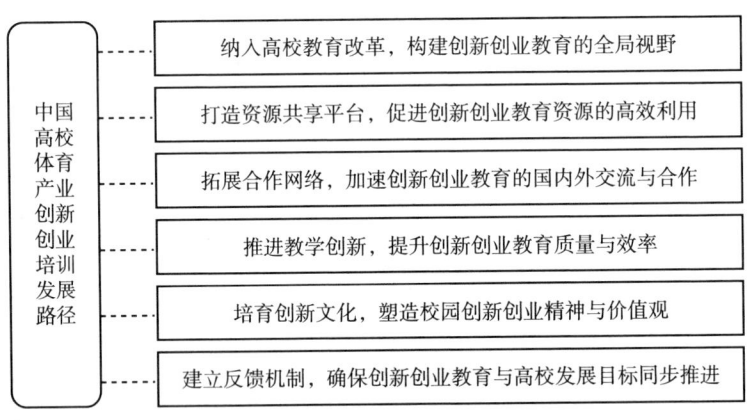

图21 中国高校体育产业创新创业培训发展路径

---

① 冯赵建、郭振慧、崔亿久：《基于新工科理念下的河北省高校创新创业教育师资培训体系优化研究》，《天津农学院学报》2019年第2期。

② 刘旋、王秋月：《高等体育院校创新创业人才培养实践路径研究》，《天津市教科院学报》2016年第4期。

（一）纳入高校教育改革，构建创新创业教育的全局视野

高校需要将体育产业创新创业教育的发展纳入学校的顶层设计和长远规划中，确保其与学校的整体发展战略相一致。这要求学校领导层对创新创业教育的重要性有充分认识，通过制定相关政策、规划和支持措施，为体育产业创新创业教育提供持续的资源和政策保障。同时，需要定期对教育改革的进展进行评估和调整，确保教育目标与市场需求、行业发展保持同步。

（二）打造资源共享平台，促进创新创业教育资源的高效利用

高校应积极整合内部外部资源，建立一个资源共享平台，包括教学资源、科研成果、行业联系等，以支持创新创业教育的实施。这包括与行业企业的合作，引入实践基地和实习机会；与国内外高校合作，交流创新创业教育的经验和方法；以及利用现有的科研资源，支持学生的创新创业项目。通过资源整合，可以最大化地提高资源的利用效率，为学生提供丰富多样的学习和实践机会。

（三）拓展合作网络，加速创新创业教育的国内外交流与合作

高校应主动拓展与其他教育机构、企业、政府机关以及国际伙伴的合作网络。通过组织共同的研究项目、学术交流、创业竞赛等活动，促进知识和经验的交流与共享，同时为学生提供更多元化的视角和实践机会。特别是在国际合作方面，通过学生交换、联合课程等方式，培养学生的国际竞争力和全球视野。

（四）推进教学创新，提升创新创业教育质量与效率

创新创业教育需要采用灵活多样的教育模式和教学方法，以适应学生的不同学习需求和行业的实际需求。这包括项目导向学习、案例教学、在线课程、翻转课堂等，旨在提高学生的主动学习能力、批判性思维和

解决问题能力。同时，应重视教学内容的实时更新，确保与行业发展保持同步。

（五）培育创新文化，塑造校园创新创业精神与价值观

高校需要通过校园文化的建设，营造鼓励创新、容忍失败的氛围，从而激发学生的创新创业精神。这可以通过举办创新创业相关的讲座、工作坊、竞赛等活动，表彰创新创业成果，以及提供创业失败后的支持和鼓励。通过这些措施，可以帮助学生树立正确的价值观，增强创新创业的信心和动力。

（六）建立反馈机制，确保创新创业教育与高校发展目标同步推进

高校应建立一套有效的追踪和评估机制，定期评估创新创业教育的效果，包括学生满意度、就业和创业成功率等指标。通过收集学生、教师和合作伙伴的反馈，不断调整和优化教育内容、方法和资源配置，以确保教育目标的实现和持续改进。

五　结语

综合调研数据可见，中国高校体育产业创新创业教育正在积极适应体育产业的快速发展，但是也存在一定的问题。要更有效地培养适应市场需求的高素质人才，还需在课程更新、实践机会扩大、师资和设施优化、教学方法创新等方面做出进一步努力。通过这些改进，高校体育产业创新创业教育将更好地满足学生和行业的需求，促进体育产业的健康可持续发展。通过对体育产业创新创业培训的持续加强和创新，能够有效提升学生对体育产业发展趋势的理解、创新能力以及实际操作技能，为体育产业注入更多的创新元素和活力，进一步推动我国体育产业的高质量发展。

B.4
中国高校体育产业创新创业赛事发展报告（2023~2024）

李冠南　王　哲*

摘　要： 创新是社会前进的灵魂，创业是推动经济社会发展、改善民生的关键举措。党的二十大报告强调"创新是第一动力"，要"坚持创新在我国现代化建设全局中的核心地位"。随着体育产业的蓬勃发展，我国高校体育产业创新创业教育全面推开，各类体育产业创新创业赛事成功举办，我们应当充分认识到其重要性。基于此，对中国高校体育产业创新创业赛事的认知水平、组织结构、参与情况、资金来源、师资支持、满意程度进行调研与分析，并不断改进与优化整体发展模式，提出增强多视角问题看待途径，完善自身素质提高认知水平、优化赛事组织内部运行结构，确立赛事管理清晰战略目标、明晰赛事参与具体化情况，建立多渠道宣传与推广模式、加大专项化资金支持力度，推动社会力量积极参与协办、提升师资队伍综合化能力，培养体育赛事领域专业人才、深入了解赛事评价满意度，改进服务水平满足群体需求六大对策与建议，旨在引导中国高校体育产业创新创业赛事健康有序发展，为建设创新型国家、推动经济社会高质量发展提供源源不断的动力支持与后备力量。

关键词： 创业教育　体育产业　赛事发展

---

* 李冠南，北京体育大学2022级博士研究生，主要研究方向为体育公共政策、体育管理；王哲，中央财经大学副教授，主要研究方向为体育教学、体育赛事组织与管理。

一 调研背景

（一）坚持创新发展作为中国高校体育产业赛事前进的第一动力

党的二十大报告明确提出"创新是第一动力"。中国高校体育产业赛事发展正日益凸显创新发展的重要性，作为推动这一领域前进的第一动力，创新不仅仅是在技术和赛事形式上的革新，更涉及管理模式、商业化运营以及教育理念的创新。首先，创新驱动体育产业赛事的不断发展。在赛事运营方面，高校体育赛事开始注重数字化和智能化管理，借助信息技术提升赛事效率、观赏性和互动性。这包括赛事数据分析、在线直播、虚拟现实技术的应用等，为赛事增添了新的观赏体验和商业价值。其次，创新引领体育产业赛事商业化发展。高校体育赛事在商业化路径上探索多元化，不仅关注门票销售和广告收入，还着眼于衍生品开发、赞助合作、品牌推广等多种商业模式。借助创新思维，赛事的商业化路径更具差异化和可持续性，为高校体育赛事带来更广阔的发展空间。此外，创新推动了高校体育赛事与教育理念的深度融合。不再仅限于赛事结果，高校体育赛事开始注重对参与者的教育和培养，强调体育赛事作为教育的一部分。通过创新的教学模式、学生参与式管理以及跨学科合作，高校体育赛事促进了学生的全面发展，培养了团队合作精神和领导能力。综上所述，创新发展作为中国高校体育产业赛事前进的第一动力，影响着赛事的技术水平、商业价值和教育意义。持续不断的创新推动着高校体育赛事的不断升级，为其带来了更广阔的发展空间和更深层次的社会影响。

（二）以创业促就业作为完善中国高校体育产业赛事发展的保障

就业是最基本的民生，在完善中国高校体育产业赛事发展的保障中，创业促进就业扮演着至关重要的角色。高校学生群体作为当今社会的重要活动群体，提高他们的就业能力与水平对于保障民生发展，完善重点群体就业支持体系具有决定性作用。高校体育产业赛事的发展需要充足的人力资源和创新力量，而创业活动则是培育人才、促进创新、推动经济增长的有效途径之一。因此，通过创业来促进就业，能够为高校体育产业赛事提供可持续的发展动力。首先，创业可以为高校体育产业赛事提供更多的人才支持。创业过程中需要具备创新意识、团队合作能力和实践经验的人才，而这些正是高校体育产业赛事发展所需要的。通过创业培养出的人才不仅可以直接参与到体育赛事组织、营销、管理等方面的工作中，还能够为产业的不断优化升级和创新发展提供源源不断的动力支持。其次，创业活动能够为高校体育产业赛事带来更多发展活力。创业者通常需要具有敏锐的市场洞察力和思维创新能力，他们能够发现并抓住产业发展中的机遇，推动赛事的创新和升级。此外，创业活动还能够促进高校体育产业赛事的经济发展，创业者在创业过程中不仅能够为自身创造就业机会，还能够带动周边产业的发展，形成体育产业链条，进一步促进赛事的商业化运作，从而推动整个产业的发展。综上所述，以创业促进就业是完善中国高校体育产业赛事发展的重要保障，通过创业的多元化发展方式，可以为高校体育产业赛事提供充足的人才支持、推动产业的创新和活力、促进赛事的经济发展，从而实现体育赛事产业的可持续发展目标，促进构建良好健康的体育赛事活动标准体系。

（三）打造中国式现代化高校体育产业创新创业赛事体系为关键

中国式现代化的总目标是全面建成社会主义现代化强国，体育强国作为强国建设中的重要组成部分，明确了新时代新征程党和国家对体育事业发展的部署要求。2024年1月31日，习近平总书记在中共中央政治局第十一次集体学习时强调，加快发展新质生产力，扎实推进高质量发展。总书记指出创新在加快推动新质生产力中起主导作用，因此，要以科技创新推动产业创新，不断以新质生产力增强发展新动能，更好推动我国社会整体高质量发展。中国体育现代化是实现社会主义现代化体育强国建设的题中之义和必然

要求，是今后中国体育特色道路发展的理论资源和行动指南①。首先，中国式现代化高校体育产业创新创业作为高校体育产业创新创业发展的本土化延伸模式，为中国高校体育产业的未来发展引领了前进方向。其次，高校体育产业创新创业赛事的开展有利于激发当代大学生了解体育产业发展的兴趣与热情，推动在高校中发展与建设体育强国的进程，培养学生的体育精神，促进打造现代体育产业体系，加快形成以健身休闲业、竞赛表演业等为龙头，高端制造业与现代服务业融合发展的体育产业创新创业赛事活动体系。此外，打造中国式现代化高校体育产业创新创业赛事体系是推动体育产业发展与高校创新创业融合的关键战略举措。该体系将高校作为参与体育产业创新创业的核心驱动力和基础平台，借助创新赛事的组织和运营，为学生提供实践锻炼和创新创业机会，推动科技成果转化和产业升级。综上所述，打造中国式现代化高校体育产业创新创业赛事体系将有助于激发体育产业创新创业活力，促进科技成果转化，推动体育产业的健康发展，实现高校创新创业与体育产业发展的良性互动，为中国体育事业注入新的活力与动力。

二 调研设计

（一）调研依据

本次调研在组织设计方面，以国务院印发的《关于推动创新创业高质量发展打造"双创"升级版的意见》（国发〔2018〕32号），国务院办公厅印发的《关于印发体育强国建设纲要的通知》（国办发〔2019〕40号）和《关于进一步支持大学生创新创业的指导意见》（国办发〔2021〕35号），教育部办公厅印发的《关于进一步加强全国职业院校教师教学创新团队建设的通知》（教师厅函〔2022〕21号），教育部办公厅、工业和信息化部办

---

① 孙科、杨帆、朱天宇：《中国式现代化体育发展探究》，《天津体育学院学报》2023年第3期，第249~254、268页。

公厅、国家知识产权局办公室联合印发的《关于组织开展"千校万企"协同创新伙伴行动的通知》（教科信厅函〔2022〕26号），国家体育总局印发的《"十四五"体育发展规划》（体发〔2021〕2号）等文件为依据，以全国高等院校教师、管理干部、学生为对象，开展随机抽样调查研究。

（二）调研过程与方法

本次调研采用问卷调查法和专家访谈法。通过"问卷星"平台发放调查问卷，调查问卷分为高校教师问卷及高校学生问卷。在调研内容上，中国高校体育产业创新创业教育教师与管理者问卷主要围绕师资力量队伍建设、带领学生参加体育创新创业赛事的类别、体育产业创新创业赛事经费支持程度、体育产业创新赛事指导激励机制、体育产业创新赛事认知水平等方面进行设计。中国高校体育产业创新创业教育学生问卷主要围绕体育产业创新创业赛事参与情况、体育产业创新创业赛事的培训内容、体育产业创新创业赛事的满意程度等方面进行设计。在调研资料数据处理上，运用问卷星软件和 Spss 24.0 软件的统计分析方法，对获得的有效资料和数据进行整理归类和分析。同时，借助文献资料研究方法，查阅有关体育产业创新创业建设的相关资料并利用知网搜索相关论文，借鉴有益的研究成果，为调研报告起草提供政策和理论依据。

三 调研结果与分析

（一）中国高校体育产业创新创业赛事认知水平分析

认知需求是人类需要和动机之一，自从这一概念在20世纪50年代由美国学者科恩（Cohen，1982）等人正式提出，后经 Cacioppo 和 Petty 在1982年对这一概念进行验证后，现已成为心理学界较为成熟的概念，[1] 泛指个体

---

[1] Cacioppo J. T., Petty R. E. The Need For Cognition. Journal of Personality and Social Psychology, 1982, 42 (1): 116-131.

对事物的了解、认识、希望等的内在动力。随着体育产业的迅速发展，高校体育产业创新创业赛事成为促进创新创业、培养创新人才的重要平台。对于参与者而言，了解他们对此类赛事的认知水平具有重要意义。中国高校体育产业创新创业赛事的认知水平受到多方面因素的影响，高校学生的创新创业意识、对体育创新创业教育政策的理解程度，以及对赛事本身的了解程度都会影响其对赛事的认知水平。对全国高校学生在校生身份与对体育产业创新创业政策了解程度进行调查发现，学生身份与对体育产业创新创业政策了解程度具有显著性（P<0.05），具有统计学意义，学生身份为在校专科生对体育产业创新创业政策一般了解占比最高（占在校专科生身份的35.60%），学生身份为在校研究生对体育产业创新创业政策不太了解占比最高（占在校研究生身份的40.00%），全体学生对体育产业创新创业政策非常了解的仅占总计比例的4.90%（见表1）。

表1 学生身份与对体育产业创新创业政策了解程度交叉表

单位：%

	A. 在校专科生	B. 在校本科生	C. 在校研究生	D. 其他	总计
A. 根本不了解	15.60	11.30	12.20	23.00	13.60
B. 不太了解	33.10	39.30	40.00	26.40	36.10
C. 一般	35.60	32.20	30.60	29.10	33.70
D. 比较了解	10.40	12.90	11.60	13.50	11.70
E. 非常了解	5.30	4.30	5.60	8.10	4.90
总计	100.00	100.00	100.00	100.00	100.00
$x^2 = 114.252, L = 12, P = 0.00$					

由此可见，中国高校学生对体育产业创新创业赛事的认知水平随学生身份不同呈现出一定的认知特点。身份为在校专科生的学生对体育产业创新创业政策的了解程度明显高于身份为在校本科生与在校研究生，且了解程度呈线性下降趋势。这可能与在校学生的学业呈正相关，研究生的学业压力水平大于本科生与专科生，因此对自身专业外相关的赛事活动关注度低于本科生与专科生，造成在政策了解程度上低于本科生与专科生，而本

科生与专科生相比研究生拥有较多的余暇，进而对体育产业创新创业政策的了解相对较多。此外，是否参与了体育产业创新赛事也可能会导致认知水平存在差异，需要因地制宜地开展相关工作，对体育产业创新创业政策了解程度与参与创新创业项目的类别进行单因素比较分析可以看出，除缺失值外，在参与过体育产业创新创业赛事项目中类别为场地设施管理服务的项目对体育产业创新创业教育政策了解程度最高（见图1，2.5为标准线，该项目为3.2左右）。

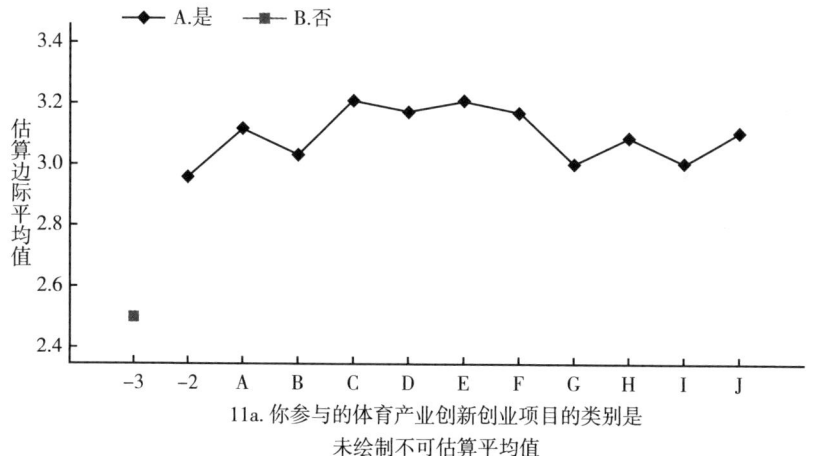

11a. 你参与的体育产业创新创业项目的类别是
未绘制不可估算平均值

图1　你对体育产业创新创业政策了解程度与参与创新创业项目的类别单因素图

A. 体育竞赛服务　B. 健身休闲服务　C. 场地设施管理服务　D. 体育经纪与代理、广告与会展、表演与设计服务　E. 体育教育与培训　F. 体育传媒与信息服务　G. 体育用品及相关产品销售、出租与贸易代理　H. 其他体育服务　I. 体育用品及相关产品制造　J. 体育场地设施建设

　　综上所述，中国高校体育产业创新创业赛事认知水平的分析涉及多个方面，需要综合考虑各种因素并采取相应措施来提升认知水平，从而推动高校体育产业创新创业赛事的发展。在认知层面，部分学生可能对体育产业的创新创业机会存在认知偏差，需要通过参与体育产业创新创业赛事等形式进行引导和培养；同时，一些学生可能对赛事的组织和参与流程存在认知不足，需要加强赛事信息的宣传和解读。此外，应大力加强体育产业创新创业教育的整体宣传度，丰富各类体育产业创新创业赛事的参与途径，提高高校学生

的整体认知水平，激发其参与创新创业的热情和动力，促进高校体育产业创新创业赛事的健康发展。

（二）中国高校体育产业创新创业赛事组织结构分析

中国高校体育产业创新创业赛事的组织结构是促进赛事顺利进行、确保其有效运作的重要基础。中国高校体育产业创新创业赛事的组织结构通常由主办单位、承办单位、赛事组委会等构成。主办单位往往是相关高校或政府部门，负责整体策划和资源保障；承办单位则是具体承担赛事组织和实施工作的机构，负责具体执行和运营；赛事组委会则是赛事的决策机构，负责赛事规划、赛程安排、评审评选等重要事务。为了解体育院校体育产业创新创业赛事组织结构整体情况，对高校体育产业创新创业教育管理相关部门进行调查，结果显示在独立建制的体育院校中体育产业创新创业教育管理部门为二级学院的占比最高（占独立建制的体育院校的14.40%），在综合性大学的体育院、系、部中体育产业创新创业教育管理部门为教务处的占比最高（占综合性大学的体育院、系、部的15.40%），在体育高职高专中体育产业创新创业教育管理部门为二级学院的占比最高（占体育高职高专的0.90%），在非体院校中体育产业创新创业教育管理部门为二级学院的占比最高（占非体院校的12.20%），整体来看体育产业创新创业教育管理部门为二级学院的高校占比最高（占总计的41.30%），无管理部门的占比最低（占总计的7.80%）（见表2）。

表2 是否属于体育院校与贵校体育产业创新创业教育管理相关部门交叉表

单位：%

	A. 独立建制的体育院校	B. 综合性大学的体育院、系、部	C. 体育高职高专	D. 非体育院校	总计
A. 教务处	11.00	15.40	0.20	11.00	37.60
B. 学生处	12.80	6.40	0.50	7.30	27.10
C. 二级学院	14.40	13.80	0.90	12.20	41.30

	A. 独立建制的体育院校	B. 综合性大学的体育院、系、部	C. 体育高职高专	D. 非体育院校	总计
D. 学生就业（指导）中心	13.80	11.00	0.70	9.60	35.10
E. 体育产业创新创业学院（中心/平台等）	4.80	8.00	0.20	8.70	21.80
F. 其他部门	1.10	5.30	0.20	5.30	11.90
G. 无管理部门	0.20	1.60	0.20	5.70	7.80
H. 不了解具体情况	3.00	3.40	0.20	6.70	13.30
总计	26.40	33.70	1.80	38.10	100.00

$x^2 = 123.140$，自由度 $= 24$，$P = 0.00$

由此可见，除综合性大学的体育院、系、部外，其余高校体育产业创新创业教育均由二级学院负责，这种安排反映了高校在体育产业创新创业教育方面的组织结构和管理体系。二级学院作为高校内部的行政单位，通常负责特定领域的教学与研究任务，包括体育产业创新创业教育。相比综合性大学的体育院、系、部，二级学院可能更具灵活性和专业性，更容易根据市场需求和学生意愿调整教学内容和课程设置。此外，中国高校体育产业创新创业赛事组织结构的特点在于其灵活性和专业性。由于赛事类型多样，组织形式灵活，因此组织结构通常会根据具体赛事的特点和需求进行调整和定制；同时，赛事组织结构通常由专业团队或专家学者组成，以确保赛事的专业性和权威性。综上所述，中国高校体育产业创新创业赛事组织结构的分析涉及多个方面，需要综合考虑各种因素并采取相应措施来优化组织结构，从而保障赛事的顺利进行和有效运作，推动高校体育产业创新创业赛事的健康发展。

（三）中国高校体育产业创新创业赛事参与情况分析

大力推进创新创业教育，培养一批具有创新创业能力的体育产业人才，

是当前我国体育教育事业发展的重要目标。体育产业飞速发展，大力推进双创教育为高校体育产业创新创业教育发展创造了机遇。中国高校体育产业创新创业赛事的参与情况反映了学生对创新创业的态度和实践程度以及创新创业人才后备队伍建设情况，也揭示了不同赛事在学生中的影响力和吸引力。对是否参加过体育产业创新创业培训与参与过哪些体育产业创新创业赛事活动进行调查，结果显示没参与过体育产业创新创业培训比参与过体育产业创新创业培训的学生高出14个百分点；在参与过体育产业创新创业培训的学生中参加中国国际"互联网+"大学生创新创业大赛占比最高（占参与过学生的21.40%），参加"中国创翼"创业创新大赛占比最低（占参与过学生的4.80%），从未参与过创新创业赛事活动的仅占参与过学生的5.60%（见表3）。

表3 是否参加过体育产业创新创业培训与参与过哪些体育产业创新创业赛事活动交叉表

单位：%

	A. 是	B. 否	总计
中国国际"互联网+"大学生创新创业大赛	21.40	23.50	44.90
"挑战杯"中国大学生创业计划竞赛	13.30	16.50	29.90
"创青春"中国青年创新创业大赛	11.90	11.60	23.50
"创客中国"中小企业创新创业大赛	8.60	8.20	16.80
全国大学生电子商务"创新、创意及创业"挑战赛	7.80	7.90	15.70
"中国创翼"创业创新大赛	4.80	4.00	8.80
各类体育产业创新创业赛事	5.80	5.00	10.90
其他创新创业赛事	7.00	10.20	17.20
从未参与过创新创业赛事活动	5.60	12.80	18.40
总计	43.00	57.00	100.00
$x^2 = 125.212, L = 9, P = 0.00$			

由此可见，中国高校学生对于创新创业赛事的整体参与率较高，达到了43%，这表明学生对于创新创业有一定的关注和积极性。其中，中国国际"互联网+"大学生创新创业大赛是参与率最高的赛事，达到了21.40%，显示出学生对于互联网和科技创新领域的浓厚兴趣和参与热情。其他知名赛事

如"挑战杯"中国大学生创业计划竞赛和"创青春"中国青年创新创业大赛也有相当数量的参与者，分别占 13.30% 和 11.90%，这说明学生对于创业计划和创新项目的关注程度相当高。另外，有相当比例的学生表示从未参与过任何创新创业赛事活动，占比为 18.40%，这可能反映了一部分学生对于创新创业赛事的了解不足或者对于创新创业缺乏兴趣。因此，加强对创新创业赛事的宣传和推广，培养学生的创新创业意识和能力，是当前高校教育的重要任务之一。综上所述，中国高校体育产业创新创业赛事参与情况呈现出多样化的特点，其中一些赛事具有较高的参与率，但一些赛事的参与率相对较低。为了推动创新创业教育的深入开展，需要继续加强赛事组织和宣传，提高学生对于创新创业的参与度，促进高校体育产业创新创业活动的蓬勃发展。

（四）中国高校体育产业创新创业赛事资金来源分析

中国高校体育产业创新创业赛事的资金来源是赛事顺利开展的重要保障，其资金来源多样化，既包括内部支持也涉及外部赞助和政府支持。内部支持是中国高校体育产业创新创业赛事的主要资金来源之一。高校可能通过自有经费，如学校预算、科研经费等，为赛事提供支持。学校领导和相关部门可能会拨款给赛事组委会，用于组织赛事的各项开支，包括场地租赁、物资采购、人员费用支出等。此外，一些赛事可能还会通过参赛选手的报名费或者观众购票等方式筹集一部分资金。对中国高校开展创新创业教育活动经费支持情况进行调查，结果显示中国高校开展创新创业教育活动经费支持情况为一般充足的占比最高（占总计的 27.5%），反映了相当一部分高校在支持创新创业教育方面已经投入了一定的经费，并能够基本满足教育活动的需求；经费支持情况为非常充足的占比最低（占总计的 4.4%），表明少部分高校在创新创业教育经费上投入较多，为教育活动提供了丰富的资源支持；不太充足与根本不充足合计占比为 21.8%，不到整体情况的 1/4（见图 2），说明仍有相当一部分高校在创新创业教育赛事活动的经费支持方面存在一定的不足，可能面临着资源匮乏、设备不足等问题。

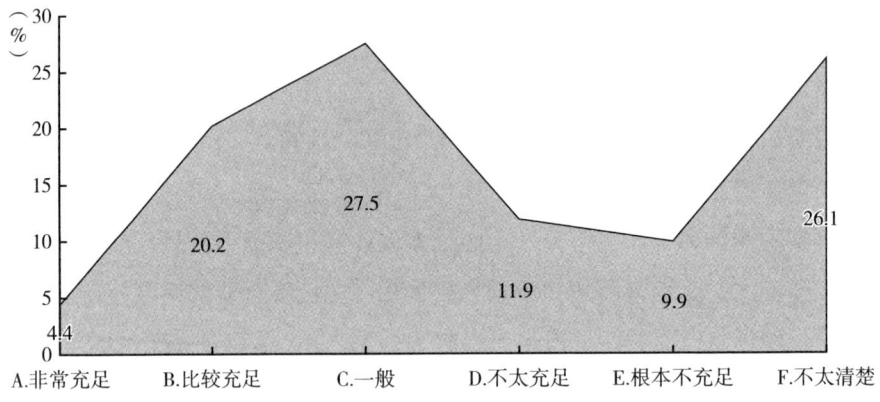

图2　贵校开展创新创业教育活动经费支持情况

综合来看，大部分高校的创新创业教育活动经费支持情况相对平均，但仍有一定比例的高校存在经费不足的情况，需要进一步加大对创新创业教育的经费投入，开设相关课程教育，提高教育质量和水平。对中国高校开展创新创业教育活动经费支持与开设相关课程情况单因素进行分析，调查结果显示，在已开设体育产业创新创业相关课程的高校中开展体育产业创新创业教育总体情况为非常完善的经费支持较为充足（2.5为标准线，该项目为3.9左右），这表明这些高校在开设相关课程的同时，也注重为创新创业教育提供必要的经费支持，以确保教育活动的顺利开展和质量提升。这种情况可能得益于高校对于体育产业创新创业的认知和重视程度较高，愿意为此类教育活动提供相应的资源支持和投入。在未开设体育产业创新创业相关课程的高校中开展体育产业创新创业教育总体情况为根本不完善的经费支持较不充足（2.5为标准线，该项目为4.4左右），这可能意味着这些高校在体育产业创新创业领域的教育开展程度相对较低，缺乏相关课程的设置和教育资源的投入，导致创新创业教育活动的支持不足，发展受到一定程度的限制（见图3）。

综合来看，开设体育产业创新创业相关课程的高校往往能够提供较为充足的经费支持，为创新创业教育活动的开展提供了良好的保障，而未开设相关课程的高校则存在经费支持不足的问题，需要加强对创新创业教育的投入

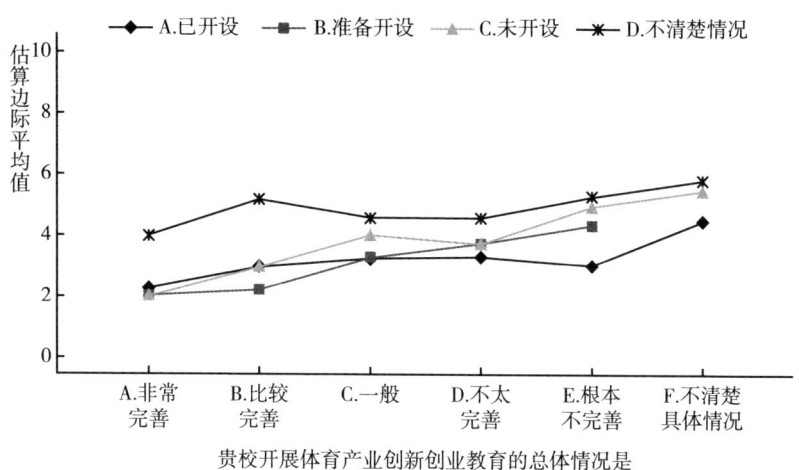

图3 贵校开展创新创业教育活动经费支持与开设相关课程情况单因素示意图

和支持，以提升教育质量和推动体育产业的创新发展。同时，赛事组织方需要积极开拓更多的资金来源，提高赛事的可持续发展能力，为体育产业的创新创业注入更多动力，推动高校体育产业创新创业赛事的健康发展。

（五）中国高校体育产业创新创业赛事师资支持分析

优秀的师资是有效开展拔尖创新教育的资源保障，是学生成就的重要影响因素之一[1]。中国高校体育产业创新创业赛事的发展与建设离不开师资力量的有力支持，不断提高师资队伍能力建设，完善高校体育产业创新创业指导教师资格准入机制，有利于为学生提供更优质的创新创业教育和赛事参与机会，推动体育产业的创新发展。相关研究指出，美国在20世纪60年代就在州一级建立了资优教育的教师资格证制度[2]。对中国高校教师文化程度与体育产业创新创业授课教师来源进行分析，调查结果显示，高

---

① 张佳伟、潘虹、陈霜叶：《培养拔尖创新人才的教师如何养成？——资优教育师资培养的国际比较与政策建议》，《全球教育展望》2023年第4期，第73~86页。

② Mirman，N. J. Teacher Qualifications for Educating the Gifted. Gifted Child Quarterly，1964（3）：123-126.

校教师文化程度为硕士研究生的占比最高（占总计的66.30%），其次为博士研究生（占总计的22.00%），再次为大学本科（占总计11.50%），大专及以下的高校教师仅占全部的0.20%。在不同文化程度的高校教师队伍中，均以专职教师为体育产业创新创业授课教师的主要来源，教学教辅人员、辅导员与学校就业指导中心人员均明显低于专职教师且占比相差不多（见表4）。

表4 教师文化程度与体育产业创新创业授课教师来源交叉表

单位：%

	A. 博士研究生	B. 硕士研究生	C. 大学本科	D. 大专及以下	总计
专职教师	13.30	35.80	7.10	0.20	56.40
教学教辅人员	6.40	15.10	3.20	0.00	24.80
学校行政管理人员	3.40	11.90	0.90	0.00	16.30
辅导员	5.30	18.60	1.60	0.00	25.50
学校就业指导中心人员	6.00	17.20	2.30	0.00	25.50
其他	1.60	5.30	2.50	0.00	9.40
不太清楚	3.00	15.40	1.40	0.00	19.70
总计	22.00	66.30	11.50	0.20	100.00
$x^2 = 31.750, L = 21, P = 0.042$					

综上所述，中国高校教师的文化程度主要以硕士研究生和博士研究生为主，而体育产业创新创业课程的授课教师主要来源于专职教师队伍。这种现象反映了高校对于体育产业创新创业教育的重视程度，以及倾向于通过专业化的教师团队来支持这一教育领域的发展。而教学教辅人员、辅导员与学校就业指导中心人员在体育产业创新创业课程的授课中占比较少，这可能是因为他们的职责更多地侧重于学生的生活指导、心理辅导以及就业指导等方面，与体育产业创新创业教育的专业性较为不符。因此，高校需要重视师资队伍的建设和培养，提升教师的专业水平和赛事组织能力，推动专职教师体系化建设，组建体育产业创新创业导师负责机制，通过多层次师资对拔尖创新人才开展系统化培养，为学生提供更为系统和深入的教学。

（六）中国高校体育产业创新创业赛事满意程度分析

中国高校体育产业创新创业赛事的满意程度是评价赛事质量和效果的关键所在，而参赛学生的满意程度是衡量赛事成功与否的重要指标之一。参赛学生对于赛事组织的质量、竞赛规则的公平性、评审流程的透明度以及奖励机制的合理性等方面都有着较高的期待。如果赛事能够满足选手的需求，提供良好的竞赛平台和发展机会，那么选手们对于赛事的满意程度将会较高。对中国高校体育产业创新创业赛事满意程度进行分析，结果显示学生对体育产业创新创业赛事满意度为一般满意的占比最高（占总计的42.5%），不满意占比最低（占总计的1.9%）；对体育产业创新创业实习实训满意度为一般满意的占比最高（占总计的42.8%），不满意占比最低（占总计的2.2%）；体育产业创新创业赛事满意度为非常满意的高于体育产业创新创业实习实训0.3个百分点（见图4）。

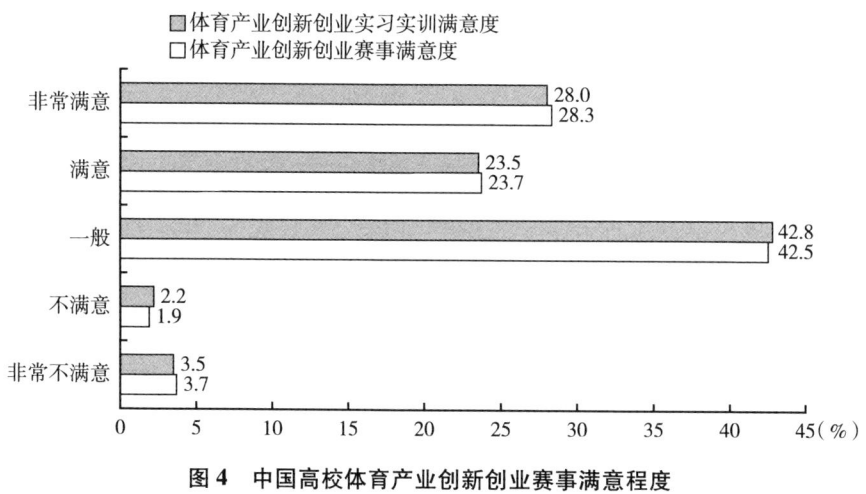

图4 中国高校体育产业创新创业赛事满意程度

由此可见，体育产业创新创业赛事的满意度略高于体育产业创新创业实习实训，两者的差距仅为0.3个百分点。这可能反映了学生对于赛事这种集中、短期、竞争性的活动形式更为感兴趣和认可，而实习实训则需要

更多的时间和精力投入，对学生的要求也更为具体和严格。因此，在提升体育产业创新创业教育质量和效果时，可以考虑增加赛事类活动的举办频率和丰富度，以满足学生多样化的需求和期待。综上所述，中国高校体育产业创新创业赛事的满意程度整体较高，大多数学生对于这类活动持积极态度。然而，仍有一部分学生对于赛事和实习实训存在一定程度的不满意，需要进一步深入分析原因，并有针对性地改进和优化教育活动的内容和形式，以学生的赛事参与的多个方面的反馈和感受为基础，提升学生的满意度和参与度。

四 中国高校体育产业创新创业赛事发展的对策与建议

（一）增强多视角问题看待途径，完善自身素质提高认知水平

在增强多视角问题看待途径和完善自身素质提高认知水平方面，有几个关键策略值得考虑。首先，多角度思考是提高认知水平的重要途径之一，人们应该学会从不同的角度去审视问题，理解事物的多样性和复杂性，并在学科教学和学习过程中提升学生的心理自我认知水平[1]。这包括从历史、文化、社会、经济、科技等多个方面去思考问题，以及从不同人群的角度去思考，通过多角度思考，可以更全面地理解问题的本质，做出更准确的判断和决策。其次，广泛阅读和学习是提高认知水平的有效途径之一，人们应该不断地学习新知识，了解不同领域的研究成果和观点，拓宽自己的知识面和视野。通过阅读书籍、期刊、报纸、网络文章等，可以获取丰富的体育产业创新创业赛事信息资源，了解不同学科领域的最新发展和思想观点，从而提升自己对于体育产业创新创业赛事整体繁荣认知水平。最后，批判性思维也是

---

[1] 夏永庚、朱琴：《高考改革背景下高中生自我认知水平提升策略研究》，《上海教育科研》2021年第2期，第60~65页。

提高认知水平的重要素质之一。人们应该学会批判性地思考问题，不盲从于传统观念或主流观点，而是要进行独立思考，审视事物的优缺点、利弊，提出自己对于事物发展的不同见解和观点。综上所述，要增强多视角问题看待途径，完善自身素质提高认知水平，人们应该培养多角度思考、广泛阅读学习、与他人交流互动和批判性思维等能力和素质，不断地拓宽自己的知识面和视野，提升自己的认知水平和思维能力。

（二）优化赛事组织运行结构，确立赛事管理清晰战略目标

优化赛事组织运行结构，确立赛事管理清晰战略目标，是提升体育产业创新创业赛事管理效率和质量的关键步骤。这需要从组织架构、管理流程、目标设定等方面进行优化，以实现赛事管理的科学化、规范化和专业化。首先，优化赛事组织的内部结构，建立科学合理的组织架构。组织架构应当明确各个部门和岗位的职责和权限，确立决策层、执行层和监督层的关系，形成分工明确、协作高效的工作机制。其次，优化赛事管理的流程和规范，建立标准化的管理体系。赛事管理流程应当清晰明确，包括赛事策划、组织实施、宣传推广、评选表彰等各个环节，确保每个环节都能够顺利进行，协同配合。最后，需确立体育产业创新创业赛事管理清晰的战略目标，明确赛事发展的方向和重点。综上所述，优化赛事组织运行结构，确立赛事管理清晰战略目标，是提升赛事管理效率和质量的关键举措。通过建立科学合理的组织架构、规范化的管理流程、清晰的战略目标以及高效专业的管理团队，可以实现赛事管理的科学化、规范化和专业化，进而推动赛事的健康发展和长远成功。

（三）明晰赛事参与具体化情况，建立多渠道宣传与推广模式

为明晰赛事参与具体化情况并建立多渠道宣传与推广模式，首先需要建立有效的参与机制。这包括明确参赛资格、规范报名流程、提供参赛指南等措施，以吸引更多参与者积极参与。其次，应建立多渠道宣传与推广模式。

运用创新技术，进行破圈联动①，这包括利用社交媒体、网络平台、校园宣传、合作伙伴等多种渠道进行宣传推广，以扩大赛事知名度和影响力。同时，可举办路演、讲座、展览等活动，增强赛事的曝光度。此外，应充分利用新媒体技术，如短视频、直播等，提升宣传效果。最后，建立定期评估机制，通过数据分析和反馈调查，不断优化宣传策略和推广方式，确保体育产业创新创业赛事参与具体化情况得到有效推动和提升。

（四）加大专项化资金支持力度，推动社会力量积极参与协办

要加大专项化资金支持力度，推动社会力量积极参与协办，需要采取一系列有效的措施。首先，政府部门应当加大对体育产业创新创业赛事的财政支持力度，增加专项资金投入。政府可以设立专项基金或专项项目，用于支持体育产业创新创业赛事的组织、宣传、奖励等方面，提高赛事的举办品质和影响力。同时，可以通过政策倾斜和税收优惠等方式，鼓励企业和社会组织参与赛事的赞助和支持。建立多元化的资金筹措机制，拓展赛事的资金来源渠道，有效吸引企业赞助、社会捐赠、个人捐助等方式，积极筹措赛事经费。最后，不断完善和健全资金的使用和监管制度，确保资金使用的透明和规范，确保资金的合理利用和效益最大化。综上所述，要加大专项化资金支持力度，推动社会力量积极参与协办，需要政府、企业、社会组织等多方共同努力，建立起多元化的资金筹措机制和有效的资金使用监管制度，共同推动体育产业创新创业赛事的健康发展和持续成功举办。

（五）提升师资队伍综合化能力，培养体育赛事领域专业人才

当前，我国高等教育已进入普及化阶段，面对世界百年未有之大变局和中华民族伟大复兴的战略全局，高校应当贯彻创新、协调、绿色、开放、共享的新发展理念，以人才培养创新、学术创新、治理创新等为动力，以学科、

---

① 贾娜：《新媒体时代文化馆数字资源创新宣传路径思考——以广州市文化馆为例》，《参花（上）》2021年第9期，第133~134页。

课程、资源配置、人才培养的层次类型等协调优化为内容，以资源的充分利用为特点，走开放交流、共享发展之路，推动高等教育高质量发展①。提升师资队伍综合化能力，培养体育赛事领域专业人才，是促进体育赛事事业发展的重要举措。打造德才兼备的教师队伍，是筑牢学校内涵式发展之基的根本②。首先，学校应加强对教师的培训和提升，鼓励教师参加相关专业培训和学术交流活动，提高其在体育赛事管理、运营、营销等方面的专业能力和素养。其次，学校可以加强与体育赛事行业的合作与交流，邀请行业专家和从业者到校举办讲座、授课等，为学生提供实践经验和行业见解。另外，学校应加强学科交叉和综合性教育，鼓励学生跨学科学习和研究，培养其综合运用知识和技能的能力，提高其在体育赛事领域的综合素质和竞争力。最后，学校可以建立健全的人才培养体系和评价机制，完善相关课程设置和教学内容，根据市场需求和行业发展趋势不断调整和优化培养方案，确保培养出更多具有实践能力和创新精神的体育赛事领域专业人才，为体育赛事事业的发展提供坚实的人才保障。

（六）深入了解赛事评价满意度，改进服务水平满足群体需求

衡量创业教育教学质量的核心指标在于创业教育满意度高低③。深入了解赛事评价满意度，并改进服务水平以满足群体需求，是提升赛事质量和参与体验的关键举措。首先，需要建立健全的评价体系，包括设立明确的评价指标和评价标准，采用多种方式和工具收集参与者的意见和反馈，以全面了解参与者对赛事的看法和评价。其次，需要将评价结果进行系统分析和整理，发现问题和不足之处，确定改进的重点和方向。根据评价结果，可以针对性地制定改进措施和计划，优化赛事组织、服务和管理等方面，提升赛事的整

---

① 严菊环：《高质量发展背景下地方高校师资队伍建设的挑战与对策》，《黄冈师范学院学报》2024年第2期，第23~28、44页。

② 肖林鹏、阎隽豪：《我国高校体育产业创新创业教育发展态势、面临问题与建设路径》，《北京体育大学学报》2023年第7期，第65~77页。

③ Seanps，AlexMartiz，HowardFrederick. Entrepreneurship Education and SME policies. Journal of Asia Entrepreneurship and Sustainability，2013，21（1）：4-13.

体质量和参与体验。另外，要加强与参与者的沟通和互动，及时回应他们的意见和建议，建立良好的信任关系和互动平台，增强参与者的参与感和归属感。最后，要建立持续改进的机制和体系，定期对赛事进行评估和审查，不断优化赛事的服务水平和管理效率，确保赛事能够不断满足参与者的需求和期待，提升其满意度和参与度。通过深入了解赛事评价满意度，并针对性地改进服务水平，可以有效提升赛事的品质和影响力，为广大参与者提供更好的参与体验和服务保障。

B.5
中国高校体育产业创新创业成果转化
发展报告（2023~2024）

周腾军　宋雪萌　刘晨*

摘　要： 高质量的创新创业离不开高效率的成果转化，因此研究成果转化对于审视中国高校体育产业创新创业的真实现状、深刻把握其发展潜力具有重要学术价值。在本报告中，首先探讨了中国高校体育产业创新创业成果在转化内容、转化途径和转化政策方面的发展现状。然后在此基础上，提出了创新创业成果转化过程中存在的主要问题，包括成果转化政策尚待完善、成果转化机制亟须加强、创新创业环境相对欠缺、创新成果缺乏市场导向、创新成果产权保护不足等。最后，针对上述问题提出了针对性的政策建议：一是加强成果转化政策支持，激发高校创新活力；二是完善成果转化机制，强化成果转化服务；三是加快建设创新创业环境，构建创新创业生态；四是促进双创项目成果转化，扶持比赛项目落地；五是强化创新成果产权保护，落实成果转化奖励。

关键词： 高校体育产业　创新创业　成果转化　产权保护

　　高质量的创新创业离不开高效率的成果转化，因此研究成果转化对于审视中国高校体育产业创新创业的真实现状、深刻把握其发展潜力具有重要的学术价值。首先，成果转化是高校体育科技创新成果产业化和商业化的关键

---

* 周腾军，博士，西南财经大学体育学院体育与经济管理研究中心讲师，主要研究方向为应用经济学、体育产业、职业体育；宋雪萌，安徽医科大学临床医学院助教，主要研究方向为体育与运动心理学；刘晨，招商银行股份有限公司南京分行，研究方向为体育经济与投融资管理。

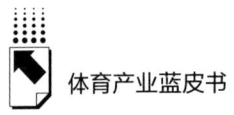

途径，通过将科研成果转化为创新产品、技术或服务，能够有效推动体育产业发展和商业化运作。其次，成果转化有助于促进体育科技的产学研深度融合，加强高校与产业界之间的合作关系，促进双方资源共享、优势互补，推动体育科技创新和产业发展。此外，成果转化对于培育体育产业创新创业人才也具有重要意义，能为学生提供充分的创业机会和实践平台，促进人才培养与产业需求的有效对接。研究中国高校体育产业创新创业成果转化，有助于全面了解高校在体育产业创新创业方面的现状和问题，为进一步决策提供参考、为发现和解决成果转化中的瓶颈和挑战提出实质性建议。同时，研究成果的宣传和推广还可以激励更多参与，促进高校体育产业创新创业成果转化进程，推动体育产业的健康发展。

一　中国高校体育产业创新创业成果转化的现状分析

（一）中国高校体育产业创新创业成果转化内容

1. 大学生体育产业创新创业项目情况

随着中国体育事业的蓬勃发展和国民生活水平的提高，人们对体育健康的认识不断深化，对体育产业的需求也日益增长。再加之纵深推进"大众创业、万众创新"的创新驱动发展战略的重要支撑，高校大学生体育产业创新创业项目的兴起与发展成为一个必然趋势。首先，中国高校积极响应国家创新驱动战略，将体育产业创新创业教育纳入教学体系。通过完善课程设置、加强实践教学、推动科研成果转化等举措，为学生提供了丰富的知识和技能培训，使他们具备体育产业创新创业基础。其次，中国高校注重营造创新创业的良好氛围。学校通过组织丰富多彩的创业活动，如创业讲座、创业沙龙、创业论坛等，为学生提供了交流、学习和启发的机会。同时，学校还鼓励学生参与校内外的体育产业创业竞赛和项目孵化，为他们提供展示才华和实践能力的舞台。再次，中国体育高校与企业、政府等社会资源密切合作，促进学生创新创业项目发展。学校与各界建立良好的合作关系，为学生提供丰富的创业资源和支持，包括资金、技术、人才等方面的支持，推动学生创新创业项目的顺利进行。最后，中国高校还注重培养学生的创新精神和实践能力。通过开展创新创业教育，学校引导学生树立正确的创业观念，培养勇于创新、勇于实践的精神，使他们在未来的创业道路上能够游刃有余，充分发挥自己的潜能。

以北京体育大学为例，在 2022 年"互联网+"大学生创新创业大赛中，参赛项目达 114 个，参赛学生达 1350 人，是上年同期的 1.68 倍，同比增长 67.6%[①]，充分反映出学生对创新创业活动的积极参与和学校对创业教育的高度重视。同时，获得国赛银奖 2 个、铜奖 1 个以及北京市赛金奖 5 个、银奖 13 个、铜奖 7 个等荣誉[②]，标志着学校在创新创业领域也取得了显著成绩。而与此同时，上海体育大学自 2022 年以来也有 133 项大学生创新创业训练计划项目立项，其中 122 项成功结项，市级及以上结项达到 56 项。这些项目在"互联网""挑战杯"等大学生创新创业大赛中也取得了令人瞩目的成绩。例如，在第九届中国国际"互联网+"大学生创新创业大赛中，有 4 个项目入围国赛，上海赛区获金奖 2 项、银奖 3 项、铜奖 7 项，展现了学校在创新创业教育方面的突出成绩[③]。首都体育学院学生也在创新创业方面取得了显著成绩。学院学生获国家级大学生创新创业训练计划项目 100 余项，参加省级以上竞赛 609 场，多名学生在"互联网+"大学生创新创业大赛、全国大学生体育产业创新创业大赛、"挑战杯"首都大学生创业计划竞赛等赛事中斩获佳绩，充分展示了学院在创新创业教育方面的努力和成效[④]。此外，天津体育学院和南京体育学院也在创新创业教育方面积极探索。如天津体育学院组织学生积极参加各级各类创新创业竞赛，组织参与大

---

① 《第八届"互联网+"创新创业大赛校内选拔赛奖项揭晓》，https：//www.bsu.edu.cn/xshdsy/8fdf82c591704b79a9b3041a70799553.htm。

② 《北京体育大学 2022 年毕业生就业质量报告》，https：//jy.bsu.edu.cn/uploadfile/bsu/front/default/upload_file_41614.pdf。

③ 《上海体育大学创业指导站再度荣获上海市 A 级高校创业指导站》，https：//cxcy.sus.edu.cn/info/1061/1769.htm。

④ https：//www.cupes.edu.cn/xxgk/xxjj/index.htm。

学生创新创业项目立项 44 项，其中有 6 项国家级立项和 14 项市级立项[①]，为学生的创业实践提供了有力支持。南京体育学院的学生也在全国高校体育教育专业学生基本功大赛、创青春全国大学生创业大赛、中国"互联网+"大学生创新创业大赛等比赛中取得了优异成绩，为学生综合素养和实践能力的提升做出了积极贡献[②]。

2. 中国高校体育毕业生自主创业情况

中国体育高校大学毕业生自主创业情况在近年来呈现出多样化和逐步增长的趋势。随着中国体育产业的蓬勃发展和社会对健康生活方式的重视，越来越多的体育专业毕业生开始将创业视为一种发展选择。通过对北京体育大学、上海体育大学、首都体育学院等高校毕业生创业情况的观察和分析，我们可以看到在不同学校和年度间存在一定的差异和变化。这种趋势的形成，一方面与我国当前的社会经济发展、政策导向以及学校创业教育的加强密不可分，另一方面也受到了全球体育产业的影响，体育产业的多元化和蓬勃发展为毕业生提供了更广阔的创业空间。

首先，从整体情况看，各学校的毕业生自主创业人数都有一定的增长。这表明不仅体育专业毕业生对创业的认可度逐渐提高，而且学校在创业意识培养和创业支持方面也取得了一定的成效。例如，北京体育大学 2022 年毕业生中有 23 人选择自主创业，比上一年度增加了 8 人[③]，这反映出学校对创业精神的引导和培养取得了一定成果。同时，上海体育大学、首都体育学院、广州体育学院的毕业生中也有一定比例选择自主创业，例如广州体育学院 2022 届毕业生有 25 人选择了自主创业，占比为 1.33%[④]。这说明创业意

① 《天津体育学院 2022 届毕业生就业质量报告》，https：//xxgkw. tjus. edu. cn/info/1049/1832. htm。

② 《南京体育学院：多元融合培养复合应用型体育人才》，http：//www. chinateacher. com. cn/zgjyb/html/2023-04/04/content_ 622145. htm? div＝-1。

③ 《北京体育大学 2022 年毕业生就业质量报告》，https：//jy. bsu. edu. cn/uploadfile/bsu/front/default/upload_ file_ 41614. pdf。

④ 《2022 广州体育学院毕业生就业质量报告》，https：//gtedu. gzsport. edu. cn/uploads/69/file/public/202305/20230525180849_ po37iown4y. pdf。

愿在体育高校毕业生中普遍存在，并且受到了一定程度的支持和鼓励。综合而言，各体育高校毕业生自主创业的增长趋势不仅反映了学校对创业教育的重视，也证明了学生对创业的热情和追求。随着体育产业的不断发展和就业形势的变化，体育高校应进一步加强创业教育，为学生提供更多的创业支持和资源，培养更多具有创新精神和创业能力的人才，为体育事业的发展贡献更多的力量。

其次，从创业行业的分布看，文化、体育和娱乐业是体育类院校毕业生创业的主要领域。随着生活水平的提高，人们对文化、体育和娱乐活动的需求也在不断扩大，这为创业者们提供了广阔的市场空间和商机。在体育高校毕业生创业案例中，以上海体育大学为例，成立的两家创业公司（上海零克尔体育发展有限公司、上海路尚体育文化传播有限公司）均是涉足文化体育领域，这与体育专业背景的毕业生更容易在相关领域找到创业机会密切相关。同时，这也与全球体育产业逐渐崛起、受到青睐的趋势相符，为体育专业毕业生提供了更广阔的创业空间。此外，值得注意的是，随着互联网技术的发展和创新，体育健康、体育赛事、体育培训等领域也成了毕业生创业的热门方向。互联网的普及和技术的进步为体育产业带来了新的发展机遇，促使创业者们探索更多的创新模式和商业机会。

最后，从创业所遇到的困难来看，主要包括资金问题、团队组建或管理问题以及市场推广等方面。首先，资金问题是体育领域创业者普遍面临的挑战之一。资金需求主要涉及场馆租赁、器材购置、人员培训等方面。创业初期往往需要大量的资金投入，但创业者往往面临着资金来源有限的情况，因此如何有效地解决资金问题是创业者们需要首先考虑的。其次，团队组建或管理问题也是体育领域创业者需要面对的挑战之一。体育项目往往需要多方面的专业知识和技能，而找到合适的团队成员并进行有效的管理对于创业的成功至关重要。在体育领域，专业人才的匮乏可能会成为团队组建的一大障碍。另外，市场推广也是体育创业者需要关注的重要问题。体育产品或服务的特殊性和市场竞争的激烈性使得市场推广变得尤为重要。创业者需要通过创新的市场推广策略，准确把握目标市场，提升品牌知名度和产品竞争力，

从而获取更多的市场份额。针对以上困难和挑战，体育高校毕业生在创业过程中采取了各种应对措施。例如，通过自筹资金等方式解决资金问题，注重团队建设和管理，同时创新市场推广策略。

3. 中国高校体育产业创新成果转化情况

在我国体育高校中，创新创业成果转化已经成为推动学校创新驱动战略的重要动力和战略方向。通过对山东体育学院、北京体育大学和上海体育国家大学科技园等案例的分析，可以发现，体育高校在促进科技成果转化、推动产业发展以及加强科教融合等方面取得了显著进展。

（1）高度重视创新创业和科技成果转化

山东体育学院通过开展"双创"教育，鼓励师生参与校内外创新创业大赛，并推动体育科技协同创新，为地方体育产业的高质量发展提供了重要支持。学校重视培养体育专业学生的综合创新能力，引导学生为体育科技产业开拓更广阔的空间。"十三五"以来，该校申请国家发明专利和实用新型专利100余项，荣获30余项教学科研奖励，发起并承办了"全国体育科技创新大赛"，创建28个科技创新服务平台和文创基地，为体育科技产业创新发展贡献力量。学校利用雄厚的体育专业师资力量，带领学生探索体育科技产品的研发和市场应用，不断提升社会实践能力和创新能力。这种理念的引导使得学校体育专业学生以产业发展趋势和市场需求为导向，为体育科技产业创新发展贡献力量。

（2）大力推动科技成果转化中心建设运作

体育高校体育产业科技成果转化中心的建设与运作是为了促进科研成果向社会和产业的转化，推动体育产业的创新和发展。例如，北京体育大学科技成果转化中心通过举办成果转化宣讲活动，提高了教师对科技成果保护和转化应用的认识，促进了科技成果的高水平创造和高效率转化。宣讲活动还激发了教师和科研人员参与创新申报知识产权的热情，活跃了校园的知识产权文化氛围，有助于进一步推动科技成果转化，增强学校的服务经济社会发展能力。与此同时，上海体育国家大学科技园的体育产业创新中心汇集了资本、技术、人才、市场和媒体等发展资源，助力体育产业进一步高质量发展。通过深入推进科教融合、产教融合，该园区为体育产业创新、孵化、人才培养、资源集成等提供了支持。这种产教融合的模式有助于加强学校与企业的合作关系，促进科技成果的转化和应用，推动体育产业向更高水平发展。综上所述，体育高校的科技成果转化中心通过多种方式为科研成果的转化和应用提供了支持，促进了体育产业的持续创新和发展。

（3）全力促进创新成果转化展示与推广

高校体育产业创新创业成果转化展示与推广在近年来得到了极大的重视和支持。以北京体育大学为例，其科技成果转化中心在中关村体育科技前沿技术创新中心成功展示了多项科技成果转化产品，包括足球、乒乓球大数据系统、VR抗干扰心理训练系统等软件产品，以及运动素质测评系列设备和Booster心肺康复面罩等硬件产品。这些展示不仅是对学校科技成果的一次集中展示，更是向社会传递正能量、拓展合作与交流空间的重要途径。通过展示创新成果，北京体育大学向社会展示了自身在体育科技领域的成就和实力，增强了公众对学校科研能力和技术水平的认知和信任，对于提升学校的品牌形象、吸引人才和资源具有重要意义。其次，这些展示为学校与企业、政府以及社会各界建立起合作的桥梁和平台。各方可通过参观、交流与合作，共同探讨体育产业发展的前景、共享资源和合作机会，促进产学研深度融合和共同发展。

（二）中国高校体育产业创新创业成果转化途径

中国高校体育产业创新创业成果转化途径丰富多样，主要包括技术转让、投资融资、孵化基地和平台建设、合作建设创业就业基地等形式。技术转让通过向企业或其他机构转让高校科研成果，实现技术的商业化应用。投资融资为创新项目提供了资金支持，加速了创业成果的转化和落地。孵化基地和平台建设为创业者提供了资源、服务和支持，提升了创业环境和成功率。合作建设创业就业基地则为创业者提供了场地和资源，激发了创新创业的活力。以上方式共同构成了中国高校体育产业创新创业成果转化的重要框

架，为高校科研成果的转化和应用提供了多样化的路径和支持，推动了科技成果的应用和体育产业的发展。具体而言，包括如下内容。

1. 技术转让

中国高校体育产业创新创业成果通过技术转让实现了科研成果向市场的有效转化。以山东体育学院为例，该学院体育专业学生以产业发展趋势和市场需求为导向，积极跨越不同学科的界限，探索与尝试，提升实践成果的科技含量和应用特性。在"十三五"期间，学院申请国家发明专利和实用新型专利 100 余项，涵盖体育器材设计、运动医学等多个领域①。这些专利成果不仅为学校带来荣誉和奖励，也为产学研合作开启了新的渠道。学校通过技术转让的方式，将这些专利成果向企业、研究机构等合作伙伴转让，实现了产学研的深度合作，促进了技术上的共享和交流，为企业提供了新的产品研发和创新方向。这种合作不仅推动了体育产业的创新发展，也为高校、企业和社会各界带来了共赢的局面，促进了体育产业的持续健康发展。

2. 投融资

中国高校体育产业创新创业成果通过投融资得到了重要支持与转化，体现了多元化的资金渠道和有效的资本运作。以山东乐体网络科技有限公司为例，其采用 PPP（政府与社会资本合作）融资模式，实行股份制，独立运营，为体育产业的发展提供了稳定的资金支持②。这种模式不仅使得校企合作更为紧密，而且在资金使用和运营方面更具灵活性、更有效率，为高校创新创业项目提供了可持续的资金来源。另一方面，天津体育学院的创业项目通过天津 OTC 高校版成功挂牌，吸引了更多投资者的关注和支持③。这一举措使得高校创业项目能够借助资本市场的力量，获得更广泛的资金支持和市

① 《山东体育学院：提升人才培养质量助力体育产业发展》，https://yz.chsi.com.cn/kyzx/yxzc/202208/20220804/2208433593.html。
② 《山东省体育局　山东体育学院　体育科技服务创新研发平台（机构）正式启动》，https://www.sdpei.edu.cn/news-show-5819.html。
③ 《天津体育学院 2022 届毕业生就业质量报告》，https://xxgkw.tjus.edu.cn/list.jsp?urltype=tree.TreeTempUrl&wbtreeid=1049。

场认可，为项目发展提供了多元化资金来源和更大的发展空间。同时，投资者的参与也带来了更多的专业经验和资源支持，加速了项目的落地和成长。

3. 孵化基地和平台建设

中国高校体育产业创新创业成果通过孵化基地和孵化平台得到了有力支持。以北京体育大学的大学生创新创业中心和山东省体育局的体育科技服务创新研发平台为例，这些孵化基地为学生提供了优质的创业孵化环境和平台。首先，这些孵化基地通过资源整合和政策指导等服务，为学生创业团队提供了必要的支持，如提供场地设施支持，为创业团队配备专业导师，提供创业指导和咨询服务。这种全方位的支持帮助学生创业者更好地理解市场需求，制订切实可行的商业计划，增加了创业成功的机会。其次，孵化基地举办各种形式的创业活动，如创业讲座、比赛、展览等，积极促进学生创业意识的培养和创新创业能力的提升。这些活动不仅提供了学习交流的平台，还激发了学生创新创业的热情和动力，增强了他们的实践能力和团队合作意识。

4. 合作建设创业就业基地

中国高校体育产业创新创业成果通过与企业合作建设创业就业基地实现了有效转化。以河北体育学院与康美游泳健身星河店合作建立的就业创业实习基地为例[①]，这种合作为学生提供了丰富的创业实践和就业机会。基地不仅提供了实践培训、项目支持等服务，还为学生创业团队提供了必要的资源和指导，帮助他们更好地融入社会、实现创业梦想。此外，合作建设创业就业基地也促进了产学研深度融合，高校能够更好地了解市场需求和行业趋势，推动技术转化和创新成果的商业化应用。创业就业基地的建设为学生提供了更广阔的就业渠道和发展空间，通过实习和创业实践，积累了宝贵的工作经验，建立了与企业的合作关系和人脉网络。综上所述，合作建设创业就业基地为高校体育产业创新创业成果的转化提供了重要支持，助力体育产业的持续发展和壮大。

---

① 《河北体育学院创业就业基地揭牌》，https：//sport. hebei. gov. cn/tiyukuaixun/2016/0602/5354. html。

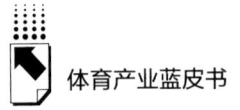

（三）中国高校体育产业创新创业成果转化政策

1. 国家层面体育产业创新创业成果转化政策

2021年10月12日，国务院办公厅出台了《关于进一步支持大学生创新创业的指导意见》①，针对大学生创新创业及其成果转化等内容进行了指导。第一，在完善成果转化机制方面，该指导意见提出要研究设立大学生创新创业成果转化服务机构，建立相关成果与行业产业对接长效机制，促进大学生创新创业成果在有关行业企业推广应用。同时，还要做好大学生创新项目的知识产权确权、保护等工作，强化激励导向，加快落实以增加知识价值为导向的分配政策，落实成果转化奖励和收益分配办法。加强面向大学生的科技成果转化培训课程建设。第二，在强化成果转化服务方面，指导意见提出要推动地方、企业和大学生创新创业团队加强合作对接，拓宽成果转化渠道，为创新成果转化和创业项目落地提供帮助。鼓励国有大中型企业和产教融合型企业利用孵化器、产业园等平台，支持高校科技成果转化，促进高校科技成果和大学生创新创业项目落地发展。汇集政府、企业、高校及社会资源，加强对中国国际"互联网+"大学生创新创业大赛中涌现的优秀创新创业项目的后续跟踪支持，落实科技成果转化相关税收优惠政策，推动一批大赛优秀项目落地，支持获奖项目成果转化，形成大学生创新创业示范效应。

2. 地方政府体育产业创新创业成果转化政策

为推动高校体育产业创新创业成果转化，各地政府采取了多项政策措施，如《上海市关于加快本市体育产业创新发展的若干意见》②、《天津市进一步支持大学生创新创业的若干举措》③、《沈阳市人民政府办公室关于印发沈阳市支持大学生创新创业实施方案的通知》④ 等。总体上看，各地方政府

---

① https：//www.gov.cn/zhengce/content/2021-10/12/content_5642037.htm.

② https：//www.shanghai.gov.cn/nw43980/20200824/0001-43980_56997.html.

③ https：//jy.tj.gov.cn/ZWGK_52172/zcwj/sjwwj/202304/t20230407_6161856.html

④ https：//www.shenyang.gov.cn/zt/hqlmzc/zcwj/202306/t20230629_4486911.html.

通过项目成果转化渠道拓展、知识产权保护、经费支持和奖励机制、创新创业平台和载体建设、税收优惠、就业服务和创业援助、促进双创项目成果转化和扶持优秀双创比赛项目落地等多种政策举措，积极支持大学生体育创新创业成果的转化和落地，促进了创新创业环境的健康发展。第一，在成果转化渠道方面：天津市提出要重点发挥社会化技术转移机构作用，对接大学生成果，指导高校落实成果转化奖励和收益分配政策。加强高校技术转移服务体系，鼓励高校开展科技成果转移转化。第二，在知识产权保护方面：天津市、陕西省等地加强知识产权保护工作，包括确权、保护、知识产权创新创业大赛等举措，以保障创新创业项目的合法权益。第三，在经费支持和奖励机制方面：上海市、天津市等地设立了创业基金，为创新创业项目提供经费支持，并建立奖励机制，如上海市的"创星奖"和天津市的"创星一等奖""创星二等奖"，以激励大学生积极投身创业。第四，在创新创业平台和载体建设方面：陕西省提出完善高校创新创业平台，包括大学科技园、创业园、创客空间等，为大学生提供专业化孵化服务。沈阳市则支持创建大学生创业孵化载体，提供场地补贴和资源共享服务。第五，在税收优惠政策方面：沈阳市、陕西省等地出台了一系列税收优惠政策，包括减免增值税、个人所得税等，降低大学生创新创业的税负压力，鼓励创业活动的开展。第六，在就业服务和创业援助方面：沈阳市为创业失败的大学生提供就业服务、就业援助和社会救助，为创业者提供多层次的帮助和支持。第七，在促进双创项目成果转化和扶持优秀双创比赛项目落地方面：天津市加强地方、企业和大学生创新创业团队间的合作，推动项目落地和转化，形成示范效应。

3.高校层面体育产业创新创业成果转化政策

中国各大高校在体育产业创新创业成果转化方面的政策支持体现在多个方面，包括制定相关管理办法、提供创业指导与孵化服务、推动科技成果转移转化以及加强知识产权保护和纠纷解决等。具体表现如下。第一，制定相关管理办法。各大体育高校制定了一系列管理办法，如《北京体育大学扶

持大学生创业项目管理办法》①、《上海体育学院大学生创新创业奖励办法（试行）》② 以及《首都体育学院科技成果转移转化管理办法（试行）》③，以明确学校对大学生创业项目的支持和管理机制。第二，提供创业指导与孵化服务。各大高校为学生创业团队提供创业导师、资源支持和孵化服务，包括商业计划辅导、市场调研支持以及相关网络和人脉资源的提供。这些服务旨在协助创业团队解决问题、拓展业务，并增强其在市场中的竞争力。第三，推动科技成果转移转化。高校鼓励教师和学生积极参与科技成果转移转化工作，并制定了相关奖励和分配方案，明确了收益来源和分配比例。这种支持激励教师和学生将科技成果转化为实际的经济效益和社会价值，推动科技创新成果的应用和推广。第四，加强知识产权保护和纠纷解决。高校重视知识产权保护，要求项目成果完成人负责解决因侵犯知识产权产生的纠纷或其他经济纠纷。学校制定了相关政策，明确了知识产权的归属和保护责任，并规定了纠纷解决的程序和方式，为创新创业活动提供法律保障。综上所述，中国高校在体育产业创新创业成果转化方面采取了一系列政策举措，以促进学生创业能力的培养，推动科技成果的转化和应用，为创新创业活动营造良好的环境和条件。

二 中国高校体育产业创新创业成果转化的主要问题

（一）成果转化政策尚待完善

体育产业在中国经济发展中扮演着重要角色，然而，其创新创业成果转化政策依然存在诸多问题。国家和地方政府虽然陆续出台了支持大学生创新创业的政策文件，但体育产业创新创业的成果转化仍然面临挑战和不足。首先，地方政府在成果转化方面的支持不够充分，呈现出明显的地区不均衡现

---

① https：//jy.bsu.edu.cn/front/showContent.jspa? channelId=711&contentId=3632.
② https：//tjxy.sus.edu.cn/info/1119/3407.htm.
③ https：//sro.cupes.edu.cn/xzkj/bd93d2a71199447ca9f2a3bf213cb092.htm.

象。尽管一些地区如天津和上海制定了一定的政策措施，但其他地区要么缺乏相关政策，要么对体育产业创新创业转化缺乏足够关注。这导致了地区之间政策支持的不平衡，一些地区的体育产业创新创业环境相对滞后，缺乏政策的有效支持和引导。第二，高校在体育产业创新创业方面缺乏相应的政策和支持措施。体育类高校本应成为体育产业创新创业的重要力量，但缺乏配套的政策法规和支持措施。政府在制定规划时难以将具体政策落实到体育院系等实际场景中，导致体育产业创新创业的发展受到限制。而综合性高校更倾向于关注智能制造、大数据等新兴科技领域的创新创业，而对体育产业的支持和重视相对不足。第三，体育产业创新创业成果转化政策缺乏跨部门、跨行业的协同合作机制。体育产业的创新创业往往需要多个部门和行业的支持和合作，然而目前的政策框架往往局限于特定领域或部门，缺乏整体性的规划和协调。这导致各部门之间信息共享不畅、政策衔接不足、资源配置不均等问题，阻碍了体育产业创新创业成果的有效转化。

（二）成果转化机制亟须加强

成果转化机制的加强是体育产业创新发展的关键环节。然而，目前存在一系列问题需要进行进一步的扩充和完善：第一，缺乏相关成果与行业产业对接长效机制。尽管体育产业创新不断涌现出成果，但缺乏与行业产业对接的长效机制，导致很多创新成果无法得到有效转化和应用。建立健全成果对接机制，加强产学研之间的沟通与合作，有助于促进创新成果与市场需求的有效衔接，推动产业升级和经济发展。第二，缺乏大学生创新创业成果转化服务机构。大学生创新创业是体育产业发展的重要动力，然而目前缺乏专门的机构为大学生创新创业成果提供转化服务和支持。建立起专门的服务机构，为大学生提供创业培训、项目孵化、资金支持等多方面的服务，将有助于激发大学生创新创业的潜能，推动创新成果的转化和应用。第三，缺乏完备的高校技术转移服务体系。在体育产业创新中，高校起着重要作用，然而目前缺乏完备的技术转移服务体系，无法将高校的科研成果有效转化为生产力。建立专门的技术转移服务机构，配备专业的团队和资源，对高校体育产业创

新专利进行运营、营销、推广和投资，将有助于促进科研成果的转化和产业化。第四，产学研融合和跨学科合作亟待加强。尽管有产学研一体化的发展模式，但在实际操作中，学术界、产业界和政府部门之间的合作机制仍不够顺畅，产学研融合有待加强。加强产学研之间的沟通与合作，推动跨学科的交流与合作，有助于促进创新思维的碰撞和融合，推动体育产业创新发展。

（三）创新创业环境相对欠缺

尽管各校积极推动创新创业，但体育产业的创业环境和资源支持相对欠缺，特别是在资金、人才和市场拓展方面还有待进一步加强。首先，资金支持方面存在严重不足。体育产业的创新创业往往需要充足的资金支持，涉及研发、生产、营销等多个环节。然而，目前体育产业创业项目面临着资金来源单一、融资渠道有限的困境。缺乏足够的"耐心资本"和长期投资意愿，使得许多创业项目难以持续发展和壮大。其次，人才储备和培养方面存在挑战。体育产业创新创业需要具备丰富的行业经验和专业知识的人才，然而当前的人才供给相对不足。体育产业涉及的领域广泛，需要跨学科的人才团队来支撑创新发展，但现实中人才匮乏，尤其是缺乏具备体育产业专业知识和经验的人才。此外，对于创新人才的吸引和留存机制还有待完善，缺乏长期稳定的激励措施，使得人才流失现象较为普遍。最后，市场拓展方面存在着困难和挑战。体育产业的市场相对特殊，需要针对性的营销策略和渠道拓展。然而，目前体育产业创新创业项目在市场推广和渠道开拓方面面临着较大的困难。缺乏专业的市场拓展团队和资源，使得创业团队往往难以有效地将创新产品推向市场，导致产品销售和市场份额的不足。综上所述，要改善体育产业创新创业环境，需加强资金支持、人才储备和市场拓展等方面的建设。政府、企业和学校应共同努力，提供更多的支持和资源，激发创新创业活力，推动体育产业持续健康发展。

（四）创新成果缺乏市场导向

尽管体育高校投入了大量资源和资金，但部分科技成果的转化效率不高，存在着从科研到产业的"瓶颈"。部分高校体育产业创新创业成果缺乏市场导向，无法有效满足市场需求，导致创新成果无法得到有效的商业化应用。首先，市场需求和导向不明确是导致创新成果缺乏市场导向的主要原因之一。有些科技成果转化缺乏对市场需求的深入了解和分析，导致转化后的产品或服务与市场需求不匹配，影响了转化效果。体育高校应加强与行业和市场的沟通，深入了解市场需求和趋势，将科研成果与市场需求有机结合，以确保创新成果具有较强的市场适应性和竞争力。其次，创新创业大赛中涌现的优秀项目缺乏后续的跟踪支持，大学生参加创新创业大赛仅仅是为了评奖，缺乏足够的市场转化动力，难以真正形成产品、专利、服务和商业模式。体育高校应建立健全创新创业项目孵化体系，为优秀项目提供持续的跟踪支持和培育，帮助学生将创新成果转化为商业产品或服务。同时，加强创新创业教育，培养学生的市场意识和创业精神，激发其对市场转化的动力和热情。综上所述，解决创新成果缺乏市场导向的问题需要从明确市场需求和导向、加强创新创业教育和后续支持等方面着手。体育高校应与行业和市场密切合作，加强对市场的研究和洞察，引导科研成果朝着市场需求进行定向研发和转化。

（五）创新成果产权保护不足

在体育高校科技成果转化过程中，创新成果的产权保护不足是一个突出的问题，这可能导致技术被侵权或盗用的风险较大，进而影响到创新成果的商业化应用和产业发展。第一，体育高校科研人员在进行科研项目时，往往缺乏对知识产权保护的全面认识。由于对知识产权保护的重要性认识不足，科研人员在研究过程中可能忽视了对创新成果的专利申请或其他知识产权保护措施，导致技术成果的产权处于较为脆弱的状态。第二，体育高校在知识产权管理方面存在缺乏专业化的问题。相比于大型企业或专业知识产权机构，许多体育高校缺乏专业的知识产权管理团队，无法有效地进行知识产权的申请、维护和保护工作。这导致了知识产权管理工作的不规范和不及时，容易造成技术成果的泄露和侵权。第三，知识产权保护的成本较高也是一个现实问题。申请专利、商标注册等知识产权保护手续需要支付一定的费用，

而对于一些资金有限的体育高校来说，可能难以承担这些费用，导致知识产权保护工作的推进受到限制。第四，知识产权保护的法律环境和执行力度不足也是一个影响因素。在一些情况下，即使高校拥有了知识产权，但由于法律执行不严格或者知识产权保护法律不完善，侵权行为难以得到有效打击和制止，从而使得知识产权保护工作变得艰难。

三 中国高校体育产业创新创业成果转化的政策建议

（一）加强成果转化政策支持，激发高校创新活力

为推动体育产业创新创业成果的有效转化，政府需要制定更加有力的政策支持措施，以激发高校创新活力，促进体育产业的健康发展和持续增长。第一，提供税收优惠和资金支持。政府可以制定税收优惠政策，减轻体育产业创新创业者的税负压力，同时设立专项资金，用于支持体育产业创新创业项目的研发、生产和市场推广，降低创新成果转化的资金成本。第二，出台更多创新政策和措施。政府应及时出台更多针对体育产业创新创业的政策和措施，支持创新型企业和高校科研机构开展技术创新和成果转化，为创新创业提供更加有力的政策支持。第三，加大政府对体育科技产业的支持力度。政府应当加大对体育科技产业的投入力度，增加科技创新项目的资金支持和奖励力度，鼓励高校和企业加强合作，推动科技成果的转化和应用。第四，减轻创业者负担。政府可以采取措施，简化体育产业创新创业项目的注册、审批和管理流程，降低创业者的行政成本和时间成本，提升创业环境的便利性和友好性。第五，加强合作与协调。政府、高校和产业界应加强沟通与协作，建立起合作机制和平台，共同推动体育产业创新创业成果的转化，充分发挥各方的优势，实现资源共享、信息共享和互利共赢。

（二）不断完善成果转化机制，强化成果转化服务

为促进高校科技成果向产业转化，提高成果转化效率，需要不断完善成

果转化机制，强化成果转化服务。第一，建立健全技术转移机制。政府应加强对技术转移机构的支持和引导，发挥其在大学科技成果转化中的作用。技术转移机构可以有效对接高校科技成果与产业需求，推动技术转让、产业化应用，并提高成果转化效率。第二，加强高校与企业、产业界的合作交流。政府应鼓励和支持高校与企业、产业界加强合作交流，建立长期稳定的合作关系。这可以通过建立产学研合作平台、举办技术交流会议等方式实现，以促进科技成果的共享和转化。第三，完善高校技术转移服务体系。政府可以支持高校建立完备的技术转移服务体系，包括设立专门机构和培养专业队伍，加强科技成果的统计与评估、专利运营、营销推广等服务，为高校科技成果转化提供更加专业和全面的支持。第四，推动地方、企业和大学生创新创业团队加强合作对接。政府应鼓励地方政府、企业和大学生创新创业团队加强合作对接，拓宽成果转化渠道，为创新成果转化和创业项目落地提供帮助。这可以通过设立创新创业孵化器、提供创业培训等方式实现。第五，加强对优秀创新创业项目的后续跟踪支持。政府应汇集政府、企业、高校及社会资源，加强对优秀创新创业项目的后续跟踪支持，落实科技成果转化相关税收优惠政策，推动优秀项目落地，形成创新创业示范效应。

（三）加快建设创新创业环境，构建创新创业生态

为促进体育产业创新创业的蓬勃发展，需要加快建设创新创业环境，构建创新创业生态。第一，构建完善的创新创业服务体系。政府应当积极建设创业孵化基地和创新创业平台，提供创业团队所需的创业指导、技术支持、市场推广等服务。这些创新创业服务机构可以为创业者提供良好的创业环境和资源支持，帮助其快速成长和发展。第二，建立创新创业生态系统。政府应建立完善的创新创业生态系统，整合产业链各环节资源，提供创业孵化、技术转移、市场推广等全方位支持。通过建设创新创业生态系统，可以为创业者提供更广阔的发展空间，促进创新成果的快速转化和应用。第三，加大创业资金支持力度。政府应设立专项资金，用于支持体育产业创新创业项目。此外，还应鼓励金融机构加大对创业者的信贷支持，为创业者提供更为

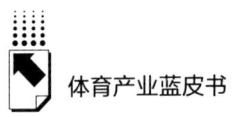

灵活和便利的融资渠道。这样可以有效缓解创业者面临的资金压力，推动更多优秀的创新创业项目落地生根。第四，提升创业者的创业意识和能力。政府可以通过举办创业培训、邀请成功创业者分享经验等方式，提升创业者的创业意识和能力，帮助他们更好地把握创业机遇，化解创业风险，实现创业梦想。

（四）促进双创项目成果转化，扶持比赛项目落地

为推动高校体育产业创新创业成果转化，需要大力促进双创项目的成果转化，扶持优秀双创比赛项目落地。具体来说，第一，加强合作对接，拓宽成果转化渠道。政府应推动地方、企业和大学生创新创业团队加强合作对接，拓宽成果转化渠道。通过发挥大学科技园的集聚辐射带动能力，加强与地方政府、科研院所、产业企业、金融服务机构、专业机构的协同合作对接，为大学生创业团队和项目落地提供支持。第二，支持创新创业项目孵化。政府应支持高校科技成果和大学生创新创业项目到国企设立的"双创"基地、孵化器等平台进行孵化。通过借助国有企业场地、设备、应用场景等资源，促进创新成果的转化和落地，为双创项目提供更加便利的发展环境。第三，加强对比赛项目的后续跟踪支持。相关部门应加强对中国国际"互联网+"大学生创新创业大赛中涌现的优秀创新创业项目的后续跟踪支持。落实科技成果转化相关税收优惠政策，推动优秀比赛项目落地，支持获奖项目成果转化，形成大学生创新创业示范效应。通过以上政策建议，可以促进双创项目成果的转化，扶持比赛项目的落地，为创新创业提供更加有力的支持和保障。

（五）强化创新成果产权保护，落实成果转化奖励

产权保护和成果转化激励是推动体育产业创新创业的主要动力，它们确保创新者的知识产权得到充分保护，并提供激励机制以促进创新成果向市场转化，从而推动体育产业的持续发展和繁荣。为实现这一目标，需要从以下方面着手。第一，加强知识产权确权和保护工作。体育高校应建立完善的知

识产权管理体系，为学生创新项目提供专业的知识产权保护服务。通过加强知识产权意识培训，引导学生了解和重视知识产权保护的重要性，帮助他们规范创新过程，及时申请专利或注册商标，确保创新成果的合法权益。第二，加强知识产权培训和宣传。通过开展大学生知识产权创新创业发明与设计大赛等活动，提升学生对知识产权保护的认知和重视程度。同时，加强面向大学生的科技成果转化培训课程建设，培养学生的知识产权意识和技能，提升他们的知识产权保护能力。第三，加强知识产权保护中心的建设和运作。体育高校可以利用全市双知识产权保护中心的优势资源，加强创新成果的知识产权保护工作，为师生提供专业化、高效的知识产权保护服务。这包括提供法律咨询、知识产权检索和审查等服务，以确保创新成果在法律框架内得到充分的保护。第四，设立知识产权奖励制度。体育高校可以设立成果转化奖励制度，对取得重要创新成果并成功保护知识产权的师生团队给予奖励和荣誉称号。这种激励导向，可以推动更多的创新者积极投入知识产权保护工作中，增强成果转化的积极性。

参考文献

冯伟：《本科生导师制在高校人才培养中的应用探索及改进措施》，《当代教育实践与教学研究》2021 年第 8 期。

唐建阳：《论加强大学生创业能力和创业意识的培养》，《企业家天地》2009 年第 1 期。

陈大伟、徐纯：《产教融合协同育人背景下大学生创新创业教育体系构建与实践》，《科教文汇》2021 年第 8 期。

张光位：《基于创业能力为核心的地方高校创新创业教育体系构建研究》，《创新创业理论研究与实践》2022 年第 6 期。

陈岗、胡亮、高淑贞、付景川：《综合性大学本科实践教学体系的建设与思考》，《中国大学教学》2013 年第 11 期。

蔡华：《创业素质为导向的高校体育教育创新研究》，《中国成人教育》2012 年第 15 期。

刘振忠、张绰庵、赵智岗：《高等体育院校创新创业教育实践体系的构建》，《山东

体育学院学报》2009 年第 11 期。

陈芳、胡曦、李芳:《基于"双创"能力培养的体育应用型人才教育体系的思考》,《武汉体育学院学报》2020 年第 5 期。

杨光祥、文传浩、何希平:《基于众创空间的"政产学研用"协同培养模式探索》,《中国高校科技》2016 年第 4 期。

王亚煦:《粤港澳大湾区建设背景下高校众创空间的发展策略研究》,《科技管理研究》2019 年第 24 期。

张育广、张超、王嘉茉:《高校众创空间创新发展的演进逻辑及路径优化——基于平台理论视角》,《科技管理研究》2021 年第 17 期。

杨复伟:《高校创新创业平台建设与运营研究》,《合作经济与科技》2021 年第 5 期。

刘晨、聂晓莹、张炳君:《青岛建设全球体育城市的战略构想》,《中国经贸导刊(中)》2021 年第 11 期。

B.6

中国大学生体育产业创新创业训练计划
实施情况发展报告（2023~2024）

彭显明*

摘　要： 本报告依托"国家级大学生创新创业训练计划平台"立项公开数据，采用数理统计和文本分析相结合的分析方式，研究中国大学生体育产业创新创业训练计划的实施状况。调研发现训练项目在多个学校和地区得以实施，涵盖广泛的学生人群，并有一定的经费保障；然而，也存在如资源分布不均、选题缺乏创新性、经费来源单一和指导资助体系不完善等问题。针对这些问题，建议强化政策引导、促进教学科研互动、拓展资金来源，并优化资助结构，以推动体育产业创新创业人才的培养。

关键词： 大学生　体育产业　创新创业训练　"国创计划"

高校体育产业创新创业是贯彻落实国家创新驱动战略，助推体育强国、教育强国、人才强国建设的重要举措。当前，我国高校体育产业创新创业全面推开，高校重视程度逐渐加强，师资队伍日渐完善，课程建设稳步推进，服务平台更为多元，保障条件不断加强。教育部于 2007 年启动了"国家大学生创新性实验计划"，并于 2012 年将其调整为"国家级大学生创新创业训练计划"（以下简称"国创计划"）。调整后的"国创计划"项目分为创新训练项目、创业训练项目和创业实践项目三类。各高校积极响应国家"双创"号召，纷纷将"国创计划"纳入人才培养体系，大学生创新创业训

---

*　彭显明，北京体育大学管理学院体育人文社会学在读博士研究生，研究方向为体育战略管理。

练逐渐从部分高校自发开展的课外活动，演变为一项全国性、系统性、综合性的课程改革，各方资源投入和学生参与规模不断扩大。2019 年教育部印发《国家级大学生创新创业训练计划管理办法》（教高函〔2019〕13 号），在管理办法第二条明确指出"国创计划是大学生创新创业训练计划中的优秀项目，是培养大学生创新创业能力的重要举措，是高校创新创业教育体系的重要组成部分，是深化创新创业教育改革的重要载体"。以"国创计划"为抓手，研究中国高校体育产业创新创业训练情况，有助于全面了解中国高校体育产业创新创业发展的现状和问题，为进一步秉承"兴趣驱动、自主实践、重在过程"的原则，深化高校体育产业创新创业教育教学改革，加强大学生体育产业创新创业能力培养，全面提高体育人才培养质量提供参考。

一 调研设计与实施

（一）数据来源

2023 年 10 月，教育部高等教育司公布了《2023 年国家级大学生创新训练计划项目和重点支持领域项目名单》（教高司函〔2023〕8 号），2023 年国家级大学生创新训练计划项目 42948 项（其中重点支持领域项目 836 项），各单位可登录国家级大学生创新训练计划平台网站（http：//gjcxcy.bjtu.edu.cn/）进行查询。由此，本次调研以国家级大学生创新训练计划平台中公示的 2023 年立项名单为数据来源。

（二）调研过程

本次调研先通过《教育部关于公布 2022 年度普通高等学校本科专业备案和审批结果的通知》（教高函〔2023〕3 号）中公布的附件《普通高等学校本科专业目录》，获取体育学类 13 个本科专业前置代码为"0402"；再通过"国家级大学生创新创业训练计划平台"的"首页/历年项目/学校查询"渠道，输入"项目所属专业类代码＝0402"查询，共获取"国创计划"

2023 年体育产业（体育学）立项项目 410 项（均为国家级项目）[①]，并利用 Python 工具爬取相关数据；最后通过自编问卷，设置题项"项目名称/项目级别/所属学校/所属学校类别/所属学校区域/所属学校所在城市/所属学校办学性质/所属学校是否属于体育院校/项目类型/项目类别/项目成员数量/指导教师数量/第一指导教师职称/指导教师中的最高职称/指导教师承担科研课题情况/项目简介"，双人独立录入复核后形成调研数据库，为下一步分析提供数据支持。

（三）分析方法

本次调研主要采用两种分析方法：一是通过 SPSS、Excel 等软件工具对组织实施、师资力量进行数理统计分析，二是通过 ROST CM6、Gephi 等软件工具对项目选题进行文本分析。

二 中国大学生体育产业创新创业训练计划实施现状分析

（一）组织实施情况

1. 项目所属类型和类别

依据教育部《国家级大学生创新创业训练计划管理办法》的规定，"国创计划"实行项目式管理，分为创新训练项目[②]、创业训练项目[③]和创业实践项目[④]

---

① 经过双人独立统计比对，2023 年体育学立项项目均在《体育产业统计分类（2019）》11 大类 37 中类 71 小类统计范围内，故本次调研全文将体育学立项项目数据等同于体育产业立项项目数据。

② 创新训练项目是本科生个人或团队在导师指导下，自主完成创新性研究项目设计、研究条件准备和项目实施、研究报告撰写、成果（学术）交流等工作。

③ 创业训练项目是本科生团队在导师指导下，团队中每个学生在项目实施过程中扮演一个或多个具体角色，完成商业计划书编制、可行性研究、企业模拟运行、撰写创业报告等工作。

④ 创业实践项目是学生团队在学校导师和企业导师共同指导下，采用创新训练项目或创新性实验等成果，提出具有市场前景的创新性产品或服务，以此为基础开展创业实践活动。

三类。依据《教育部高等教育司关于开展 2023 年国家级大学生创新创业训练计划立项和结题验收工作的通知》，"国创计划"主要分为两类重点支持项目①和一般项目。从国家级大学生创新训练计划平台网站（http：//gjcxcy. bjtu. edu. cn/）检索查询到 2023 年国家级大学生创新训练计划项目立项 42760 项，其中，创新训练项目 36708 项、创业训练项目 4614 项、创业实践项目 1438 项；体育产业项目立项 410 项，其中，体育产业创新训练项目 301 项、体育产业创业训练项目 76 项、体育产业创业实践项目 33 项。具体来看，体育产业在创业训练项目和创业实践项目的比例高于全国总体水平（见图 1）。

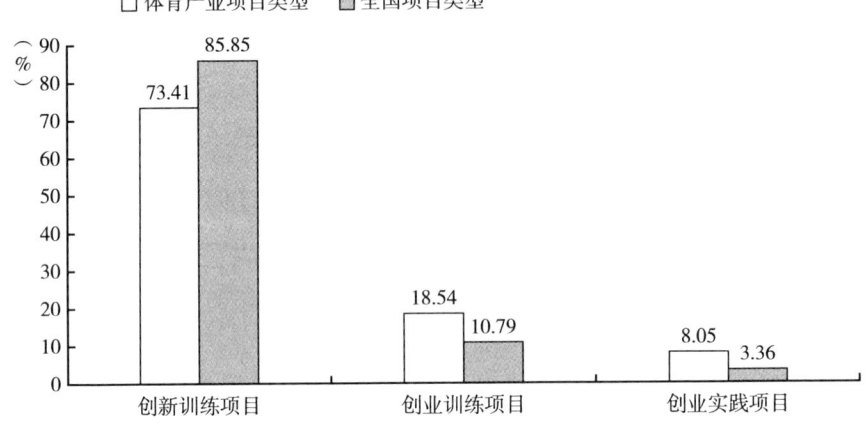

图 1　体育产业项目所属类型与总体对比

根据相关规定，重点支持项目由地方教育行政部门负责择优推荐，推荐数额不超过上一年度"国创计划"立项项目总数的 2%。从 2023 年的立项数据来看，全国重点支持项目占全国总体的 1.96%，远高于体育产业重点

① 重点支持项目本着"有限领域、有限规模、有限目标"的原则，支持具有一定创新性的基础理论研究项目和有针对性的应用研究项目持续深化研究和实践，鼓励开展新兴边缘学科研究和跨学科的交叉综合研究。重点支持项目由地方教育行政部门负责择优推荐，推荐数额不超过上一年度"国创计划"立项项目总数的 2%。项目支持经费原则上不低于同类型其他"国创计划"项目支持经费的 2 倍。

支持项目占体育产业总体的 0.98%（见图 2），体育产业在重点支持领域与全国平均水平差距较大。

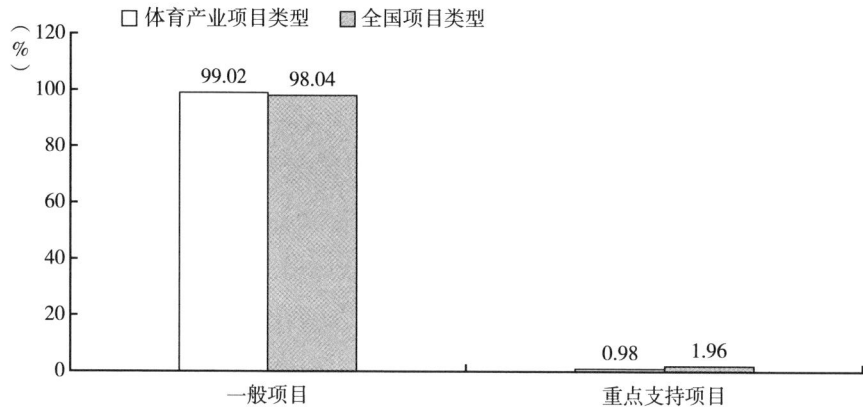

图 2　体育产业项目类别与总体对比

2. 所属学校类型和地区

依据教育部等部门相关文件要求，第一轮双一流建设高校全部入选了第二轮双一流建设高校，并且不区分一流大学建设高校和一流学科建设高校，根据抓取到的立项项目所属学校名称，将全部高校划分为"双一流"建设高校、非"双一流"建设高校两类。依据教育部截至 2023 年 6 月 15 日最新版本的《全国高等学校名单》，将全部高校划分为公办本科和民办本科。依据国家统计局经济地带划分方法，根据抓取到的立项项目所属学校名称和《全国高等学校名单》，将全部高校划分为东部地区高校、中部地区高校、西部地区高校和东北地区高校①。

从学校类型来看，体育产业项目所属学校以非"双一流"建设高校为主，但"双一流"建设高校也十分强势，占比接近 1/5（见图 3）。具体来

---

① 东部 10 省（市）包括北京、天津、河北、上海、江苏、浙江、福建、山东、广东和海南；中部 6 省包括山西、安徽、江西、河南、湖北和湖南；西部 12 省（区、市）包括内蒙古、广西、重庆、四川、贵州、云南、西藏、陕西、甘肃、青海、宁夏和新疆；东北 3 省包括辽宁、吉林和黑龙江。

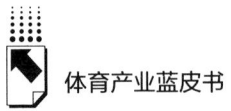

看，"双一流"建设高校中，立项数排在前三名的是北京体育大学（10项）、吉林大学（9项）和湖南师范大学（7项）；非"双一流"建设高校中，立项数排在前三名的是武汉体育学院（19项）、成都体育学院（17项）和西安体育学院（15项）。

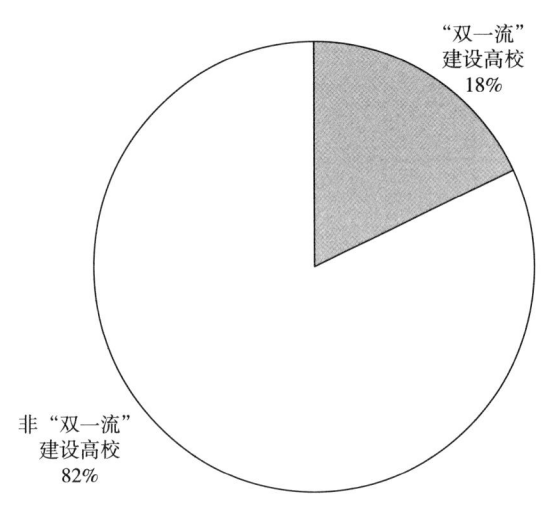

图3　体育产业项目所属学校类型分布

从办学性质来看，体育产业项目所属学校以公办本科院校为绝对的主体，占比为93.7%（见图4）。具体来看，民办本科院校中体育产业项目立项2项及以上的学校有湖南涉外经济学院（4项）、海口经济学院（2项）、湖北商贸学院（2项）和长沙医学院（2项）。

从院校类别来看，独立建制的15所体育本科院校立项112个，总体占比23.3%，在体育产业创新创业训练中发挥着重要的载体作用。具体来看，独立建制的体育院校在创业训练项目中所占比重较高，为51.5%（见图5）。根据相关规定，创业训练项目是本科生团队，在导师指导下，团队中每个学生在项目实施过程中扮演一个或多个具体角色，完成商业计划书编制、可行性研究、企业模拟运行、撰写创业报告等工作。已有研究解释了这一现象：我国15所体育院校在2020～2021年教育质量报告中均强调创新创业教育的

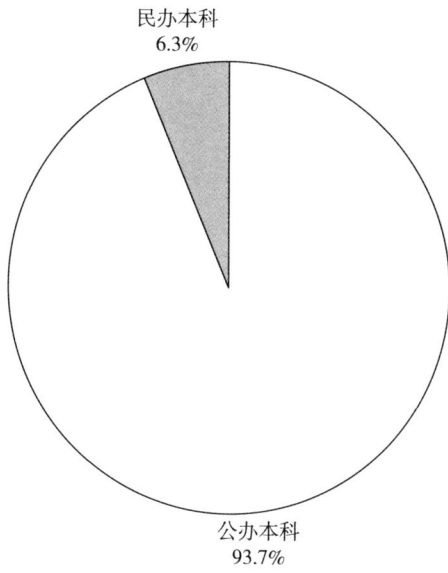

图4　体育产业项目所属学校办学性质分布

重要性，提出新时代高质量体育人才培养离不开创新思维的发展及创业实践经验的积累。

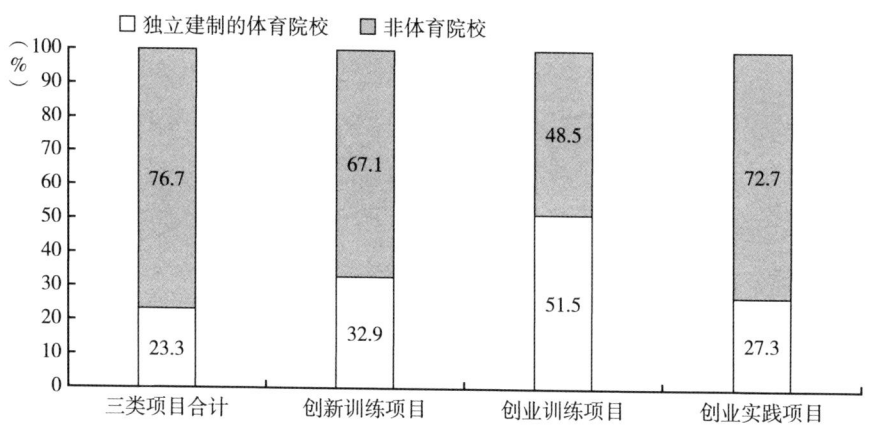

图5　体育产业项目所属学校院校类别分布（$X^2 = 13.423$，$P < 0.05$）

2023 年"国创计划"项目参与人数最多的 10 个城市依次是武汉市（32 项）、成都市（22 项）、西安市（20 项）、北京市（18 项）、长沙市（17 项）、广州市（16 项）、南京市（16 项）、长春市（16 项）、大连市（12 项）和沈阳市（12 项）。从项目所属高校所在省级行政区来看，体育产业"国创计划"项目所属高校地域分布相当不均衡，与我国"东强西弱"的高等教育布局相对应，以四川（42 项）、湖北（38 项）、江苏（32 项）、安徽（27 项）和辽宁（27 项）为代表的省级行政区是我国高校开展体育产业创新创业训练的"中心"，立项数占总数的近四成；而内蒙古（2 项）、宁夏（2 项）、重庆（1 项）和新疆（1 项）等西部地区高校则处于"边缘"地位，西藏和青海甚至 1 项也没有；东北 3 省中黑龙江（1 项）与辽宁（27 项）、吉林（23 项）差距较大。

从区域来看，2023 年"国创计划"三类项目合计比例从高到低依次为东部（34.2%）、中部（29.9%）、西部（25.9%）和东北（10.0%）。相较于总体情况，中部地区大学生更偏向体育产业创新训练项目，东北地区、西部地区大学生更偏向体育产业创业训练项目，东部地区大学生三类项目中创业实践项目参与比例高（见图 6）。

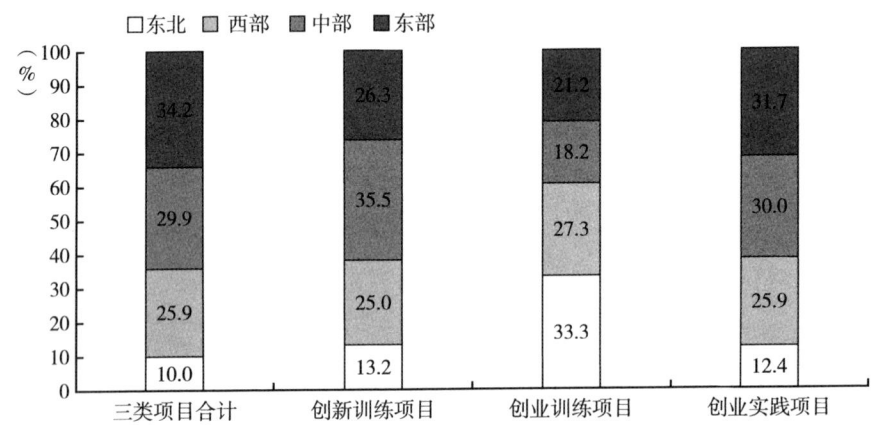

图 6　体育产业项目所属学校区域分布情况（$X^2 = 17.893$，$P < 0.05$）

3. 参与学生的基本情况

从项目成员数量分布来看，过半的大学生选择 5~6 人组队参加体育产业创新创业训练，三成左右的大学生选择 3~4 人组队参加体育产业创新创业训练，1~2 人和 7 人及以上组队参加的比例相对较少（见图 7）。

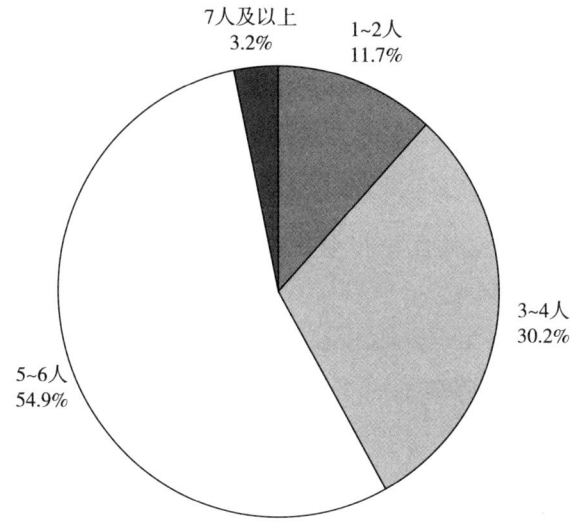

图 7　项目成员数量分布情况

从不同项目类型来看，相对于创新训练项目和创业训练项目，参加创业实践项目的大学生选择 7 人及以上组队的比例高（12.1%），并且选择 3~4 人和 5~6 人作为创业实践团队的比例相对均衡（见图 8）。

从不同院校类别来看，相对于独立建制的体育院校，非体育院校的大学生选择 5~6 人组队（59.1%）和 7 人及以上组队（4.0%）的比例高。独立建制的体育院校大学生选择 3~4 人和 5~6 人组队参加的比例相对均衡（见图 9）。

4. 项目经费的基本情况

教育部《国家级大学生创新创业训练计划管理办法》规定：创新训练项目和创业训练项目获得经费支持平均不低于 2 万元/项，创业实践项目获得经费支持平均不低于 10 万元/项。高校根据学科专业特点，确定项目资助

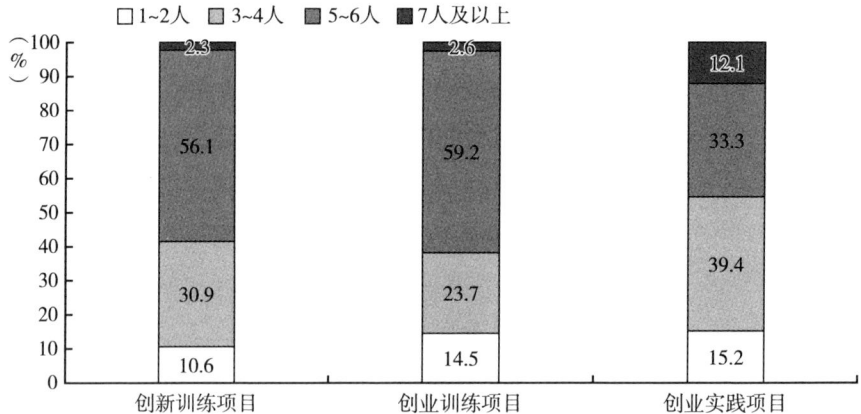

图8 体育产业项目不同人数分布情况（$X^2=15.391$，$P<0.05$）

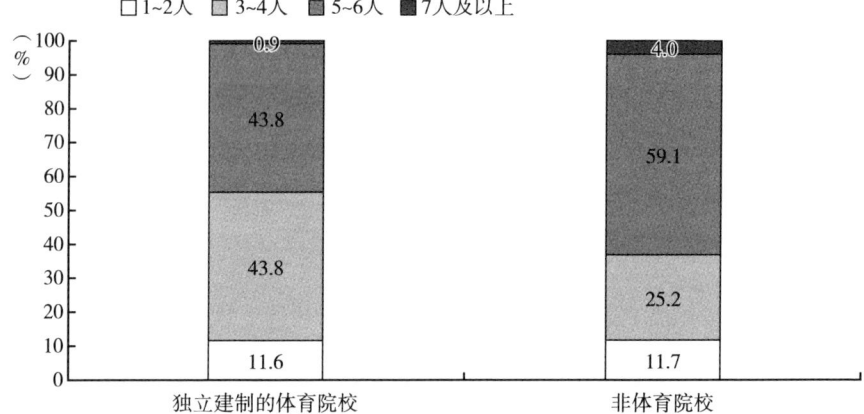

图9 不同院校类别学生参加人数分布情况（$X^2=15.294$，$P<0.05$）

额度标准。已有研究表明，我国高校创新创业训练项目经费投入尤其是学校配套经费不足，创业实践项目经费远低于预期标准。

为了解我国大学生体育产业创新创业训练计划实施经费情况，课题组设计发放《2023年中国高校体育产业创新创业教育现状问卷（学生问卷）》，最终回收有效问卷11134份。

调查结果显示，是否参与体育产业创新创业训练计划和表示缺少资金之间存在相关性（$X^2 = 15.660$，P<0.01）。参与过体育产业创新创业训练计划的大学生表示缺少资金的比例高于未参与的大学生（见表1）。

表 1　是否参与训练计划和表示缺少资金的交叉情况

单位：%

是否参与体育产业创新创业训练计划	大学生体育产业创新创业存在的问题:缺少资金		$X^2 = 15.660$, P<0.01
	未选中	选中	
是	49.50	50.50	
否	54.90	45.10	
总计	54.20	45.80	

调查结果显示，是否参与体育产业创新创业训练计划和项目所处孵化阶段之间存在相关性（$X^2 = 11134.000$，P<0.01）。参与过体育产业创新创业训练计划的大学生，项目所处孵化阶段近半数为研究分析阶段，接近三成表示项目处于筹备阶段，有15.10%的表示项目开始投入运营，仅有6.00%的表示项目获得校外投资（见表2）。可见，经费来源单一和短缺是体育产业创新创业训练计划中大学生常面临的现实问题。

表 2　是否参与训练计划和项目所处孵化阶段的交叉情况

单位：%

是否参与体育产业创新创业训练计划	项目所处孵化阶段					$X^2 = 11134.000$, P<0.01
	未参与项目	A. 研究分析阶段	B. 筹备阶段	C. 开始投入运营	D. 获得校外投资	
是	0.00					
否	100.00					
总计	86.30					

（二）师资力量情况

1. 指导教师职称情况

体育产业创新创业训练的主体是本科阶段的大学生，提高学生的体育产业创新创业能力离不开强大的师资队伍建设。通过统计分析立项项目的第一指导教师职称情况，我们发现，在不同项目所属学校类型、项目类型、院校类别上，第一指导教师职称情况存在显著差异。总的来看，副教授/副研究员（33.20%）和讲师/助理研究员（37.80%）是第一指导教师中的主力军。具体来看，"双一流"建设高校中第一指导教师职称为教授/研究员的比例（35.10%）远高于非"双一流"建设高校；创新训练项目中第一指导教师职称为教授/研究员、副教授/副研究员的比例高于其他两类项目，创业训练项目中第一指导教师职称为讲师/助理研究员的比例高于其他两类项目，创业实践项目中第一指导教师职称为助教的比例高于其他两类项目；非体育院校中第一指导教师职称为教授/研究员的比例（24.50%）远高于独立建制的体育院校（见表3）。各类职称的指导教师在体育产业创新创业训练中都发挥着重要作用，"双一流"建设高校的教授/研究员职称师资更为雄厚，独立建制的体育院校副教授/副研究员职称师资提供强力支撑，年轻的助教职称师资在创业实践项目中大展拳脚。

表3　基本信息和第一指导教师职称的交叉情况

题目	选项	第一指导教师职称				
		教授/研究员	副教授/副研究员	讲师/助理研究员	助教	无职称
所属学校类型	"双一流"建设高校	35.10	28.40	28.40	4.10	4.10
	非"双一流"建设高校	16.10	34.20	39.90	7.10	2.70
	$X^2 = 15.313, P<0.05$					
项目类型	创新训练项目	21.90	34.90	36.50	4.00	2.70
	创业训练项目	10.50	31.60	44.70	9.20	3.90
	创业实践项目	18.20	21.20	33.30	24.20	3.00
	$X^2 = 26.940, P<0.05$					
院校类别	独立建制的体育院校	6.30	38.40	42.00	7.10	6.30
	非体育院校	24.50	31.20	36.20	6.40	1.70
	$X^2 = 21.749, P<0.01$					
合计		19.50	33.20	37.80	6.60	2.90

进一步分析指导教师中的最高职称情况，总的来看，指导教师中的最高职称相较于第一指导教师职称总体情况，高级职称教师比例增加。具体来看，

第一指导教师职称为助教的，会与高级职称教师组队共同指导学生。从区域来看，东北地区和东部地区教授/研究员的比例高于中部和西部（见表4）。

表4 基本信息和指导教师中的最高职称的交叉情况

题目	选项	指导教师中的最高职称					
		教授/研究员	副教授/副研究员	讲师/助理研究员	助教	其他	无职称
所属高校区域	东北	33.30	23.50	33.30	7.80	2.00	0.00
	西部	16.00	37.70	39.60	5.70	0.00	0.90
	中部	18.70	38.20	39.00	2.40	0.80	0.80
	东部	26.90	34.60	26.90	3.10	2.30	6.20
$X^2 = 30.115, P<0.05$							
第一指导教师职称	教授/研究员	97.50	2.50	0.00	0.00	0.00	0.00
	副教授/副研究员	3.70	95.60	0.00	0.70	0.00	0.00
	讲师/助理研究员	4.50	5.20	87.10	0.00	3.20	0.00
	助教	7.40	11.10	22.20	59.30	0.00	0.00
	无职称	0.00	8.30	8.30	0.00	0.00	83.30
$X^2 = 1215.445, P<0.01$							
合计		22.40	35.10	34.60	4.10	1.20	2.40

2. 指导教师承担科研课题情况

指导教师承担科研课题经验对中国大学生体育产业创新创业训练有着重要影响。总的来看，在国家级大学生创新训练计划平台未填写具体情况的比例高达67.30%，最高主持过省部级课题、国家级课题、市厅级课题和校级课题比例分别为14.10%、8.30%、8.00%和2.20%。具体来看，教授/研究员主持过国家级课题的比例高，副教授/副研究员主持过省部级课题的比例高。从区域来看，东部地区指导教师主持过国家级课题、省部级课题的比例远高于其他地区，西部地区指导教师主持过市厅级课题的比例比其他地区高。从院校类别来看，非体育院校最高主持过省部级课题、国家级课题、市厅级课题和校级课题比例均高于独立建制的体育院校（见表5）。可见，职称直接影响着指导教师承担科研课题的级别，东部地区和非体育院校指导教师承担科研课题的经验更为丰富。

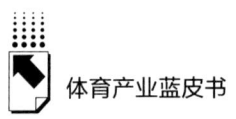

表5　基本信息和指导教师承担科研课题情况的交叉情况

单位：%

题目	选项	指导教师承担科研课题情况				
		主持过国家级课题	主持过省部级课题	主持过市厅级课题	主持过校级课题	未填写
第一指导教师职称	教授/研究员	22.50	11.30	1.30	1.30	63.70
	副教授/副研究员	7.40	19.10	8.80	0.00	64.70
	讲师/助理研究员	3.20	12.90	11.00	4.50	68.40
	助教	3.70	7.40	7.40	3.70	77.80
	无职称	0.00	8.30	8.30	0.00	83.30
		$X^2 = 45.491, P < 0.01$				
所属高校区域	东北	0.00	9.80	3.90	2.00	84.30
	西部	7.50	9.40	11.30	3.80	67.90
	中部	5.70	12.20	9.80	0.80	71.50
	东部	14.60	21.50	5.40	2.30	56.20
		$X^2 = 30.570, P < 0.05$				
院校类别	独立建制的体育院校	5.40	7.10	2.70	0.90	83.90
	非体育院校	9.40	16.80	10.10	2.70	61.10
		$X^2 = 19.972, P < 0.05$				
合计		8.30	14.10	8.00	2.20	67.30

（三）项目选题情况

1. 项目名称的文本分析

从中国大学生体育产业创新训练项目的项目名称来看，主要聚焦于体育领域与健康、教育、文化、科技和社会发展等多个方面的交叉和融合。项目名称紧跟时代热点，如通过体育助力乡村振兴，体现出体育不仅是一种个人的身体锻炼方式，更是一种社会发展的推动力量。除此之外，聚焦体育产业的高质量发展，瞄准体育产业发展的多个方面，包括体育赛事旅游、运动休闲小镇的发展等，突出体育产业在经济社会发展中的价值。同时，也关注科技在体育中的应用，关注数字化体育教育平台的建设，展现了科技在改善体育训练和教学中的重要作用（见图10）。总的来看，中国大学生体育产业创新训练项目聚焦体育作为一种社会实践活动，如何在不同的社会领域发挥作用，促进健康、教育、文化等方面的融合与发展。

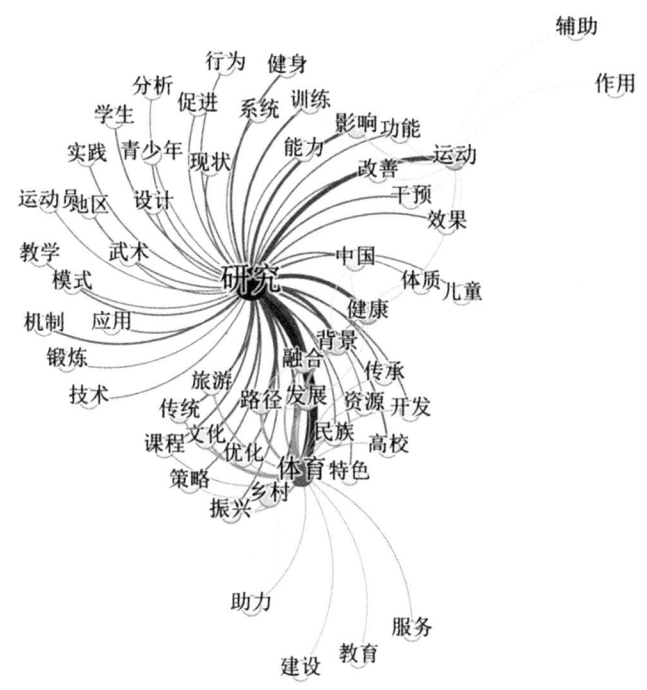

图 10　创新训练项目的项目名称文本分析

从中国大学生体育产业创业训练项目的项目名称来看，可以归纳为六类：健康促进与康复类、体育科技与智能化类、体育教育与培训类、体育文化与传承类、体育营销与赛事类和体育产业模式创新类（见图 11）。具体来看，这些项目名称体现出中国高校体育产业创业训练的多元化方向和创新性探索。首先，随着社会老龄化进程的加快，针对特定群体如老年人、儿童的健康促进和康复服务需求不断增加，这些项目旨在通过体育运动来提升其生活质量，如开发适合老年人的康复训练系统和特殊儿童的康复训练服务等。其次，科技在体育产业中的应用越来越广泛，通过智能化和数字化技术提升训练效率和安全保障，为线上教学和远程培训提供技术支撑，如运用 VR 技术进行乒乓球训练和跆拳道教学等。再者，强调传统文化与体育的结合，弘

扬中华优秀文化，为体育产业开辟新的融合方向。此外，体育营销和赛事运营也是创业训练项目的重要方向，如通过现代营销手段和策略，推广校园飞盘赛事等。最后，探索体育产业新路径，如结合运动与社交 App 的运营模式、利用大数据挖掘青少儿运动天赋等。

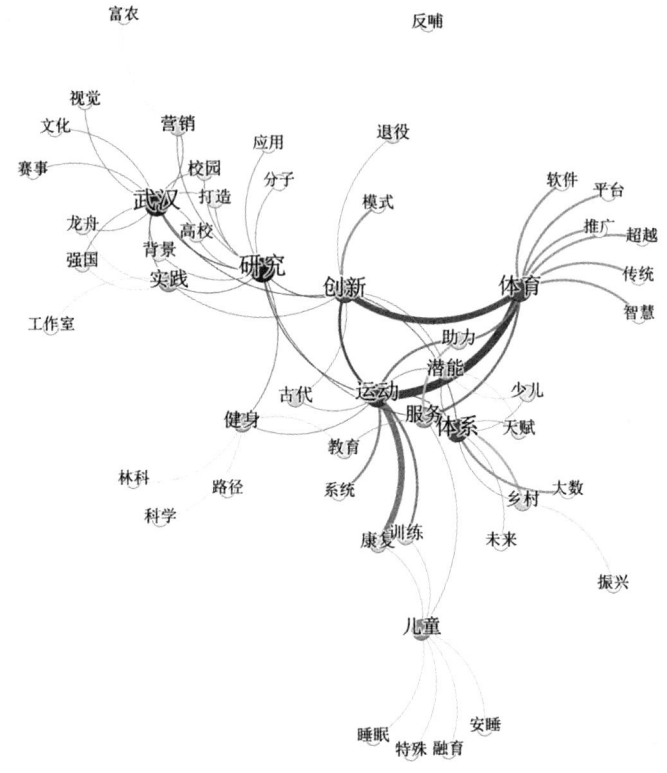

图 11　创业训练项目的项目名称文本分析

从中国大学生体育产业创业实践项目的项目名称来看，大学生们正努力将体育产业与幼儿健康、劳动教育、乡村振兴、智能科技、康复服务等领域相结合，探索体育产业的多元化发展（见图 12）。具体来看，"小象来了"儿童体适能运动馆致力于提升儿童的体适能，而"心链心"公益体育平台则是将体育与公益结合服务社会。项目"新嘉乐"跳绳新业态创新运营，将跳绳运动转变为一种新的商业模式。乡村旅游项目如"月亮坪漂流"则是将体育娱乐活动与乡村旅游相结合，既落实了乡村振兴战略，又活跃了乡村经济。项目"营在革命老区大别山"和"体育助残"则体现了体育产业服务于社会发展的方向，以体育赋能乡村振兴，关注残疾人等重点人群的体育健康。智能科技在体育产业中的实践应用也是一个明显的趋势，如项目"乒乓球运动检测与训练的穿戴式智能系统"等。总的来说，中国大学生体育产业创业实践项目通过融合教育、科技、健康、旅游等领域的新理念和新技术，推动体育产业的发展，为社会的发展贡献体育的力量。

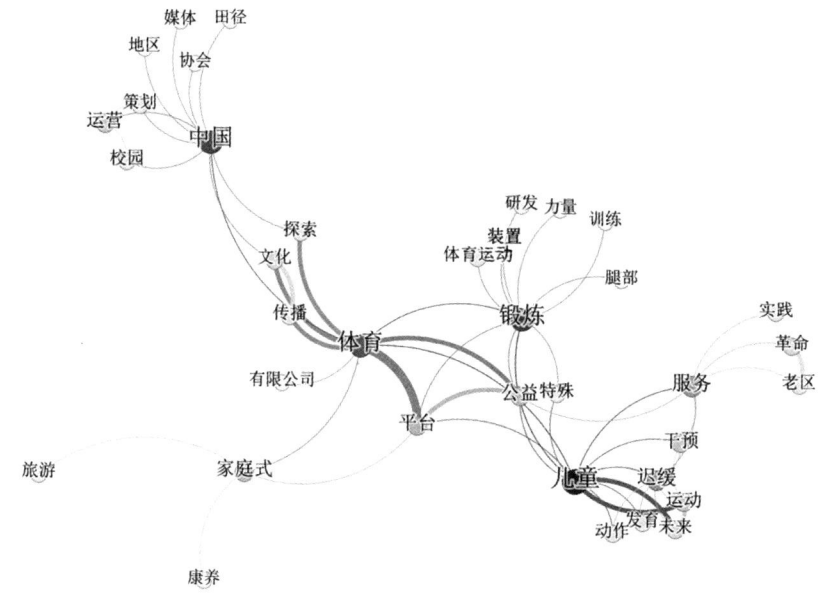

图12　创业实践项目的项目名称文本分析

2. 项目简介的文本分析

从中国大学生体育产业创新训练项目的项目简介来看，在简介中多数会介绍文献资料法、田野调查法、专家访谈法、问卷调查法和案例分析法等研究方法。从这些方法出发，充分挖掘和分析了体育产业在教育、健康、产业发展方面的辐射带动作用（见图13）。研究热点涵盖了思政教育与体育教育的融合、新媒体对大学生锻炼行为的影响、体育器材的创新设计、传统医学在运动康复中的应用、冰雪运动的消费行为、体育场馆的开发利用等，以及

体育产业如何赋能乡村振兴。这些创新训练项目推动了健康中国和体育强国建设，以促进体育产业高质量发展为方向，积极探索体育赛事旅游目的地、运动休闲特色小镇的建设，深入分析科技和体育融合的方向和路径。

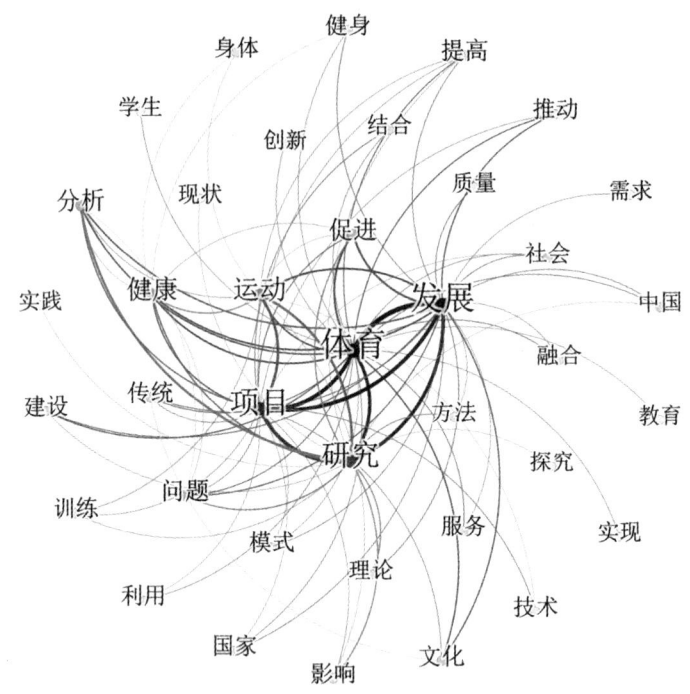

图13　创新训练项目的项目简介文本分析

从中国大学生体育产业创业训练项目的项目简介来看，主要展现实地调研与市场分析、跨学科团队合作、体育与科技融合、体育与文化融合（见图14）。具体来看，大学生们通过体育产业创业训练项目积极助力乡村振兴（乡村体育旅游的开发等），提升体育教学和训练的质量（如通过智能化平台如"Winners"等，学生们能够接受更为科学的训练方法和提升训练效率），推动体育产业与科技的融合（虚拟现实在体育赛事转播、体育教育培训中的应用等）。

从中国大学生体育产业创业实践项目的项目简介来看，主要展现了体育产业的当年热点，以青少年体育培训、体育健康服务为代表（见图15）。具体

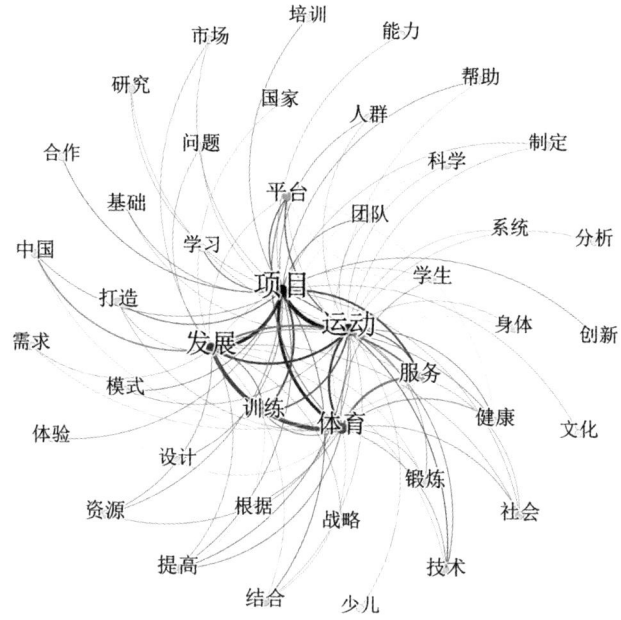

图 14 创业训练项目的项目简介文本分析

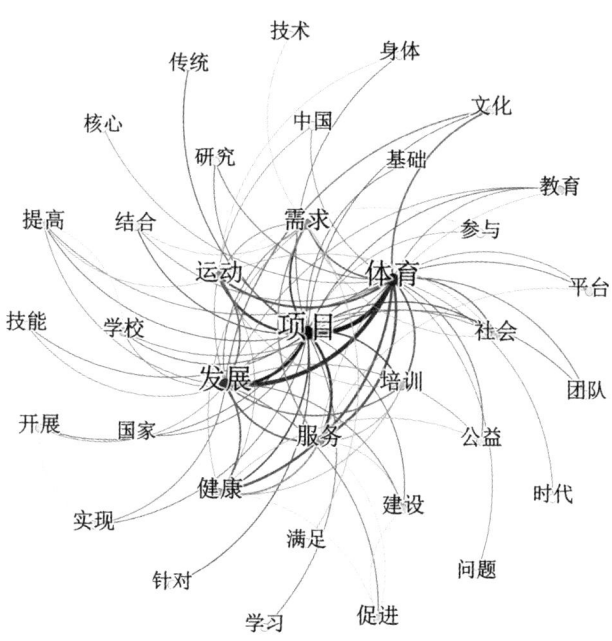

图 15 创业实践项目的项目简介文本分析

来看，包括创办"小象来了"儿童体适能运动馆、以搏击运动进校园为亮点的铜陵忻杰体育文化传播有限公司和以篮球产业融合创新为特色的青出于"篮"项目。在"体育产业+科技""体育产业+文化"上，还有 GM 电子护腕的创新设计、Sun 运动健身体育馆的经营和体艺人 App 以及亿光短视频社交应用软件。除此之外，其他重点领域还包括针对特殊儿童的体育锻炼服务平台、乡村振兴相关的体育旅游项目和传统体育非物质文化遗产的保护与传承。

三 中国大学生体育产业创新创业训练计划实施的主要问题

（一）体育产业创新创业训练资源分布不均

在中国大学生体育产业创新创业训练计划的实施过程中，资源分布的不均衡问题尤为突出。这种不均衡主要表现在地区资源配置上的差异、高校之间体育资源的严重不平衡，以及体育产业创新创业领域内部的结构性缺陷。尽管国家对体育产业给予了高度重视，并出台了相关政策支持体育产业的发展，但在具体实施过程中，沿海发达地区和一些经济实力较强的省市能够获得更多的资金投入和政策倾斜，而中西部地区的大学生能得到的支持相对较少。这种地域性的不平衡导致了东部资源的聚集和西部人才的流失，不利于整个体育产业的均衡发展。此外，高校之间体育资源的配置也存在较大差异。综合性大学往往因为综合实力雄厚而拥有更为丰富的体育设施和师资力量，而专业性较强或规模较小的高校则在体育产业创新创业训练方面相对落后。这种差距不仅影响了学生的创新创业训练和实践，还影响了高校体育产业人才培养的持续性。在体育产业创新创业的内部结构上，部分高校倾向于重视大众体育项目和体育赛事的商业化开发运作，而忽视了体育消费新业态和新场景的创新创业训练的指导和引领。这导致了体育产业内部结构的单一化，不利于创新创业资源的多元化布局。

（二）体育产业创新创业训练选题盲目求新

在中国大学生体育产业创新创业训练计划实施过程中，存在一个明显的问题，即在选题过程中过分"求新求怪"，忽视了市场实际需求和学生自身能力。这种盲目求新的趋势导致一些创新创业项目为了立项而立项，缺乏后续的持续性和育人功能。造成这种盲目求新的原因有多个，一是因盲目求新忽视了体育产业内在的发展规律和趋势。体育产业与其他行业一样，其发展受到技术进步、市场需求、政策环境等多种因素的影响。体育产业创新创业项目的选题应当在深入研究体育产业发展态势的基础上，结合学生团队的专业背景和实际能力，进行科学合理的选择。二是盲目求新往往忽视资源的合理配置。由于缺乏对体育产业现实需求的准确把握，许多项目在资源配置上出现失衡，或是技术投入过多而市场营销不足，或是忽视产品或服务的用户体验，从而影响了项目的整体竞争力。三是盲目求新容易忽略基础研究和前期调研的重要性。一些项目为了追求所谓的"创新点"，往往忽视了对体育产业现状、潜在用户需求以及竞争对手状况的深入调查和分析，从而使得项目建立在不牢靠的基础之上，难以实现长期发展。

（三）训练项目经费来源单一导致经费短缺

在深入分析了中国大学生体育产业创新创业训练计划的经费问题后，我们发现经费来源的单一性是导致经费短缺的主要原因。目前，大部分训练项目的资金依赖于政府拨款和学校的教育基金，而这些资金的数量和稳定性都无法满足日益增长的需求。这种状况限制了训练项目的规模扩张、质量提升和后续运营，也影响了创新创业的活力与成效。由于缺乏稳定和多样化的资金注入，项目在运营和拓展过程中难以持续，这直接影响了项目的连续性和学生创业的积极性。此外，单一资金来源的不确定性还会导致项目规划和实施的短视行为，从而影响长远发展。在这种情境下，体育产业创新创业训练项目的持续性和质量无法得到保障，创新创业的激情和动力也会随之下降。学生创业者面对资金短缺，往往需要花费大量时间和精力去寻找资金支持，

这不仅消耗了他们的创业热情，也分散了他们对创业项目本身的关注和投入。

（四）训练项目的指导和资助缺乏优化组合

在中国大学生体育产业创新创业训练计划的实施过程中，训练项目的指导和资助缺乏优化组合也是一个突出问题。我们发现，尽管有一些先进的理论和方法已被引入项目中，但在实际指导和资助方面没有形成一个有效的互补和整合机制，导致资源的利用效率不高。首先，项目指导多依赖于高校内部的师资力量，缺乏企业师资，大学教授和导师虽然在学术研究上有深厚的基础，但在商业实践、市场运作以及体育产业特有环境的适应上，提供的支持有限。因此，项目在理论指导和实际操作之间往往容易出现断层，缺乏将创新理念转化为商业模型的桥梁。其次，资助机制在配合项目发展的灵活性和针对性上有待加强。当前的资助方式往往是一次性的、总量固定的，难以根据项目的实际进展和需求进行调整。这种刚性的资金支持方式，不仅限制了项目应对市场变化的能力，也降低了资金使用的效益。

四　中国大学生体育产业创新创业训练计划实施的对策建议

（一）加强政策引导，推动人才创新培养

加强政策引导，通过定期的政策评估和修订，确保相关政策能够与时俱进，满足创新创业训练的实际发展需求。具体来说，一要加大对中西部地区以及资源相对匮乏的高校在体育产业创新创业训练方面的支持力度，通过政策引导和资金扶持，缩小地区与高校之间的差距。二要更新体育产业创新创业训练的理念，鼓励高校探索多元化的体育产业发展路径，特别是强化与科技、教育、文化和旅游等多业态的融合创新。三要强化校际合作和产学研结合，整合各类资源，为大学生提供更为广阔的创新创业平台

和实践机会。总的来说，要实现体育产业创新创业训练资源的均衡分布，就必须多措并举强化保障，实现区域间体育产业人才培养的全面协调和可持续发展。

（二）注重科教结合，强化教学科研互动

学校应鼓励学生们将理论与实践相结合，通过案例研究、实地考察、实习实训等方式，让学生们在实践中深化理论知识，提升体育产业创新创业能力。在学生选题上，指导教师要根据学生的兴趣和特长，以及自己承担科研项目的经验，鼓励学生深入把握体育产业的未来发展趋势和当前现实需求，指导学生选择既有个人特色又具有实际应用价值的课题，同时确保选题的科学性和前瞻性。在体育产业创新创业训练中，跨学科的指导和合作也十分重要，学校应鼓励学生跨专业合作，与其他学科的学生共同完成创新创业训练项目。除此之外，学校应鼓励学生将研究成果转化为实际的产品或服务，加强与行业的联系，寻求专业反馈，不断完善项目。同时，学校也应鼓励学生通过撰写论文、参加学术会议等方式，将创新创业成果进行转化，扩大体育产业创新创业训练的影响力。

（三）推进产学合作，争取多方协同支持

在推进产学合作方面，体育产业训练项目除了争取政府和企业的支持之外，还应探索建立稳定的产学研合作机制，以及学生创新创业实践基地，为学生提供更多的实战机会。具体来说，一是高校应当拓宽资金来源，例如通过校企合作引入企业资助。企业不仅可以提供资金支持，还能带来实战经验和市场信息，帮助学生更好地了解行业需求，增强项目的实用性和市场竞争力。二是高校应加强校友会的建设，鼓励校友捐赠和设立创新创业基金。许多校友在工作后愿意回馈母校，他们拥有资金和资源，并且愿意支持后辈们开展创新创业活动，高校可以举办校友见面会、建立校友基金和荣誉制度，以此激励校友参与到创新创业教育中来。三是高校应通过申请国家和地方的专项基金、科研项目资助等方式增加资金来源，

除此之外，师生们还可以通过举办体育赛事、体育服务、文化活动等方式为自己的项目筹集资金。

（四）优化整体结构，完善分类指导资助

经费的筹措和管理至关重要，高校不仅要拓宽经费来源，还需加强对经费使用的监督和管理，确保每一分钱都用在刀刃上。具体来说，一要引入产业界的专业人士作为项目的共同指导者，建立校企合作的长效机制，让学生能够直接从产业实践中学习和获得指导，增强项目的市场适应性和学生的实际操作能力。二要设立动态的资助机制，将资金分配与项目发展的阶段性成果和具体需求相结合，实施阶段性评估和资金释放，提高资金的使用效率和项目的适应性。三要创立项目指导和资助的评价体系，通过定期的评审和反馈，调整项目方向和资助策略，确保项目在创新和市场实践中保持动态的平衡。四要加强对学生创业心态和创新能力的培养，通过专门的课程和训练营，激发学生的创业热情，提升其面对挑战和不确定性的心理承受能力。

五　结语

在深入调研和分析中国大学生体育产业创新创业训练计划实施情况的基础上，我们发现，虽然各项数据显示出体育产业创新创业训练计划的进展喜人，但仍面临一些现实挑战和问题。资源分布不均、选题盲目求新、经费来源单一以及指导和资助缺乏优化组合等问题，都在一定程度上阻碍了体育产业创新创业训练的深入开展。为了破解这些难题，我们提出了加强政策引导、注重科教结合、推进产学合作以及优化整体结构等对策建议。这些对策不仅能够帮助解决现存问题，还能为今后体育产业创新创业训练的健康发展奠定坚实的基础。体育产业创新创业教育是一项长期的系统工程，需要政府、高校、企业以及社会各界的共同努力。通过持续不断地探索和实践，我们有理由相信，中国大学生体育产业创新创业训练计划将能够培养出更多具

有创新精神和创业实践能力的优秀人才，为中国体育产业的高质量发展做出更大的贡献。

参考文献

肖林鹏、阎隽豪：《我国高校体育产业创新创业教育发展态势、面临问题与建设路径》，《北京体育大学学报》2023 年第 7 期。

王占仁：《中国创业教育的历史发端与科学表述论析》，《东北师大学报（哲学社会科学版）》2015 年第 4 期。

刘继安、高众：《我国高校创新创业训练项目的实施情况、问题与对策——基于 2012~2017 年"国创计划"项目信息的计量分析》，《中国高教研究》2018 年第 11 期。

吴爱华、侯永峰、吴昭等：《深入实施"国创计划"促进大学生创新创业》，《中国大学教学》2015 年第 3 期。

B.7
中国大学生体育产业创新创业社会服务平台发展报告（2023~2024）

肖林鹏　彭显明　孟子平*

摘　要：　体育产业创新创业社会服务平台是为大学生创新创业提供交流合作的场所或空间，党和国家一直以来高度重视并推动社会力量在创新创业平台建设中发挥作用。通过文献资料调研、问卷调查和逻辑推理等方法，对体育产业创新创业社会服务平台的开展现状、面临问题、体系构建进行了系统研究。在系统梳理体育产业创新创业社会服务平台类型、功能、企业情况、资金来源、参与目的基础上，发现存在企业与高校沟通不畅、企业资源条件不够、服务高校意愿不足、社会舆论氛围不足等问题。在厘清体育产业创新创业社会服务平台体系的建设模型、目标、原则的前提下，提出体育产业创新创业社会服务平台体系的建设路径：强协作，推进政府、高校加强与企业的沟通合作；建标准，加强体育产业创新创业标准化体系建设；多指引，提供保障性、激励性政策供给服务支持；优环境，大力建设体育产业创新创业友好型社会。

关键词：　大学生创新创业　体育产业　社会服务平台

党和国家一直以来高度重视并推动社会力量在创新创业平台建设中发挥

---

* 肖林鹏，北京体育大学教授，博士生导师，主要研究方向为体育战略管理、青少年体育政策、体育产业创新创业教育；彭显明，北京体育大学管理学院体育人文社会学在读博士研究生，研究方向为体育战略管理；孟子平，天津体育学院体育经济与管理学院体育人文社会学在读博士研究生，研究方向为体育产业创新创业。

作用，2017 年《国务院关于强化实施创新驱动发展战略进一步推进大众创业万众创新深入发展的意见》（国发〔2017〕37 号）明确要求"整合政府、企业、社会等多方资源，建设众创、众包、众扶、众筹支撑平台，健全创新创业服务体系"，2021 年《国务院办公厅关于进一步支持大学生创新创业的指导意见》（国办发〔2021〕35 号）明确指出"充分发挥社会资本作用，以市场化机制促进社会资源与大学生创新创业需求更好对接，引导创新创业平台投资基金和社会资本参与大学生创业项目早期投资与投智，助力大学生创新创业项目健康成长"。可见，创新创业社会服务平台的建设十分重要，特别是在体育产业这一朝阳新兴未来支柱产业中，更需要体育产业创新创业社会服务平台的支撑。基于此，本文通过对 1262 家社会力量（其中 287 家社会力量拥有自己的体育产业创新创业平台）的问卷调查，系统开展体育产业创新创业社会服务平台现状、问题的梳理，构建体育产业创新创业社会服务平台体系，提出我国体育产业创新创业社会服务平台的完善建议，为进一步支持大学生创新创业贡献体育智慧。

一　体育产业创新创业社会服务平台开展现状

体育产业是指为社会提供各种体育产品（货物和服务）和体育相关产品的生产活动的集合。高校体育产业创新创业教育是指通过在高校开设体育产业创新创业课程教学、实习实训，举办培训、比赛、交流等方式，实现体育产业创新创业人才培养的过程。体育产业创新创业社会服务平台顾名思义即是由社会力量举办的体育产业创新创业服务平台，与高校、政府体育产业创新创业服务平台的主要区别在于发起方的不同。从国外经验来看，日本筑波市筑波科学城有众多创新创业社会服务平台，这些平台多以社团法人或财团法人性质运营，是负责提供产学研协同和创新创业服务的第三方实体机构，有利于实质业务的开展和服务质量的提升。体育产业创新创业社会服务平台是企业、社会等多方资源参与体育产业创新创业的重要途径，是以市场化机制促进社会资源与大学生创新创业需求相对接的重要载体。

（一）体育产业创新创业社会服务平台类型

随着国家对大学生创新创业活动的大力支持，社会力量结合自身资源情况，积极建设体育产业创新创业社会服务平台。从平台类型来看，主要分为四种：专门体育产业创新创业的业务部门、独立的体育产业创新创业服务平台、独立的体育产业创新创业孵化器、体育产业众创空间。从调查结果来看，占比最多的是独立的体育产业创新创业服务平台（36.2%），对开展的体育产业创新创业活动有着极大的自主权。其次是专门体育产业创新创业的业务部门（27.5%），依托社会力量主体，成立下属业务部门，对体育产业创新创业活动进行业务处理，对上级部门负责（见图1）。

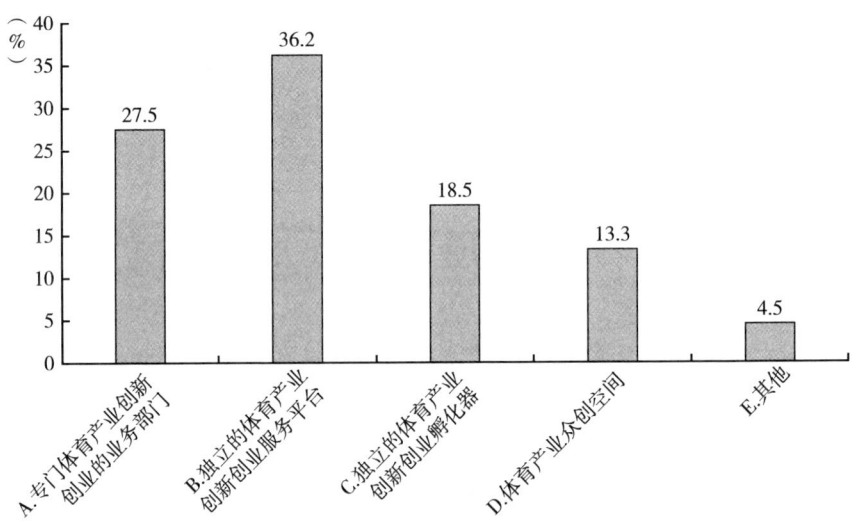

图1　体育产业创新创业社会服务平台类型（n=287）

（二）体育产业创新创业社会服务平台功能

相较于高校传统的教学、科研、社会服务三大功能，平台组织创新创业教育融合了创新创业教学、实践、研究、管理与发展等多重功能。具体来看，我国体育产业创新创业社会服务平台主要有四大功能：教育培训功能、智力支持功能、赛事实训功能、成果展示孵化功能。具体来看，在中国高校体育产业创新创业企业问卷调查结果中，教育培训功能主要体现为体育产业创新创业课程教学活动、体育产业双创培训活动，智力支持功能主要体现为体育产业双创项目导师，赛事实训功能主要体现为体育产业创新创业比赛活动、院校体育产业实训基地，成果展示孵化功能主要体现为体育产业双创论坛、交流、研讨，成果转化（见图2）。可以看出，成果转化的功能最为薄弱，然而创新创业成果精准转化是创新创业成果转化平台搭建的重要目标，可见我国体育产业创新创业社会服务平台功能与目标相匹配仍然任重道远。

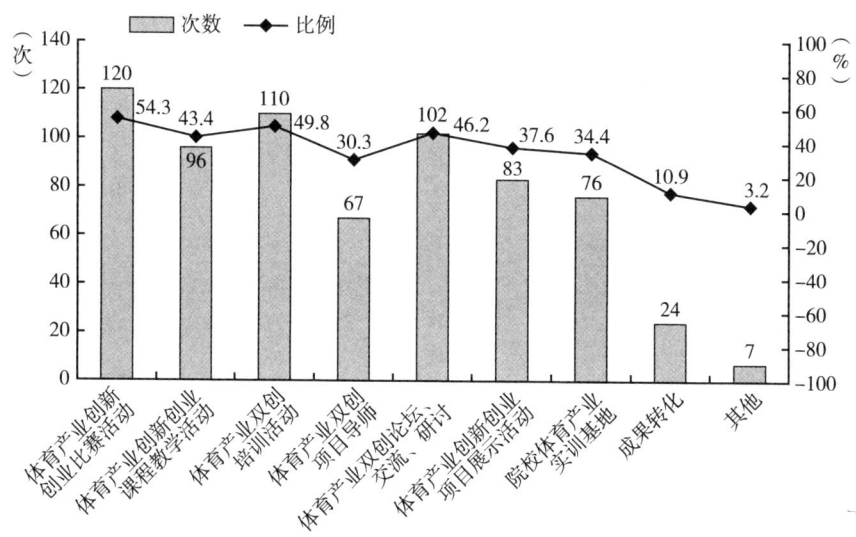

图 2　体育产业创新创业社会服务平台功能 （n=287）

（三）体育产业创新创业社会服务平台企业情况

中小企业一直是各国创新创业活动关注的重心，是体育产业创新创业社会服务平台重要载体企业。2021 年 6 月 16 日，中华人民共和国科学技术部发布的《2019 年我国企业创新活动特征统计分析》显示，企业规模越大，其创新过程越具开放性。在开展技术创新活动的小型、中型和大型企业中，合作创新企业占比分别为 61.7%、72.3% 和 83.3%。并且大型工业企业创新最为活跃，技术创新企业所占比重为 82.6%，高于中型企业的 67.9%，是

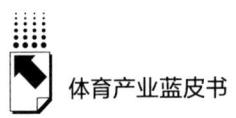

小微型企业的 1.6 倍。体育产业创新创业社会服务平台企业具有自身特点，与工业企业呈现明显差异。在中国高校体育产业创新创业企业问卷调查结果中，企业规模与是否参与过高校体育产业创新创业活动、是否希望建立体育产业创新创业社会服务平台、是否拥有自己的体育产业创新创业平台都有显著的相关性。具体来看，小型企业参与高校体育产业创新创业活动、希望建立体育产业创新创业社会服务平台、拥有自己的体育产业创新创业平台比例最高（41.8%、73.9%、27.0%），中型企业参与高校体育产业创新创业活动、拥有自己的体育产业创新创业平台比例位居第二（35.9%、24.6%）（见表1）。可见，中小企业是体育产业创新创业社会服务平台的主体企业，应该加大对中小企业体育产业创新创业扶持的政策倾斜。

表1　体育产业创新创业社会服务平台企业情况（n=1262）

单位：%

—	—	是	否	合计
企业规模	—	是否参与过高校体育产业创新创业活动		
A. 微型企业		28.5	71.5	100.0
B. 小型企业	—	41.8	58.2	100.0
C. 中型企业		35.9	64.1	100.0
D. 大型企业		28.6	71.4	100.0
$X^2=18.726, P<0.001$				
企业规模	—	是否希望建立体育产业创新创业社会服务平台		
A. 微型企业		66.9	33.1	100.0
B. 小型企业	—	73.9	26.1	100.0
C. 中型企业		64.4	35.6	100.0
D. 大型企业		53.1	46.9	100.0
$X^2=39.011, P<0.001$				
企业规模	不希望建立平台	是否拥有自己的体育产业创新创业平台		
A. 微型企业	33.1	19.2	47.7	100.0
B. 小型企业	26.1	27.0	46.9	100.0
C. 中型企业	35.6	24.6	39.8	100.0
D. 大型企业	46.9	17.2	35.8	100.0
$X^2=42.502, P<0.001$				

（四）体育产业创新创业社会服务平台资金来源

拥有充足的资金来源，是体育产业创新创业社会服务平台长效运营和可持续发展的关键。已有研究发现政府支持性的财政政策和畅通的融资渠道，降低了创业企业对资金来源的担忧、缓解了创业企业的资金压力，增加了创业企业可投入研发的财政资源，使创业企业能够专注于产品、流程及服务的创新。在中国高校体育产业创新创业企业问卷调查结果中，体育产业创新创业社会服务平台资金三大来源是政府补贴、自主运营所得、专项基金支持（见图3）。可见，除政府资金外，自筹资金是主要渠道，资金来源相对单一，易受到外在环境变化的冲击。

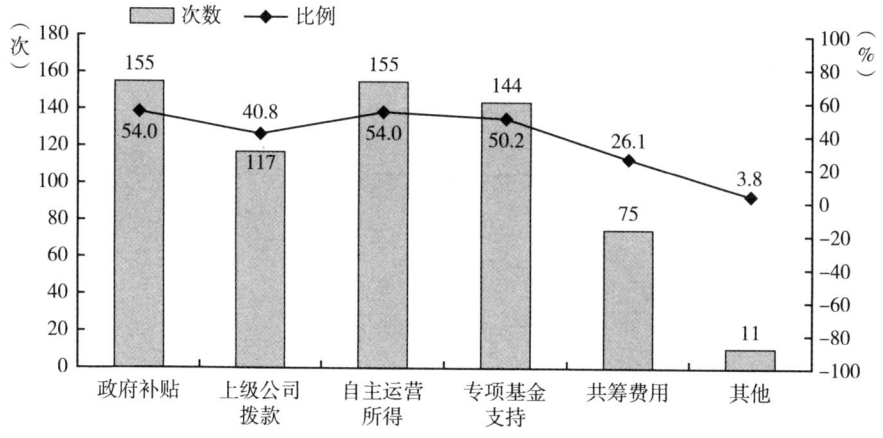

图3　体育产业创新创业社会服务平台资金来源（n = 287）

（五）体育产业创新创业社会服务平台参与目的

参与目的是体育产业创新创业社会服务平台运营的方向和目标。社会责任是企业参与创新创业的重要目的，已有研究表明应积极创新企业社会责任实践模式，充分结合创业投资与科技优势，将创新创业与企业社会责任有效结合，科学合理地实践企业社会责任。在中国高校体育产业创新创业企业问卷调查结果中，体育产业创新创业社会服务平台参与体育产业创新创业首要目的是创造更大的社会效应、承担社会责任，其次是为企业汇集更多的政府、高校、企业资源，再次是为企业创造更高的经济效益（见图4）。可见，平台企业希望借助体育产业创新创业社会服务平台展现社会责任、聚集多方资源、创造经济效益，在体育产业创新创业教育中发挥着积极的正外部效应。

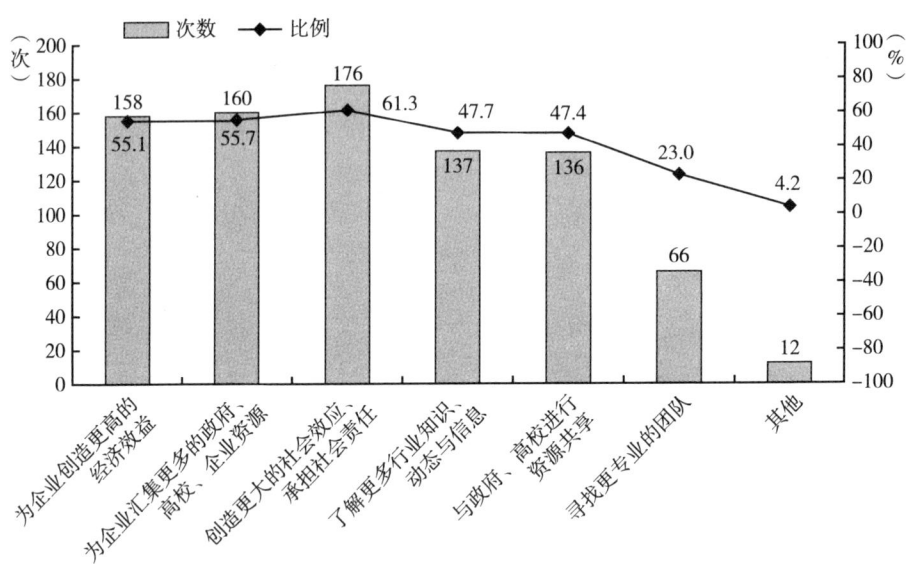

图4　体育产业创新创业社会服务平台参与目的（n=287）

二　体育产业创新创业社会服务平台面临问题

体育产业创新创业社会服务平台是高校开展体育产业创新创业教育极为重要的载体。长期以来，企业与高校沟通不畅、企业资源条件不够、服务高校意愿不强、社会舆论氛围不足等原因造成体育产业创新创业社会服务平台出现诸多问题，严重制约体育产业创新创业教育质量和体育产业创新创业人才培育。

（一）企业与高校沟通不畅

平台企业与高校沟通顺畅是体育产业创新创业社会服务平台发展的前提条件。已有研究表明，大学生创新创业主要问题中学校与企业之间的沟通不畅问题一直存在，在创新创业实践中，怎么凸显平台企业的主导地位，强化平台企业对学生的创新创业指导，以平台企业为依托协力建设好体育产业创新创业社会服务平台，是亟须破解的难题。具体来看，在中国高校体育产业创新创业企业问卷调查结果中，平台企业与高校的沟通不畅情况均分为3.53，进一步单因素分析平台类型和所处地域都不显著（见表2），这说明与高校沟通不畅的问题不受平台类型和所处地域的影响，都较为突出。

表2　平台企业与高校的沟通不畅情况（M±SD）

N	均值±标准差	单因素方差分析
287	3.53±1.14	平台类型 $F=1.356, P=0.249$； 所处地域 $F=0.676, P=0.669$

（二）企业资源条件不够

人财物是平台企业作为社会力量支持体育产业创新创业服务的关键要素。已有研究表明，企业在发展的过程中，虽然有着资金支持和对市场动态发展的敏锐度，但在队伍建设上缺少相应高素质人才的有力支撑，甚至有的平台企业在财力和物力上也难以充分保证。具体来看，在中国高校体育产业创新创业企业问卷调查结果中，平台企业参与高校体育产业创新创业面临人财物问题中，企业人力资源不足均分为3.44，企业经费保障不足均分为3.55，企业硬件保障不足均分为3.48（见表3），这表明企业资源条件不够，尤其是企业经费保障不足较为突出。结合上文体育产业创新创业社会服务平台两大资金来源是政府补贴和自主运营所得来看，在新冠疫情冲击下，如果出现自主运营所得不足、政府补贴不及时的情况，体育产业创新创业社会服务平台运营困难的情况就更加明显。

表3　平台企业参与高校体育产业创新创业人财物情况（M±SD）

变量	N	均值±标准差	单因素方差分析
企业人力资源不足	287	3.44±1.14	平台类型 F=2.001, P=0.095；所处地域 F=0.840, P=0.540
企业经费保障不足	287	3.55±1.14	平台类型 F=0.969, P=0.425；所处地域 F=0.328, P=0.922
企业硬件保障不足	287	3.48±1.16	平台类型 F=2.029, P=0.090；所处地域 F=0.691, P=0.657

（三）服务高校意愿不强

平台企业服务高校的意愿，是体育产业创新创业服务平台持续运营的主要驱动力。中华人民共和国科学技术部2018年3月20日至2021年6月16日连续四年发布的《我国企业创新活动特征统计分析》显示，2016年与高等学校合作的企业占合作创新企业的比重为31.5%，2017年与高等学校合作的企业占合作创新企业的比重为31.2%，2018年与高等学校合作的企业占合作创新企业的比重为30.0%，2019年与高等学校合作的企业占合作创新企业的比重为28.2%，可以发现平台企业与高校合作的比例不高，并呈现逐年下降的趋势。在体育产业创新创业中，平台企业服务高校的意愿也明显不强。在中国高校体育产业创新创业企业问卷调查结果中，平台企业服务高校的意愿不强的原因主要有两个，一个是平台企业表示政产学研协同度低（均分为3.37），另一个是企业回报少（均分为3.36）（见表4）。

表4　平台企业服务高校意愿不强的原因（M±SD）

变量	N	均值±标准差	单因素方差分析
政产学研协同度低	287	3.37±1.15	平台类型 F=0.598, P=0.664；所处地域 F=0.371, P=0.897
企业回报少	287	3.36±1.23	平台类型 F=0.945, P=0.438；所处地域 F=1.404, P=0.213

（四）社会舆论氛围不足

当前，我国"大众创业，万众创新"的良好社会舆论氛围已基本形成，但支持社会力量参与体育产业创新创业的社会舆论氛围还远远不足。具体来看，在中国高校体育产业创新创业企业问卷调查结果中，平台企业参与高校体育产业创新创业，社会舆论氛围不足均分为3.48（见表5）。这说明加强体育产业创新创业社会服务平台的宣传十分必要，以平台为载体，以学生为自传播渠道，引导主流媒体对体育产业创新创业社会服务平台的关注和宣扬，营造鼓励社会力量参与体育产业创新创业的良好社会氛围。

表5　平台企业参与高校体育产业创新创业社会舆论氛围不足（M±SD）

N	均值±标准差	单因素方差分析
287	3.48±1.18	平台类型 F=2.237, P=0.065； 所处地域 F=1.330, P=0.244

三　体育产业创新创业社会服务平台模型建构

体育产业创新创业社会服务平台的建设需要多方携手联动，离不开顶层设计指引、高校协同配合、基础条件支撑、社会舆论支持。体育产业创新创业有着不同于传统创新创业的特质，更需要推进赛事驱动、强化教学联动、鼓励学生能动。

（一）体育产业创新创业社会服务平台体系的模型

体育产业创新创业社会服务平台不同于高校体育产业创新创业服务平台和政府体育产业创新创业服务平台，社会力量在其中发挥着重要的作用。体育产业创新创业社会服务平台只发挥中介作用，体育产业创新创业服务的提供与购买完全是市场行为，通过社会力量的整合将政府政策、高校资源有效

地凝聚起来。创新政府补贴、专项资金的资源配置，强化市场引导，提高体育产业创新创业的"市场化"和内外循环。体育产业创新创业中小企业与大企业或国有企业相比，在资金和市场上处于明显的劣势，体育产业创新创业社会服务平台能够更好地发挥中介服务和营造良好氛围的作用，高效地将政府补贴、项目转化融合起来，推进体育产业创新创业教育。从国外研究来看，大学生对创业有极大需求，需要加强高校创新创业教育课程建设和校外平台协同支持，在大学生创新成果转化支持中，高校与企业衔接度方面远远不够，在大学生创新创业教育中，需要高校与校外企业共同营造创新创业生态圈。综上可见，建立体育产业创新创业社会服务平台十分必要。

那么，体育产业创新创业社会服务平台有着怎样的体系，需要怎样建设？通过研究，我们发现，体育产业创新创业社会服务平台体系建设主要有四个方面。一是政府宏观引领。国家层面对体育产业创新创业平台企业建设的顶层设计，地方层面对体育产业创新创业平台企业支持的详细配套政策和实施细则，都全方位地影响着体育产业创新创业社会服务平台的建设和发展。二是高校协同赋能。政府的宏观引领直接影响着高校对体育产业创新创业社会服务平台建设的重视程度，大学生主要生活于高校，高校对体育产业创新创业社会服务平台的重视与否，有无专门的部门或机构对接，高校相关部门或机构是否运转流畅、与企业平台合作是否高效明确直接影响着平台建设的成败。三是人财物事支撑。体育产业创新创业社会服务平台从业人员充足，具有较高的专业化水平十分必要，大学生创新创业项目的遴选、孵化，需要平台从业人员具备一定的经验和专业能力；资金来源是体育产业创新创业社会服务平台持续运营的关键，除了尽可能争取政府补贴、专项资金，平台通过自行孵化提升经济效益，强化自主运营所得，是平台可持续健康发展的关键。在物和事上，体育产业创新创业社会服务平台需要积极主动地建设创新创业办公设施，提供创新创业项目宣传推广，强化创新创业产品转化保护，发挥平台的中介作用，推动大学生创新创业教育落地与实践。四是社会舆论支持。良好的社会舆论氛围是体育产业创新创业社会服务平台承担社会责任、创造社会效益的助推器，正外部环境的营造，除了通过体育产业创新创业相关论坛、沙龙、讲座和体育产业创新创业赛事赞助、组织、运营外，更关键的是要积极挖掘体育产业创新创业的典型案例和先进经验，获取政府部门、权威媒体的正面宣传报道，通过新媒体、短视频获取网络关注，以四川省成都市建设"科创通"服务平台激发企业创新创业活力荣获国务院第八次大督查通报表扬为榜样，建设好体育产业创新创业社会服务平台（见图5）。

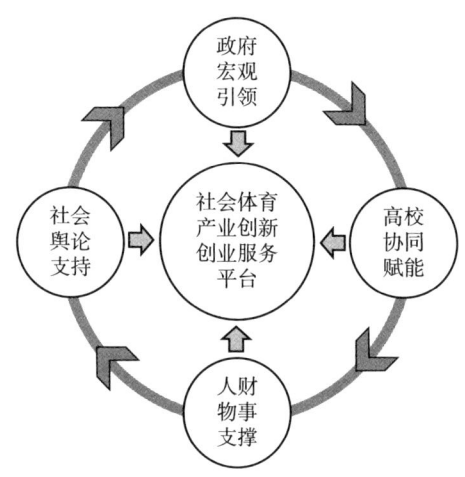

图5　体育产业创新创业社会服务平台体系模型

（二）体育产业创新创业社会服务平台体系的建设目标

通过构建体育产业创新创业社会服务平台体系，加强体育产业创新创业教学建设，夯实体育产业创新创业赛事培育，促进体育产业大学生创新创业项目孵化，推进多要素协同互动。通过建设体育产业创新创业社会服务平台，打破校内—校外和高校—社会的边界，推进课内理论与课外实践的融会贯通，培养具备体育产业创新创业理论知识与实践技能的复合型人才。

（三）体育产业创新创业社会服务平台体系的建设原则

1. 推进赛事驱动

赛事是展示体育产业创新创业教育成果的有效渠道，建设体育产业创新

创业社会服务平台，需要与高校协同建设指导培训—校内大赛—省市大赛—国家大赛的四级培养模式，组织大学生在"互联网+"大赛、"挑战杯"大赛、"三创赛"大赛中大放光彩外，还需组织大学生积极参与全国大学生体育产业创新创业大赛、河北省体育产业创新创业大赛体育产业特色赛事，以赛带学，将提供体育产业创新创业赛事指导、赛事培训、赛事赞助、赛事组织、赛事运营作为体育产业创新创业社会服务平台建设的重要工作。

2. 强化教学联动

通过为高校学生提供校外实习培训、平台骨干作为外聘导师为学生项目进行指导、企业大咖担任高校体育产业创新创业培训教师等手段，强化体育产业创新创业社会服务平台与高校的教学联动。建立科学的体育产业创新创业人才培养机制校企联动机制，通过平台的介入，制定对企业导师给予等同教学、科研项目的激励管理办法，鼓励企业导师全身心投入大学生体育产业创新创业项目中。依托平台建立健全高校—企业—学生三方认同的体育产业创新创业项目准入和退出机制，探索对大学生体育产业创新创业的成果考核和激励机制。

3. 鼓励学生能动

大学生是体育产业创新创业的主体，体育产业创新创业社会服务平台建设要充分考虑调动学生的主观能动性，强化学生的主动参与。依托平台建立学生参与体育产业创新创业活动的政策激励措施，将创新创业活动参与情况纳入毕业学分，探索将体育产业创新创业项目孵化和获奖纳入研究生推免评分表中。鼓励大学生常态化参与平台开展的体育产业创新创业培训活动、体育产业创新创业赛事活动、体育产业创新创业论坛/交流/研讨活动。依托平台积极评选体育产业创新创业典型案例、优秀项目、明星学生，树立体育产业创新创业榜样，形成体育产业创新创业示范效应，强化大学生主动参与的内驱动力。

四　体育产业创新创业社会服务平台体系的建设路径

《中华人民共和国体育法》的全面修订（简称新修《体育法》），标志着我国体育法治建设进入一个新的历史发展阶段，翻开了全面推进依法治体的新篇章。新修《体育法》第七十八条明确提出"国家鼓励社会力量发展体育事业，鼓励对体育事业的捐赠和赞助，保障参与主体的合法权益"。新修《体育法》对社会力量合法权益的明确保障，将推进体育产业创新创业社会服务平台建设迈入新阶段。

（一）强协作，推进政府、高校加强与企业的沟通合作

体育产业创新创业社会服务平台的建设，最终还是需要政府—学校—社会力量的协同，建立社会体育产业创新创业服务生态，完善社会力量参与下的体育产业创新创业教育体系。创业教育自身的"实践导向"本质和知识成果转化的性质，决定了建设体育产业创新创业社会服务平台是高校体育产业创新创业教育不可或缺的关键环节。建设体育产业创新创业社会服务平台，能够补全高校、政府体育产业创新创业服务平台难以提供的服务，满足大学生对体育产业创新创业教育"日益蜂拥"的需求。我国体育产业创新创业社会服务平台，将类似英国 KCL 创业生态平台，整合政府、企业、社会等多方资源，通过平台为大学生体育产业创新创业优质项目提供初始资金、孵化空间、培训指导、宣传转化等，通过服务激发体育产业创新创业活力，发挥平台的载体和催化剂作用，形成政产学社协同的体育产业创新创业教育生态系统。

（二）建标准，加强体育产业创新创业标准化体系建设

体育产业创新创业教育的核心使命是培养体育产业创新创业人才，高校是大学生培养和管理的主要载体，建设符合体育产业创新创业特质的标准化体系十分必要。建立政府牵头、高校主导、社会参与体育产业创新创业教育协同机制，明晰各方权责，提高企业参与体育产业创新创业平台建设积极性，积极吸引社会资源投入体育产业创新创业人才培养，依托高校多学科优势，基于社会力量第三方的优势，探索建立跨院系、跨学科、跨专业交叉培养体育产业创新创业人才的新标准，促进人才培养由学科专业单一型向多学科融合型转变，开展具有差异化特色的体育产业创新创业教育。

（三）多指引，提供保障性、激励性政策供给服务支持

加强建设服务型政府，强化政府对体育产业创新创业教育的顶层设计和宏观引领，强化社会力量参与体育产业创新创业战略规划和政策支持，做好政策服务和激励保障工作。政策的制定和出台，需要政府相关职能部门了解体育产业创新创业的特点，把握高校体育产业创新创业教育现状，明确体育产业创新创业社会服务平台发展需求。当前，教育部层面已经成立高校创业教育指导委员会，各省区市教育厅（教委）还未成体系建设配套机构，再加上体育产业的特殊性，教育部门和体育部门的协调联动，多方保障体育产业创新创业社会服务平台建设的体制机制需要进一步探索。

（四）优环境，大力建设体育产业创新创业友好型社会

体育产业创新创业的主体是青年，2022年4月，中央宣传部、国家发展改革委、教育部、国家体育总局、共青团中央等17部门联合印发《关于开展青年发展型城市建设试点的意见》，明确提出"组织动员青年投身创新创业热潮。完善青年人才发现培养、评价使用、流动配置、激励保障机制，营造引才、留才、用才、聚才的城市氛围。发挥共性技术平台、创业孵化园区、创新创业赛事、协会等载体的人才凝聚和资源对接作用"。体育产业是朝阳产业，对城市和青年具有强大的拉动作用，在全国如火如荼建设青年发展友好型城市之际，不应该忽视体育产业创新创业友好型社会的建设，将体育产业创新创业活力纳入指标体系进行系统考量。

五 结语

体育产业创新创业社会服务平台是我国体育产业创新创业教育服务平台的重要组成部分，它充分调动了市场机制下社会力量对我国创新创业教育的参与，为我国体育产业创新创业教育高质量发展贡献市场力量。建议充分采用政府购买服务、政府补贴、专项资金支持的形式，撬动体育产业创新创业

社会服务平台为大学生开展创新创业的个性化、定制化服务，激发市场活力，更好地服务于大学生体育产业创新创业教育的各个阶段。

参考文献

肖林鹏、靳厚忠：《中国高校体育产业创新创业报告（2020~2021）》，社会科学文献出版社，2021。

孙艳艳、张红、张敏：《日本筑波科学城创新生态系统构建模式研究》，《现代日本经济》2020年第3期。

王志强：《从"科层结构"走向"平台组织"：高校创新创业教育的组织变革》，《中国高教研究》2022年第4期。

李旭辉、孙燕：《高校大学生创新创业能力关键影响因素识别及提升策略研究》，《教育发展研究》2019年第1期。

张超、官建成：《基于政策文本内容分析的政策体系演进研究——以中国创新创业政策体系为例》，《管理评论》2022年第5期。

李颖、赵文红、周密：《政府支持、创业导向对创业企业创新绩效的影响研究》，《管理学报》2018年第6期。

陆羽中、田增瑞、王飞飞等：《创业投资对被投企业社会责任的影响》，《企业经济》2021年第8期。

杨婷婷：《大学生创新创业教育新型生态体系的构建研究》，《中国高等教育》2021年第21期。

周倩、胡志霞、石耀月：《三螺旋理论视角下高校创新创业教育政策的演进与反思》《郑州大学学报（哲学社会科学版）》2019年第6期。

张秀娥、张宝文、秦鹤：《大学生创新创业生态系统优化研究——基于三螺旋理论的视角》，《财经问题研究》2017年第5期。

田思源：《〈中华人民共和国体育法〉的修改过程、主要争议与立法选择》，《天津体育学院学报》2022年第4期。

卓泽林、赵中建：《高水平大学创新创业教育生态系统建设及启示》，《教育发展研究》2016年第3期。

专题篇

B.8

高校体育产业创新创业教育
对学生参与行为的影响：
学生能力与意愿的中介作用

唐立慧　阎隽豪*

摘　要： 本研究通过对 31 个省、自治区、直辖市 219 所高校 11134 个样本数据的分析，结合结构方程模型验证了以高校学生能力与意愿为中介变量的高校体育产业创新创业教育对学生参与行为中介效应模型。研究结果表明：高校体育产业创新创业教育既可以直接显著正向影响学生参与行为，也可以通过学生能力与意愿的中介作用显著正向影响学生参与行为。高校体育产业创新创业教育对学生参与行为影响的直接效应要大于通过学生能力与意愿的中介作用影响的中介效应，且各观测变量在模型中体现了良好的适配性。根据研究结论，得到以下三点启示：第一，加强普及教育，拓宽高校体育产业创新创业教育参与渠道；第二，创新培养方式，加强学生体育产业创

* 唐立慧，天津商业大学副教授，主要研究方向为青少年体育、创新创业教育管理；阎隽豪，北京体育大学 2023 级博士研究生，主要研究方向为体育管理、体育产业创新创业教育。

新创业能力培养和意愿激发；第三，丰富培养内容，满足学生高校体育产业创新创业教育多元参与。

关键词： 创新创业教育　体育产业　能力与意愿　学生参与行为　中介效应

高等教育，学生为本。高校创新创业教育的直接目的就是支持学生提升创新创业能力，支持高校毕业生创业就业，促进学生全面发展。《体育强国建设纲要》将体育人才培养作为战略实施的重要保障，《国务院办公厅关于进一步支持大学生创新创业的指导意见》中明确要提升大学生创新创业能力、增强创新活力，支持大学生创新创业。在政策支持下，高校体育产业创新创业得到一定发展，高校体育产业创新创业师资队伍建设不断推进、课程体系初步形成、平台建设初见成效、专业建设初步探索……但另一方面，我国本科毕业生自主创业率自 2016 年的 2.1% 下降至 2022 年的 1.2%，在国内外经济形势不断变化，就业压力不断增加的当下，"稳定"成为更多年轻人在意的标签，越来越多的应届毕业生加入"考公""考编""考研"的行列，"躺平"已经成为新的网络热词。

对于教育者而言，必然希望通过教育影响学生的行为方式，使更多学生参与到体育产业创新创业活动中来。高校体育产业创新创业教育是一个系统工程，体育产业创新创业教育是影响学生行为的前置变量，但并非发生参与行为的充分必要条件。接受高校体育产业创新创业教育的个体，会通过自身的认识及判断，决定是否深度参与高校体育产业创新创业教育活动。即高校体育产业创新创业教育既可能直接影响学生参与行为，也可能通过某个中介变量间接影响学生行为，也可能受到某些调节变量影响。近年来，对于"体育创新创业教育"的研究逐渐增加，越来越多的学者开始探寻体育学科高等教育改革的路径，但研究多采用定性研究的方式，通过广泛调研、采集数据形成的定量研究少之又少。鉴于此，本研究将通过广泛的调研数据，从高校学生体育产业创新创业参与行为出发，探寻高校体育产业创新创业教育

对学生参与行为的影响路径，了解高校体育产业创新创业教育如何影响学生参与行为。

一　理论模型的构建与假设的提出

（一）高校体育产业创新创业教育显著正向影响学生参与行为

"凡是增进人们的知识和技能、影响人们的思想观念，增强人体质的活动，都具有教育作用。"从学校教育的角度来说，是教育者根据一定的社会要求，有目的、有计划、有组织地通过学校教育的工作，对受教育者的身心施加影响，促使他们朝着期望方向变化的活动①。从教育的一般概念中不难发现，教育的目的就是"使学生行为朝着期望的方向变化"。创新创业教育旨在培养大学生的创新能力和就业能力，使学生通过实践提升自己的创新创业能力②。刘伟③、黄兆信等④、王占仁⑤等学者认为，一方面，高校创新创业教育的目的是影响学生参与行为，提升学生能力；另一方面，高校创新创业教育能优化学生认知、提高参与意愿，从而影响其参与行为。肖林鹏、阎隽豪⑥近年来也在研究中发现，高校体育产业创新创业教育不仅能提高学生的体育产业敏感度，激发学生通过实践了解体育产业前沿知识的意愿，间接促进学生参与创新创业活动，还能直接促进学生

---

① 姜德君、孔锴等：《教育学原理（第 2 版）》，清华大学出版社，2022。
② 李家华、卢旭东：《把创新创业教育融入高校人才培养体系》，《中国高等教育》2010 年第 12 期，第 9~11 页。
③ 刘伟：《高校创新创业教育人才培养体系构建的思考》，《教育科学》2011 年第 5 期，第 64~67 页。
④ 黄兆信、王志强：《论高校创业教育与专业教育的融合》，《教育研究》2013 年第 12 期，第 59~67 页。
⑤ 王占仁：《"广谱式"创新创业教育的体系架构与理论价值》，《教育研究》2015 年第 5 期，第 56~63 页。
⑥ 肖林鹏、阎隽豪：《我国高校体育产业创新创业教育发展态势、面临问题与建设路径》，《北京体育大学学报》2023 年第 7 期，第 65~77 页。

参与高校组织的体育产业创新创业活动。基于上述理论与研究成果，本研究认为高校体育产业创新创业教育可以显著正向影响学生参与行为。由此，本研究提出假设一：高校体育产业创新创业教育显著正向影响学生参与行为。

（二）高校体育产业创新创业教育显著正向影响学生能力和意愿

创新创业教育是以培养具有创业基本素质和开创型个性的人才为目标，不仅仅是以培育在校学生的创业意识、创新精神、创新创业能力为主的教育，而是要面向全社会，针对那些打算创业、已经创业、成功创业的创业群体，分阶段分层次地进行创新思维培养和创业能力锻炼的教育。高校创新创业教育是对学生认知、能力等要素全方位的教育，从而促使学生形成参与意愿[①]。宁德鹏认为创业教育会显著影响创业认知、能力与意愿的形成，从而影响创业能力[②]。王占仁认为，通过高校创新创业教育的普及，政府、高校、社会及受教育者的认知、观念都发生改变，从而使得学生参与创新创业教育在"质"和"量"上都得到了显著的提升[③]。邴浩认为，政策的出台大大促进了高校创新创业教育改革，推动了创新创业教育向纵深发展，从而激发了各方参与高校创新创业教育的意愿[④]。近年来，肖林鹏、靳厚忠在高校体育产业创新创业教育研究中发现，高校体育产业创新创业教育对体育学科的学生认知、能力的提升帮助巨大，受教育学生的体育产业创新创业活动参与意愿与参与行为也会显著提升[⑤]。基于上述理论与研究成果，本研究认为高校体育产业创新创业教育可以显著影响学生的能力和意愿。由

---

① 马永斌、柏喆：《大学创新创业教育的实践模式研究与探索》，《清华大学教育研究》2015年第6期，第99~103页。
② 宁德鹏：《创业教育对创业行为的影响机理研究》，吉林大学博士学位论文，2017。
③ 王占仁：《高校创新创业教育观念变革的整体构想》，《中国高教研究》2015年第7期，第75~78页。
④ 邴浩：《创业教育究竟激发了谁的创业意愿？——基于高校创新创业教育政策的实证分析》，《高教探索》2019年第9期，第111~118页。
⑤ 肖林鹏、靳厚忠主编《中国高校体育产业创新创业报告（2020~2021）》，社会科学文献出版社，2021。

此，本研究提出假设二：高校体育产业创新创业教育显著正向影响学生能力和意愿。

（三）学生能力和意愿显著影响其体育产业创新创业参与行为

计划行为理论认为，行为意向是影响行为最直接的因素，行为意向反过来受态度、主观规范和知觉行为控制的影响，由此可见，个体能力和意愿对行为有着深刻影响，且意愿对行为的影响更为直接。宁德鹏、何彤彤等认为，学生能力分为认知能力和实践能力，学生的创新创业能力越强，越有可能参与创新创业活动[①]。张玉臣、周宣伯等认为，学生创新创业能力和意愿一方面受到高校创新创业教育环境氛围、师资、课程等因素的影响，另一方面直接影响学生参与创新创业教育活动的行为[②]。肖林鹏、靳厚忠通过调查研究发现，高校体育产业创新创业教育的政策、师资、课程、平台、环境等因素是影响学生能力与意愿的主要因素，而拥有较高体育产业创新创业能力与意愿的学生更容易参与创新创业项目，并最终走向创业的道路[③]。基于上述理论与研究成果，本研究认为学生的能力和意愿可以显著影响其参与高校体育产业创新创业教育的行为。由此，本研究提出假设三：学生体育产业创新创业的能力和意愿可以显著影响其参与行为。

（四）创新创业能力和意愿在高校体育产业创新创业教育对学生参与行为的影响机理中存在中介效应

高校创新创业教育不仅能够提高学生的创新思维和创业能力，学生

① 宁德鹏、何彤彤、邓君雪等：《创新创业教育对创业行为的影响机理研究——以创业能力和创业意愿为中介的大样本实证考察》，《华东师范大学学报（教育科学版）》2023年第2期，第93~105页。

② 张玉臣、周宣伯、罗芬芬等：《创客个人动机与外部环境影响关系研究》，《科技进步与对策》2015年第18期，第150~154页。

③ 肖林鹏、靳厚忠主编《中国高校体育产业创新创业报告（2022）》，社会科学文献出版社，2022。

在参与创新创业教育的过程中，通过感知到自身能力的提升，得到更多成就感和获得感，并且对体育产业创新创业活动产生更多的兴趣及意愿，从而促进其参与行为①。从以往研究中不难看出，创新创业教育不仅能直接影响学生参与教育的行为，还能通过能力的提升、意愿的增加而进一步影响其行为。阎隽豪在调研中发现，高校体育产业创新创业教育并非直接影响学生参与行为的，而是通过改变学生认知、能力、态度和意愿进而促进学生参与行为②。基于上述理论与研究成果，本研究认为，高校体育产业创新创业教育除了直接影响学生参与行为，能力与意愿在其影响机理中还扮演着中介的角色。由此，本研究提出假设四：创新创业能力和意愿在高校体育产业创新创业教育对学生参与行为的影响机理中存在中介效应。

基于上述研究理论基础、理论推导以及结合前期对高校体育产业创新创业教育的定性与定量研究，本研究提出了高校体育产业创新创业教育对学生参与行为的影响机理模型，如图 1 所示。

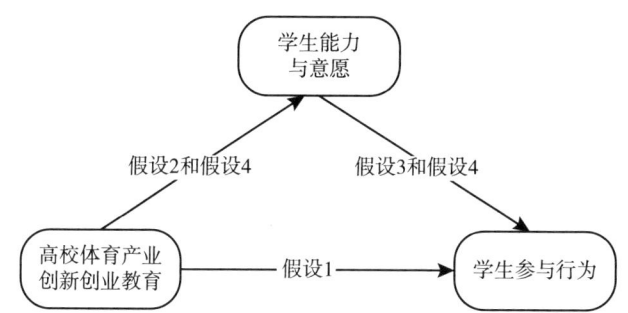

图 1　高校体育产业创新创业教育对学生参与行为的影响机理模型

---

① 孙春玲、张梦晓、赵占博等：《创新能力、创新自我效能感对大学生自主创业行为的影响研究》，《科学管理研究》2015 年第 4 期，第 87~90 页。

② 阎隽豪：《2020 年中国高校体育产业创新创业师资行为调查研究》，肖林鹏、靳厚忠主编《中国高校体育产业创新创业报告（2020~2021）》，社会科学文献出版社，2021，第 279~302 页。

二 研究设计

（一）数据收集与样本特征

1. 数据收集

2023年，课题组运用等距抽样与简单随机抽样相结合的方式对全国15所体育院校及综合类院校体育学院（系、学部）的学生参与行为开展深入调研，问卷采用纸质问卷线下作答和电子问卷线上作答的形式。在问卷有效率控制方面，第一，问卷结构内容在发放前经过多轮专家研讨，并通过预调研的方式测试问卷信效度情况；第二，调研多采用各院校老师与学生直接对接的形式进行发放，增加被调研者重视程度；第三，调研团队通过组织高校体育产业创新创业赛事、培训及论坛的形式，搭建高校体育产业创新创业平台，积累的大量社群为调研工作提供帮助；第四，通过线上矛盾作答筛选和线下人工筛选相结合的方式，剔除作答时间极短、有缺失项或没有辨识度的问卷。总共回收问卷12564份，剔除无效问卷后最终获得有效问卷11134份，问卷有效率为88.6%。

2. 样本特征

本次调研涉及31个省、自治区、直辖市的219所高校，共11134份问卷。院校类型方面，来自全国15所体育院校问卷数量为2068份，占比18.57%，来自综合类大学体育学院（系、学部）的问卷数量为9066份，占比81.43%。学生特征方面，问卷主要由在校本科生（48.6%）与在校研究生（45.9%）填答，在校专科生（4.2%）与其他学生（1.3%）占比较少。学生年级分布较为平均，其中大一学生占比12.8%，大二学生占比13.4%，大三学生占比14.1%，大四学生占比12.6%，研一学生占比16.2%，研二学生占比22.7%，研三学生占比6.9%，其他或已毕业学生占比1.3%。学科专业方面，体育教育（33.2%）、运动训练（15.4%）、社会体育指导与管理（12.2%）专业学生占比较多，其他专业学生占比如表1所示。

表1　学生调研问卷样本特征

身份	频率	百分比	学科专业	频率	百分比
在校专科生	469	4.2%	体育教育	3695	33.2%
在校本科生	5410	48.6%	运动训练	1715	15.4%
在校研究生	5107	45.9%	社会体育指导与管理	1358	12.2%
其他（毕业1~2年学生）	148	1.3%	武术与民族传统体育	690	6.2%
总计	11134	100%	运动人体科学	557	5.0%
年级			体育经济与管理	223	2.0%
大一	1421	12.8%	运动康复（运动与公共健康）	134	1.2%
大二	1487	13.4%	休闲体育	334	3.0%
大三	1566	14.1%	体能训练	56	0.5%
大四	1405	12.6%	冰雪运动	156	1.4%
研一	1799	16.2%	电子竞技运动与管理	33	0.3%
研二	2541	22.7%	智能体育工程	1	0.0%
研三	767	6.9%	运动能力开发	2	0.0%
其他或已毕业	148	1.3%	体育旅游	3	0.0%
总计	11134	100%	舞蹈表演（舞蹈学、舞蹈编导）	1536	13.8%
			其他专业	641	5.8%
			总计	11134	100%

（二）变量测量

1.高校体育产业创新创业教育

《国务院办公厅关于进一步支持大学生创新创业的指导意见》从创新创业能力提升、创新创业环境优化、服务平台建设、财税政策扶持、金融政策支持、创新创业成果转化、赛事举办、信息服务加强八个维度提出了下一阶段我国大学生创新创业的工作任务。肖林鹏、靳厚忠在研究中指出教学课程及培训、教学资源、平台建设、制度建设等是评价我国高校体育产业创新创业教育的关键指标，课程与培训是教师与学生沟通的重要桥梁，而平台建设是整合政产学研用多方力量的重要手段，其重要性不言而喻。孙中祥等认为对高校体育产业创新创业教育的评价，要立足制度建设、平台建设、师资队伍建设、课程体系建设等要素，充分调配资源发展我国高校体育产业创新创业教育①。鉴于此，本研究将前人研究的各要素整理归纳，总结出高校体育产业创新创业教育的四大维度：平台服务、成果转化、教学培训及教育资源。平台服务包括平台建设、指导服务、信息咨询服务，成果转化包括成果转化扶持、项目孵化工作、实习实训帮扶，教学培训包括课程、培训和日常教学工作，教育资源包括师资、场地设施和资金。高校体育产业创新创业教育具体变量测量信息见表2。

表2　"高校体育产业创新创业教育"测量题项

变量		题项	主要来源
平台服务	PF1	对高校体育产业创新创业平台建设的评分	《国务院办公厅关于进一步支持大学生创新创业的指导意见》提出的工作任务以及肖林鹏、孙中祥等学者的相关研究成果
	PF2	对高校体育产业创新创业指导服务的评分	
	PF3	对高校体育产业创新创业信息咨询服务的评分	
成果转化	CZ1	对高校体育产业创新创业成果转化扶持的评分	
	CZ2	对高校体育产业创新创业项目孵化工作的评分	
	CZ3	对高校体育产业创新创业实习实训帮扶的评分	
教学培训	JP1	对高校体育产业创新创业的课程评分	
	JP2	对高校体育产业创新创业的培训评分	
	JP3	对高校体育产业创新创业的日常教学工作评分	
教育资源	JZ1	对高校体育产业创新创业师资的评分	
	JZ2	对高校体育产业创新创业场地设施的评分	
	JZ3	对高校体育产业创新创业资金提供的评分	

2. 学生能力与意愿

学生的创新创业能力是一个抽象的概念，既包括学生通过知识的学习和经验的积累形成的创新思维，又包括学生通过实习实训获得的资源整合、团队组建和筹备等能力。而能力的提升往往会提高学生的参与意愿，本研究将高校体育产业创新创业的学生能力与意愿放在同维度下测量。将学生创新创业能力的测量分为两个维度，一方面是对高校学生认知能力（创新精神

---

① 孙中祥、汪紫珩、陶玉流等：《新时代人才强国战略背景下体育产业创新创业人才培养研究》，《西安体育学院学报》2022年第6期，第593~600页。

的测量，另一方面是对学生实践能力（创业能力）的测量，并将学生意愿融入本变量测量集合中，变量包括3个维度9个观测变量，后期为提高模型拟合度进行题目打包，具体变量指标如表3所示。

表3　"学生能力与意愿"测量题项

变量		题项	主要来源
参与意愿强度	CY1	我愿意上高校体育产业创新创业相关课程	宁德鹏、肖林鹏等学者的相关研究成果
	CY2	我愿意参与高校体育产业创新创业项目团队	
	CY3	我愿意更进一步参与创业团队	
个体认知能力	GR1	我熟悉高校体育产业创新创业相关政策	
	GR2	我对体育产业发展情况有较好认识	
	GR3	我认为自己有较高的创新精神	
个体实践能力	GS1	我可以通过沟通获取一定资源	
	GS2	我能够成为创新创业团队的领导者	
	GS3	我认为自己具备很好的创业实践能力	

3. 学生参与行为

教育行为是教育主体对教育客体做出的一种主动行为，库尔特·勒温立足于社会心理学角度对行为进行解读，他认为行为是通过个体与环境进行相互作用所产生的结果[①]；韦伯立足于社会学角度对行为进行界定，他认为行为是人将自身主观意向附加于此的行动[②]。潘泓宇等综合前人研究观点，提出高校体育产业创新创业学生行为是指学生个体乐于付出时间与精力，意在提升自身创新精神与创业能力，并积极参与体育产业创新创业课程、实践、赛事、培训等体育产业创新创业现实教育活动时做出的行为、方法、措施以

---

① 张粹然：《库尔特·勒温的场心理学》，《成都大学学报（社会科学版）》1981年第2期，第80~84页。
② 周雪光：《国家治理逻辑与中国官僚体制：一个韦伯理论视角》，《开放时代》2013年第3期，第5~28页。

及手段的集合①。本研究从理论与实践出发，结合研究目的，将参与课程学习、参与双创项目以及参与创业实践作为测量指标进行调研，具体变量指标如表4所示。

表4 "学生参与行为"测量题项

变量		题项	主要来源
参与课程学习	KX	我经常参与高校体育产业创新创业课程学习	阎隽豪、潘弘宇相关研究成果
参与双创项目	SX	我参与并运营了高校体育产业创新创业项目	
参与创业实践	CS	我参与了高校体育产业创新创业实践活动	

（三）问卷的信度与效度

1.信度检验

本研究运用SPSS27对高校体育产业创新创业教育、学生能力与意愿与学生参与行为的量表进行信度检验，量表信度情况如表5所示，各量表检验值均大于0.8，符合因子分析条件。

表5 各量表信度检验

量表	KMO和巴特利特检验	题项数
高校体育产业创新创业教育	0.983	12
学生能力与意愿	0.868	9
学生参与行为	0.839	3

2.效度检验

本研究运用AMOS29软件验证量表的效度，验证指标包括卡方/自由度X^2/df、近似误差均方根RMSEA、GFI拟合优度指数等8项，检验结果如表6所示，所有指标均在拟合标准值区间，表明量表具有良好的效度。

---

① 潘泓宇、宋雪萌：《中国高校学生体育产业创新创业态度与行为研究》，肖林鹏、靳厚忠主编《中国高校体育产业创新创业发展报告（2022）》，社会科学文献出版社，2022，第78~121页。

表 6　各量表效度检验

量表	X²/df (<3)	GFI (>0.9)	AGFI (>0.9)	RMR (<0.08)	RMSEA (<0.08)	NFI (>0.9)	TFI (>0.9)	CFI (>0.9)
双创教育	2.146	0.998	0.988	0.01	0.045	0.998	0.996	0.998
能力与意愿	2.891	0.994	0.986	0.03	0.053	0.995	0.997	0.997

由于学生参与行为题项数为 3 项，AMOS 软件对其恰好识别，AMOS 软件没有给出各项指标值，其组合信度 CR 检验值为 0.876，平均方差抽取量 AVE 检验值为 0.703，指标均在标准值区间，表明其具有良好的效度。

三　实证结果与分析

本研究运用 AMOS29 软件通过结构方程模型潜变量路径分析、最大似然估计法、bootstrap 中介效应检验对前文所提出的假设进行检验。在 AMOS 软件中构建本研究理论模型，导入数据并利用最大似然估计法对模型进行参数估计，经过多轮模型修正后，得出的标准化路径系数如图 2 所示。

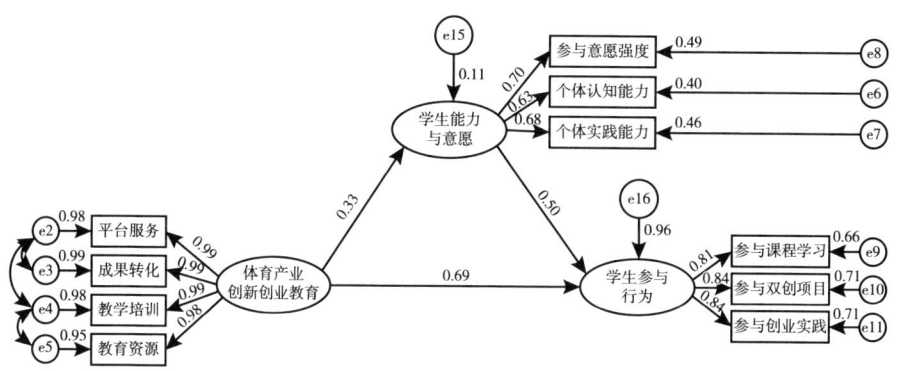

图 2　修正后的标准化路径系数

从表 7 中可以看出，模型各项拟合指标值均在拟合标准值区间，表明本研究的模型具有良好的拟合度。

表7 模型拟合参数表

拟合指标	X^2/df	GFI	AGFI	RMR	RMSEA	NFI	TFI	CFI
拟合标准	<3	>0.9	>0.9	<0.08	<0.08	>0.9	>0.9	>0.9
运算结果	2.592 合格	0.956 合格	0.907 合格	0.023 合格	0.071 合格	0.987 合格	0.978 合格	0.988 合格

为进一步了解各个变量之间的影响程度以及中介效应，将各相关路径的标准化路径系数及其显著性整理如表8所示，运用bootstrap中介效应检验获取非标准化系数与标准化系数的中介效应值，整理结果如表9所示。具体检验结果如下。

第一，我国高校体育产业创新创业教育对学生参与行为的影响关系检验。利用潜变量路径分析我国体育产业创新创业教育对学生参与的影响关系。分析结果表明，高校体育产业创新创业教育对学生参与行为影响的标准化路径系数达到了显著性水平，即高校体育产业创新创业教育→学生参与行为（系数$\beta=0.692$，$P<0.05$）。这意味着高校体育产业创新创业教育的效果越好，越容易激发学生参与体育产业创新创业教育的行为。因此，假设一获得支持。

第二，我国高校体育产业创新创业教育对学生能力与意愿的影响关系检验。利用潜变量路径分析我国体育产业创新创业教育对学生能力与意愿的影响关系。分析结果表明，我国体育产业创新创业教育对学生能力与意愿影响的标准化路径系数达到显著性水平，即高校体育产业创新创业教育→学生能力与意愿（系数$\beta=0.331$，$P<0.05$）。这意味着高校体育产业创新创业教育的实效性越强，越容易提高学生的能力，进而激发学生参与高校体育产业创新创业教育的意愿。因此假设二获得支持。

第三，学生能力与意愿对学生参与行为的影响关系检验。利用潜变量路径分析学生能力与意愿对学生参与行为的影响关系。分析结果表明，学生能力与意愿对学生参与行为影响的标准化路径系数达到了显著性水平，即学生能力与意愿→学生参与行为（系数$\beta=0.504$，$P<0.05$）。这

意味着学生的能力越强、参与高校体育产业创新创业教育的意愿越高，越容易激发学生参与体育产业创新创业教育的行为。因此，假设三获得支持。

表8　标准化路径系数表

路径	标准化路径系数	P
高校体育产业创新创业教育→学生能力与意愿	0.331	0.008 ***
学生能力与意愿→学生参与行为	0.504	0.005 ***
高校体育产业创新创业教育→学生参与行为	0.692	0.003 ***

注：直接效应值为0.692，间接效应值为0.167，总效应为0.859。

第四，学生体育产业创新创业能力与意愿的中介效应检验。本研究通过 bootstrap 中介效应检验的方法对学生能力与意愿的中介效应进行检验。分析结果表明，学生能力与意愿在标准化路径下的中介效应值为 0.167，bootstrap 中介效应检验中 $P < 0.05$，我国高校体育产业创新创业教育对学生能力与意愿的影响达到显著性水平，学生能力与意愿对学生参与行为的影响也达到显著性水平，故学生能力与意愿在我国高校体育产业创新创业教育对学生参与行为的影响机理中起到了中介作用，中介效应值为 0.167，占总效应比为 19.44%，所以学生能力与意愿在我国高校体育产业创新创业教育对学生参与行为的影响中起到部分正向中介作用。因此，假设四获得支持。

表9　bootstrap 中介效应检验

路径	效应值	SE	Bias-corrected95%CI			Percenntile 95%CI		
			Lower	Upper	P	Lower	Upper	P
非标准化中介效应	0.117	0.005	0.109	0.126	0.001	0.109	0.125	0.001
标准化路径中介效应	0.167	0.006	0.157	0.176	0.001	0.157	0.176	0.001

四 结论与讨论

（一）实证研究结论

本研究得出4项主要的实证研究结论：第一，我国高校体育产业创新创业教育显著正向影响学生参与行为；第二，我国高校体育产业创新创业教育显著正向影响学生能力和意愿；第三，高校学生体育产业创新创业能力和意愿显著正向影响参与行为；第四，学生能力与意愿在我国高校体育产业创新创业教育对学生参与行为的影响中具有中介效应，并起到部分正向影响的作用。

（二）讨论

1. 高校体育产业创新创业教育对学生参与行为的直接正向影响

从分析数据中可以看出，现阶段我国高校体育产业创新创业教育对学生参与行为的影响是直接、显著且正向的，究其原因，可总结为以下三方面：第一，近年来我国高校体育产业创新创业教育的开展是乐观且有效的，"广谱式"创新创业教育的开展吸引越来越多的学生参与创新创业活动。第二，近年来，清华大学、中国人民大学、北京体育大学、上海体育大学等多所院校相继开设体育类创新创业教育课程，体育创新创业教育也被多个慕课平台收录，武汉体育学院、天津体育学院等多所院校自2018年以来举办多场体育产业创新创业培训活动，体育类院校学生接触体育产业创新创业教育的机会更多，教育对其行为的直接正向影响也愈加明显。第三，无论是综合类院校、师范类院校还是体育类院校，现阶段，学生在本科阶段接触创新创业赛事、服务的机会大大增加，"互联网+"大学生创新创业大赛中体育类项目获奖数量逐年增加①，体育项目的获奖比例也不断提高。以体育类院校为主

---

① 温蕾、李元晖：《中国体育产业创新创业政府及高校平台发展概况》，肖林鹏、靳厚忠主编《中国高校体育产业创新创业发展报告（2022）》，社会科学文献出版社，2022，第141~183页。

导，多所院校尝试推进高校体育产业创新创业平台建设，学生正形成"先参与、再感受"的现实状态。

2. 学生能力与意愿的中介效应

分析数据显示，我国高校体育产业创新创业教育显著正向影响学生能力和意愿，高校学生体育产业创新创业能力和意愿显著正向影响参与行为，学生能力与意愿在我国高校体育产业创新创业教育对学生参与行为的影响中具有中介效应，中介效应值占总效应比为19.44%。该结论可从以下几个方面讨论：第一，现阶段我国高校体育产业创新创业教育开展情况良好，除直接正向显著影响学生参与行为外，学生能力在体育产业创新创业教育中得到提升，学生参与高校体育产业创新创业教育的意愿也不断增加。研究虽无法通过传统教育与创新创业教育效果做出判断，但专家教师普遍反映侧重于社会接轨、与实践结合的体育产业创新创业教育对学生能力的提升更加明显，"专创融合、体创结合"已经成为现阶段体育类院校教育改革的方向。第二，通过模型中介效应弱于直接效应并结合近年来本科创业率逐年下降这一现象来看，一方面，可以乐见的是，"广谱式"创新创业教育的春风已经吹进体育专业教育过程中，高校体育产业创新创业教育不仅直接显著地促进了学生的参与行为，还通过提高学生能力与意愿，促进学生参与行为的形成；另一方面，课程、培训、赛事等活动学生参与多，但落实到毕业后创业、开办企业这一层面的参与学生很少，即"普及高、深入少"的现象依旧存在，对高校体育产业创新创业教育理论开发与实践探索仍需推进。第三，学生能力与意愿作为高校体育产业创新创业教育对学生参与行为中介传导的深层次原因可能是通过体育产业创新创业教育系列课程或培训，学生各项能力得到锻炼，并在教育中感受到高于传统教育的获得感、体验感，从而形成参与意愿，促使其进一步参与体育产业创新创业赛事、论坛、孵化等活动。

3. 观测变量在模型中的良好适配

研究针对高校体育产业创新创业教育、学生能力与意愿、学生参与行为三项潜变量所设观测变量，最终形成研究模型，各观测变量对潜变量的解释性较好。具体而言：第一，平台服务、成果转化、课程培训、教育资源对潜

变量高校体育产业创新创业教育具有较强解释力,且各观测变量间的路径系数相差较小。这说明,一方面对高校体育产业创新创业教育而言,平台服务、成果转化、课程培训、教育资源调配缺一不可;另一方面,在日常工作中,促进任何一个观测变量中要素的发展,都会对学生参与能力、意愿、行为产生正向影响。第二,个体认知能力、个体实践能力、参与意愿强度对潜变量学生能力与意愿的解释性较高。结合表3中具体题项可以看出,高校体育产业创新创业教育认知能力的提升包括对制度、产业发展、自我能力敏感性的提升,通过知识的积累、社会实践的增加,学生发现创新创业机会的能力和概率也会提高,学生在教育中获得更多成就感,感到自身"有能力、会领导"创新创业团队,从而出现课程参与意愿、项目参与意愿并进一步形成创业意愿,进一步形成参与行为。第三,课程参与、项目参与、创业实践参与对潜变量学生参与行为的解释性较好。在高校体育产业创新创业教育中,学生往往是通过课程参与形成创新创业项目从而形成创业团队,成为一名创业者。而学生往往先通过参与课程学习、参与论坛活动逐步提升对体育产业创新创业的认知、能力和意愿,而后形成项目参与和创业实践参与等深层次参与行为。这也解释了项目参与、创业实践参与相较于课程参与路径系数更强这一实证现象,也可以推测项目参与、创业实践参与相较于课程参与,二者影响路径中的中介效应更大、占比更多。

五　研究启示与展望

(一)研究启示

1.加强普及教育,拓宽高校体育产业创新创业教育参与渠道

研究模型显示,模型影响的直接效应值是中介效应值的五倍。加强普及教育,拓宽高校体育产业创新创业教育参与渠道将是推动高校学生直接参与的重要抓手。要以前沿的理念引导创新创业教育方向,以丰富的课程夯实创新创业教育基础,以高素质的师资赋能创新创业教育过程,以扎实的实践升

华创新创业教育价值，以强劲的支持畅通创新创业教育发展路径，这是中国特色体育产业创新创业教育教学最为核心的追求。以创新创业教育教学为载体，坚持贯彻落实创新驱动发展战略，不断探索、挖掘、调整、提高，培养并输出复合型、高质量创新创业人才，助力中国体育产业创新创业教育高位发展、纵深发展。

2. 创新培养方式，加强学生体育产业创新创业能力培养和意愿激发

学生能力和意愿是高校体育产业创新创业教育影响学生行为的重要中介。高校体育产业创新创业教育要把培养既懂体育又懂管理的创新型、复合型人才，以创新创业促就业作为根本目标，加强学生认知能力与实践能力培养以及学生专业技能与实践能力的结合，在高校体育产业创新创业教育中锻炼体育类院校、体育专业学生能力，通过提升学生获得感、满足感激发学生参与创新创业教育意愿。要把高校体育产业创新创业教育贯穿体育人才培养全过程，把高校体育产业创新创业教育有效纳入体育专业教育和文化素质教育教学计划和学分体系全过程，健全课堂教学、自主学习、结合实践、指导帮扶、文化引领融为一体的高校体育产业创新创业教育体系，增强体育类院校、体育专业大学生的创新精神、创业意识和创新创业能力。

3. 丰富培养内容，满足学生高校体育产业创新创业教育多元参与

平台服务、成果转化、课程培训、教育资源调配，任何一个变量的提升都能显著影响学生参与行为，学生对高校体育产业创新创业教育需求也各不相同，这就要求高校体育产业创新创业教育通过建设"普及—进阶—精英"学生培养模式，建设覆盖全体学生的"基础—提高—专项"体育创新创业培养内容。首先，进一步创新优化体育类院校以及体育专业创新创业教育基础课程，提高学生对体育制度、体育产业环境的敏感度，激发学生的创新意识；其次，为有能力、爱创新的学生提供申报项目，参与赛事、培训、论坛的机会，加强高校体育产业创新创业教育服务平台建设，加强专创融合，协调多方资源丰富高校体育产业创新创业培养内容；最后，为会创业、懂管理、有技术的创业个人和团队提供"竞赛—培训—项目—创业"的递进式

培养模式，以高校就业创业中心为载体，加强资源整合、精准孵化，建设精英培养方案，满足学生的创业需求。

（二）研究局限与展望

本研究构建了高校体育产业创新创业教育学生参与行为模型，将高校体育产业创新创业教育、学生能力与意愿、学生参与行为等变量整合到同一理论模型中，探索了变量中的相互作用关系，但研究仍存在不足。第一，在调研对象选择和抽样过程中，采用地区样本框中简单随机抽样的形式，导致各类型高校样本未按比例抽取，部分调研对象对"体育产业创新创业教育"与"创新创业教育"的概念不明晰，一定程度影响研究误差。第二，控制变量不足。本研究人口学特征有学生身份、年级、专业，并在调研过程中对地区采取了控制，但控制变量依旧较少，在后续研究中会增加诸如年龄、性别、高校类别等变量控制，进一步缩小研究误差。第三，虽然学生能力与意愿这一潜变量中的观测变量通过了信效度检验，但在普遍认知中，学生能力和意愿还可以作为不同维度进行分析，学生能力与意愿间的关系、"双创教育"与学生能力或意愿间的关系、学生能力或意愿与学生参与行为间的关系尚未得到研究与佐证，其他潜变量对高校体育产业创新创业教育行为模型的调节与中介效应尚未发现，需要进一步研究完善。

B.9
中国式现代化背景下高校体育产业创新创业服务平台分析

温　蕾*

摘　要： 在中国式现代化建设发展背景下，国家对高校体育产业创新创业服务平台发展理念和发展方式提出了新的要求和新任务。研究发现，现阶段我国高校体育产业创新创业成果有所突破，但成果转化及应用机制建设待完善；高校参与双创赛事活动助力区域体育产业发展，但协同共享机制待完善；高校打造体育产业数字教育资源生态，但资源应用和持续优化升级方面待完善。根据现阶段我国高校体育产业创新创业服务平台发展现状，研究提出服务平台体系建设构想，并提出以下四项发展路径：第一，构建高质量高校体育产业创新创业服务平台体系；第二，强化高校体育产业创新创业服务平台服务功能；第三，助力区域体育产业双创发展形成整体合力新生态；第四，形成数字化、信息化高校体育产业创新创业资源新平台。

关键词： 中国式现代化　体育产业　高校创新创业　平台建设

党的二十大报告提出"教育、科技、人才是全面建设社会主义现代化国家的基础性、战略性支撑"，明确教育、科技、人才在全面建成社会主义现代化强国、实现第二个百年奋斗目标过程中的重要地位，为新时代高校体育产业创新创业教育、体育领域科技创新成果转化和体育产业高质量人才培养等方面指明了前进方向。深刻理解和把握中国式现代化对教育和体育产业

---

* 温蕾，天津体育学院中级实验员，主要研究方向为体育产业创新创业教育。

发展理念的重大创新、发展方式的重大转变，对高校体育产业创新创业服务平台建设提出新的要求。

一 中国式现代化背景下高校体育产业创新创业服务平台发展新要求与新任务

（一）中国式现代化背景下高校体育产业创新创业服务平台发展新要求

1. 平台建设思路与创新升级

党的二十大报告提出并深入阐述了中国式现代化理论，推进中国式现代化是一个系统的工程，面对快速发展的世界和中国，要构建新发展格局，推动高质量发展，这也是中国式现代化发展的本质要求。2021年10月《"十四五"体育发展规划》正式出台，规划指出"坚持供需两端发力，推动体育产业高质量发展"，具体提出支持高等院校发挥主体作用，建设10所集产、学、研、转、创、用于一体的高水平体育产业学院。近年来，《关于加快发展体育产业促进体育消费的若干意见》《体育强国建设纲要》等文件明确将体育产业发展作为推动经济转型升级的重要力量，提出发展智能体育、健身休闲、户外运动等多种业态，为体育产业发展擘画了清晰路径。

党的二十大提出中国式现代化发展的新理论，推进高校体育产业创新创业服务平台从现代化角度进行新的思考，需要高校的平台建设对高质量发展具有引领作用，平台建设要从"有没有"向"好不好"转化升级，强调主动创新和主动变革，在人才培养、科学研究、社会服务、科技创新和成果转化等方面，实现高校体育产业创新创业服务平台功能的现代化转向。

在奋力实现高质量发展这一中国式现代化本质要求、全面建设社会主义现代化国家首要任务的时代背景下，高校体育产业创新创业服务平台作为聚集体育产业发展需要的教育、科技、人才等要素的汇集领域，尤其是要坚持创新是第一动力，对标中国特色社会主义现代化建设、体育强国、科教兴国战略部署和体育产业发展前沿，强化人才培养、科技成果转化等功能支撑，输出体育产业领域拔尖人才和体育产业高质量科技成果，更新升级发展要素理念，从更高角度和层次对高校体育产业创新创业平台建设的战略目标进行调整和更新，打造为我国体育产业现代化建设强基助力的平台。

2. 平台建设目标突出以人为本

《"十四五"体育发展规划》中提出我国体育产业总规模到2025年要达到5万亿元，居民消费总规模超过2.8万亿元，从业人员超过800万人。随着体育产业发展规模的不断扩大，对体育产业专业化高质量人才的需求也在急剧增加。2022年6月第十三届全国人民代表大会常务委员会第三十五次会议修订了《中华人民共和国体育法》明确提出国家鼓励有条件的高等院校设置体育产业相关专业，开展校企合作，培养体育产业专业人才，形成有效支撑体育产业发展的人才队伍。从法律层面对体育及体育产业人才培养提出全新的要求，同时提供支持和保障，更有力地推动体育产业的长远发展。

人才是高质量发展的第一资源。党的二十大报告对教育、科技、人才工作的最新部署，为进一步加快高等教育改革创新发展提供了前所未有的政策支持和难得的历史机遇。《中国教育现代化2035》明确提出到2035年我国迈入教育强国行列，充分表明，教育现代化是中国式现代化的重要组成部分。目前，我国高等教育已经形成以"四新"建设、创新创业教育、高等教育数字化、基础学科拔尖人才培养为代表的人才培养中国范式。作为中国式教育现代化的有机组成，创新创业教育现代化是联结"科技、教育和人才"的核心枢纽，是实现中国式现代化的重要路径。

这要求高校体育产业创新创业服务平台建设的人才培养目标要与高校体育产业人才培养目标协同进化，要充分做到以人为本，全过程育人、全方位育人，培养造就大批德才兼备的复合型高素质体育产业人才，同时要突出体育产业领域拔尖创新人才培养，为全面建成社会主义现代化强国、体育强国提供人才支撑。

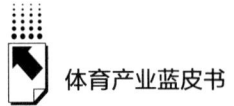

3. 平台建设迈向高质量新格局

党的二十大报告将高质量发展明确作为全面建设社会主义现代化国家的首要任务，进一步凸显了发展高质量的全局和长远意义，并对如何推动高质量发展作出了战略部署，提出要坚定实施创新驱动发展战略，向创新要动力，要坚持科技自立自强、人才引领驱动，加快建设教育强国、科技强国和人才强国。高校、国家实验室、科研院所、企业是国家创新体系的重要组成部分，高校更是创新人才和创新成果的重要来源，在汇聚创新资源、开展基础研究、推动科技进步和培养优秀人才等领域为科技创新、科技自立自强提供重要支撑。

党的二十大报告还指出，要加快建设体育强国，高度重视体育事业发展，对体育强国建设作出了整体谋划和系统部署。我国新能源技术、5G、人工智能等新科学技术的重大成果支持体育产业新业态的快速发展，体育事业全面融入国家经济社会发展大局，为全面建设社会主义现代化国家增添动力。

高校科技创新对经济高质量发展、体育事业高质量发展起着显著促进作用，高校科技成果的有效转化对体育产业发展具有十分重要的意义。这要求高校体育产业创新创业服务平台建设要锚定高质量发展之路，强化科技成果转化能力和协同创新体系建设，坚持需求导向、问题导向，服务科技强国战略、体育强国发展。

4. 平台建设数字化转型新机制

党的二十大报告提出"推进教育数字化，建设全民终身学习的学习型社会、学习型大国"，强调通过搭建教育数字化平台，实现全民终身教育。同时提出"完善促进创业带动就业的保障制度，支持和规范发展新业态新就业形态"。国家《"十四五"数字经济发展规划》指出要深入推进智慧教育，推动"互联网+教育"持续健康发展。《"十四五"国家信息化规划》将"开展终身数字教育"作为"构建普惠便捷的数字民生保障体系"的重要方面，强调要推进信息技术、智能技术与教育教学融合的教育教学变革。

针对大数据产业方面，工信部发布的《"十四五"大数据产业发展规划》中明确指出大数据产业是以数据生成、采集、存储、加工、分析、服务为主的战略性新兴产业，提出要加快培育数据要素市场、发挥大数据特性优势、构建稳定高效产业链、筑牢数据安全保障防线等重点任务，释放数据要素价值，打造数字经济发展新优势。

数字技术能够打通高校和企业之间的联系桥梁，使高校可以更新同企业合作方式，充分利用企业资源推进高校体育产业创新创业发展。同时构建体育产业创新创业教育大数据分析平台，是借助数字技术收集学生创新创业活动中的需求，根据不同创新创业活动发展阶段，为学生提供满足个性化需求的学习规划和知识基础。

这要求高校体育产业创新创业服务平台加快教育数字化转型，结合数字化、大数据、人工智能、虚拟现实和增强等科技手段，推进教育数字化平台建设，促进体育产业数字化发展，促进数字经济新动能的释放。

（二）中国式现代化背景下高校体育产业创新创业服务平台发展新任务

1.要立足教育和体育产业现代化发展，锚定平台建设新目标

教育和体育作为人才培养和提升国民素质的重要领域，对于中国式现代化建设具有举足轻重的作用。在新的历史条件下，高校体育产业创新创业服务平台需要承担新的使命和任务，这就要求平台建设战略目标要同国家战略、产业发展相结合，构建一个具有增长动能、资源全覆盖、功能强大的高校体育产业创新创业生态系统。

首先，教育和体育产业的现代化发展是平台建设目标的重要依据。在智能化、数字化、专业化的方向中，平台建设应紧密结合教育和体育产业的发展趋势，推动教育信息化和体育科技创新，提升平台服务质量和效率。

其次，在锚定平台建设新目标的过程中，一是要紧密结合中国式现代化发展本质要求，落实教育强国、科技强国、人才强国、文化强国和体育强国等国家重要战略和相关政策导向，确保高校体育产业创新创业服务平台建设目标与国家的整体发展、产业需求相契合；二是要强化平台协同创新能力，

链接政府、高校、科研院所、企业等多方，满足体育产业创新创业参与者的多样化需求，打通协同共享通道；三是要注重高校体育产业技术创新和模式创新，把成果转化同体育产业市场需求相结合，推动更多高校优质体育产业创新创业项目孵化落地。

2. 要服务于中国式现代化建设新需要，谋划人才培养新定位

新时代体育产业行业对人才需求发生了巨大变化，这变化集中体现在对高素质复合型、创新型、全能型体育人才的迫切需求。从根本上来说，推动中国式现代化教育和体育强国建设，是为了更好地满足人民群众日益增长的精神文化需求，加强体育产业高素质人才培养，把握人的全面发展，形成有效支撑体育产业发展的人才队伍，才能高质量完成体育强国建设目标，才能稳步实现中国式现代化建设的伟大构想。

高校体育产业创新创业服务平台最核心的功能就是全面提升学生创新创业能力，培养体育产业应用型的创新人才和交叉型的研究人才。其人才培养目标应该与中国式现代化建设的核心要求相契合，人才培养方向应该注重社会的全面进步和人才的全面发展。同时，结合市场需求和产业发展需要，加强高校和社会、企业的联系和合作，深入了解社会需求和变化、产业发展需要的人才类型，建立多方协同育人的人才培养模式，为体育产业创新创业学生提供更多的实践机会和职业发展资源。

3. 要把握高质量发展这个首要任务，完善成果转化新机制

科技创新为高质量发展提供了新的成长空间、关键着力点和主要支撑体系。高校体育产业创新创业服务平台需紧紧围绕高质量发展这一首要任务，加快推进高校体育产业优秀创新项目的"项目孵化—成果转化"新机制的建设。

促进高校体育产业创新创业优秀项目孵化需要平台建立多元化服务体系，为高校体育产业创新创业主体提供全方位支持。一方面，完善服务体系，提供从创新创业辅导、技术支持、市场拓展到融资、法律、政策等方面的服务；另一方面，加强与高校、科研院所、社会企业等多方的合作，搭建多元化的创新创业生态圈，激发体育产业创新创业活力。

与此同时，高校体育产业创新创业项目孵化落地，需要建立健全高校体育产业创新创业科研成果转化体系，一是要深化产学研合作，加强高校与体育产业企业、科研院所之间的交流与合作，以需求为导向，促进高校优秀体育产业创新创业项目成果的产业化、市场化。二是要完善高校体育产业创新创业政策体系，提供优惠政策和支持措施，鼓励高校科研团队与企业共同开展技术研发和创新创业活动。三是在全球化背景下，高校体育产业创新创业服务平台需要关注国际市场动态，加强与国际知名高校、研究机构和企业之间的交流合作，整合体育产业创新资源，提升我国体育产业在国际市场的竞争力。

4. 要加快教育和体育数字化转型，明确平台建设新方向

随着信息技术的迅猛发展和数字化转型的深入推进，教育领域正迎来前所未有的变革。特别是在体育产业中，高校作为创新创业的重要摇篮，亟须加快数字化转型步伐，构建适应新时代需求的高校体育产业创新创业服务平台。

首先，教育数字化转型是推动体育产业创新发展的关键力量。数字化转型能够提升教育的效率和质量，促进教育资源的优化配置和共享。对于体育产业而言，数字化转型意味着更加精准的市场分析、更加高效的服务模式以及更加个性化的用户体验。高校作为体育产业的创新源头和人才培养基地，应当率先开展数字化转型，为体育产业的创新发展提供强有力的支撑。

其次，构建高校体育产业创新创业服务平台是适应新时代需求的重要举措。高校拥有丰富的人才资源和科研实力，通过构建创新创业服务平台，可以将这些优势转化为产业发展的动力。平台可以为学生提供实践机会和创新空间，激发他们的创新创业精神，同时也可以为体育产业的创新创业项目提供孵化、加速和推广服务，促进体育产业的转型升级。

在构建高校体育产业创新创业服务平台的过程中，我们需要明确新方向，一是要紧密结合数字化转型的发展趋势，利用大数据、人工智能等先进技术提升平台的服务能力和水平；二是要注重产学研用深度融合，加强高校与企业、科研机构等的合作与交流，共同推动体育产业的创新发展；三是要注重人才培养和团队建设，为平台的可持续发展提供有力保障。

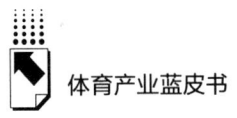
二 中国式现代化背景下高校体育产业 创新创业服务平台发展概况

站在服从国家战略需求和建设社会主义现代化体育强国的高度，高校体育产业创新创业平台是高校为满足不同利益主体需求而提供的交流合作场所或空间。它以体育产业为核心，以创新创业教育为抓手，汇集整合资源，服务高校师生，以培养专业技能强、综合素质高、双创能力突出的高质量体育产业人才为目标，同时协同孵化体育产业优质项目，是推动体育产业高质量发展的机构或组织。概括起来，我国高校体育产业创新创业平台的功能主要包括四个方面：教育功能、服务功能、实践功能和孵化功能。

（一）高校体育产业创新创业成果有所突破，但成果转化及应用机制建设待完善

中国国际"互联网+"大学生创新创业大赛已经成为我国深化创新创业教育改革的重要载体和关键平台，成为覆盖全国所有高校、面向全体大学生、影响最大的高校创新创业盛会。全国高校积极组织大学生参加中国国际"互联网+"创新创业赛事，并逐步完善赛事育人模式，取得一定成效。

根据中国国际"互联网+"大学生创新创业大赛组委会公示的"第八届中国国际'互联网+'大学生创新创业大赛总决赛有关赛事获奖名单"，体育院校在高教主赛道及红旅赛道均有参赛项目并获奖，其中高教主赛道最好成绩为北京体育大学的 2 个项目获得银奖，沈阳体育学院 2 个项目获得铜奖，北京体育大学、武汉体育学院和成都体育学院均有 1 个项目获得铜奖。在红旅赛道中天津体育学院、哈尔滨体育学院和上海体育学院各有 1 个项目获得铜奖①。

---

① 《关于公示第八届中国国际"互联网+"大学生创新创业大赛总决赛有关赛事获奖名单的通知》，https://cy.ncss.cn/information/8a80808d859b200801866e5975470008。

根据中国国际大学生创新大赛组委会公示的"中国国际大学生创新大赛（2023）获奖名单"（原第九届中国国际"互联网+"大学生创新创业大赛），在高教主赛道中共有5所体育院校的9个参赛项目获得铜奖，其中北京体育大学获奖最多，共有3个项目。而在红旅赛道中，上海体育大学的1个参赛项目获得金奖，北京体育大学、天津体育学院和上海体育大学各有1个项目获得铜奖[①]（见表1）。

表1　第八届及第七届中国国际"互联网+"大学生创新创业大赛体育院校获奖名单

	赛道	获奖名次	院校	项目数	总数
第八届	高教主赛道	银奖	北京体育大学	2	2
		铜奖	北京体育大学	1	5
			沈阳体育学院	2	
			武汉体育学院	1	
			成都体育学院	1	
		入围总决赛	天津体育学院	1	1
	"青年红色筑梦之旅"赛道	铜奖	天津体育学院	1	3
			哈尔滨体育学院	1	
			上海体育学院	1	
第九届	高教主赛道	铜奖	北京体育大学	3	9
			沈阳体育学院	2	
			哈尔滨体育学院	1	
			上海体育大学	2	
			成都体育学院	1	
		金奖	上海体育大学	1	1
	"青年红色筑梦之旅"赛道	铜奖	北京体育大学	1	3
			天津体育学院	1	
			上海体育大学	1	

由表1可以看出，高等体育院校重视组织学生积极参与"互联网+"创新创业大赛，无论是在获奖数量上还是获奖等级上，较以往均有突破，也充

[①] 《关于公示中国国际大学生创新大赛（2023）获奖名单及信息核对的通知》，https：//cy.ncss.cn/information/2c93f4c68a5f8efa018d4398986f00da。

分体现出高校尤其是体育院校在组织和推动大学生参与体育产业创新创业赛事实践上，已经形成了良好的培育体系，并产出了优质的项目。

优秀的体育创新创业项目想要真正落地生根、开花结果，成果孵化这一环节至关重要。在体育产业创新创业项目成果转化方面，一方面受制于高校行政体制机制原因，其成果转化的成效并不尽如人意；另一方面，高校孵化产出的成果本身特性与体育产业市场存在需求偏差，一大部分的创新创业项目是从科研角度、创意角度出发，其市场可行性、发展适配性都有待验证。同时也存在创业团队对成果转化应用意识和意愿不强，积极性不高，很多优秀项目没有进入体育产业市场。

（二）高校参与双创赛事活动助力区域体育产业发展，但协同共享机制待完善

近年来，全国各省区市积极搭建体育产业科技创新交流平台，通过体育产业创新创业项目的挖掘、推介和孵化，有效提升区域体育产业创新能力，推动区域体育产业发展和转型升级，促进体育产业高质量发展。各省区市举办了各级各类体育产业创新创业赛事活动。各地高等院校尤其是体育院校积极响应，通过承办省市级赛事，积极组织体育产业创新创业团队参与，赛事成果丰硕，充分发挥高校体育产业创新创业服务平台实践功能，为我国体育产业发展提供了有力的人才支撑，同时推动体育产业区域经济的创新发展。

全国各省区市政府部门联合高校和企业举办各类体育产业创新创业大赛，高校体育产业创新创业服务平台也在其中，不断服务于大学生体育产业创新创业实践活动的开展。如2023年5~10月河南省体育局、河南省教育厅和共青团河南省委主办，包括郑州大学体育学院在内的7所高校承办的"河南省首届大学生体育产业创新创业大赛"[①]，总决赛在郑州大学体育学院落幕，此赛事围绕体育企业需求，深化政校企三方合作，拓展了推进体育产

---

① 《河南省首届大学生体育产业创新创业大赛——河南省体育工作创新典型案例》，https://www.sport.gov.cn/n4/n27378157/c27439593/content.html。

业发展的新思路，找到了服务企业、推动体育产业发展的新路径，同时在解决大学生就业创业专业路径方面提供了新的探索，推动了多元化、专业化发展，有效增强了大学生就业创业信心；2023 年 5 月由天津市体育局主办、天津市体育产业研究中心（天津体育学院）承办的"天津市首届体育产业创新创业大赛"，赛事充分挖掘体育产业领域具有创新意识和创业追求的团队，以及具有产业和投资价值的创新创业项目，强化体育产业创新驱动；2023 年 8～9 月由辽宁省教育厅主办、沈阳体育学院承办的"辽宁省智慧体育大学生创新创业大赛"，赛事通过进一步融聚体育科技创新资源，挖掘新一代信息技术运用于体育领域的最新成果，深化"产政研学"协同创新模式，发挥高校智库作用，打造引领体育未来的创新引擎，助力建设体育强国、健康中国①；2023 年 11 月湖北省体育局主办"湖北省体育产业创新创业大赛暨大学生进企业活动"，全省 29 家体育类市场主体围绕体育制造类、体育服务类提出了科技创新技术需求，高校、科研院所针对体育企业提出的技术需求，提交技术服务方案，首次在体育产业领域探索建立科技项目"揭榜挂帅"制度②，促进高校、科研院所的科研成果与企业技术需求有效对接，武汉体育学院积极响应并在此赛事活动中获得优异成绩（见表 2）。

表 2　河南等省市举办体育创新创业赛事

省市	举办时间	赛事名称	赛事组织单位	竞赛内容或组别
河南省	2023 年 5～10 月	河南省首届大学生体育产业创新创业大赛	主办:河南省体育局、河南省教育厅、共青团河南省委;承办:郑州大学、河南大学、河南师范大学、河南农业大学、郑州轻工业大学、郑州大学体育学院、黄河科技学院	围绕体育制造类、体育服务类

---

① 《2023 年辽宁省智慧体育大学生创新创业大赛决赛暨第二届智慧体育论坛在沈阳体育学院举办》，https://jyt.ln.gov.cn/jyt/jyzx/zxlb/2023112316455125958/index.shtml。

② 《2023 年湖北省体育产业创新创业大赛圆满举行》，https://www.sport.gov.cn/n14471/n14488/n14525/c26993380/content.html。

续表

省市	举办时间	赛事名称	赛事组织单位	竞赛内容或组别
天津市	2023年5月	天津市首届体育产业创新创业大赛	主办:天津市体育局;承办:天津市体育产业研究中心(天津体育学院)	设体育创意、体育制造业、体育服务业赛道
辽宁省	2023年8~9月	辽宁省智慧体育大学生创新创业大赛	主办:辽宁省教育厅承办:沈阳体育学院	围绕智慧体育场馆、智慧体育公园、智慧体育小镇、智慧体育综合体、智慧体育平台、智慧体育赛事、智慧体育教育、智慧全民健身、体育+跨界融合(体育医疗、体育旅游、体育金融)等
湖北省	2023年11月	湖北省体育产业创新创业大赛暨大学生进企业活动	主办:湖北省体育局	围绕体育制造类、体育服务类

　　高校承办的体育产业创新创业赛事，一方面是为大学生搭建了多方展示的平台和创新创业的实践课堂，同时也帮助更多大学生优质体育产业项目进入市场检验和孵化。湖北省体育产业创新创业大赛通过"揭榜挂帅"的形式，从供需角度出发，解决实际问题，实现高校科研创新成果与企业技术需求的精准对接，最终体育服务类和体育制造类各9个项目进入决赛获奖名单，其中，武汉体育学院在此次赛事中技术提供项目"体育赛事软件"获体育服务类一等奖，"赛事管理系统""运动健康指导中心建设标准"获二等奖，"智慧体育场馆系统的开发""体育培训数字化小程序"获三等奖。体育制造业3个项目获三等奖。在赛后，达成合作意向的技术需求方和技术揭榜方进行了现场签约，优秀创新创业项目在赛事中获得资金、技术、市场等方面的支持，得以迅速成长和发展，从而不断推动体育产业的创新升级。天津市首届体育产业创新创业大赛面向企业、体育协会、高校和科研组织等，从体育创意、体育制造业和体育服务业三个赛道开展项目路演，其中天

津体育学院支持孵化的已完成企业注册的学生团队，参与此次赛事并获得体育创意赛道二等奖奖项①，同时此项目也纳入天津市体育产业创新创业孵化项目库，进行持续的孵化扶持，获得相关推介宣传等机会。

在各项省级体育产业创新创业赛事中，云健身、线上教练、智能器械、虚拟运动等新业态创新了体育消费新场景，智能化、数字化项目为传统体育服务的发展模式开拓了新路径，为更好满足人民群众的多元化、个性化体育健身需求打开了新空间。同时，更多高校大学生创新项目已经通过发展落地创办了企业，取得了专利证书，有效促进就业创业，为体育产业"政、产、学、研、用"相结合并推动融合发展提供了有效途径。

可以看到各省区市积极开展体育产业创新创业相关活动，高校体育产业创新创业平台也通过各种形式参与其中，但在区域与区域、高校与区域间的合作仅依赖于个别的项目或赛事活动，相关赛事活动孵化成果的转化也仅在区域内进行，在区域间协同共享、协同孵化的机制仍有待完善。

（三）高校打造体育产业数字教育资源生态，但资源应用和持续优化升级方面待完善

数字赋能是推进高校教育教学改革和转型升级的关键驱动力，同时对推进高校体育产业创新创业教育高质量发展具有重要意义。近些年，国家以提高学生实践能力和创新精神为核心，以现代信息技术、数字化技术为依托，积极建设虚拟仿真实验教学项目等，深入推进信息技术与高等教育实验教学的深度融合，着力提高高等教育教学实践育人水平。

全国高等院校积极落实教育信息化数字化建设，基本实现了校园内校园网络基础设施建设的全面覆盖和高速互联，许多高校也在体育学门类下，开展建设了一批高质量的虚拟仿真实验项目。2018 年教育部上线"国家虚拟仿真实验教学课程共享平台（实验空间）"，是汇聚全部学科专业、覆盖各

---

① 《社会体育学院学生在天津市体育产业创新创业大赛获奖》，https：//cshs.tjus.edu.cn/info/1030/1655.htm。

个层次高校、直接服务于高校和社会学习者使用的实验教学公共服务平台。根据实验空间平台体育学门类实验项目统计数据，共计 30 个项目在平台内实现项目使用和共享，其中国家一流课程 11 项，其中高等体育院校主持建设的包括上海体育大学 1 项、武汉体育学院 1 项、北京体育大学 2 项（见表3）；省级一流课程 14 项，包括北京体育大学 1 项、山东体育学院 1 项（见表 4）；其他实验课程 5 项（见表 5）。

表 3　实验空间"体育学"国家一流课程 11 项

序号	课程名称	所属院校	实验人次
1	马拉松比赛科学补液虚拟仿真实验	上海体育大学	7635
2	运动竞赛焦虑测评、作用及其干预的虚拟仿真实验	武汉体育学院	10985
3	乒乓球裁判虚拟仿真实验（双语）	北京体育大学	4234
4	冰雪运动防护虚拟仿真实验	北京体育大学	6795
5	赛艇运动员专项技能机能测评虚拟仿真实验项目	江西师范大学	14480
6	运动改善情绪及其脑可塑性变化虚拟仿真实验	扬州大学	7317
7	运动性猝死的风险筛查与现场急救虚拟仿真实验	华南师范大学	4671
8	健身运动处方综合设计性虚拟仿真实验	湖南师范大学	41028
9	足运动康复工程虚拟仿真实验项目	福建师范大学	19112
10	青少年运动机能评定虚拟仿真实验	华东师范大学	3178
11	下肢肌力量训练设计与运动生物学监控虚拟仿真实验教学项目	陕西师范大学	1520

资料来源：国家虚拟仿真实验教学课程共享平台网站，https://www.ilab-x.com/，最后检索时间：2023 年 2 月 21 日。

表 4　实验空间"体育学"省级一流课程 14 项

序号	课程名称	所属院校	实验人次
1	足球比赛基础攻防战术虚拟仿真实验	北京体育大学	8431
2	等速肌力功能评估及电刺激康复训练虚拟仿真实验教学系统	山东体育学院	4122
3	专项力量训练(动作设计)可视化虚拟仿真实验	广西师范大学	21001
4	孕期女性体育健康促进评定虚拟仿真实验教学项目	临沂大学	15546
5	民族传统体育虚拟仿真实验教学项目	中央民族大学	1204

续表

序号	课程名称	所属院校	实验人次
6	高原特有运动损伤与高原训练监控虚拟仿真实验系统	云南师范大学	2628
7	高尔夫实战策略选择虚拟仿真实验	湖南涉外经济学院	5958
8	身体姿态评估及运动干预虚拟仿真实验教学项目	北京大学	3766
9	孔子射艺展演设计虚拟仿真实验	曲阜师范大学	670
10	人体血糖调节虚拟仿真实验	重庆邮电大学	1284
11	运动解剖学实验教学项目——人体运动解剖学动作分析综合实验	安徽师范大学	1356
12	雪上技巧 Mogul 运动技术诊断虚拟仿真实验	郑州大学	477
13	基于模拟滑雪机的高山滑雪虚拟仿真教学实验	北华大学	345
14	不同人群的日常身体活动测定	南昌大学	221

资料来源：国家虚拟仿真实验教学课程共享平台网站，https：//www.ilab-x.com/，最后检索时间：2023 年 2 月 21 日。

表5　实验空间"体育学"其他课程5项

课程名称	所属院校	实验人次
老年人跌倒风险评估与运动处方设计虚拟仿真实验	天津体育学院	2030
羽毛球击球动作的解剖与力学分析虚拟仿真实验	成都体育学院	2047
健康教育背景下青少年脊柱弯曲异常运动干预的虚拟仿真实验	上海师范大学	4345
有氧运动能力测定虚拟仿真实验	景德镇陶瓷大学	31
马的结构与功能虚拟仿真实验教学	太原理工大学	0

资料来源：国家虚拟仿真实验教学课程共享平台网站，https：//www.ilab-x.com/，最后检索时间：2023 年 2 月 21 日。

根据实验空间平台各虚拟仿真教学项目页面显示，实验人次是指用户参与并完成实验的总人次，同一个用户可以做多次实验，在实验完成后，实验人次会依次累加。数据统计显示，体育学门类 11 个国家级一流课程项目的实验人次均有上千人次，其中湖南师范大学建设的"健身运动处方综合设计性虚拟仿真实验"实验人次达 41028 人次。而在体育学门类 14 个省级一流课程项目中，各项目实验人次差距较大，一方面与各项目在实验空间平台

上线时间有关,另一方面与各院校在实验教学方面对信息化技术使用推广相关。

教育部实验空间平台的建设是将全国高校有关体育学门类、体育产业的优质课程资源集中起来,一定程度上解决了教学资源分散和重复建设的问题。但通过已完成建设的虚拟仿真相关项目来看,高校在建设数字化信息化虚拟仿真课程资源上,存在与体育教学、体育产业市场需求相脱节的问题,存在资源项目在实验教学中应用推广不足的现象,已建的虚拟仿真实验教学项目以验证性、体验式实验为主,对探究性实验的问题情境创设、探究过程多元复杂路径及其可能结果预设,以及通过探究过程激发学生思维等设计缺乏深度,互动性和智能性不足,同时对已建立的项目缺少根据体育教育及体育产业市场变化持续升级优化。

三 中国式现代化背景下高校体育产业创新创业服务平台体系建设构想

(一)中国式现代化背景下高校体育产业创新创业服务平台建设目标

高校体育产业创新创业平台的建设发展始终同高校教育发展的目标相统一。高校体育产业创新创业教育服务平台建设目标可以归纳为两个方面,首先是通过高校体育产业创新创业服务平台的建设,落实推进高校开展教育教学改革。以体育、体育教育、体育产业为起点,在高校体育产业创新创业平台的组织建设、内容管理、运营管理、激励保障制度的建设中,尝试运用多种新形式、新方法、新手段,探索构建体育产业教育的新态势。

另外,平台建设最核心目标是服务学生成长,并且通过对学生的培养,使其毕业进入社会后更多地进入体育产业市场中,利用所学知识和技能服务社会发展,推进体育产业市场发展。

（二）中国式现代化背景下高校体育产业创新创业服务平台建设原则

高校体育产业创新创业服务平台是高校主导建设的，吸引多方利益主体参与的平台，这就涉及多方利益主体之间的协作共赢。推进高校体育产业创新创业服务平台建设有利于推进高校的教育教学改革，提升高校管理能力、服务能力、聚集能力及可持续动态发展能力。在平台建设中要坚持以促进学生成长为责任、以推进协同创新为助力、以保持动态发展为导向为基本原则。

1. 以促进学生成长为责任

高校体育产业创新创业服务平台建设应是以促进学生成长为责任，在体育、体育教育、体育产业等领域为学生提供多元化的、更自由地成长环境和知识体系。在平台的组织结构、内容整合、运营管理、协同合作、激励机制等方面的建设中，紧紧围绕学生需求，以促进学生成长为责任，使学生在融入社会中体现出的价值不仅是自身的专业知识、勤勉和付出，还是勇气、创造力和主观能动性。

2. 以推进协同创新为助力

协同创新是高校体育产业创新创业服务平台长效发展的关键。从平台建设的组织内部，让高校内部的每一个参与者都能迸发智慧，助力个体价值的实现；在链接平台外部，协同各方资源、区域资源，通过合作创新形成更强的组织能力，解决高校作为主体建设而出现的资金短缺、设备更新滞后、市场理念落后等一系列问题，吸纳政府、行业、企业组织等作为平等的主体参与协同创新，致力于平台间的建设发展。

3. 以保持动态发展为导向

创新创业环境设施设备的更新、知识服务技术的变革发展、数字科技的更新运用是高校体育产业创新创业服务平台保持先进性的关键。在平台建设中，高校主导在更大程度上是扮演资源整合的角色，平台建设同体育产业市场变化保持一致性，同时利用智能化、数字化等先进的科学技术手段，提高平台资源的使用效率和拓宽平台资源的使用范畴等。

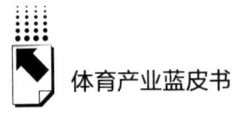

（三）中国式现代化背景下高校体育产业创新创业服务平台体系模型

构建高校体育产业创新创业服务平台并将其纳入高校教育教学改革的整体布局，是推动我国高等教育人才培养体系更加健全、提升高校教育服务能力、推动体育产业经济发展的重要选择。在 2022 年第三届世界高等教育大会上，围绕"重塑高等教育，实现可持续未来"的主题，提出六大原则和六大变革方向，提出高等教育变革要推动跨学科、超学科的开放与交流，提供满足青年和成年人终身学习需求的途径，构建内容多样和方式灵活的综合学习体系等。这一系列原则与改革方向的实现，需要在遵循中国高等教育发展的前提下，凝聚多元主体的智慧和力量，形成要素间的有效衔接与良性互动。鉴于此，本部分基于中国式现代化背景下对高校体育产业创新创业教育的新要求，对新时代高等教育改革与创新创业教育发展、推进体育产业高质量发展的目标和理念，尝试构建出高校体育产业创新创业服务平台"顶层设计—体制建设—多元主体—资源供给—转化输出"的五维度要素结构模型（见图1）。

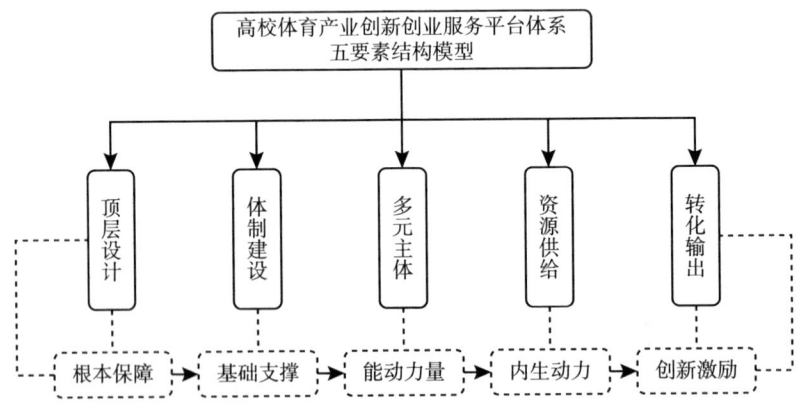

图 1　高校体育产业创新创业服务平台体系五要素结构模型

1.平台体系建设的根本保障——顶层设计

高校体育产业创新创业教育的顶层设计是推进落实高校体育产业创新创

业服务平台体系建立的根本保障。在高校体育产业创新创业服务平台建设发展的过程中，高校作为建设主体需要积极发挥政策引导、制度保障、资源支撑和环境营造的重要作用。在高校落实党的二十大中国式现代化发展的新理论和推动高校教育教学改革过程中，统筹高校创新创业教育各层级及各要素，系统规划布局，强化体育产业创新创业需求对接，强化教育教学改革创新，强化知识资源整合，向体育产业领域聚焦，保障高校体育产业创新创业服务平台体系整体布局水平提升。

2. 平台体系建设的基础支撑——体制建设

体制机制建设是高校体育产业创新创业服务平台体系建设的基础支撑。平台体系的运转、体育产业与创新创业教育融合创新的有效推进，都需要相应的管理制度、运行机制为高校体育产业创新创业服务平台提供有效的制度保障。通过平台组织体系的制度建设，打破高校内部院系、学科之间的壁垒，建立高校内部在基础设备、人才交流、成果共享等方面的支撑保障制度。同时为实现高校体育产业与创新创业教育资源的优化配置，构筑高校的运行机制，以明确在平台组织建设中与各相关主体之间的分工与合作，保证高校体育产业创新创业服务平台组织向更全面、更专业的方向发展。

3. 平台体系建设的能动力量——多元主体

多元主体是高校体育产业创新创业服务平台建设发展的能动力量。平台建设由高校主导，但其发展完善是需要多元主体涉及其中的。在当前打造的共建共享的产学研用的发展理念下，通过同政府、企业、科研组织平台等多元主体的有效合作和良性互动，以推进体育产业发展及创新创业发展为目标，形成推进平台发展的整体合力。同时在当下经济发展及新挑战和新局面下，由高校主导，多元主体协同建设的高校体育产业创新创业服务平台体系将更加稳定、更具创新性。

4. 平台体系建设的内生动力——资源供给

高校资源供给主要包括技术资源、知识资源和智力资源，知识资源也是高校体育产业创新创业服务平台建设的核心支撑和内生动力。当前我国体育产业的发展与需求在未来一段时间内保持持续增长的态势，因此，促进高校

教育教学改革，推进体育产业高质量发展的关键在于高校体育产业创新创业服务平台资源服务供给的持续与突破。平台建设持续供给的相关硬件资源、知识资源、智力资源、科学技术资源以及体育产业数据分析等将成为平台建设体系的内生动力，促进高校体育产业创新创业服务平台的持续革新和动态创新。

5. 平台体系建设的激励创新——转化输出

高校体育产业创新创业服务平台的转化输出要素是平台发展的动能转化和创新激励的重要部分。平台体系建设的转化输出一方面体现在对体育产业创新创业优秀项目的帮扶和孵化，逐步形成良好的项目孵化循环促进体系，最终形成良好的创新创业孵化生态；另一方面通过项目的转化输出，对高校平台体系项目孵化的指导教师、各阶段参与者建立激励机制，能够吸引更多的教师、创业者的加入，激发其参与的积极性和创造力，为平台建设发展提供不竭动力。

四　中国式现代化背景下高校体育产业创新创业服务平台发展路径

（一）改革创新：构建高质量高校体育产业创新创业服务平台体系

随着体育产业的快速发展，在中国式现代化建设的新方向新要求下，对高校体育产业创新创业服务平台体系建设提出了新要求，对创新型人才培养提出了新方向。通过改革创新，构建一个高质量高校体育产业创新创业服务平台体系，推进中国式现代化教育体系构建，促进体育产业发展的转型升级和可持续发展。

构建高质量高校体育产业创新创业服务平台体系，首先要明确新时代背景下对平台建设的定位与目标，既要服务于高校师生的创新创业需求，也要对接体育产业市场需求，培养输出体育产业双创人才尤其是拔尖人才，同时致力于推动体育科技创新、体育产业数字智能升级转化，促进体育产业升级。其次，明确平台在高校内部建设的清晰的组织构架、明确职能划分及建立跨部门协同机制，有效促进平台在高校内部的运行。另外，建设高质量的高校体育产业创新创业服务平台，需要多方的参与协作，才能不断构建和扩大平台发展的新格局，这就包括政府的引导与支持、区域高校间资源整合共享、多领域企业参与和合作以及适当的社会资本的引入等。

（二）问题导向：强化高校体育产业创新创业服务平台服务功能

问题是时代的声音，回答并指导解决问题是理论的根本任务。今天，我们已经踏上全面建设社会主义现代化国家新征程，要聚焦实践中遇到的新问题，不断提出真正解决问题的新理念新思路新办法，不断开创事业发展的新局面。高校体育产业创新创业服务平台建设要坚持问题导向，针对有志于体育产业创新创业的师生主体，对体育产业创新创业过程中可能遇到的实际问题，提出相应的解决方案和服务支持。针对体育领域企业，通过深化产学研用合作，促进高校体育产业科研成果与体育产业市场对接，推动创新成果的孵化和转化，解决体育产业企业面临的实际问题。同时要构建全方位服务支持平台体系，为体育产业创新创业多主体提供从创意到市场化的全过程支持。

（三）协同共享：助力区域体育产业双创发展形成整体合力新生态

重大区域发展战略是推进中国式现代化建设的有效途径。以区域内构建高校体育产业创新创业服务平台协同机制，发挥高校智力富集优势，提升区域内体育产业高质量发展智库支撑水平，推动体育产业资源整合、产业模式创新、产业结构转型，增强体育产业研究服务经济社会能力，推动区域内体育产业高质量发展。一方面，依托区域内高校体育产业创新创业服务平台协同机制，通过高校间体育产业创新创业资源共享、课程互认等方式加强区域内高校之间的协作，形成优势互补，同时在体教融合、体医融合、体育人才培养、体育科研成果转化领域开展深入合作，推动奥体竞训、运动医学、专才教培、科创转化、国际交往等产业板块多向互动、多维赋能，助推区域体

育产业创新创业发展。另一方面，推动区域内地方政府、高校、企业等多元主体在体育产业发展中的作用，建立多形式的合作共享机制，形成整体合力，推动体育产业新生态发展。

（四）持续保障：形成数字化、信息化高校体育产业创新创业资源新平台

推动高校体育产业创新创业服务平台数字化转型，加快平台体育产业创新创业教学资源的共享和开放，更好地服务创新型人才培养。一方面，平台数字化建设，要以强化创新实践能力培养为导向，升级现有的体育产业虚拟仿真实验教学，建设更多体育领域虚拟仿真实验教学项目，拓展体育产业数字化智能化学习资源库。另一方面，加强高校体育产业创新创业服务平台对体育产业数据采集、处理和分析的能力建设，强调完善平台的数据采集、处理和分析功能对于提供精准体育产业市场分析和决策支持的重要性，为体育产业创新创业主体提供数据支持。

参考文献

吴岩：《中国式现代化与高等教育改革创新发展》，《中国高教研究》2022 年第 11 期。

陈彦斌、谭涵予：《宏观政策"三策合一"加强政策协调着力推动中国经济高质量发展》，《政治经济学评论》2023 年第 14 期。

雷朝滋：《加强高校有组织科研以高水平科技创新服务中国式现代化建设》，《中国高等教育》2023 年第 7 期。

岳静：《协同育人模式下社会体育指导专业人才的培养》，《亚太教育》2023 年第 8 期。

李东方、张鹤：《"五育融合"的历史审视、时代价值与行动逻辑》，《新西部》2023 年第 6 期。

彭华涛、吴嘉雯、刘勤：《数字赋能视角的全周期创业教育模式与路径研究》，《高等工程教育研究》2023 年第 4 期。

肖林鹏、阎隽豪：《我国高校体育产业创新创业教育发展态势、面临问题与建设路

径》，《北京体育大学学报》2023 年第 46 期。

杨建辽：《新时代开放大学教师综合素养体系建构探赜》，《陕西开放大学学报》2023 年第 25 期。

国家体育总局政策法规司：《加快建设体育强国谱写全面建设社会主义现代化国家体育新篇章》，《旗帜》2023 年第 11 期。

袁俊：《浙江高校创新创业教育体系建设探索》，《浙江经济》2023 年第 11 期。

张占斌：《努力构建中国式现代化的自主知识体系》，《文化软实力》2023 年第 8 期。

李国平：《努力打造中国式现代化建设的先行区示范区》，《前线》2024 年第 2 期。

李国平：《推动京津冀协同发展不断迈上新台阶》，《共产党员（河北）》2024 年第 4 期。

B.10
中国高校体育产业创新创业现实困囿及应对

靳厚忠　汪梓晨　张芮晴*

摘　要： 中国高校体育产业创新创业教育是建成体育强国、人才强国的必由之路。目前，在创新驱动发展战略的驱使下，中国高校体育产业创新创业发展势头迅猛，但仍存在认知偏差、师资和资金投入不足、缺乏系统性、制度环境建设不足、绩效产出不足等问题。针对上述现实困境，从重塑教育理念、加强师资队伍建设、完善课程体系、营造创新创业氛围、搭建服务平台、促进各方协作等六个层面提出"脱困"路径，助推中国高校体育产业创新创业高质量发展。

关键词： 高校体育产业　创新创业　体育人才培养　高质量发展

习近平总书记在党的二十大报告中强调，必须"加快建设教育强国、科技强国、人才强国，坚持为党育人、为国育才，全面提高人才自主培养质量，着力造就拔尖创新人才"。人才是第一资源，是产业发展必不可少的关键一环，体育产业要想实现高质量发展，必须加快培育创新创业人才。2019年国务院办公厅在《关于促进全民健身和体育消费推动体育产业高质量发展的意见》中提出，要"鼓励普通高校、职业院校设置体育产业相关专业，形成有效支撑体育产业发展的高层次人才培养体系"，国家体育总局发布的《"十四五"体育发展规划》中也明确强调，要"充分发挥科技、资本、人才、数据

---

* 靳厚忠，中央财经大学教授，博士，主要研究方向为体育管理、体育产业经济、体育产业创新创业教育；汪梓晨，中央财经大学2022级硕士研究生，主要研究方向为体育产业经济；张芮晴，华体集团有限公司华体赛事部，主要研究方向为体育管理、体育赛事。

等核心要素在体育产业创新发展中的作用"。这表明国家在政策层面高度重视体育产业创新创业教育，不断加强体育产业创新创业人才的培养。

当前，中国高校体育产业创新创业教育模式与市场需求并不匹配，存在诸多现实困境。在供给层面，中国高校体育产业创新创业在教育理念、教学方法、制度环境等方面与社会对体育产业创新创业教育的要求存在差距。在需求层面，中国高校体育产业创新创业服务平台数量、成果转换率以及人才数量和质量都存在缺失。因此，必须清晰认识到高校体育产业创新创业的现实困囿，寻找出与市场需求相适应的培养模式，摒弃传统思维，促进多学科间交叉融合，建立高校与政府、企业联合培养人才的新机制，注重培养系统的整体协同关联，以实现体育产业创新创业人才培养的具体化、专业化和多元化。

一　中国高校体育产业创新创业现实困境

（一）主体认知层面

中国高校体育产业创新创业存在的现实困境中，首先是教育理念的偏差，价值理念缺位使得"双创"教育效果欠佳。中国高校在培养学生创新意识方面存在制度性缺陷，价值理念缺位导致的教育理念偏差，引发学生创新意识不足，高校学生创新意识的培养仍面临巨大挑战。课题组调查研究显示，有26.43%的受访高校学生表示存在体育产业创新创业认知不足的问题，导致其价值理念缺位，严重影响体育产业创新创业效果（见图1）。

价值属于关系范畴，从认识论的角度来看，是指客体能够满足主体需要的效益关系，是表示客体的属性和功能与主体需要间的一种效用、效益或效应关系的哲学范畴。[①] 价值观则是人们在认识各种具体事物价值的基础上，对客观事物（包括人、事、物）重要性的评价和观点。价值观是人们对社

---

① 赵富学：《体育学科核心素养的内涵及其生成维度》，《体育文化导刊》2019年第6期，第53~57、87页。

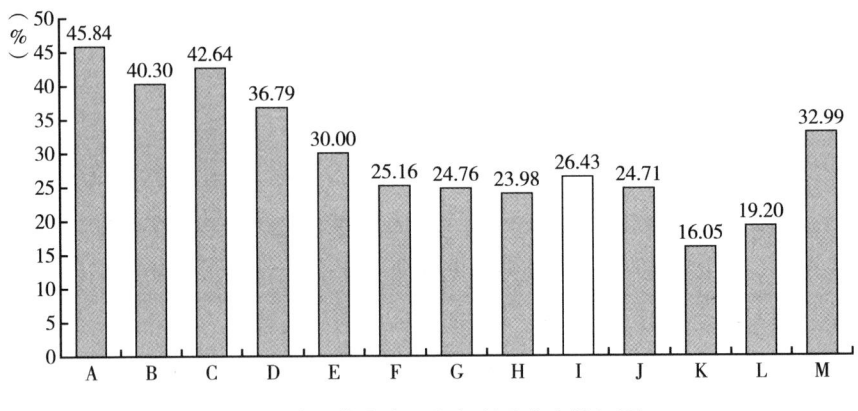

图1　高校体育产业创新创业存在的问题

注：A. 缺少资金；B. 缺少知识、技能与方法；C. 缺少经验；D. 缺少指导；E. 缺少时间；F. 缺少政策；G. 缺少氛围；H. 缺少理解；I. 认知不足；J. 准备不足；K. 与人沟通协作不足；L. 项目定位不准；M. 其他。

会存在的反映，是社会成员用来评价行为、事物以及从各种可能的目标中选择自己合意目标的准则。[①] 理念在本质上与观念相关联，理念事实上就是上升到理性高度的观念。而价值理念正是价值观的凝练，是价值观上升到行为准则高度的标准，引导着社会生活的行为主体不断向前进步。价值理念一旦缺位，必然导致严重的后果，从根本上影响社会的发展进程。

中国高校体育产业创新创业价值理念缺位，直接引发教育理念的偏差。当前，中国高校教育仍普遍注重理论知识的传授，传统的教学模式偏重于知识传授、应试教育，学生对于体育产业的了解主要来自课堂教学，这为学生创新思维的培养和实践提供了理论基础，但这种教育模式限制了学生对体育产业创新创业的深入理解和认知，缺乏对体育产业创新创业领域的实际案例、市场趋势和商业模式等方面的信息获取和实践机会，往往难以跨越理论到实践的鸿沟，加之"双创"教育基础相对薄弱，最终导致整体教学效果不佳，高校学生创新创业意识弱。

---

① 王晖：《对社会主义核心价值体系基础概念的梳理》，《佳木斯大学社会科学学报》2011 年第 1 期，第 11~13 页。

高校学生面临的竞争压力和就业观念的限制，也潜移默化地影响其创新创业意识发展。面对当前日趋激烈的就业环境，相较于不确定性、风险性大幅上升的创业环境，高校毕业生更倾向于追求稳定的就业机会，而非投身于创新创业事业，而忽视了创新创业对个人职业发展和社会进步的重要性。这种就业观念的影响使学生产生了创新意识和动力分配，而更多地关注传统的就业路径和稳定的收入。这种思维模式限制了他们在体育产业创新创业中的积极性和创新能力发挥。

此外，学生创新意识的培养也受学校和社会环境影响，各方在创新创业教育方面投入不足，相关人才和支持机构匮乏，限制了学生创新意识的培养。从社会层面而言，高校体育产业创新创业认可度和支持度相对较低，校企合作模式停留在资金交流层面，人才交流体系不完善，导致高校学生对体育产业创新创业相关知识摄取难度大，无法获取最前沿的产业信息，所做与所需存在偏差，从而影响创新创业成果转化，打击高校学生的体育产业创新创业兴趣。同时，高校学生缺乏体育产业创新创业的典范和成功案例，使得学生在面对体育产业创新创业时缺乏动力和信心。

教育理念存在的偏差也导致高校学生对创新创业概念和内涵的理解存在认知偏差。现阶段，仍有相当一部分高校学生对创新创业的理解模糊，将其与新产品或技术发明画等号，仅仅重视创新创业在解决问题、改进流程、提升效率等方面的广泛应用。这种对创新创业概念的理解深度不足限制其在体育产业中发现和应用创新机会的能力，未能充分认识到创新创业可涉及体育产业的多个领域，如体育科技、数字化解决方案、营销策略等。教育理念偏差使得高校学生认知层面存在局限，未能从更有效的视角思考、探索创新创业的潜力。

（二）客体资源层面

1. 师资不足

（1）教师专业知识和经验不足

师资队伍作为创新创业教育的重要支撑和载体，教师的专业化与学生的

培养高度相关。① 在中国高校体育产业创新创业领域，师资质量不高一直是困扰教育质量和学生成长的关键因素之一，其中最主要的是教师专业知识和经验不足的问题，高校体育产业创新创业教育的开展普遍缺乏专业知识丰富和有实际经验的教师。

体育产业创新创业教育中，拥有一线实际操作经历者尤为重要，因为理论知识与实际应用之间存在很大鸿沟，不同国家、不同地区的体育产业特征也不尽相同，使得书本上阐述的体育产业知识并不能与实际情况契合。然而，高校中开展体育产业创新创业教育的授课教师大多一直在高校从事工作，自身也缺乏实战经验，仅仅按照有关规定通过相关知识培训后进入教学岗位，并没有创业的切身体会，对于体育产业创新创业精神理解也不够深刻。高校创新创业授课教师的来源中（见图 2），专职教师、学校就业指导中心人员和辅导员占到了绝大多数，分别为 56.42%、25.46% 和 25.46%，大部分授课教师都是校内人员，真正属于体育产业创新创业一线从业人员的比例很小。

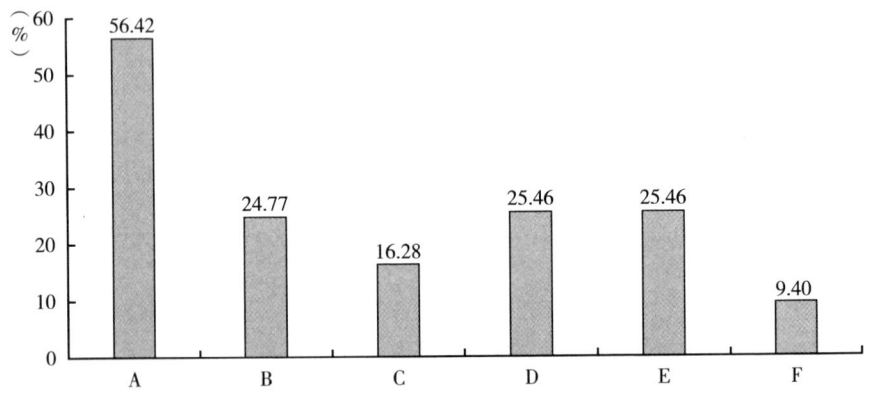

图 2 高校体育产业创新创业授课教师来源

注：A. 专职教师全国；B. 教学教辅人员；C. 学校行政管理人员；D. 辅导员；E. 学校就业指导中心人员；F. 其他。

① 王世强、肖刚、盛祥梅等：《我国体育院校创新创业教育的实施困境和应对策略》，《体育科技》2020 年第 4 期，第 98~99、101 页。

由于"双创"导师没有实际创业经验，因此在教学过程中或指导大学生进行体育产业创新创业竞赛中，多针对基础理论、项目流程等进行指导，颇有一些纸上谈兵的味道，并且教师们愿意重点关注指导的多是其擅长领域的项目，而对于一些具有前瞻性或发展趋势模糊的项目关注度不够，指导不到位，这就导致许多大学生在体育产业创新创业实践过程中，大多是摸着石头过河，困难重重，从而丧失很多机遇。受困于学校工作任务的关系，体育产业创新创业导师分身乏术，其模式多是在项目开始时指导、关注较多，项目中期鲜有过问，直到项目收尾阶段再重新进行指导、加以总结，这就造成大学生在体育产业创新创业项目过程中很难得到系统指导，从而积极性受到打击。

其次，中国高校体育产业创新创业师资队伍中存在教学水平分布不均匀的情况。高校中不乏优秀教师能够为学生提供高水平的教学和指导，但与此同时也有一部分教师缺乏教学热情或教学方式方法不当，无法有效激发学生的学习兴趣和体育产业创新创业潜力。教育资源分配不均可能导致不同地区高校学生在体育产业创新创业能力上的差异不断拉大，影响中国高校整体体育产业创新创业质量。

此外，部分中国高校体育产业创新创业教师在跟踪行业动态和前沿发明方面表现不佳。由于体育产业是一个快速发展、不断变革的领域，了解最新的市场趋势、政策变化以及技术创新对于培养学生的竞争力至关重要。然而，部分教师缺乏主动学习的意识和动力，导致其无法及时了解行业最新动态，从而无法为学生提供最前沿的知识和实践经验。

总体而言，中国高校体育产业创新创业师资匮乏主要表现在教师专业知识面狭窄、缺乏实践经验、教学水平分布不均匀以及不善于跟踪行业动态等方面。这些问题制约了高校学生在体育产业创新创业领域的全面发展和竞争力的提升。

（2）教师规模与数量不足

政府在大力推广体育产业创新创业教育时，更多希望指导教师与社会、市场接轨，而不仅仅局限于校内，然而高校体育产业创新创业的教学队伍目前仍多由学校行政管理人员或各学科专业任课教师组成,具有专业背景、创业经历经验,与产业界联系紧密的"双创"专业教师数量严重缺乏,部分"双创"教师有明确的主业,"双创"教育工作仅仅是一种副业,类似于"兼职"的形式,教学成果与其未来职业发展关联度不高,兼职教师的学科归属感也不够强,缺乏持久教学的内生动力。① 课题组调查问卷数据(共收集有效填写人次 11103 人)显示,高校中配备体育产业创新创业指导教师的比例仅有 39.12%,未匹配体育产业创新创业指导教师的比例高达 60.88%,"双创"活动指导教师的数量仍严重不足(见图3)。

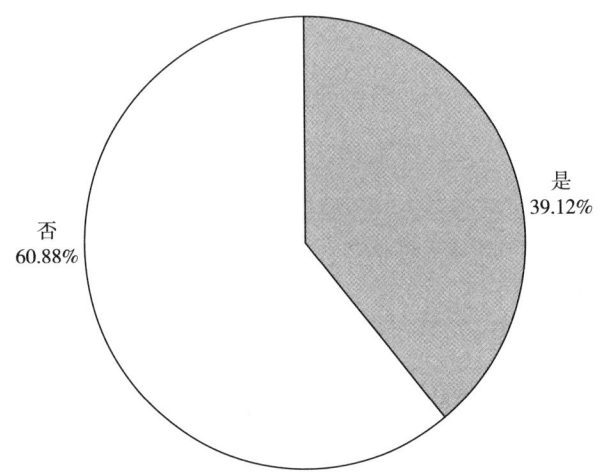

图3 高校是否配备体育产业创新创业指导教师

(3)发展机会不足

教师培训和发展机会有限也是制约中国高校体育产业创新创业效果提升的重要原因之一,导致"双创"教育规划缺乏系统性。随着科技高速发展和社会变迁,教育方式和方法也在不断发生变化,但由于缺乏培训机会,一些教师难以跟上体育产业创新创业教学方法的更新步伐,可能仍然停留在传

---

① 郭婷:《高职创新创业教育与专业教育有机融合研究》,《就业与保障》2021年第14期,第78~79页。

统教学模式中，无法满足高校学生对实际体育产业创新创业能力培养的需求，多达 86.01%的高校体育产业创新创业教师并未拥有创业指导教师相关资格认证（见图 4）。

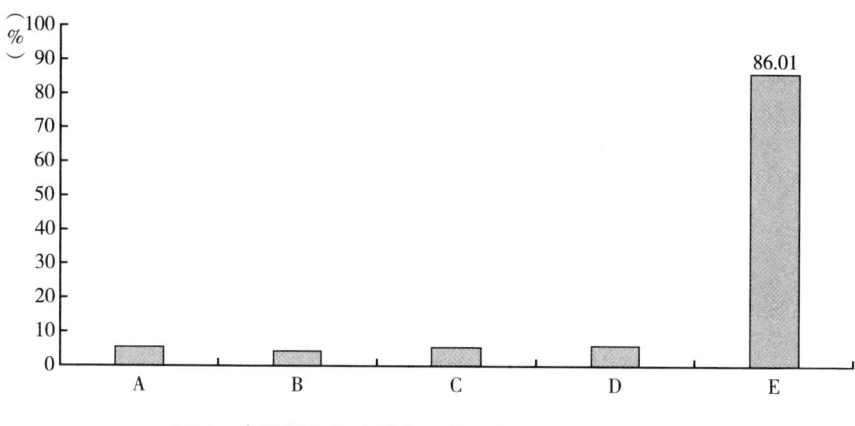

图 4　高校教师拥有的创业指导教师相关资格认证

注：A. 国家创业咨询师；B. SIYB 认证讲师；C. 行业/企业认证创业导师；D. 行业/企业创业能力培训结业证；E. 至今尚未获取任何资格认证。

与此同时，中国高校教师自身在体育产业创新创业领域的实战经验也受到培训机会不足的制约。体育产业创新创业是一个需要大量参与实践的新兴领域，仅仅依靠理论知识永远无法达到预期的教学成果。由于培训机会有限，高校体育产业创新创业教师可能缺乏深入体育产业一线的机会，导致他们无法将理论知识与实践经验有效结合，更无法为高校学生提供全面和深入的指导。调查数据显示（见图 5），仅有 21.79%的高校非常鼓励教师到一线企业兼职、挂职，26.61%的高校比较鼓励教师到一线企业兼职、挂职，持支持态度的高校占比不到 50%，说明高校对教师能够拥有更多体育产业创新创业实战经验的态度并不积极，这导致教师获取行业最新动态和先进技术知识的渠道十分有限，体育产业创新创业教育的教学效果不佳。

此外，中国高校体育产业创新创业教师跨学科知识能力的培养也受到培训机会有限的制约，教师们难以获得跨学科领域的深入培训，影响其在多学科协同教学和研究方面的能力。

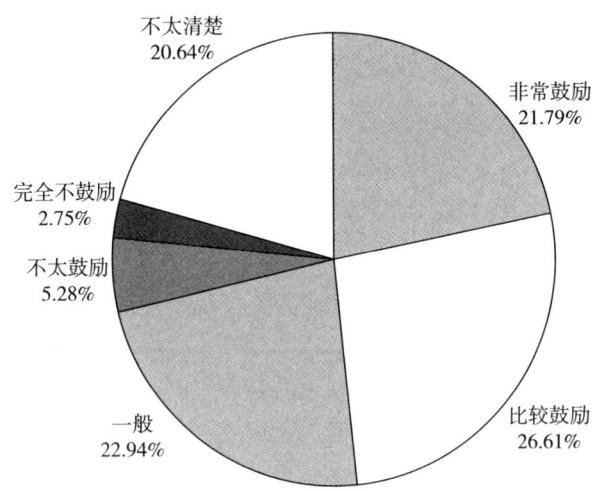

图 5　高校对教师到企业兼职、挂职情况的支持程度

总体而言，中国高校体育产业创新创业缺乏系统性一个重要原因是教师培训和发展机会有限，导致师资队伍在知识更新、教学手段、实践经验和跨学科知识等方面受到制约，从而影响高校体育产业创新创业的整体教学水平和学生培养质量。解决这一问题的关键是高校和相关机构共同努力，提供更多更有效的培训和发展机会，以提升师资队伍的整体素质。

2. 投入不足

课题组调查数据显示，有多达 45.84% 的高校学生认为缺少资金投入是高校体育产业创新创业存在的重要问题，同时 40.30% 的高校学生认为其缺少创新创业所需的知识、技能与方法，除此之外分别有 24.76% 和 23.98% 的高校学生表示文化观念的缺失致使体育产业创新创业缺少氛围以及缺少理解（见图 6）。

首先，缺乏资金支持是中国高校体育产业创新创业教育投入不足最重要的体现。相较于其他行业，高校体育产业的创新创业项目常常面临财政瓶颈。许多大学在体育方面的预算主要用于基础设施建设和日常管理，而对于真正的创新项目却闲置。这种情况导致很多有潜力的创业者无法得到足够的

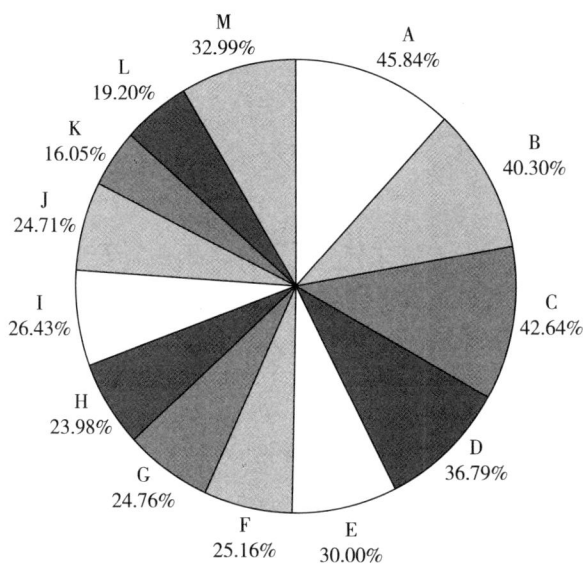

图 6 高校体育产业创新创业存在的问题

注：A. 缺少资金；B. 缺少知识、技能与方法；C. 缺少经验；D. 缺少指导；E. 缺少时间；F. 缺少政策；G. 缺少氛围；H. 缺少理解；I. 认知不足；J. 准备不足；K. 与人沟通协作不足；L. 项目定位不准；M. 其他。

启动资金，制约了他们在体育产业中的创新能力。

其次，教育资源的不足也是一个突出的问题。在当前高校的体育教育中，更多的关注点往往是传统的体育课程，而对创新创业方面的培养却相对不足。缺乏专业的体育创新创业教育，使得学生在这一领域缺乏必要的知识储备和实践经验。这无疑制约了新一代体育产业人才的崛起，使得整个产业在创新方面难以取得更大的突破。

此外，文化观念的影响也是制约高校体育产业创新创业的一大困扰。传统上，人们对体育更多的是看作一种娱乐活动，而非具有商业价值的产业。这种观念的根深蒂固导致了社会对体育产业创新创业的认知偏差，使得相关领域的投资和支持相对较少。缺乏社会的认可和支持，使得高校体育产业创新创业者在面临市场竞争时更加艰难。

中国高校体育产业创新创业教育投入不足是一个复杂而严重的问题，上

述问题的出现均与其密切相关，资金支持、教育资源和文化观念的缺失共同制约了高校体育产业创新创业的发展。要解决这一问题，需要政府、高校和企业等多方面的共同努力，加大对高校体育产业创新创业的支持和投入，促使这一领域迎来更加健康、可持续的发展。

3. 平台不足

目前，许多中国高校在学生体育产业创新创业服务平台建设方面缺乏足够重视，"双创"教育的重点主要集中在创新创业理论基础学习，而对创新创业能力的实际培养关注不足，在创新创业实践基地和孵化基地建设方面有所欠缺，没有取得社会的关注以及相关创新创业技术与资金支持。[①] 具体到体育院校而言，除上海体育大学、吉林体育学院创办大学科技园、创业园外，其他体育院校在创新创业服务平台建设方面的成绩并不理想。[②]

高校开展体育产业创新创业教育需要相应的服务平台作为保障，但由于受各种软硬件配套设施缺乏的影响，"双创"服务平台始终不能满足高校学生开展体育产业创业实践活动的需求。课题组调查数据表明，有 10.46% 的高校学生认为创新创业服务平台缺位是高校开展体育产业创新创业教育面临的重要问题（见图 7）。

具体而言，首先，高校体育产业缺乏专业的创新创业服务平台。尽管高校内部可能存在一些科研机构和创业孵化器，但它们往往更侧重于科研本身，对于创业者提供的全方位服务不足。缺乏专业的创新创业服务平台，使得在创业初期的项目策划、市场分析、商业模式设计等方面的支持不够充分，增加了创业者的风险和压力。其次，高校体育产业创新创业服务平台的信息共享和互动机制不健全。在创新创业过程中，及时获取市场信息、行业趋势以及相关政策动向对于创业者至关重要。然而，目前高校体育产业创新创业教育普遍缺乏一个有效的信息互通平台，使得学生难以获取到全面、准

① 朱军、王丽芳、丁哲：《体育院校创新创业教育体系构建研究》，《当代体育科技》2016 年第 6 期，第 60~61 页。

② 王世强、肖刚、盛祥梅等：《我国体育院校创新创业教育的实施困境和应对策略》，《体育科技》2020 年第 4 期，第 98~99、101 页。

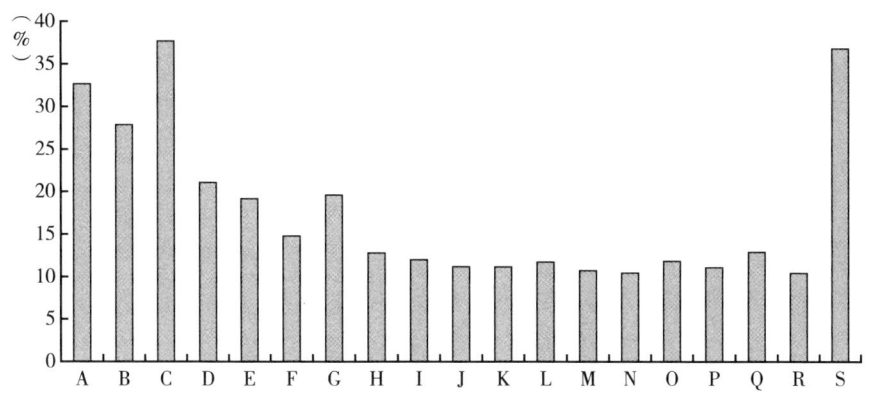

图7　高校开展体育产业创新创业教育面临的问题

注：A. 学校支持力度不够；B. 师资力量匮乏；C. 学生能力及创业意愿不足；D. 孵化器（众创空间）运行不畅；E. 创业教育硬件设施无法满足教学需求；F. 管理制度建设滞后；G. 目标定位不清晰；H. 管理体制不顺；I. 创新创业教育机制不活；J. 创新创业教育生态环境氛围不佳；K. 成果孵化不力；L. 成果转化不足；M. 创新创业教育体系不健全；N. 创新创业服务平台缺位；O. 创新创业课程薄弱；P. 创新创业培训指导不足；Q. 社会力量参与不够；R. 创新创业舆论氛围不强；S. 其他。

确的信息，影响他们在市场竞争中的敏感性和应变能力。最后，高校体育产业创新创业服务平台对于不同阶段、不同类型项目的差异化支持不足。高校体育产业创新创业项目涉及多个层面，包括科技创新、产品研发、市场推广等，而现有的服务平台缺乏差异化的支持策略，导致一些创新项目在关键阶段缺乏必要支持，影响其发展和竞争力。与此同时，高校体育产业中创新创业者的培训和技能提升渠道不畅。学生开展创新创业活动除了需要产业专业知识，还需要具备一系列创业管理、团队协作、市场营销等方面技能，但目前的培训和提升机制相对不够健全，使得学生在实际开展创新创业活动过程中面临着管理和经营技能不足的问题。

（三）过程层面

1. 教育教学方法手段落后

中国高校体育产业创新创业教育方法手段落后的一个重要体现是学校教育方法过于理论化，导致高校体育产业创新创业教育体系在理论与实际结合方面明显不足。课题组调查数据显示,目前仍有 26.92% 的高校体育产业创新创业课程授课方式是全理论教学,仅有 57.69% 的高校开展创业体验,大部分高校的授课方式以创业案例教学(占比 76.92%)和创业素质训练(占比 76.92%)为主(见图 8)。

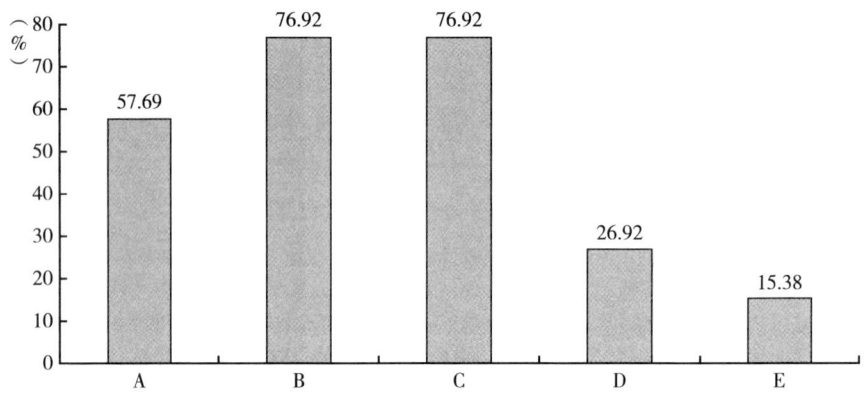

图 8　高校体育产业创新创业课程的授课方式

注:A. 开展创业体验;B. 创业案例教学;C. 创业素质训练;D. 全理论教学;E. 其他形式。

首先,传统的高校教育注重理论知识的传授,而对实际操作和创新实践的培养较为薄弱,缺乏与实际产业密切结合的政—产—学—研合作模式。且现行的教学体系较为封闭,课堂教学往往以传统授课方式为主,学生在大部分时间里被灌输体育管理、体育营销、体育经济学等方面理论知识,许多体育产业创新创业授课教师更注重传授自身学术研究成果,缺乏对实际产业运作的深刻了解,与体育产业一线企业进行的有效沟通合作不足。体育产业的特殊性要求从业者不仅具备理论素养,更需要具备面对复杂情况下实际操作的技能和经验,理论化教学方法使得学生所学知识与实际产业之间存在较大鸿沟,对实际体育产业运作颇有纸上谈兵的味道,缺乏对市场需求、产业趋势等的正确认知,导致学生在面对体育产业创新创业时常常陷入理论与实践脱节的窘境,显得认知深度不足、无从下手,难以将所学知识转化为实际应用。体育产业作为一个充满变革和创新的领域,需要学生具备更多的实际操作技能和创新思维。然而,当前的高校体育产业课程体系大多停留在传统的知识灌输阶段，缺乏对实际创新场景的深入讲解和引导。学生难以将学到的理论知识应用到实际操作中，导致他们在创新创业的实践中显得相对无力。调查数据表明，分别有 24.13% 和 18.33% 的高校学生希望高校能够推动体育产业创新创业教育标准化建设和加强政—产—学—研多方合作机制，无不反映出目前高校体育产业创新创业教育方法手段落后，难以满足高校学生实际需求的现实（见图9）。

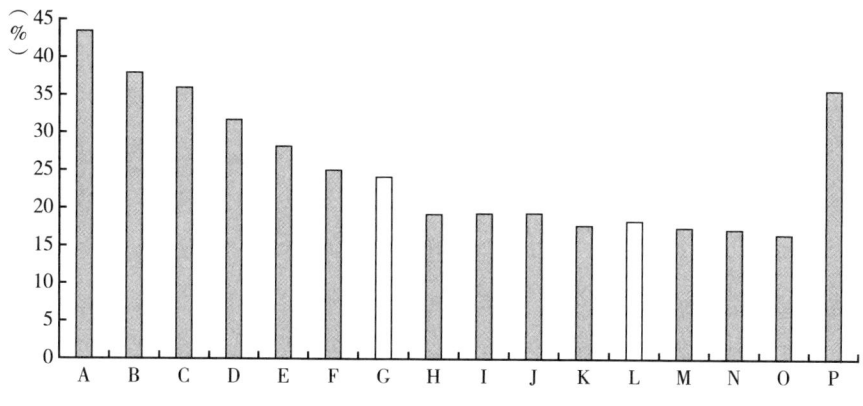

图9 高校学生对体育产业创新创业教育的希望或建议

注：A. 加强创新创业教育顶层设计与规划；B. 完善学校创新创业教育管理制度；C. 建立创新创业教育课程与培训体系；D. 建立创新创业教育实习实训体系；E. 加强创新创业教育师资队伍建设；F. 加强创新创业教育活动成果转化；G. 推动体育产业创新创业教育标准化建设；H. 建立创新创业教育评价体系；I. 加强创新创业孵化工作；J. 加强体育产业创新创业信息服务平台建设；K. 加强国家创新创业教育制度落实；L. 加强政—产—学—研多方合作机制；M. 加强政府部门服务意识；N. 加强创新创业社会生态环境建设；O. 开展专门的体育产业创新创业大赛；P. 其他。

其次，高校对于体育产业多元性的认知不足也使得创新创业教育方法手段落后。现如今，体育产业已不再局限于体育装备制造、体育赛事组织和职业体育俱乐部管理，其外延已拓展至体育科技、体育文化等多个领域。然而，由于教育方法手段落后，面对体育产业创新创业教育高校往往只侧重传统领域教学，对于新兴领域的了解和涉足较为有限，这使得学生对于体育产业的多元性认知不足，缺乏全面洞察创新创业机会的能力。

此外，体育产业创新创业的成功往往依赖于团队协同合作，而中国高校

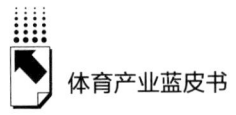

体育产业创新创业教育在培养团队协作精神方面也存在不足。体育产业创新创业涉及多个领域,需要不同专业背景的复合型人才共同合作,但中国高校体育产业创新创业教育方法手段往往没有为学生提供足够的机会来理解和适应这种多元化合作环境,使得学生在进行体育产业创新创业中可能面临跨专业合作的困难,影响"双创"团队协同效能。不仅如此,体育产业创新创业团队要想获得成功,不能仅依赖于成员的专业技能,有效沟通更是团队协作的基石,还需要有能力引导团队朝着共同目标努力的领导者,但高校体育产业创新创业教育中往往没有足够的方法手段关注沟通技能的培养,这可能导致"双创"团队成员之间的信息沟通不畅,影响团队整体效能。

综合来看,中国高校体育产业创新创业教育方法落后很大程度上是由学校教育方法过于理论化引起的。过度注重理论知识传授、缺乏产业实践结合的教学模式以及对体育产业多元性认知不足,使得学生在面对实际体育产业创新创业挑战时显得力不从心。解决这一问题的关键在于高校调整教学方法,强化实践性教学,与实际产业建立更紧密的联系,以培养学生更全面的体育产业创新创业认知。

2. 课程设置薄弱

高校是体育产业创新创业教育的"第一战场",但目前高校普遍存在的情况是,对体育产业创新创业的认知仅停留在表面,缺乏足够深刻和有针对性的理解,存在课程设置薄弱的问题。如果高校无法建立完整的创新创业课程体系,将难以有效提升体育产业创新创业人才的培养质量。根据课题组调查数据,有35.98%的高校学生希望所在高校能够完善体育产业创新创业课程设置,建立创新创业教育课程与培训体系,该比例仅次于希望高校加强创新创业教育顶层设计与规划(占比43.46%)和完善学校创新创业教育管理制度(占比37.94%)(见图10)。

现有高校体育产业创新创业教育课程设置往往集中在传授普及性基础知识,对体育产业创新创业的态度局限于对国家政策的响应和任务性课程的设置,与国家对于"双创"教育的期望存在差距,不同体育专业的课程相对单一,未能与各大高校自身的办学特色相结合,建立起针对不同细分专业的创

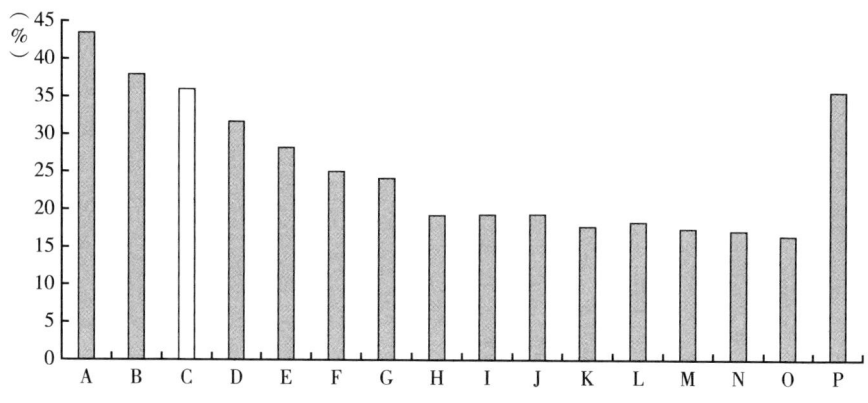

图 10　高校学生对体育产业创新创业教育的希望或建议

注：A. 加强创新创业教育顶层设计与规划；B. 完善学校创新创业教育管理制度；C. 建立创新创业教育课程与培训体系；D. 建立创新创业教育实习实训体系；E. 加强创新创业教育师资队伍建设；F. 加强创新创业教育活动成果转化；G. 推动体育产业创新创业教育标准化建设；H. 建立创新创业教育评价体系；I. 加强创新创业孵化工作；J. 加强体育产业创新创业信息服务平台建设；K. 加强国家创新创业教育制度落实；L. 加强政—产—学—研多方合作机制；M. 加强政府部门服务意识；N. 加强创新创业社会生态环境建设；O. 开展专门的体育产业创新创业大赛；P. 其他。

新创业教育体系，将学科所学知识与创新创业教育相融合，存在课程配置混乱、教学目标不精确、教学内容不够深入和广泛、教学计划缺乏系统性和针对性等问题。教育课程更偏向于理论传授，而缺乏对实际体育产业创新创业挑战的深入探讨。这种不平衡使得创新创业教育缺乏足够的实际操作和应用经验，从而影响了学生在创业领域的能力培养。[①] 此外，教材内容也被指出难以满足实际教学需求[②]，这进一步影响了创新创业教育的培养质量。

3. 成果孵化不足

中国高校体育产业在创新创业方面面临着成果孵化不足的严重问题，这一现实困境涉及多个层面，从科研成果转化到商业实践，都存在着明显的障

---

①　姚军：《体育院校创新创业教育发展路径研究》，《当代体育科技》2019 年第 9 期，第 122、124 页。

②　陈晓彬、郭艳艳：《体育院校大学生创新创业教育问题与对策研究》，《当代体育科技》2018 年第 8 期，第 249~250 页。

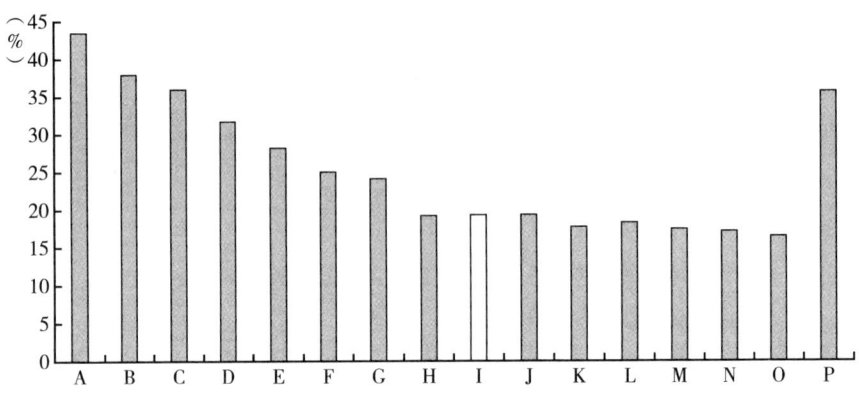

碍。课题组调查数据显示，19.33%的高校学生认为创新创业孵化工作亟须加强，创新创业成果孵化不足已经成为阻碍高校体育产业创新创业成功的桎梏（见图11）。

图 11　高校学生对体育产业创新创业教育的希望或建议

注：A. 加强创新创业教育顶层设计与规划；B. 完善学校创新创业教育管理制度；C. 建立创新创业教育课程与培训体系；D. 建立创新创业教育实习实训体系；E. 加强创新创业教育师资队伍建设；F. 加强创新创业教育活动成果转化；G. 推动体育产业创新创业教育标准化建设；H. 建立创新创业教育评价体系；I. 加强创新创业孵化工作；J. 加强体育产业创新创业信息服务平台建设；K. 加强国家创新创业教育制度落实；L. 加强政—产—学—研多方合作机制；M. 加强政府部门服务意识；N. 加强创新创业社会生态环境建设；O. 开展专门的体育产业创新创业大赛；P. 其他。

　　首先，高校体育产业创新创业成果的孵化平台不够健全。在许多高校中，虽然存在体育科研机构，但这些机构往往更注重科研本身，而在将科研成果转化为创新创业项目上存在明显不足。缺乏专门的孵化平台和机构，使得高校体育产业中的创新成果很难得到有效的孵化和推广。

　　其次，高校体育产业创新创业缺乏有效的产业链衔接。科研成果的孵化离不开产业链的支持，然而在高校体育产业中，科研、生产、销售等环节之间的衔接并不紧密。这使得创新创业成果在转化为实际产品或服务时面临巨大的阻力，导致创业者难以顺利推动项目的进展。

　　最后，技术转移和产业界对高校体育科研成果的接受度有限。即便高校体育产业取得了一定的科研成果，但由于技术的专业性和市场的不确定性，产业界对这些成果的接受度并不高。这导致了许多高校体育产业创新创业者在试图推动成果转化时面临着技术难题和市场认可度的双重挑战。

同时，资金短缺也是高校体育产业创新创业成果孵化的一大问题。在创新创业过程中，资金是推动项目前进的重要动力，但在高校体育产业中，由于对其商业潜力的误解和认知偏差，很多项目难以获得足够的投资支持。这使得创业者在项目初期就面临着极大的资金压力，阻碍了成果的孵化和发展。

另外，法律法规和知识产权保护的不完善也加剧了高校体育产业创新创业成果孵化不足的问题。在创新创业过程中，对于知识产权的保护至关重要，然而目前的法律法规在这方面并不够健全，导致创业者在成果孵化的过程中难以有效保护自己的研发成果，增加了商业风险。

总体来说，缺乏健全的孵化平台、产业链衔接问题、技术转移和市场接受度低、资金短缺以及法律法规和知识产权保护的不完善，都制约了高校体育产业创新创业成果孵化。这些问题的解决需要综合考虑政策、法规、资金和产业链等多个方面的因素，以促进高校体育产业创新创业的良性循环。

（四）环境层面

1.体制机制落后

中国高校体育产业创新创业教育体制机制落后主要表现在其教育理论与实际的结合程度较低上，这一现象在多个方面均有体现，从教育体系、学生观念、校企合作到创新意识培养等层面都存在相应问题。从课题组调查数据中可以发现，有43.46%的高校学生认为高校体育产业创新创业教育体制机制落后，需要加强创新创业教育顶层设计与规划，另有37.94%的高校学生认为亟须完善学校创新创业教育管理制度，比例高居高校学生对体育产业创新创业教育的希望或建议的前两名（见图12）。

中国高校体育产业创新创业教育体制机制落后的一个重要原因在于培养学生创新创业意识中的理论与实际脱节问题。学校更多关注传统学科的教学，而对于创新创业方面的培养，理论知识的灌输成为主导。这使得学生在

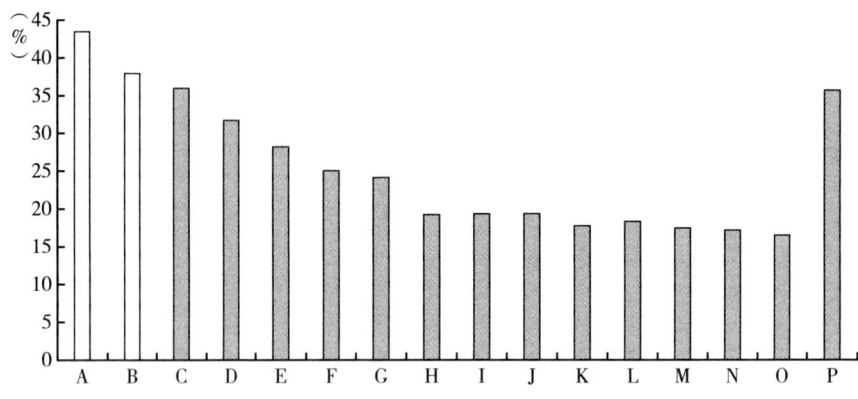

图 12　高校学生对体育产业创新创业教育的希望或建议

注：A. 加强创新创业教育顶层设计与规划；B. 完善学校创新创业教育管理制度；C. 建立创新创业教育课程与培训体系；D. 建立创新创业教育实习实训体系；E. 加强创新创业教育师资队伍建设；F. 加强创新创业教育活动成果转化；G. 推动体育产业创新创业教育标准化建设；H. 建立创新创业教育评价体系；I. 加强创新创业孵化工作；J. 加强体育产业创新创业信息服务平台建设；K. 加强国家创新创业教育制度落实；L. 加强政—产—学—研多方合作机制；M. 加强政府部门服务意识；N. 加强创新创业社会生态环境建设；O. 开展专门的体育产业创新创业大赛；P. 其他。

理论层面能够理解创新创业的重要性，却缺乏实际操作的机会，无法将理论知识转化为实际创新的动力。这种理论与实际的脱节使得学生在面对体育产业创新创业时，往往缺乏实际操作的能力和实践经验，影响其在创新创业领域的深入发展。

　　另外，校企合作模式的不完善也是中国高校体育产业创新创业教育体制机制落后的一个表现。在中国高校体育产业创新创业教育体制机制中，校企合作应该是理论联系实际的桥梁，通过与实际产业合作，使学生更好地理解理论知识在实际工作中的应用。然而，目前的校企合作多停留在表层，过于注重资金交流而忽视了对实际产业环境的深入了解。这使得学生在校园中学到的理论知识与实际产业的要求之间存在较大的鸿沟，难以迅速适应真实的创新创业环境。课题组调查结果显示，多达 31.69%的高校学生希望校企之间建立创新创业教育实习实训体系，以提高体育产业创新创业理论和实际的结合程度（见图 13）。

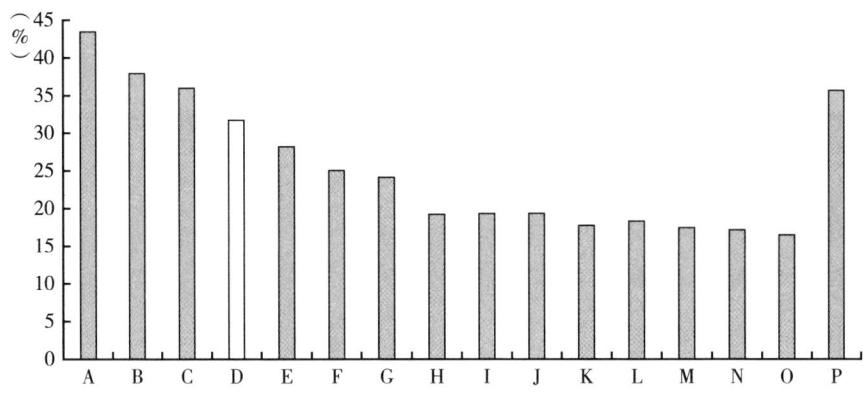

图13　高校学生对体育产业创新创业教育的希望或建议

注：A. 加强创新创业教育顶层设计与规划；B. 完善学校创新创业教育管理制度；C. 建立创新创业教育课程与培训体系；D. 建立创新创业教育实习实训体系；E. 加强创新创业教育师资队伍建设；F. 加强创新创业教育活动成果转化；G. 推动体育产业创新创业教育标准化建设；H. 建立创新创业教育评价体系；I. 加强创新创业孵化工作；J. 加强体育产业创新创业信息服务平台建设；K. 加强国家创新创业教育制度落实；L. 加强政—产—学—研多方合作机制；M. 加强政府部门服务意识；N. 加强创新创业社会生态环境建设；O. 开展专门的体育产业创新创业大赛；P. 其他。

　　此外，中国高校体育产业创新创业教育体制机制落后还体现在创新创业的支持机构和人才培养计划不匹配的问题中。理论上，高校可能制定了一系列创新创业的计划和政策，但在实际操作中，这些计划和政策难以有效执行。支持机构缺乏对实际产业的深刻理解，导致其提供的支持无法与实际需求相匹配。人才培养计划也存在理论脱离实际的问题，学生在培养过程中缺乏实际创新项目的参与机会，使得理论知识与实际实践之间的融合程度不足。

　　综合而言，中国高校体育产业创新创业教育体制机制落后主要体现在"双创"理论与实际结合程度低的问题上。这种脱节使得学生在创新创业领域的实践能力受限，影响其未来在体育产业创新创业方面的发展。解决这一问题需要从教育体制、校企合作、支持机构建设以及学生认知培养等方面进行全面而深入的改革。

　　2. 中国高校体育产业创新创业社会支持不够

　　中国高校体育产业创新创业面临的诸多现实困境中，社会支持不够尤为突出。课题组调查数据表明，有12.90%的高校学生认为社会力量参与不足是体育产业创新创业教育面临的一大困难（见图14）。

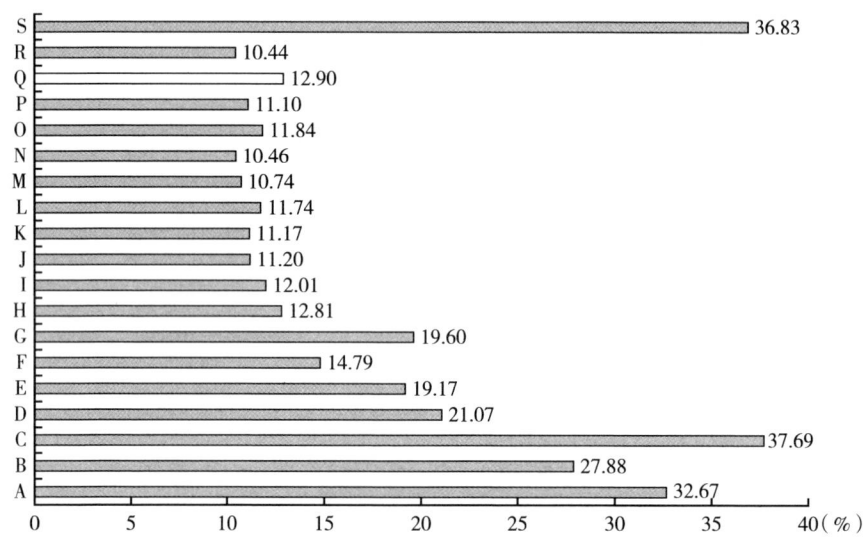

图14　高校开展体育产业创新创业教育面临的问题

注：A. 学校支持力度不够；B. 师资力量匮乏；C. 学生能力及创业意愿不足；D. 孵化器（众创空间）运行不畅；E. 创业教育硬件设施无法满足教学需求；F. 管理制度建设滞后；G. 目标定位不清晰；H. 管理体制不顺；I. 创新创业教育机制不活；J. 创新创业教育生态环境氛围不佳；K. 成果孵化不力；L. 成果转化不足；M. 创新创业教育体系不健全；N. 创新创业服务平台缺位；O. 创新创业课程薄弱；P. 创新创业培训指导不足；Q. 社会力量参与不足；R. 创新创业舆论氛围不强；S. 其他。

中国高校体育产业创新创业社会支持不够有多种原因。首先，社会对高校体育产业创新创业的认知存在明显偏差。在社会观念中，体育往往更多地被视为一种休闲娱乐方式，而非一个充满商业潜力的产业，再加上近年来职业体育领域屡次爆出负面新闻，使得社会公众对体育行业的风评急转直下。多因素引发的认知偏差导致公众对高校体育产业创新创业的理解不足，社会对其发展前景的认可程度较低。相较于其他行业，高校学生开展体育产业创新创业活动更难在社会层面上得到应有的支持与鼓励，对其创新创业过程构成一定困扰。

其次，缺乏完善的社会支持体系也是高校体育产业创新创业社会支持不够的体现。与一些发达国家相比，中国在支持新兴产业创新创业方面机制相对较为欠缺。尽管有一些政策上的支持，但实际的执行和效果并不尽如人意。缺乏清晰的社会支持政策和高效的执行机制，使得高校学生在体育产业创新创业发展过程中面临更大的不确定性。

另外，资金渠道不畅也是高校体育产业创新创业社会支持不够的一方面原因。在创新创业的初期，项目往往需要大量资金用于研发、推广和市场开拓，但由于大多数人对高校体育产业创新创业的认知程度相对较低，社会对体育产业创新创业的商业价值和发展前景存在一定程度的误解，潜在投资者缺乏足够的信息来评估投资风险回报，导致其在考虑投资这一领域时犹豫不决。缺乏有效的资金支持渠道，许多有潜力的高校体育产业创新创业项目难以获得足够的资金支持，使得其难以引入先进设备、投入研发，限制其在运动训练、数据分析、体育医学等方面的创新能力。

事实上，中国高校体育产业创新创业要想获得良性发展，需要来自政府、社会、企业等各方尤其是社会的综合性支持，"双创"活动才能与体育产业现实环境深度融合。但目前受困于社会支持不够，利益相关各方颇有各自为战的态势，为高校体育产业创新创业教育提供的综合性支持不足，产业界专业知识和实战经验未能充分渗透到高校体育产业创新创业教育中，造成学生在实际开展体育产业创新创业过程中可能面临知识断层，导致"双创"教育往往脱离实际市场需求，难以准确把握市场动态和趋势，从而增加高校学生开展创新创业的风险。

3. 社会环境营造不足

开展体育产业创新创业活动需要获得全方位支持，其中就包括良好的社会创新创业环境，然而目前，中国高校体育产业创新创业仍处于社会环境营造不足的阶段，课题组调查数据显示，10.44% 的受调查高校学生表示，社会环境中创新创业舆论氛围不强是阻碍其投身体育产业创新创业的原因之一（见图15）。

受中国传统文化的影响，社会对体育产业创新创业的理解始终不够深

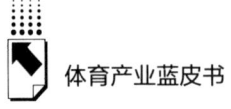

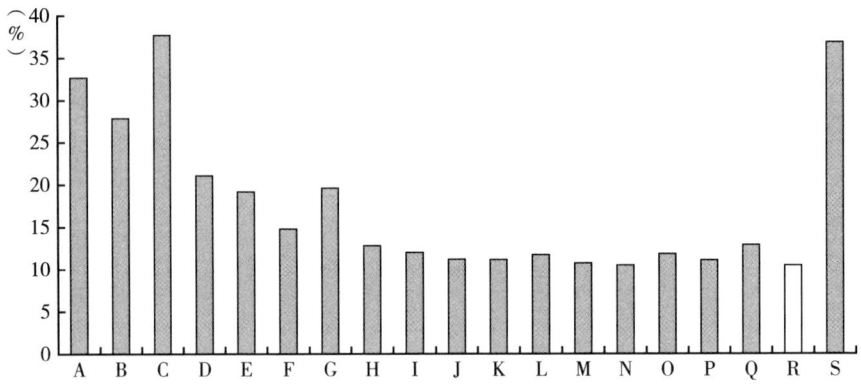

图15　高校开展体育产业创新创业教育面临的问题

注：A. 学校支持力度不够；B. 师资力量匮乏；C. 学生能力及创业意愿不足；D. 孵化器（众创空间）运行不畅；E. 创业教育硬件设施无法满足教学需求；F. 管理制度建设滞后；G. 目标定位不清晰；H. 管理体制不顺；I. 创新创业教育机制不活；J. 创新创业教育生态环境氛围不佳；K. 成果孵化不力；L. 成果转化不足；M. 创新创业教育体系不健全；N. 创新创业服务平台缺位；O. 创新创业课程薄弱；P. 创新创业培训指导不足；Q. 社会力量参与不够；R. 创新创业舆论氛围不强；S. 其他。

入，缺乏相应的价值观念支持，使得中国高校体育产业创新创业社会环境营造不足。事实上，现如今"学而优则仕"的观念仍然占据主导地位，在不确定性加剧的大环境下人们对开展创新创业的态度越来越趋于保守。社会中普遍存在的一种观念是大学期间应该专心学业，毕业后寻找一份稳定的工作才是上策，创新创业不是所谓的"正道"。许多人受此观念影响，将创新创业看作次要选择，因为虽然成功创业者会受到社会的高度认可，但倘若失败，舆论压力往往会使创新创业者本人承受巨大的心理压力，从而影响他们的学业和再次开展创新创业的动力。

家庭环境作为社会生活大环境中的重要组成部分，对高校学生开展体育产业创新创业活动也起到至关重要的作用。许多家庭对学生大学期间进行创新创业持有负面态度，特别是对于那些以放弃学业为代价的创新创业行为。大学生在体育产业创新创业过程中往往受限于自身资金的不足，需要获得来自家庭的支持，因此家庭对于体育产业创新创业环境营造不足常常导致学生放弃创新创业尝试。并且由于家庭价值观念的影响，高校学生不得不承受来自家庭的更多压力，可能催生出许多负面情绪，削弱他们对体育产业创新创业的热情和动力。总体而言，环境营造不足是高校体育产业创新创业面临的一大现实困境。

4. 政策体系不健全

当下，中国高校体育产业创新创业还面临政策体系不健全的挑战。首先，中国高校虽然普遍意识到体育产业创新创业教育的重要性，但在学校科研体制和评价机制中，没有在行动上给予应有的重视，存在着知行不尽统一的问题。由于高校科研体制和评价机制的惯性，教学体育产业创新创业课程以及指导学生开展体育产业创新创业项目并没有在学校考核评价机制中占据相当地位，致使专业教师未能意识到创新创业活动的重要性，而是将工作重心放在基金项目申报、科研项目以及论文撰写上，直接导致专业教师参与度低。数量和质量上都存在不足，并且缺乏相应的培训机制和激励机制，教育工作者的创新创业能力得不到有效提升。这可能导致创新创业教育无法持续发展，影响培养学生创新思维和创业精神的效果。因此，需要综合考虑政策、监督、资源和师资等多方面因素，全面推动高等学校创新创业教育改革，以适应社会发展的需求。课题组调查数据显示，高校体育产业创新创业有关师资激励机制的政策体系确实不健全，将创新创业项目指导或参赛指导纳入师资评价体系的高校仅占57%（见图16），且对教师提供有关创新创业赛事或项目指导的奖励较少，没能形成有效激励机制（见图17）。

而在拥有激励机制的高校中，体育产业创新创业教师所能获得的各项具体奖励措施均未超过50%，占比最高的奖励政策是教师能够优先评优选先，但拥有该项政策的高校占比也仅有28.90%（见图18）。

其次，从国家层面制定的产业政策往往缺乏灵活性和差异化，未能充分考虑到地方特色和实际执行情况，这导致了地方政府在政策解读和执行上存在较大的差异，使得中央政策的引导性受到挑战。

最后，在创新创业教育领域，缺乏有效的监督与评价体系，学生的创新成果难以得到全面而深入的考核。政府对高校创新创业教育的监督与反馈不

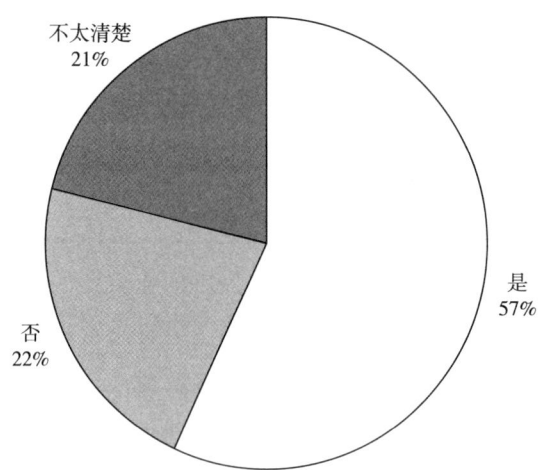

图 16　创新创业项目师资评价体系

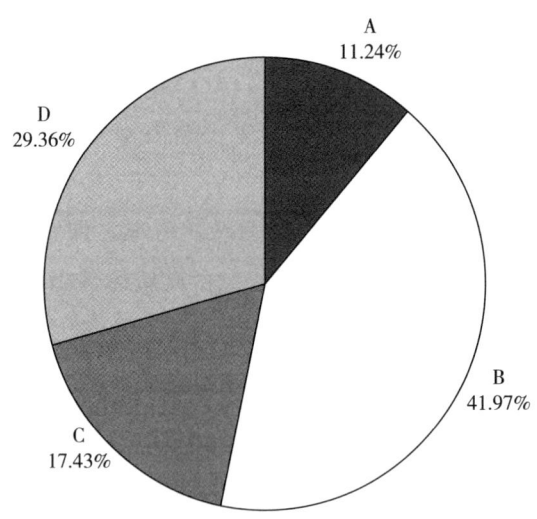

图 17　创新创业赛事或项目指导的奖励机制或办法

注：A. 没有；B. 有，但力度不大；C. 有，力度较大；D. 不太清楚。

及时，这使得政策无法及时调整和完善，难以适应教育发展的需要。与此同时，政策扶持下的体育产业创新创业资源利用也面临挑战。相关部门负责人短缺，责任不明确，资源整合和利用的效率较低，投入不足、分散和无效的现象较为突出，制约了体育产业创新创业的发展。

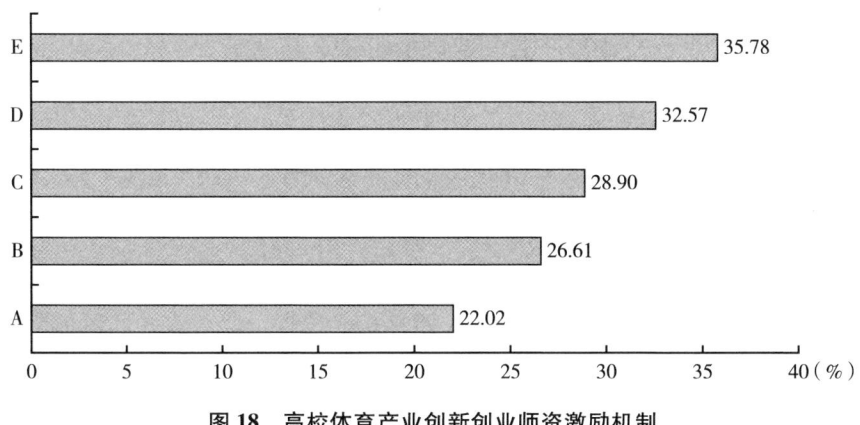

图 18　高校体育产业创新创业师资激励机制

注：A. 优先评定职称；B. 给予物质奖励；C. 优先评优选先；D. 给予高度认可；E. 不太清楚。

二　应对策略和建议

（一）树立高校体育产业创新创业教育理念

创新创业教育被视为一种崭新的人才培养模式，其核心在于确保这一理念贯穿每位教育者和受教育者的思维中。中国高校应该确立科学的理念，将培养体育产业创新创业型人才视为使命。在教育过程中，应重视创新创业思维的培养、创新创业意识的培育，以及创业素质与创新能力的塑造，充分理解体育产业创新创业的内涵及外延，从而提高体育产业创新创业的效果。不仅如此，在高校体育产业创新创业教育中，应该结合学生的实际情况，建立与各专业相互融合的体育产业创新创业教育观念，开展普适性教育。此外，高校可以周期性举办体育产业创新创业相关培训会议、论坛，邀请行业专家、一线创新创业者、体育产业从业者分享成功案例，加快校方领导、教师和学生对体育产业创新创业价值理念的改变。

中国高校有必要转变办学思路和教育理念，把创新创业教育置于核心位置，进而将传统的、专业对口的静态就业观念转变为更具活力的创新创业动态择业观。

（二）加强高校体育产业创新创业师资队伍建设

高校在选拔体育产业创新创业授课教师时，应优先选择具备实际体育产业创新创业经验的专业人才，强化体育专业教师与创新创业指导教师之间的交流，让体育产业创新创业教师能够更加深入了解体育市场的最新需求。学校可以与相关企业共同构建实训实践基地，让体育产业创新创业指导教师参与企业项目培训，学习企业的先进管理模式、了解企业对人才的具体需求，从而能够精准把握教学方向。

与此同时，高校还可以聘请企业专家和技术骨干作为校外特聘导师，深入参与指导高校学生开展体育产业创新创业活动，构建一支集高校专业教师、创新创业授课教师和企业优秀人才于一体的体育产业创新创业师资队伍，实现高校和企业的人才互联互通，使教学内容更加贴近现实情况，与时俱进，提高学生的创新创业能力，满足市场对人才的需求。

另外，力争为不同的体育产业创新创业项目配备"量身定制"的专业指导监管教师，给学生提供个性化、精细化、全方位的创新创业指导，包括团队协作能力、专业技术知识、创新创业项目实操以及实践经验传承。

（三）完善高校体育产业创新创业课程设置

课程设置是中国高校体育产业创新创业人才培养最为基础的环节，万丈高楼平地起，只有基础工作扎实，中国高校体育产业创新创业才有可能成功。

体育产业创新创业对高校学生创新能力和实践能力要求较高，因此需要不断完善课程内容，构建一套以创新实践为核心的课程体系，来强化创新创业教育成果。首先，应该持续发展创业理论课程，以创新创业教育理论建设为主体，融合素质模型、社团活动、校外实训和网络教育课堂，推动高校体育产业创新创业发展；其次，设置丰富的专业知识课程体系，依据具体课程所需课时量，综合安排如创业案例教学、创业者行为教学、体育发展现状、商业计划撰写、市场营销、企业管理和法律法规等全方位、立体式课程板块，增加实践类课程课时量，举办更多诸如创新创业大赛的模拟创新创业活动，让高校学生自己组建团队来模拟创新创业项目融资、发展和管理，提高学生创新创业综合能力。

另外，在课程设置上，加快引入"互联网+"体育产业创新创业教育课程体系，优化创新型人才培养方案，充分运用大数据、人工智能技术，聚焦学生的个体需求，通过小班形式开展个性化"一对一"教学。与此同时，将互联网资源融入自主学习平台，通过各种自媒体交流软件实现互联互通，提升教学质量。

（四）营造高校体育产业创新创业文化

文化不仅仅是一种精神的凝聚和历史的积淀，更是一种具有强大潜移默化力量的教育方式。它在个体行为中发挥着内在引导和规范作用，能够将外在行为逐渐转化为内在自觉。同时，文化还扮演着调节社会秩序和个体道德的重要角色。在培养大学生体育产业创新创业能力方面，需要借助文化的熏陶作用，使其转化为学生的内在追求。

针对高校而言，转变观念，从简单灌输知识和技能转向构建体育产业创新创业文化至关重要，这意味着要通过开展各种形式的实践活动，推动体育产业创新创业文化与校园文化深度融合。比如，举办各类社团活动和比赛，让学生在参与中感受创业的乐趣，逐渐培养创业思维并确立目标；利用校园网络平台及时分享经验，树立成功典型，营造创业氛围；在校园建设中融入体育产业创新创业元素，加强宣传，营造浓厚氛围。通过多层次的文化建构，促进创新创业校园文化的发展，最终激发大学生内在的创新创业意愿，从而实现由"要我创新创业"向"我要创新创业"的转变。

（五）搭建高校体育产业创新创业服务平台

搭建体育产业创新创业服务平台，不但能为高校学生提供更多创新创业实践机会，还是培养高校学生创新创业潜力的摇篮。中国高校应该依托自身优势，独自或与其他高校联合成立创新创业园区、教学实验服务平台、社团

活动平台来锻炼学生的创新创业素质。在体育产业创新创业服务平台塑造上，整合高校优势资源，通过政府、学校、企业三方联动机制，搭建多维度、项目式体育产业创新创业服务平台，达到资源共享、相互渗透和形成互利的效果，为高校学生提供良好的创新创业环境。例如，高校学生通过参与企业项目，获得实践培训锻炼，了解行业动态及需求，提高自身价值；企业也能够从高校学生身上获取更多的创新灵感、得到更多活力；企业和学生双向接纳，实现共赢。

另外，信息整合也是体育产业创新创业成功的关键，政府层面可以引导建设体育产业创新创业信息交流服务平台，方便高校体育产业创新创业者获取市场信息、人才信息等资源，消除市场信息不对称，提高"双创"活动成功的概率。平台还能够通过加强宣传引导，提高社会公众对体育产业创新创业的认知度，鼓励更多人积极参与，并提供舆论支持。

（六）促进高校体育产业创新创业多方协同发展

面对中国高校体育产业创新创业教育投入不足、成果孵化不足、政策体系不健全等一系列问题，可以从以下三个层面采取针对性解决措施。

首先，政府在起到引导作用的同时，应该增加对高校体育产业创新创业的资金扶持。包括设立专项资金，用于奖励体育产业创新创业优秀项目、支持体育产业创新创业优秀团队的发展，并在政策层面给予税收减免等激励，降低高校学生体育产业创新创业风险；建立完善的监督监管体系，加强对高校体育产业创新创业项目的孵化和管理，例如通过设立体育产业创新创业孵化中心、体育产业创新创业项目审核监管机构，引入专业导师、提供体育产业创新创业培训等方式促进"双创"项目健康发展。

其次，企业层面需加大资金支持力度，与高校合作设立更多体育产业创新创业基金，投资有潜力的"双创"项目，为高校体育产业创新创业团队提供经验分享、业务指导，开阔高校学生的眼界，提升实操能力。除此之外，在技术与信息方面，企业可以为高校学生提供先进的技术支持，帮助高校体育产业创新创业团队更好地应对市场挑战。这种产业界与高校的深度合作有助于体育产业创新创业项目更好地融入市场，提高竞争力，扩大影响力。

最后，社会中的家庭教育也需要发挥更大作用。父母应该转变对体育产业创新创业的固有观念，鼓励子女树立积极的创新创业态度，培养他们敢于尝试、勇于创新的精神，让子女理解创新创业并非一帆风顺，而是充满机遇与挑战的过程，面对失败时要保持乐观态度，不浅尝辄止，从中吸取经验教训，持续拼搏。家庭教育也需要注重培养孩子的实际动手能力和团队协作意识。创业往往需要团队协作，培养孩子与他人合作的技能对于未来体育产业创新创业至关重要，父母可以提前引导孩子参与一些实际项目，培养他们动手解决问题的能力，并且鼓励他们学会与他人沟通协作，家庭环境应该成为高校学生培养创新创业思维的温床。同时，鼓励孩子关注社会热点、了解市场动态，培养他们对行业发展的敏感性，家长可以与孩子共同探讨市场趋势，激发他们对体育产业创新创业的兴趣。在家庭教育中，家长还应该通过给予适当的自主权和决策权，让孩子在小范围内体验创业的乐趣，培养孩子的创业精神和责任心，锻炼他们解决问题的能力。

三　结语

党的十九大报告指出，创新是引领发展的第一动力，是建设社会主义现代化经济体系的战略支撑。"大众创业、万众创新"策略在此背景下孕育而生，是当代推动实施创新驱动发展战略的重要一步，是用以激发广大人民群众智慧和创造力的重大改革举措，是实现国家富强、人民富裕的重要途径。"大众创业、万众创新"自提出以来，有关各方始终坚持消除各种束缚和桎梏，努力掀起各行各业创业创新的时代潮流，汇聚起经济社会发展的强大新动能。中国高校体育产业创新创业活动乘此东风也如火如荼地展开，已经取得了相当可观的成果，但仍然面临着一系列现实困境，亟须解决。接下来，中国高校体育产业创新创业应在党的方针政策引领下，立足新发展阶段、贯彻新发展理念、构建新发展格局，发挥自身在供给侧结构性改革中的比较优

势，提升体育产业供给体系质量和效率。深刻认识创新创业在未来社会经济发展中的重要地位，加强文化建设、理念提升、师资队伍建设、课程建设、制度建设、平台建设，全面提高中国高校学生体育产业创新创业能力，提升大学生就业水平，促进大学生全面发展，为体育产业高质量发展添柴加薪。

参考文献

习近平：《高举中国特色社会主义伟大旗帜　为全面建设社会主义现代化国家而团结奋斗》，人民出版社，2022。

赵富学：《体育学科核心素养的内涵及其生成维度》，《体育文化导刊》2019 年第6 期。

王晖：《对社会主义核心价值体系基础概念的梳理》，《佳木斯大学社会科学学报》2011 年第 1 期。

王世强、肖刚、盛祥梅等：《我国体育院校创新创业教育的实施困境和应对策略》，《体育科技》2020 年第 4 期。

郭婷：《高职创新创业教育与专业教育有机融合研究》，《就业与保障》2021 年第14 期。

朱军、王丽芳、丁哲：《体育院校创新创业教育体系构建研究》，《当代体育科技》2016 年第 13 期。

姚军：《体育院校创新创业教育发展路径研究》，《当代体育科技》2019 年第 20 期。

陈晓彬、郭艳艳：《体育院校大学生创新创业教育问题与对策研究》，《当代体育科技》2018 年第 8 期。

B.11
数字时代下中国高校体育产业创新创业发展态势研究

马枢佳　苏子豪　王少博*

摘　要： 随着数字经济和信息技术的不断发展，推进数字经济与我国体育产业创新创业深度融合，是时代的要求，也是必然的趋势。本文梳理了当前数字经济与体育产业的发展特征，剖析数字经济为高校体育产业创新创业带来的价值转变和具体体现，总结出数字时代我国高校体育产业创新创业发展的路径趋向：加强复合型人才培养、理解适应新商业模式、加强技术创新与应用。以期推动我国高校体育产业创新创业的数字化发展，踏上时代的浪潮不断进步。

关键词： 新质生产力　数字经济　人才培养　技术创新　高校体育产业

一　数字经济赋能高校体育产业创新创业的时代意蕴

（一）数字经济发展现状与特征

2024年1月，习近平总书记在中共中央政治局第十一次集体学习时强调，加快发展新质生产力，扎实推进高质量发展。新质生产力是经过实践证明，对高质量发展有着强劲推动力和支撑力的新生产力理论，它是指由创新

---

* 马枢佳，兰州财经大学讲师，硕士，主要研究方向为体育产业经济；苏子豪，北京体育大学2022级博士研究生，主要研究方向为体育产业经济；王少博，中国矿业大学讲师，主要研究方向为体育教育、体育赛事组织与管理。

在生产中起主导作用的，摆脱了传统经济增长方式、生产力发展路径的，具有高科技、高效能、高质量特征，符合新发展理念的先进生产力质态。新质生产力的发展与数字经济一脉相承。新质生产力是以科技创新为主导，它强调创新的重要性，以技术革命性突破、生产要素创新性配置、产业深度转型升级为核心要素。而数字经济则是以数据资源作为关键生产要素、以现代信息网络作为重要载体，通过信息通信技术的有效使用来提升经济效率和优化经济结构的经济活动。

通过数字经济与中国高校体育产业创新创业的深度融合，不仅能为高校体育产业创新创业增添新鲜血液，推动发展，也有助于体育产业快速形成新质生产力。新质生产力强调创新的重要性，而数字经济的核心也是创新，特别是在信息通信技术领域的创新。数字经济中数据资源是关键的生产要素，而在新质生产力中，数据要素同样重要，因为它们能够推动生产方式、生产效率和产品质量的全面提升。新质生产力的发展需要新技术的应用，而数字经济正是建立在现代信息网络技术应用之上的经济形态。新质生产力推动产业深度转型升级，数字经济通过数字化转型，促进传统产业升级和新兴产业发展。新质生产力追求的是高质量发展，而数字经济通过提高效率和创新能力获得发展，也是推动经济高质量发展的重要途径。新质生产力的培育和发展，将推动社会生产关系和社会制度体系的变革，而数字经济的发展同样对社会经济结构和治理模式产生深远影响。新质生产力与数字经济相辅相成，共同推动高校体育产业创新创业向更高质量、更有效率、更加公平、更可持续的方向发展。新质生产力的培育和发展，需要数字经济提供技术支持和平台基础，而数字经济的深入发展，也需要新质生产力的创新驱动和产业升级作为支撑。

党的二十大报告提出要大力发展数字经济。《中华人民共和国国民经济和社会发展第十四个五年规划和2035年远景目标纲要》也进一步明确数字经济迈入快车道，要构建数字中国，充分发挥数字化在服务和引领经济社会发展中的关键作用。近年来，数字经济飞速发展，数字及信息技术正在深刻改变经济社会发展方式，对各行各业都产生了广泛而深远的影响。2022年，我国数字经济规模达到 45.5 万亿元，较上年增长 15.9%，占 GDP 比重超过 39%。预计到 2025 年，数字经济占 GDP 的比重将超过 50%。此外，中国数字经济全要素生产率为 1.75，较 2012 年提升 0.09，显示出对国民经济生产效率的显著支撑作用，符合新质生产力的特征。

数字及信息技术的不断发展是数字经济高速发展的基础，以人工智能、区块链、云计算、大数据为代表的新兴数字及信息技术在飞速发展的同时加速创新应用，不断推动数据要素向生产要素转变。截至 2022 年底，全国 5G 基站总量达到 176 万个，5G 终端连接数超过 7 亿。物联网、工业互联网、智能制造快速发展，预计到 2025 年我国物联网连接总量将达到 400 亿个。2022 年，数字经济相关产业实现大规模增长，电子信息制造业快速发展，产业规模达到 15.7 万亿元，同比增长 10.3%。软件和信息技术服务业业务收入达到 10.7 万亿元，同比增长 15.4%。电子商务规模达到 55.3 万亿元，同比增长 10%，成为带动消费的重要引擎。"互联网+"继续深化应用，推动教育、医疗等传统产业数字化转型升级。

在数字及信息技术快速发展的同时，相关基础保障制度不断出台，监管政策体系逐步完善。《"十四五"数字经济发展规划》为未来五年我国数字经济的发展指明了方向。《数字中国建设整体布局规划》明确数字中国建设将按照"2522"的整体框架进行布局，包括夯实数字基础设施和数据资源体系两大基础，推进数字技术与经济、政治、文化、社会、生态文明建设"五位一体"深度融合等。2022 年 12 月 19 日，中共中央、国务院印发《关于构建数据基础制度更好发挥数据要素作用的意见》，从数据产权、流通交易、收益分配、安全治理四方面初步搭建我国数据基础制度体系，数据要素市场化配置加速。随着数字经济不断发展，2023 年 10 月 25 日，国家数据局正式挂牌成立，协调推进数据基础制度建设，统筹数据资源整合共享和开发利用，统筹推进数字中国、数字经济、数字社会规划和建设等。2024 年 1 月，国家数据局联合十七部门印发《"数据要素×"三年行动计划（2024—2026 年）》，以进一步发挥数据要素的放大、叠加、倍增作用，构建以数据为关键要素的数字经济。综上可见，在过去的几年间，

数字经济从市场、技术到政策都迎来了发展的热潮，发展需求强烈，发展势头迅猛。

（二）数字时代体育产业发展现状与特征

数字经济快速发展也为体育产业转型升级提供了重要技术支撑和广阔应用空间。2019年国务院办公厅印发《体育强国建设纲要》，明确要推动体育全面数字化、智能化、平台化。国家体育总局2021年发布的《"十四五"体育发展规划》同样提出要推动体育数字化转型，建设数字体育，释放数字赋能效应。数字化新技术正在深刻影响和改造着体育产业，催生新的业态模式和增长点，推动我国从体育大国向体育强国迈进。

竞技体育方面，数字技术助力赛事组织、运动员训练、裁判仲裁、观众体验等全面提升。高清视频和3D动态捕捉技术实现对运动员动作及数据的精确分析，为制定训练方案提供支持。传感器和可穿戴设备实现对运动员生理指标的实时监测。大数据和人工智能运用于竞技数据统计、模拟对抗和决策建议，辅助教练组织训练和制定战术布置。

运动健身方面，数字技术延伸健身场景，满足人们健身的需求。在线健身、体感健身、网络直播健身课程持续高速增长，健身运动电子社区、健身数据统计分析等创新应用兴起，体育场馆智能化管理平台和健身用户管理系统有效提升场馆运营效率。

体育产业数字化转型不断深入。各类体育新业态快速发展，线上线下深度融合。体育消费方式多样化，电子商务、在线平台等迅速崛起。体育新媒体成为重要的营销传播渠道。大数据和云计算支持体育商业决策。移动支付普及带动购票方式变革。区块链技术在智能门票、球迷社区等场景得到创新应用。

智能可穿戴设备是数字技术产业化在体育领域应用的突出成果，通过将数字技术应用于穿戴设备的设计中，极大地丰富了穿戴设备的功能，推动了穿戴设备的智能化发展。

数字传媒技术也极大地丰富了体育可传播的内容，自媒体、短视频的兴起使得人人都可以成为体育内容的生产者，这意味着体育传媒产品的高生产成本有了降低的趋势，同时体育传媒行业规模经济效应的优势也得到了放大。此外，数字传媒催生的体育社群进一步放大了体育的社交功能。

以物联网为代表的数字技术在体育场馆的管理应用中，可以直接作用于体育场馆的建筑群，使大范围建筑管理更加便捷，也能够增强体育场馆的功能性，优化场馆服务功能，同时体育场馆在经营过程中又能采集到大量的数据信息，储存大量的数据资产，并结合大数据技术，开发出数据资产的额外价值。

展望未来，持续推进数字技术在体育全领域的创新应用，支持体育企业数字化转型，完善数字基础设施建设，充分发挥体育大数据的支撑作用，培育数字化人才，将有力推动我国体育产业数字化发展迈上新台阶。

二 数字经济赋能高校体育产业创新创业的价值转变

（一）创新创业主体转变

在创新创业主体方面，传统创新创业主体与数字创新创业主体间存在明显的转变。传统的创新创业模式以单一实体企业为中心，并由政产学研等多主体共同参与，形成了一个封闭且单一的创新创业环境。在这样的环境中，各种创新创业活动主要围绕一个核心主体进行，其他参与者的角色相对次要。然而，在数字创新创业中，创新创业主体呈现出了更加开放多元的特征，这个特征体现在去中心化和平台化的现象上。在这样的环境中，创新创业模式更加开放、多元化，涉及的主体不再局限于单一的企业或组织，还包括了广大的用户群体和众多的参与者。这种创新创业模式强调各参与主体的动态交互，所有的参与者都在这个开放的平台上共享资源，共同推动创新创业的发生。在这个模式中，用户的角色尤其突出，他们不再是被动地接受者，而是创新创业的重要推动者，扮演着至关重要的角色。总的来说，用户

已经成为数字创新中的重要创新主体,他们的参与为创新创业带来了前所未有的活力和可能性。

(二)创新创业要素转变

在创新创业要素方面,传统的熊彼特式创新主张对传统生产要素(包括土地、人力、资本、技术)的重组和再利用。这种创新方式的主要形式包括产品创新、工艺创新、市场创新、供应链创新和生产组织创新。这些创新形式都是基于对传统生产要素的新组合和重新利用,旨在创造更高效、更有效的生产和营销方法。然而,随着数字技术的发展和普及,催生了一种全新的创新创业模式——数字创新创业。在数字创新创业中,数据已经成为新的生产要素,它在数字创新创业中发挥着至关重要的作用。数据要素在数字组件、数字平台和数字基础设施之间的复杂作用中贯穿始终,数据成为数字创新创业的核心要素和驱动力。这种创新创业模式对我们理解数据的重要性提供了全新的视角。因此,我们需要深入理解这种创新创业模式,理解如何利用数据来推动创新创业,并利用这些成果来推动社会和经济的发展。数据的重要性不仅在于它的存在,更在于我们如何使用它来推动创新和改变,以此来推动高校体育产业创新创业的持续进步。

(三)创新创业特征转变

在创新创业特征方面,传统创新创业的特点是从创意产生、研究开发到商业化,各个环节的边界都非常清晰且确定。这种创新创业方式具有一定的规律性,可以被模块化,因此其创新创业过程和结果是相对确定的。这种创新创业特征使得创新创业过程可以被规划和控制,其结果也相对可预测,为企业提供了一定程度的安全性和稳定性。然而,与传统创新创业相比,数字创新创业具有更显著的融合性。其产业、组织、部门甚至产品的边界都趋于模糊且不确定,这使得跨部门协同以及跨界融合创新变得尤为重要。在数字创新创业过程中,更加强调数字技术的可供性,这种创新创业具有更强的复杂性、破坏性和不可预测性。其创新创业过程和结果是强互动的,能够自我生长和再演化。这种创新创业方式对我们如何理解和管理创新创业提出了新的挑战，但它也为企业提供了无限的可能性和机会。为了应对这些挑战，我们需要在实践中不断适应和学习，以更好地理解和管理这种新型的创新方式。只有这样，才能有效推动创新创业的发展，为高校体育产业创新创业带来更好的发展。

三 数字经济赋能高校体育产业创新创业的具体体现

（一）数字技术与数字资源

1. 人工智能

人工智能技术的发展起源于20世纪，到90年代末，专家系统和机器人技术的落地应用使人工智能的商业价值得到认可，推动了人工智能技术的发展。进入21世纪，信息技术全面发展，随着计算能力的大幅提升和大数据的积累，深度学习成为人工智能发展的新方向，语音识别、计算机视觉和自然语言处理等领域的技术发展迅猛，此外，云计算技术使人工智能应用门槛降低，使其在医疗、金融、教育、商业等多个领域都能够发挥巨大的作用，实现人工智能与其他行业的融合发展。

在体育领域，人工智能也有着极大的应用空间，在运动员训练方面，采用计算机视觉、深度学习等技术，可以准确分析运动员的动作，评估身体机能，制定科学的训练方案。在比赛数据统计中，可以使用机器学习对历史比赛数据进行挖掘，预测比赛结果，提供实时的数据分析和建议，大数据平台可以收集整合包括文本、图像、视频等多源异构数据。在仲裁方面，视频图像识别与判定技术可辅助裁判更准确地判定射门、界外球等情况，提高判罚准确性。在观众互动方面，通过人工智能生成的虚拟主播、评论员与观众进行互动，提供个性化推荐和沉浸式观赛体验。在商业运营方面，利用大数据和深度学习进行用户画像分析，实现精准营销。

人工智能技术的快速发展和广泛应用，对创新创业产生了极大的影响，

一方面，技术发展需要不断地进行技术创新，在推进技术进步的同时也要重视应用思维，以实践应用为目的进行技术创新和开发。另一方面，人工智能技术在各行各业的应用也对行业发展和人们的生活产生了巨大的影响，我们必须不断学习和吸收新事物，始终努力站在时代的前沿。

2. 区块链

区块链是一种去中心化账本技术，其特点是去信任、不可篡改、可追溯等。早在 20 世纪 90 年代，区块链的基本理念就被提出。2008 年，中本聪（Satoshi Nakamoto）发表了《比特币白皮书》，正式提出区块链概念和技术框架。这标志着区块链技术的诞生。2009 年，世界第一个加密货币应用比特币诞生，基于区块链技术。这一时期区块链主要应用在加密货币领域。进入 2016 年后，区块链技术开始快速发展，从单一的货币支付应用拓展到更多非货币场景。2016 年，智能合约概念被提出。产业和资本对区块链的投入大幅增加。最近几年，区块链技术日益成熟，开始深入各个行业，呈现出广泛的应用趋势。区块链技术与物联网、人工智能等其他技术不断融合，一批区块链创业公司开始成长，主流科技企业也纷纷布局区块链。当前区块链技术发展势头强劲，已经成为数字经济的重要组成部分，在助力产业变革方面还有很大潜力。

区块链技术在体育领域也能够发挥极大的作用，具有广泛的应用空间。例如，在赛事门票方面，能够借助区块链技术打造智能门票系统，通过区块链令牌化实现门票的电子化、可追踪和防伪，提高门票管理效率；在竞技交易市场方面，通过构建基于区块链的转会交易平台，能够更好地确保交易过程公开透明；随着体育知识产权的发展，利用区块链对签名运动员卡、球衣等周边产品进行确权和防伪也是其应用的一大方向；在运动健康数据方面，可以使用区块链技术存储运动健康数据，从而保障数据安全性和隐私性；此外还能够借助区块链构建去中心化球迷社区，为球迷提供交流和互动新平台。

在未来，区块链技术也必然对体育产业带来重大的影响，重塑管理模式，创造新的商业应用场景和消费热点，降低中介成本，提高资源配置效率，加强知识产权保护，鼓励创新发展，构建更公平可信的产业生态体系。给体育产业注入新动能，推动产业变革和升级。

3. 云计算

云计算技术经过十多年的发展，已经成为当前信息技术发展的重要方向之一。云计算通过互联网提供可扩展、便捷、按需的计算资源，用户可以享受网络服务，无需购买硬件设备。早在2006年，Amazon推出AWS云服务，标志着云计算开始起步。2007年，Google推出云计算服务Google App Engine。2008年，Eucalyptus开源云计算平台。到2010年，微软、IBM等科技巨头相继推出云服务和平台。云计算概念和技术逐步成熟。进入2013年后，云计算进入快速发展期，广泛应用于各个行业。同时，私有云、混合云等多种云模式出现，云计算市场规模快速增长。随着物联网、大数据、人工智能的发展，云计算与其他新技术深度结合，向更广阔的领域渗透，提供更丰富的服务形态，如服务计算、基础设施即服务等。当前，云计算已成为IT行业发展的主流之一，是各领域企业数字化转型的重要基石。未来云计算仍处于快速演进中，将带来更多创新与应用。

在体育领域，云计算技术能够在以下方面发挥作用，实现数字赋能。首先，赛事直播方面，云计算所具备的海量存储和高速计算能力，能够为观众提供更加清晰流畅的赛事直播和视频回放；在训练管理方面，云存储可以上传和分享大量训练视频，云分析可以对数据进行处理，为教练员和运动员提供支持，借助数字技术有效提高运动员竞技训练水平；在业余健身管理方面，构建运动健身云平台，可以由用户上传自己的运动数据到云端，实现数据的长期存储和多端同步，记录运动健身状态；在体育产业中，云计算能够更好地支持灵活调配资源，降低信息系统成本，有利于品牌和企业进行数字化运营。

未来随着云计算技术的进一步发展和拓展应用，必然能够进一步实现数字赋能，一方面，推动产业的数字化转型升级和商业模式创新，满足大众个性化体育需求；另一方面，促进竞技体育发展，丰富训练和比赛方法，提高运动表现。对于高校体育产业创新创业而言，也必须牢牢把握时代趋势，紧

跟数字化浪潮。

4. 大数据

"大数据"这一概念最初出现于20世纪80年代，在早期主要指数据量的爆炸，后来随着各种数据收集、处理和分析技术的发展，大数据成为包括数据量爆炸和各类处理分析工具的总称，成为推动经济发展的重要生产要素。麦肯锡全球数据分析研究所将大数据定义为大小超出了传统数据库工具及软件收集、存储、分析范畴的数据集，从这一定义也能够看出大数据概念中数据量爆炸的内涵。2015年，国务院印发《促进大数据发展行动纲要》，明确提出大数据已经成为国家基础性战略资源。

国际数据公司总结出了大数据具有的四大特点，概括为4V，即Volume、Velocity、Variety、Value。首先，大数据具备的第一个主要特征就是数据量大，远远超出了传统数据存储与处理工具的范畴，这也是大数据与传统数据信息的最显著区别。大数据的第二个主要特征是数据处理的速度，尽管大数据的数据量巨大，但是依托于发达的信息技术，数据处理的速度并未因为巨大的数据量而减缓，无论是数据的采集速度还是数据的处理速度，相比于传统的数据信息都要更为迅速。第三个主要特征是多样性，随着互联网技术、5G技术的不断发展，在各种网络平台上的大数据类型不再局限于结构数据，非结构性的文本数据、图片数据、音频数据和视频数据都被包括在大数据的概念当中，由于数据种类的多样性，大数据资源的功能、用途、分析方式等都随之发生了质的变化。第四个重要的特征就是大数据资源的高价值，大数据形式多样用途广泛，渗透应用于各个行业领域中，已经成为重要的具有高附加值的生产要素。

大数据在经济发展中的重要功能主要表现在大数据作为生产要素能够优化资源配置、提升经济效率、实现多资源整合。大数据作为数字经济时代重要的生产要素，自身具备较高的要素附加值，在经济发展过程中，资源配置是产业发展的关键问题，而应用大数据资源能够依托大数据庞大的数据量，通过精准的分析与匹配对资源进行更加合理的配置和应用，有效地减少信息不对称带来的资源浪费。由于大数据能够依托互联网和信息技术，充分发挥平台作用，在不同主体间搭建多样的渠道，减少了交易过程中大量的中间环节，实现了降低交易成本、缩短交易流程，使交易的效率大幅提升。大数据本身巨大的体量和多样化的来源，决定了大数据资源在横向上涉及范围巨大，能够采集和整理来自众多不同渠道的数据信息，并且通过对数据的快速整理和分析，实现多渠道的资源整合，能够产生较强的规模经济效应和长尾效应。

在体育领域中，体育大数据是大数据的一个子集，具有与大数据概念相同的内涵和特征，但是将范围限定在特指整个体育领域活动过程中的大数据集合。随着数字经济的发展，数字经济与体育产业也在不断地进行深化融合发展，2015 年 9 月 9 日，阿里巴巴集团宣布成立阿里体育集团，阿里巴巴作为互联网经济的领先企业，在体育领域的布局成为国内数字经济与体育产业融合发展的重要节点，以数字经济思维创新体育发展，为体育产业的跨越式发展注入了全新的动力。

（二）数字治理

数字治理是利用数字技术和数据分析来实现更有效、更透明的治理的方法。它以数据为基础，运用数字技术进行决策和管理，依赖于大数据分析、人工智能等先进技术去收集、整合和分析信息，以便提供更准确、更高效的决策依据。

在数字治理模式下，数据驱动的决策已经取代了传统的依赖于直觉或经验的决策方式。这种模式的实施，不仅使得决策者能够更深入地理解和预测复杂的社会现象，而且显著提高了决策的科学性和有效性。以数据为基础的决策制定，使我们能够更准确地理解问题，制定出更有效的策略，从而实现更好的结果。数字治理模式同时也强调了透明性和公开性的重要性。通过公开信息和分享数据，可以使公众更好地理解治理过程，从而提高他们对于这一过程的信任度，进一步增强了治理的公众支持度。这种公开透明的做法，不仅加强了公众对政府的信任，也使得公众能够更积极地参与到治理过程中，从而形成了一个更加包容和参与度高的治理环境。此

外，数字治理模式还在很大程度上强调了参与性和动态性。通过网络平台和社交媒体，公众可以更方便地参与到治理过程中，提出自己的建议或反馈，这让治理过程更加民主化。同时，数字治理还可以根据数据反馈和公众意见实时调整决策，以适应不断变化的环境，让治理过程更加灵活和及时，更能满足社会需求。

（三）数字商业模式

数字商业模式是一个以数据为核心、以数字技术为支撑、以创新为驱动，实现商业价值的新型商业模式。数字商业模式为体育产业的发展带来了新的机遇，同时也提出了新的挑战，因此，高校体育产业创新创业的发展，必须不断探索如何更好地利用数字化工具和技术，以适应数字经济的发展趋势。

在数字经济发展的时代背景下，体育产业的商业模式也发生了重要的变化，这种变化主要体现在三个方面：数据驱动的体育营销、网络直播和数字媒体、虚拟现实和电子竞技。数据驱动的体育营销：在当今信息爆炸的时代，数据的采集和分析已经逐渐变得至关重要，它已经成为商业决策的重要依据。通过对观众数据的深度收集和细致分析，各大企业可以更精确地了解观众的喜好和需求，可以制定更有效、更具针对性的营销策略，例如电商直播的快速发展重塑了体育消费环境。网络直播和数字媒体：网络直播和数字媒体的大规模出现，已经彻底改变了体育比赛的传播方式。在过去，观众们大多只能通过电视机观看比赛，而现在他们可以通过各种各样的设备随时随地观看自己喜欢的比赛，这无疑极大地提升了观赛的便利性，并且拓宽了体育比赛的观众群体。虚拟现实和电子竞技：虚拟现实和电子竞技的崛起已经开创了全新的体育形式。电子竞技不仅已经成为一种全新的体育项目，其观众规模和赛事规模已经不逊于传统的体育项目，而且还在快速发展中。同时，虚拟现实技术也被广泛应用于体育训练和比赛中，为运动员提供了更为真实和深入的训练体验。

四 数字经济赋能高校体育产业创新创业的路径趋向

（一）加强复合型人才培养

数字经济时代，产业融合发展的势头愈加猛烈，体医融合、体旅融合、体教融合、互联网+体育等融合业态的发展受到空前重视。在这样的社会背景下，高校体育产业创新创业工作也必须注重复合型人才的培养，从而更好适应市场环境。

1. 扎牢体育根基

体育背景是体育产业创新创业的根基，充分了解体育行业特色和体育产业发展特征是产生创新成果并促成落地的重要底色，只有根植于体育背景的创新成果，才能够真正为体育产业的发展提供推动力量，并长久地生长于体育产业森林。因此高校体育产业创新创业人才的培养，不能偏离了体育背景的本色，必须扎牢体育根基。

2. 强化问题思维

问题思维是体育产业创新创业的主干，无论理论创新、方法创新还是业态创新，都必须以解决问题为最终导向，才能创造真正有价值的创新成果，否则为了创新而创新，成果很难落地推广。故而高校体育产业创新创业人才的培养必须强化以问题为导向的思维训练，特别是具有实践性质的思维训练。

3. 突出技术优势

数字时代体育产业的发展，离不开新兴技术的支持，很多领域技术的领先优势奠定了一个产品或品牌的市场地位，因此技术能力也是高校体育产业创新创业人才的必备技能，特别是计算机领域，如人工智能、物联网等方面。技术能力不仅要掌握，更要能应用，对技术应用场景的开发也是创新的方式之一。因此体育产业创新创业人才必须具备突出的技术能力，形成自己的技术优势，从而服务于创新。

（二）理解适应新商业模式

在数字经济时代，创新的特征和过程正在经历着前所未有的变化。去中心化是这一时代创新的核心特征，它意味着创新不再局限于传统的、由特定创新主体如大型企业或研究机构主导的模式。相反，创新活动变得更加分散和广泛，可以在社会的每一个微末角落发生。数字经济推动了体育产业新业态的发展，如数字健身服务、在线体育教育平台、虚拟体育体验等。高校可以利用这些新业态来创新体育产业的商业模式，吸引更多的学生和消费者参与。

1. 关注用户互动

对于高校体育产业而言，这种创新过程的变化带来了新的挑战和机遇。创新创业工作的重心不再仅仅是以往项目制的形式，在创新创业项目推进的过程中，借助大数据和互联网，加强与用户、市场等主体的互动，并不断收集反馈信息，也是创新活动的重要环节之一。高校体育产业的创新创业项目应充分利用大数据技术，对用户行为、市场趋势等进行深入分析，以数据驱动决策，提高项目的成功率。在项目推进过程中，高校应鼓励用户参与，通过社交媒体、在线调查等方式收集用户反馈，及时调整项目方向和内容，以满足市场需求。鼓励不同学科之间的合作，以促进创新思维的碰撞和新解决方案的产生。建立开放的创新平台，鼓励校内外的研究人员、学生、企业家等参与到体育产业的创新活动中来，形成创新的生态系统。在快速变化的数字经济中，高校体育产业的创新创业者需要不断学习新知识、新技能，以适应不断变化的市场和技术环境。

2. 重视知识产权

在高校体育产业的创新创业中，体育 IP（Intellectual Property，知识产权）的挖掘与培养，以及与其他产业的跨界合作，正成为推动行业发展的重要力量。高校可以利用数字技术挖掘和培养体育 IP，通过与娱乐、健康、旅游等其他产业的跨界合作，创造新的消费场景和经济增长点。体育 IP 作为体育产业的核心资产，蕴含着巨大的商业价值和文化影响力。高校凭借其科研和教育资源，具备开发和培养体育 IP 的独特优势。通过与不同产业的跨界合作，高校体育产业能够拓展新的市场空间，实现互利共赢。高校可以建立跨界合作平台，整合各方资源，为合作提供便利条件。探索多样化的合作模式，如联合研发、品牌授权、共同营销等，激发合作的活力。强化体育 IP 的知识产权保护，确保合作各方的合法权益。同时，高校也应培养具备跨界思维和能力的人才，为跨界合作提供人才支持。

（三）加强技术应用与创新

数字技术的迅猛发展为高校体育产业创新创业提供了新的工具，新兴的各类数字技术和信息技术，都可以被应用于高校体育产业创新创业中，技术的进一步创新和应用，不仅能够强化高校体育产业创新创业人才的培养，也能够创造更多的创新创业机会，加强成果转化，实现数字经济对高校体育产业创新创业的全链条赋能。

1. 搭建数字平台

高校可以建立数字体育平台，通过线上社区增加体育活动的互动性和参与度。这些平台不仅可以提供体育教学和培训，还能作为体育赛事的宣传和直播渠道，拓宽体育产业的受众基础。高校体育产业的数字平台与社区建设，是推动体育产业创新创业的重要途径。通过提供丰富的教学资源、优化用户体验、加强技术支持，以及塑造积极的社区文化、组织丰富的社区活动和提供有效的社区管理与服务，高校可以有效地提升体育活动的互动性和参与度，拓宽体育产业的受众基础，为体育产业的可持续发展注入新的活力。

2. 投入智慧体育

随着科技的不断进步，智慧体育的发展趋势日盛，高校可以开发智慧体育相关的应用和服务，如运动健康管理应用、智能穿戴设备等，这些可以作为创新创业的项目，同时也能提升学生的体育参与度和健康意识。高校可以依托智慧体育项目，孵化创新创业团队，推动智慧体育技术的商业化应用。也可以与企业、研究机构等合作，共同开发智慧体育产品，实现资源共享和优势互补。还可以开设智慧体育相关课程，培养具备相关技术知识和创新能

力的人才，为智慧体育产业的发展提供人才支持。智慧体育是高校体育产业创新创业的重要方向。通过开发智慧体育应用和服务，高校不仅能够推动体育产业的创新发展，还能够提升学生的体育参与度和健康意识，为学生的全面发展提供支持。未来，高校应继续加强智慧体育技术的研发和应用，推动体育产业的转型升级。

3.加强数字治理

高校可以通过数字化手段优化体育产业的治理，如使用区块链技术确保体育赛事的公平性，利用大数据进行体育政策的制定和评估。同时，高校也可以研究制定有利于体育产业发展的数字政策。

数字化治理能够通过电子化、自动化的管理流程，提升体育产业的管理效率。同时，通过公开透明的数据共享，增强了体育产业的透明度，为创新创业提供了良好的环境。通过大数据分析，高校可以更准确地了解体育产业的资源需求和分配情况，从而实现资源的优化配置，提高体育产业的整体运营效率。

高校可以与企业、政府等机构合作，推动产学研结合，共同探索体育产业数字化的新模式和新路径。在这个过程中，高校可以依托其科研优势，研究数字技术在体育产业中的应用，并制定相应的数字政策，为体育产业的数字化转型提供政策支持。

参考文献

韩笑、胡奕璇、王超：《面向人工智能的高校创新创业教育生态系统建设研究》，《高等工程教育研究》2023年第3期。

贾康、韩娇：《创新创业对经济高质量发展的影响及其空间溢出效应：数字化转型的中介作用》，《经济体制改革》2023年第6期。

江小涓、靳景：《数字技术提升经济效率：服务分工、产业协同和数实孪生》，《管理世界》2022年第12期。

蒋欢：《数字经济时代思想政治教育与大学生创新创业教育的有机融合——评〈赋

能数字经济：大数据创新创业启示录〉》，《中国科技论文》2021 年第 2 期。

刘道学、王家芳、周咏琪等：《数字化、创新创业与无差别城乡：湖州案例》，《科学学研究》2021 年第 3 期。

刘洋、董久钰、魏江：《数字创新管理：理论框架与未来研究》，《管理世界》2020 年第 7 期。

刘志阳、林嵩、邢小强：《数字创新创业：研究新范式与新进展》，《研究与发展管理》2021 年第 1 期。

马永霞、王琳：《人工智能时代的创新创业教育：价值旨归、变革逻辑与实践路径》，《清华大学教育研究》2023 年第 6 期。

宋雅兵、朱进东：《数字经济、要素禀赋结构升级与共同富裕》，《统计与决策》2024 年第 1 期。

王璇、沈克印：《中国式现代化视域下数字经济助推体育产业高质量发展的实施路径》，《沈阳体育学院学报》2023 年第 4 期。

王亚飞、权天舒、柏颖等：《数字经济促进了城市创新创业活跃度吗？——基于 269 个地级及以上城市的经验研究》，《安徽师范大学学报（人文社会科学版）》2023 年第 5 期。

肖平、樊振佳：《面向大学生创新创业的高校图书馆数字人文教育服务研究》，《图书馆学研究》2019 年第 14 期。

姚梅芳、宁宇：《复杂网络视角下的高校创新创业知识保障体系研究》，《情报理论与实践》2019 年第 8 期。

赵涛、张智、梁上坤：《数字经济、创业活跃度与高质量发展——来自中国城市的经验证据》，《管理世界》2019 年第 10 期。

B.12
我国高校体育产业创新创业
教育系统演化逻辑

肖林鹏　阎隽豪*

摘　要：　研究运用系统论的观点，从高校体育产业创新创业教育系统理论
基础以及系统构架出发，详细阐述了高校体育产业创新创业教育规范系统、
实施系统、保障系统以及多元主体系统中包含的各要素。基于复杂适应系统
理论，推演出我国高校体育产业创新创业教育系统演化机制，并结合我国高
校体育产业创新创业教育发展实际，将其发展阶段分为早期萌芽阶段、尝试
摸索阶段、实践探索阶段及未来稳定深耕阶段。结合高校体育产业创新创业
教育系统理论模型、演化过程，提出了我国高校体育产业创新创业教育系统
演化调控路径：第一，加强教育规范系统建设，促进系统稳定发展；第二，
丰富教育实施系统内容，促进系统构建块"聚集"及"多元化"发展；第
三，推动教育保障系统发展，加强教育保障系统宣讲普及；第四，促进多元
主体系统协同，增强系统及主体"适应力"。

关键词：　体育产业　创新创业教育　复杂适应系统

　　2015年，国务院办公厅《关于深化高等学校创新创业教育改革的实施意
见》提出了"以提高人才培养质量为核心，以创新人才培养机制为重点，以
完善条件和政策保障为支撑，促进高等教育与科技、经济、社会紧密结合"

---

　　*　肖林鹏，北京体育大学教授，博士生导师，主要研究方向为体育战略管理、青少年体育政
策、体育产业创新创业教育；阎隽豪，北京体育大学2023级博士研究生，主要研究方向为体
育管理、体育产业创新创业教育。

的指导思想，《意见》明确高校创新创业教育的核心是"立德树人"，为实现我国"两个一百年"奋斗目标和中华民族伟大复兴的中国梦提供强大的人才智力支撑。2019 年，国务院办公厅《关于印发体育强国建设纲要的通知》中提出了"坚持以人为本、改革创新、依法治体、协同联动"的指导思想，并提出要"努力将体育建设成为中华民族伟大复兴的标志性事业"，将高素质、多元化体育人才培养作为下一阶段我国体育发展的重点任务。国务院办公厅《关于加快发展体育竞赛表演产业的指导意见》与《关于加快发展健身休闲产业的指导意见》提出为统筹推进"五位一体"总体布局和协调推进"四个全面"战略布局，牢固树立和贯彻落实创新、协调、绿色、开放、共享的新发展理念，培育壮大市场主体，推动体育产业发展，推进体育产业创新创业教育工作就必须得到重视，要在"新发展理念"的引领下，加强体育产业创新创业教育主体协同、要素融合，持续推动体育产业创新创业教育发展。2021年，在新的时代背景下，国务院办公厅《关于进一步支持大学生创新创业的指导意见》中提出我国落实"立德树人"根本任务，要立足"新发展阶段"，坚持"新发展理念"，构建"新发展格局"，推动我国创新创业教育体系发展。《实施意见》与《指导意见》均从价值理念构建、制度及标准建设、生态环境优化、实施体系及保障体系建设等方面提出发展任务，并将师资队伍建设、课程体系建设、平台建设作为创新创业教育实施的三大要素。

　　近年来，政治、教育、经济、文化环境日趋复杂且快速发展，使我们必须用整体、系统、协同的眼光看待高校体育产业创新创业教育发展演化，解决现阶段其系统演化过程中面临的挑战。高校体育产业创新创业教育发展的"独特性""多学科性""交融性"等特点日益凸显，各界也缺乏对高校体育产业创新创业教育的系统认识。从现实角度看，我国高校体育产业面临着配套政策建设不足、标准研制尚未开始、价值理念认知不足、保障机制落实不到位、平台发展滞后、师资结构单一且能力缺乏、课程开设随意等一系列复杂问题亟待解决，亦缺乏有说服力的解决方案予以完整诠释。基于此，本研究拟从高校体育产业创新创业教育系统发展的视角出发，对高校体育产业创新创业教育系统演化逻辑进行分析，并提出调控方案。

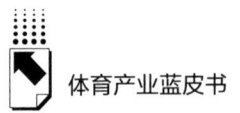

一　我国高校体育产业创新创业教育系统理论基础

"系统"一词源于古希腊语，并赋予其"由部分组成的整体"的含义。20世纪20年代，奥地利著名生物学家、一般系统论开创者 L. Von Bertalanffy 提出"系统是处于一定环境中，并与环境不断发生关系的总体的集合，其是环境中相互作用与联系的所有元素的统一"。钱学森先生在我国系统研究过程中将其定义为"相互联系相互依赖的若干组成部分合成的具有特定功能的有机整体，其既是其他子系统的外环境，又是更大系统的重要组成部分"。

复杂适应系统理论由美国学者 John H. Holland 于 1994 年首次提出，最早运用于自然科学复杂系统研究中，后经研究发展逐渐运用到社会学、教育学、经济学、管理学等诸多领域。复杂适应系统理论认为，在微观层面，系统内的成员均是具有适应性的主体，即充分肯定系统主体的主观能动性，并在与环境和其他主体的互动中，不断"积累经验"，从而进一步改变自身结构和行为方式，系统主体的演化具有"正向一致性"，这种对系统主体主观能动性的肯定也是复杂适应系统理论"适应性"的由来；在宏观层面，复杂适应系统具有将秩序和混沌融入某种特殊的平衡的能力，其总是处于"混沌的边缘"，即系统中的各要素总是处于动态运动中，整个系统也在此过程中不断改变，其中最重要的过程是在主体适应环境过程中不断出现的"涌现现象"，推动整个复杂适应系统"分层渐进、由小及大，由简入繁"，并实现整个系统的动态跨越式发展。

一般系统论在社会科学领域研究中多聚焦于整体性，而忽视了系统动态演化及其复杂性。我国体育产业创新创业教育既是深化高校教育改革的重要抓手，也是我国体育产业发展、高素质创新人才培养的需要，还具有多学科、多产业、全要素融合发展的特点，在百年未有之大变局下，一般管理系统理论或单一视角的分析已无法全方位解释高校体育产业创新创业教育出现的复杂问题。从复杂性科学的角度来看，研究运用复杂适应系统理论为高校体育产业创新创业教育系统的建设、问题的解决提供了新的视角。一是我国体育产业创新创业教育涉及制度系统、社会系统、产业系统、环境友好型生态系统等多个子系统，子系统间、要素间不仅具有互动性，还具有层次性；二是高校体育产业创新创业教育的各子系统间、利益主体间、要素间互动形式多样，其发展轨迹不是简单的"稳定—变革—再稳定"并多次循环的线性关系，高校体育产业创新创业教育发展受到内外环境汹涌变革影响，呈现出各种复杂的非线性关系；三是随着我国教育改革的深入、体育产业的发展、创新战略的推进、国内外环境的改变，我国高校体育产业创新创业教育方向会不断出现新特征、新问题，在制度跟进周期长的条件下，充分承认各利益主体的主观能动性将为我国体育产业创新创业教育发展提供新思路及新发展路径。

在系统学中，任何一个系统的存在都必须涵盖系统结构、系统环境、系统行为 3 个方面，系统结构由构建块（又称积木、元素）组成，是系统与外界进行交互及适应的基础；系统环境既为系统演化提供需要的能量、信息与资源保障，又影响着系统演化的各个方面；系统行为是外界环境与系统相互作用的具体表现，其体现了系统能量、信息与资源内外流动的基本过程（见图 1）。复杂适应系统理论包含聚集、非线性、流、多样性、标识、内部模型和构建块 7 个基本点，这是复杂适应系统的重要构成，也是研究复杂适应系统的基础（见图 2）。本研究将基于复杂适应系统的 7 大基本点对体育产业创新创业教育系统进行探究。

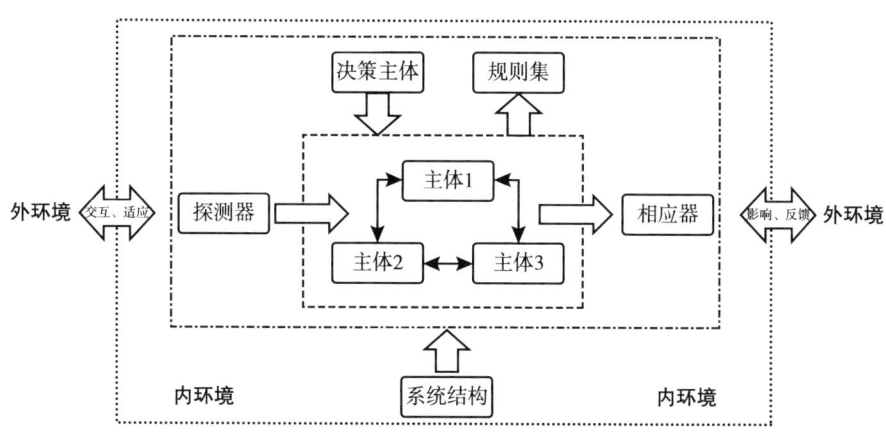

图 1　复杂适应系统基本结构

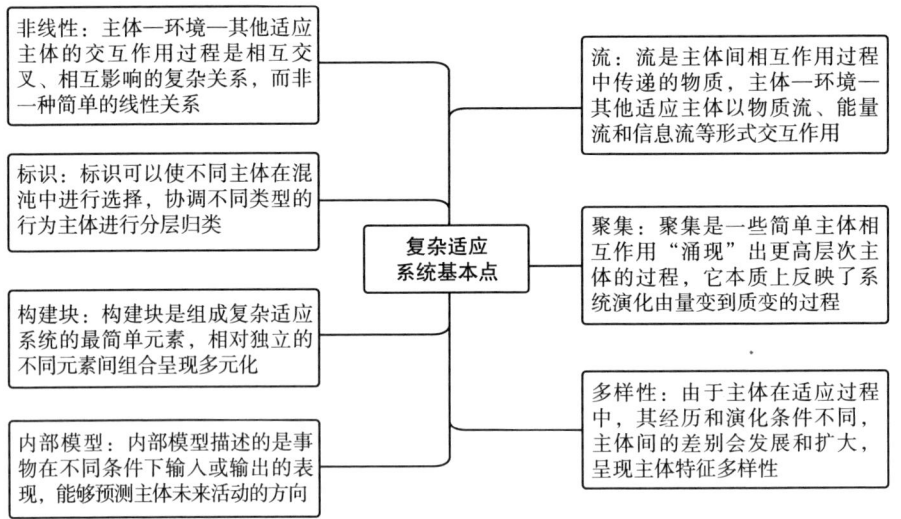

图 2　复杂适应系统的七大基本组成

聚集是系统由量变产生质变的必然过程。高校体育产业创新创业教育主体间互动是在我国教育改革与体育产业发展的大环境下自发形成的。政府、高校、科研院所、产业基地及企业相继聚集，并在各参与主体利益与效益驱动下，不断推动政府、高校、科研院所、产业基地及企业协同发展，通过各主体间的"黏合作用"扩大"聚集"范围，从而使系统向更高层次、多元维度演变，实现各利益主体的共同发展。

流是系统内外资源、人才、能量等在各利益主体间流动的过程。在资源、人才、能量在高校体育产业创新创业系统内外不断交互、流动，强化了整体系统的再循环效应。尤其在创新系统中，"流的循环"可以帮助各主体不断接受新经验、新能力、新资源，其循环的速度也更为快速，系统内外主体间交互也更为频繁。资源、人才、能量在高校体育产业创新创业教育系统内外的不断流动，不仅能增加系统内部主体间的协同性，还可推动高校体育产业创新创业教育子系统与教育、产业、创新等国家大系统的耦合。

非线性是高校体育产业创新创业教育复杂适应系统的重要特征。在负责适应系统理论框架下，高校体育产业创新创业教育系统中的管理者、教师、人才与政府、高校、企业、科研院所、产业基地间的互动都是非线性互动。即管理者、教师与人才推动了高校体育产业创新创业教育中各管理主体发展，而高校体育产业创新创业教育中各管理主体的耦合协同为管理者、教师与人才等提供了良好的发展环境。这种互动过程是资源、信息、能量、人才等共享与非线性流动的表现，这也能够促进体育高质量人才培养以及高校体育产业创新创业教育快速发展。

多样性特征贯穿我国高校体育产业创新创业教育复杂适应系统发展始终。在 CAS 理论框架下，首先，我国高校体育产业创新创业教育的环境因素多样，制度环境、经济环境、文化环境、教育环境等都会对高校体育产业创新创业教育系统发展产生深远影响；第二，我国高校体育产业创新创业教育的系统主体多样，与传统高校教育系统相比，高校体育产业创新创业教育系统的利益相关主体更多元，互动、耦合、协同及演化机制更复杂，资源调配的难度也更大；第三，我国高校体育产业创新创业教育的系统要素多样，由于涉及产业、学科较多，高校体育产业创新创业教育方法、资源、信息、技术等也更复杂，并且随着系统的不断发展，要素创新的重要性也会不断显现。

标识是我国体育产业创新创业教育系统的内在驱动力。在我国高校体育产业创新创业教育系统演化过程中，具有相同目标以及共同利益的主体自发聚集，这种目标及共同利益就是我国高校体育产业创新创业系统的标识。政府、高校、企业、研究机构、产业基地等主体通过辨识各自标识建立互动机制，并逐渐积聚在同一系统内，并形成多种多样的系统。高校体育产业创新创业教育系统标识的形成，会加强各主体在发展演化过程中的识别、交流与合作，进而推动多元利益共同体发展。

内部模型为我国体育产业创新创业教育系统内主体提供"预测标尺"。在高校体育产业创新创业教育系统内部，学生及其他各利益相关主体会根据制度环境、教育程度、产业发展情况、社会状况、资源集中度、潜在机会等对未来结果进行预测，高校学生会通过整合自身资源、发展目标以及生涯规划等来适应新的环境，而高校体育产业创新创业教育系统中其他利益相关主体则会根据高校学生发展的目标、特征、趋向等调整其内部结构、资源、发

展目标等，从而影响整个教育系统演化。各主体间的调整是动态的、影响是相互的，但政府、高校教师及管理者、参与创新创业教育的社会力量等都要秉持"以人为本"的原则，保证高校教育健康发展。

构建块（又称积木）是组成系统最简单的元素，也是系统复杂性和多样性的源泉，即系统的复杂性和多样性源于构建块重新组合的能力或被重复利用的机会。构建块在政治、经济、社会、教育等系统环境的发展过程中不断改变已有组合形式，高校学生为提高学习效率，实现自身快速发展，会自发或被动地根据不断变化的环境调整其子系统结构，提高在复杂系统中的适应和学习能力。高校体育产业创新创业教育系统主体为提高管理效率，也会运用原有构建块设计新的组合方式，并通过创新机制推动自身未来发展。高校体育产业创新创业教育系统中的学生主体及其他利益主体在构建块重新组合过程中，会更加注重将创新思维运用到构建块组合及各组合体互动过程中，进而推动整个系统演化，顺应时代潮流。

二　我国高校体育产业创新创业教育系统构架

新时代我国创新创业教育改革的推进与体育产业的高质量发展共同孕育着我国高校体育产业创新创业教育系统。高校体育产业创新创业教育的根本是人，即培养新时代高质量、多元化的体育人才，一切价值理念的树立、制度标准的建设、机制的形成、要素的融合等都是围绕这一"根本"而展开。我国高校体育产业创新创业教育体系的建设要以习近平新时代中国特色社会主义思想为指导，树立"创新、协调、绿色、开放、共享"的教育理念，加快培养规模宏大、富有创新精神、勇于投身实践的体育产业创新创业人才队伍，不断提高体育高等教育对体育事业发展的贡献度，为实现体育事业、体育产业的快速发展提供强大的人才智力支撑。针对这一指导思想与复杂适应系统理论基础，本研究以多元主体系统为核心，在强调各利益主体主观能动性的同时，从教育管理视角出发，构建涵盖"教育规范系统—教育实施系统—教育保障系统"的高校体育产业创新创业教育系统（见图3）。

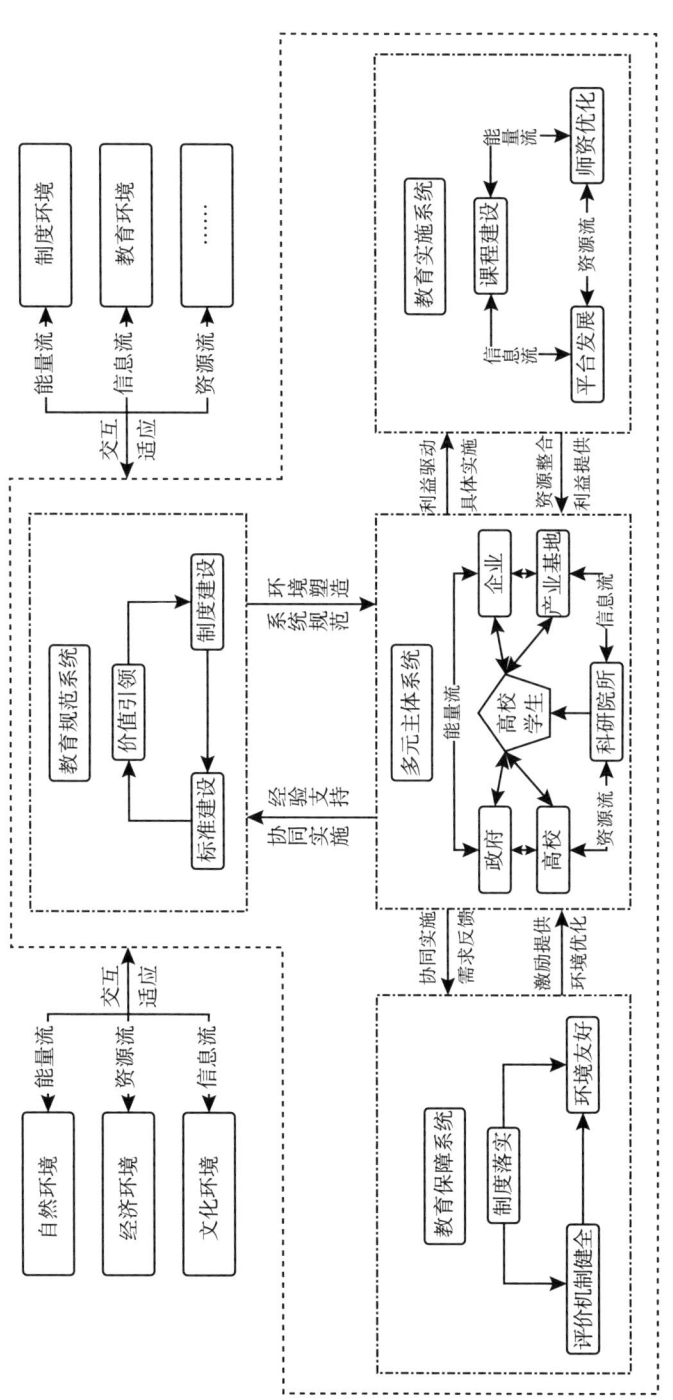

图 3　我国高校体育产业创新创业教育复杂适应系统构架

（一）教育规范系统

教育规范系统包括价值引领、标准建设及制度建设三大板块，为我国体育产业创新创业教育提供价值引领、实施目标与规划以及保障依据。具体而言：第一，价值体系是环境内各主体在活动目的、过程、形式上构建价值理念的统一，是各主体的价值取向、价值追求、价值尺度和价值原则等与价值有关的综合体系，由一个社会中存在的思想理论、价值观念、理想信念、道德准则、精神风尚等要素构成和反映出来。高校体育产业创新创业教育是在当前国家政策和市场需求的背景下，为培养我国体育产业发展战略需要的人才而形成的一种新型教学理念与模式。高校体育产业创新创业教育价值体系是以培养具有体育产业创业基本素质和开创型个性的人才为目标而构建的相对稳定的、受历史因素、社会环境和未来发展趋势所制约的体系。体育产业创新创业教育价值体系是体育产业创新创业教育发展的晴雨表、推进器、黏合剂、风向标，推动体育产业创新创业教育由追求"功利"价值向"育人"价值转变；由各主体单向价值实现向多元主体价值融合转变；由个人利益最大化、各主体利益向总体利益最大化、利益共同体转变；由各主体"唯成绩论"向体育产业创新创业意识转变（见图4）。

第二，标准系统是"标尺"，为整个教育系统提供行动规范。高校体育产业创新创业教育标准是对高校体育产业创新创业教育活动的规范与技术规定。一般从六个维度对高校体育产业创新创业教育标准进行研究，即"层次维、级别维、功能维、要素维、专业维、评估维"。六个维度互相融合，横向协调、纵向一体，共同形成我国高校体育产业创新创业教育标准的完整体系（见图5）。

第三，制度系统与价值系统、标准系统紧密相连，其是所有教育子系统的约束条件，涵盖从国家、地方政府到高校、社会企业的各个层面。制度制定是以实现目标为导向的，构建完善的高校体育产业创新创业教育制度体系，需要厘清体育产业创新创业教育的培养目标，回答清楚"为谁培养人""怎么样培养人""培养什么人"的根本问题。我国体育产业创新创业教育

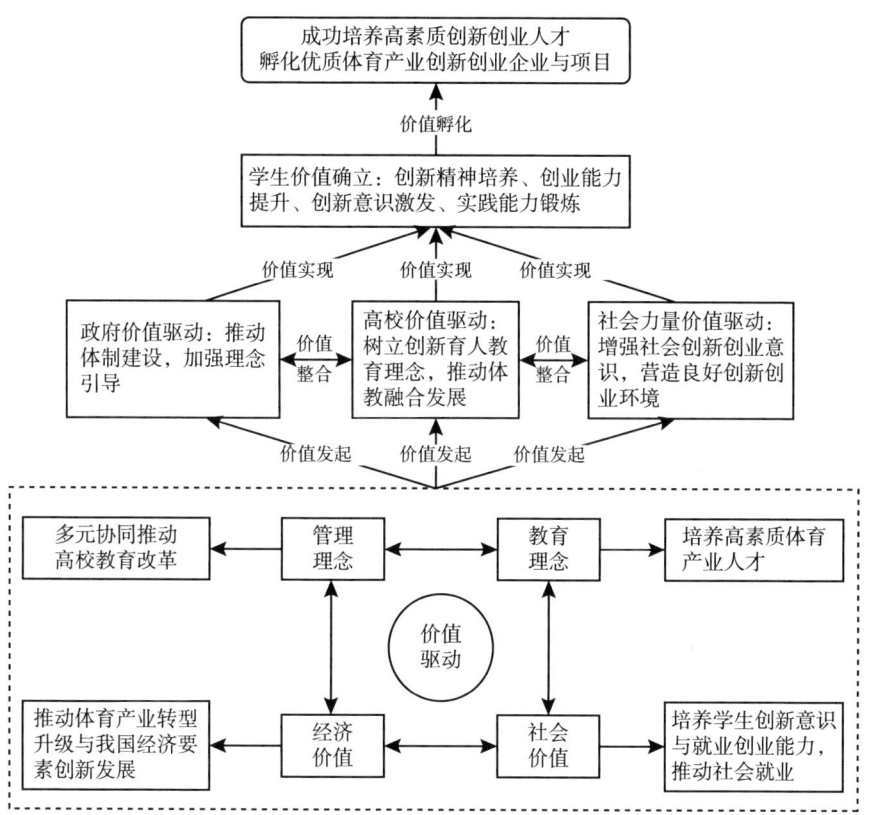

图4 高校体育产业创新创业教育的价值体系

价值系统、标准系统、制度系统共同组成"教育规范系统",规范引导高校体育产业创新创业教育系统的方方面面。

(二)教育实施系统

教育实施系统为高校体育产业创新创业教育系统各利益相关主体互动提供重要载体,能量流、资源流、信息流在教育实施系统中快速流动,推动复杂适应系统中主体通过"涌现"作用实现快速演化。高校平台系统、高校师资系统、高校课程系统相互影响,各主体在子系统间不断适应,平台建设为师资结构优化、课程体系建设提供资源,而体育产业创新创业师资发展、

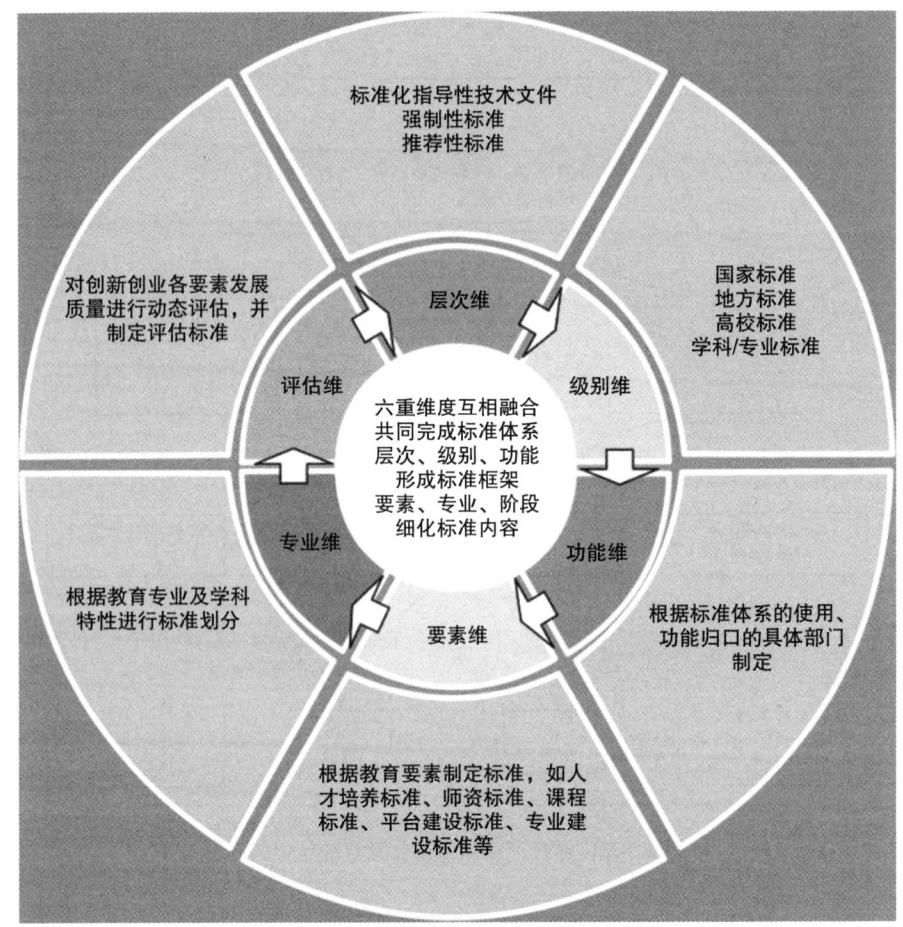

图5　创新创业政策支持体系万花筒模型

课程质量的提升亦要以平台为依托，三者共同组成我国体育产业创新创业教育体系的"教育实施系统"。

第一，高校体育产业创新创业教育离不开创新型师资队伍助力与推动。高校体育产业创新创业师资体系的建设是一项系统工程，包含多种要素，涵盖多种关系，只有将要素放在合理位置，构建出恰当的关联，实现一种最优组合，才能建设出有效、高效的体育产业创新创业师资体系。师资体系主要涉及五大部分，包括教育理念、师资规模和结构、师资培育和能力、师资评价以及师资保障。教育理念是所有创新创业师资第一要具备的思想先导，树立正确的创新创业教育理念，以引导创新创业教育行为和师资培养行动实施；师资规模和结构是建构创新创业师资体系的基础所在，备足师资，调整结构，便可启动创新创业教育；师资的培育和能力素质是创新创业师资体系的主体构成，是整个体系的"核心内涵"，通过各种途径和方式的师资培养以提升素质能力，实现师资的高质量发展；师资评价是掌握师资培养和能力发展情况的有效手段，也是不断推动师资改进的重要环节，评价后进而反向促进对教育理念的调整以及对师资规模和结构的优化；师资保障是整个体系运行的有力支撑，在组织、资源、制度等方面响应教师诉求，保障各项改进工作有条不紊、有备无患（见图 6）。

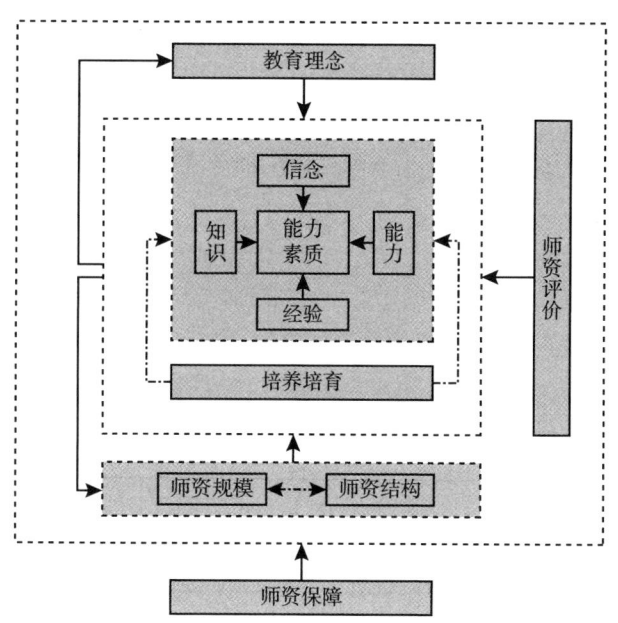

图 6　高校体育产业创新创业师资体系

　　第二，课程是高校体育产业创新创业教育的核心载体。高校体育产业创新创业课程建设一方面要积极调动学校、政府、企业等各方资源，建立人才的协同培养机制；另一方面要通过各类手段促进大学生创新创业成果的转化，将创新创业的成功落到实处。由于不同专业高校学生的课程设置有很大不同，高校体育产业创新创业作为一门通识的课程，一般按照创新创业通识基础课程、学科基础创新创业课程、经营管理课程、创新创业实践类课程四个课程模块，对模块内各课程的学分、总学时、学时分配进行细化，进一步整理成体育产业创新创业人才培养课程计划表，为高校体育产业创新创业课程体系的建设提供参考（见表1）。

表 1　体育产业创新创业人才培养课程计划表（示例）

课程类别		课程名称	学分	学时	学时分配					各年周学时分配			
					讲授	专家讲座	企业学习	结课设计	答辩及点评	一	二	三	四
										16	16	16	16
必修课	通识基础篇	创新创业概论	2	36	28	4		2	2	4			
		创新学	2	36	28	4		2	2	4			
		创业学	2	36	28	4		2	2	4			
	学科基础篇	体育产业创新创业概论	4	48	36	4	4	2	2			4	
		体育产业创新创业教育	4	48	36	4	4	2	2			4	
		体育创业与创新	3	36	24	4	4	2	2			4	
选修课	经管篇	市场营销	4	48	40	4		2	2				4
		财务管理	3	36	28	4		2	2				4
		会计学	4	48	40	4		2	2				4
		税收学	4	48	40	4		2	2				4
		金融学	4	48	40	4		2	2				4
	实战篇	创新创业大赛培训	4	48	30	4	8	4	2	4	4	4	4
		商业计划书写作	4	48	30	4	8	4	2	4	4	4	4
		周均学时								20	20	28	8
		总计	44	564	428	52	28	30	26				

注：实战篇课程每年均开设，学生根据自身需要选修相应时间段的课程。

　　第三，构建高校体育产业创新创业服务平台并将其纳入高校教育教学改革的整体布局，是推进我国高等教育人才培养体系更加健全、提升高校教育服务能力、推动体育产业经济发展的重要选择。高校体育产业创新创业平台的建设发展始终同高校教育发展的目标相一致。高校体育产业创新创业服务平台建设目标可以归纳为两个方面，首先是通过高校体育产业创新创业服务平台的建设，落实推进高校开展教育教学改革。以体育、体育教育、体育产业为起点，在高校体育产业创新创业平台的组织建设、内容管理、运营管理、激励保障制度的建设中，尝试运用多种新形式、新方法、新手段，探索构建体育产业教育的新态势。其次，平台建设最核心目标是立足于服务学生成长，并且通过对学生的培养使其毕业进入社会后，更多地进入体育产业市场中，利用所学知识和技能服务社会发展，推进体育产业市场发展（见图7）。

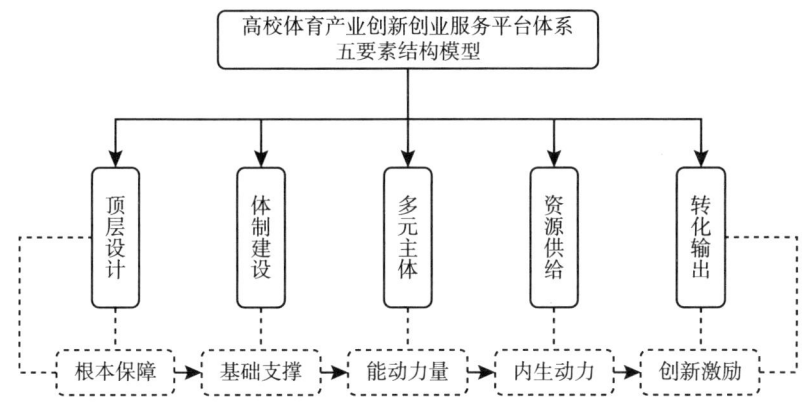

图7　高校体育产业创新创业服务平台体系

（三）教育保障系统

教育保障系统维持高校体育产业创新创业教育系统的平稳运行，使系统可以通过"涌现""循环"等演化过程稳定扩大系统规模。其中制度落实、健全评价机制以及建设友好型环境是保障系统发展的核心要素。

制度落实是实现高校体育产业创新创业教育发展的第一抓手。只有全面加强制度建设，切实推进政策措施落地，我们才能推动高校体育产业创新创业教育不断迈上新的台阶，为我国体育事业发展和国家战略需求贡献力量。制度落实是推动高校体育产业创新创业教育发展的关键。有了完善的制度体系，我们可以确保教育活动的规范性和有效性，使得教育目标得以实现。制

度落实也是保障高校体育产业创新创业教育发展的重要手段。在教育过程中，我们需要确保各项政策措施落地生根，切实为学生提供良好的教育环境和条件。此外，制度落实还有助于促进高校体育产业创新创业教育的可持续发展。通过建立健全制度体系，我们可以确保教育资源的合理配置和有效利用，推动教育事业的长远发展。

高校体育产业创新创业教育评价机制的构建，对完善和优化体育产业创新创业工作的开展具有重要作用。建立高校体育产业创新创业教育发展水平评价机制可以更好地促进高校体育产业创新创业教育工作的开展，提高我国整体高校体育产业创新创业教育发展能力，进一步加快我国体育强国建设步伐。其既是高校体育专业改革的需要，也是体育产业发展的需要。我国高校体育产业创新创业教育评价体系的构建运用政策理论依据与具体实践指标相结合的方式建立。我国高校创新创业教育是一个系统化的教育工程，教育过程的起点是学校实施创新创业教育，终点是培养提高大学生的整体素质和创业能力。在这一教育实践过程中既离不开教育主体与客体——创新创业教育工作者与学生，也离不开组织实施教育的组织机构和保障条件。因此，研究将构成我国高校体育产业创新创业教育评价体系的影响因素依据理论与实践分为七个层面：法律法规、社会氛围、课程体系、师资力量、平台服务、资源保障、学生发展（见图8）。

高校体育产业创新创业教育友好社会生态环境体系是一个综合性的概念，旨在构建一个有利于体育产业创新创业教育的社会环境，同时促进社会的可持续发展和生态环境的保护。这个体系可以从以下几个方面进行理解和构建：首先，从教育角度来看，这个体系强调高校在体育产业创新创业教育中的核心作用。高校需要设计并实施具有前瞻性和创新性的课程，包括体育产业管理、创新理论、创业实践等，以培养学生的创新思维、创业精神和实践能力。同时，高校还需要与企业、行业协会等建立紧密的合作关系，为学生提供实习、实践、项目合作等机会，让他们在实践中学习和成长。其次，友好社会的构建是这个体系的重要组成部分。友好社会意味着社会成员之间的和谐共处、资源共享和互利共赢。在体育产业创新创业教育的背景下，这

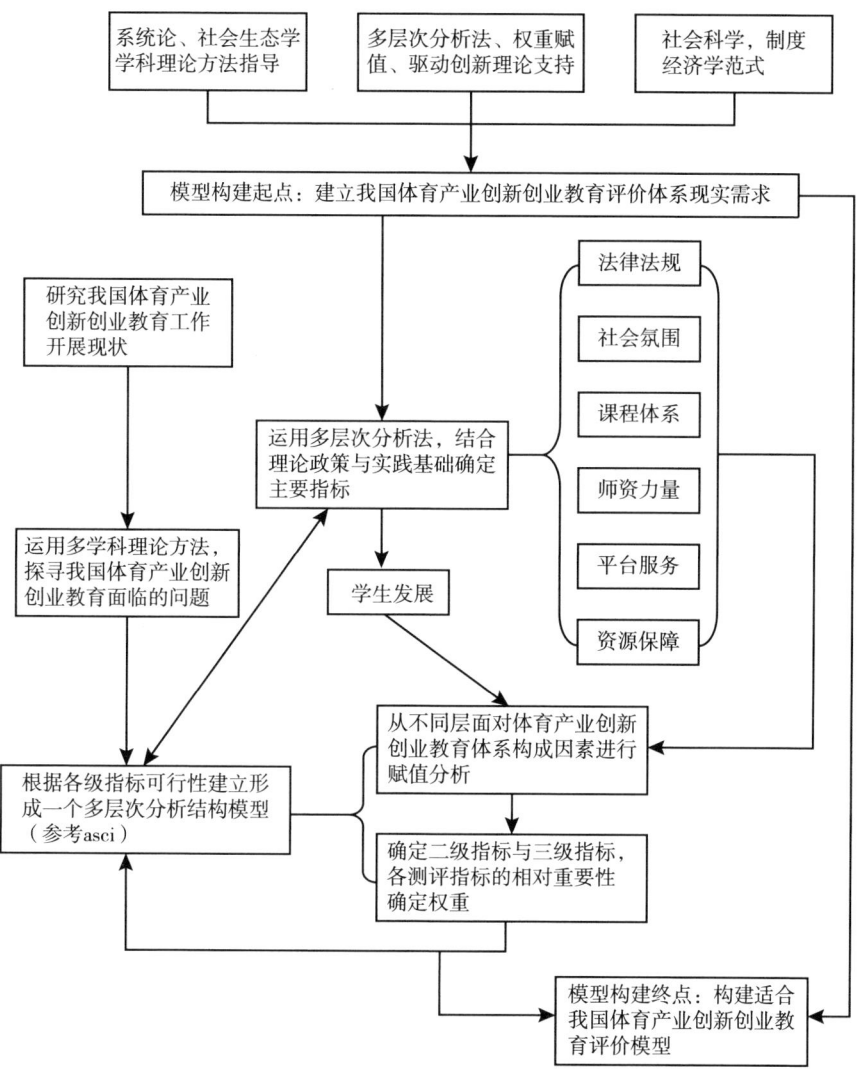

图8　高校体育产业创新创业教育评价体系模型

要求社会为体育产业创新创业提供良好的政策环境、资金支持、市场机会等。最后，这个体系还需要注重各方面的协同合作。高校、政府、企业、社会组织等需要形成合力，共同推动体育产业创新创业教育的发展。通过政策引导、资金支持、实践机会提供等方式，为体育产业的创新创业提供全方位的支持和服务。

（四）多元主体系统

近年来，高校体育产业创新创业教育系统已成为推动国家经济发展、提升国民素质、培养创新型人才的重要载体。这一系统由政府、高校、企业、产业基地、科研院所等多元主体共同组成，各组成部分之间相互协作、相互促进，形成一个有机的整体。教育规范系统、教育实施系统、教育保障系统的演化离不开各利益主体的互动、协同、适应及实施，而教育规范系统、教育实施系统、教育保障系统在受外部环境影响的同时，也以多元主体系统为中心实现系统内部的互动演化。

在这个系统中，政府、高校、企业等多元主体共同参与高校体育产业创新创业教育，为学生提供丰富的实践平台和广阔的发展空间，从而激发学生的创新精神、培养他们的创业能力。

政府在多元主体系统中发挥着引导和推动的作用。政府通过制定相关政策、提供资金支持，鼓励高校、企业、产业基地、科研院所等多元主体积极参与高校体育产业创新创业教育。此外，政府还负责搭建平台，协调各方资源，为高校学生提供实习、实训、就业等多种渠道，助力学生将理论知识转化为实践能力，实现创新创业梦想。

高校作为人才培养的重要基地，肩负着培养创新型人才的重任。近年来，部分高校着力推进体育产业创新创业教育改革，优化课程设置，强化实践教学，打造高水平师资队伍，为学生提供优质的教育资源。同时，高校还尝试与企业、产业基地、科研院所等密切合作，共同开展产学研项目，让学生在实践中提升创新能力、锻炼创业精神。

企业作为体育产业的主体，承担着为学生提供实践机会和就业岗位的责任。企业积极参与高校体育产业创新创业教育，为学生提供实习、实训、就业等多种渠道，让他们在实际工作中锻炼能力。此外，企业与高校、科研院所等合作亦日趋紧密，开展体育产品技术研发、创新等项目合作，为学生提供更多实践机会，培养他们的体育产业创新创业能力。

产业基地和科研院所则是高校体育产业创新创业教育的重要支撑。其为学生提供实践平台，帮助学生将理论知识应用于实际工作中，提升创新能力。同时，产业基地和科研院所还需与企业、高校等共同开展产学研项目，推动体育产业的创新发展。

三　我国高校体育产业创新创业教育系统演化分析

（一）演化机制

复杂适应系统理论既肯定了系统主体的主观能动性，又认为系统主体在与环境交互过程中受到一定影响。系统主体在高校体育产业创新创业教育复杂系统中的适应过程是"自下而上"的，是系统主体为了自身生存与发展而选择的必然路径。在高校体育产业创新创业教育复杂适应系统的演化中，系统环境、结构与行为呈现复杂性、交互性、适应性特点。高校体育产业创新创业教育系统演化形式与特征主要体现在以下几个方面：第一，高校体育产业创新创业教育系统的演化是自下而上的，即制度、经济、文化等因素是系统演化的充分条件，而政府、高校、学生、企业、科研院所等利益相关主体是系统演化的必要条件；第二，高校体育产业创新创业教育系统的主体多元、要素多样、形式丰富、学科交互与产业融合多等特点使得其系统更加复杂，这也意味着各主体在享受系统发展红利的同时也要面临更大的挑战；第三，高校体育产业创新创业教育系统中涉及的部门、地域、产业、要素、主体广泛，这就意味着"协同"在教育管理中的作用更为重要，即系统及其主体需要更强的交互性；第四，创新创业教育系统相较于其他系统更需要面对复杂多变的外部环境迅速做出反应，体育产业系统因处于全产业链的中下游，受国家政治、经济环境的影响也更为显著，这就使得高校体育产业创新创业教育系统更要加强"适应能力"，用好"演变发展快速"与"运营风险较高"这把"双刃剑"。

研究基于我国高校体育产业创新创业教育系统理论基础和系统构架，提出高校体育产业创新创业教育演化机制图。高校体育产业创新创业教育系统主体为实现目标、获得利益及发展机会，通过感知系统内外环境的变化，做出适应环境变化的行为，即信息甄选、认知优化、态度转变、能量储存、行为实施，从而完成完整的主体适应过程。高校体育产业创新创业教育系统内部通过教育规范建立、教育实施落实、教育保障完善的行为控制过程，对主体行为实施进行控制引导。在此系统演化过程中，信息、资源、能量被系统主体所接收、整合、消耗，并通过系统行为控制"涌现"出新的信息、资源、能量。系统内外环境在演化过程中获得再发展，并推动下一次的主体适应过程。这种复杂系统演化是非线性、多元且复杂的，它交融于我国政府、教育、经济、文化等多种系统中，随着高校体育产业创新创业教育相关制度的改变、体育产业环境的改变、教育目标的调整、思想文化的发展，势必会对系统主体的适应行为不断产生影响，使系统要素不断积聚，更高层次主体不断"涌现"，从而使系统演化进入新的轨迹（见图9）。

（二）演化过程

1. 早期萌芽阶段（1993~2009年）

1993年，《中国教育改革和发展纲要》中首次提出，要深化高等教育改革，改革高校毕业生"统包统分"和"包当干部"的就业制度，实行多数学生"自主择业"的方式，这一方面标志着我国高等教育发展方向的变革，另一方面打开了高校学生就业择业的枷锁。与此同时，政校协同、产教结合等新理念的加入，使得政府、高校、科研机构、企业间交互不断增强，高校体育产业创新创业教育系统的土壤逐渐形成。

2000~2010年，受体制改革、申奥成功、经济发展以及互联网快速兴起等因素影响，我国体育产业迎来高速发展期，为解决体育产业人才缺口问题，有关部门采取出台政策的形式，引导高校开设体育产业相关专业，建设体育产业人才培养课程体系，助力体育产业人才培养。2000年，国家体育

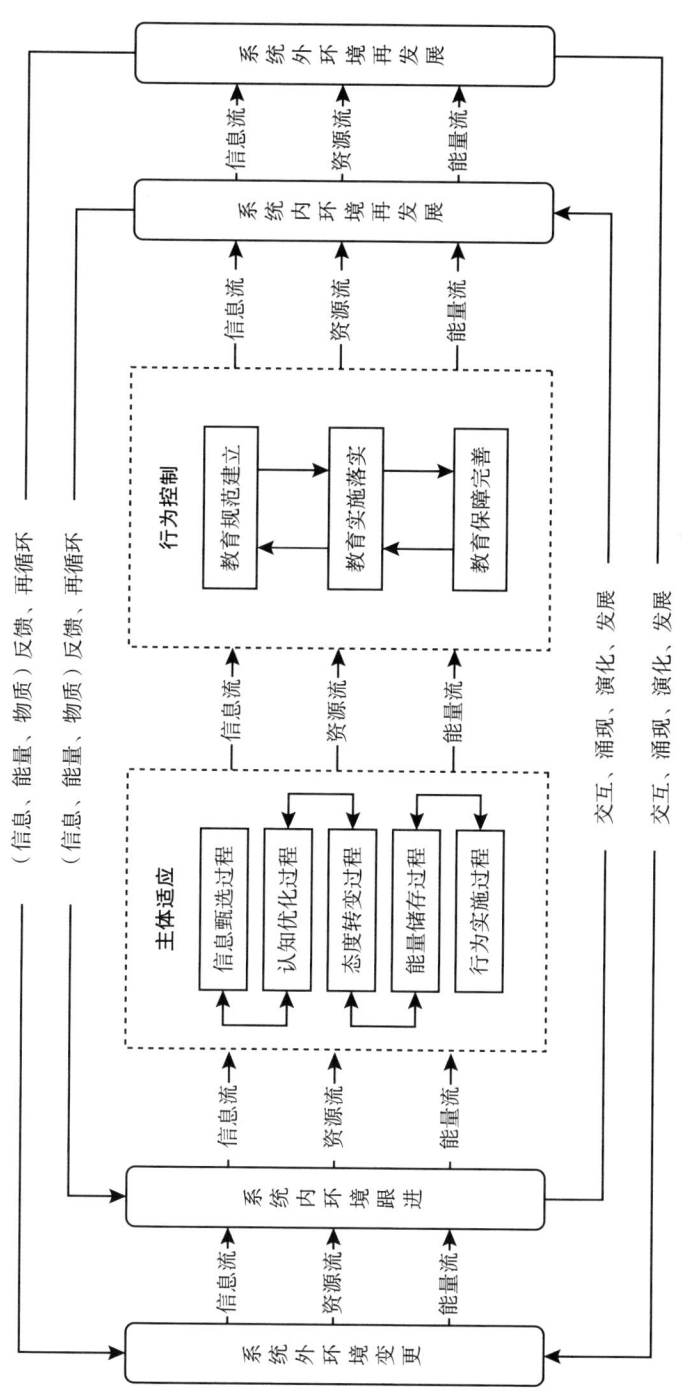

图 9　我国高校体育产业创新创业教育单一主体演化图

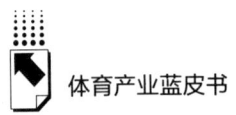
总局在《2001—2010年体育改革与发展纲要》中提出要注重体育产业人才培养，特别是体育科技和体育社会学相关人才的培养，要求建立体育产业重点科研基地。2002年，教育部在清华大学、北京航空航天大学等9所院校开展创业教育试点工作并取得较大成效，创业教育示范作用初步显现。

为应对快速变革的制度、教育、经济及文化环境，政府开始将创新创业教育作为提高高等教育质量、推动科技创新发展、增加社会就业渠道的新思路，高校逐渐认识到创新创业教育等新教育方式的重要性，随着体育产业人才需求不断增加，企业开始寻求与政府、高校、科研机构等主体合作，以获得更多信息、能量及资源，越来越多的高校学生开始考虑将创新创业作为未来发展的选择。高校体育产业创新创业教育系统中各利益主体开始适应新发展环境，试图寻求适合自身发展的新路，我国高校体育产业创新创业教育进入早期萌芽阶段（见图10）。

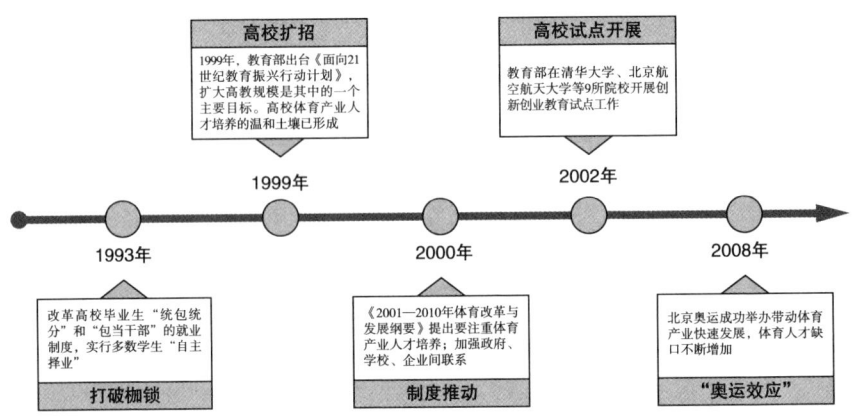

图10 早期萌芽阶段系统演化关键节点

2.尝试摸索阶段（2010~2013年）

2010年，中共中央、国务院在《国家中长期人才发展规划纲要》和《国家中长期教育改革和发展规划纲要（2010—2020）》中提出在世界大发展大变革大调整的背景下，世界多极化、经济全球化深入发展，科技进步日新月异，人才竞争日趋激烈。国家要继续深化教育改革工作，建立拔尖创新人才培养改革试点。同年，教育部出台《关于大力推进高等学校创新创业教育和大学生自主创业工作的意见》，这是"高等学校创新创业教育"首次以政策文本的形式出现，也标志着我国体育产业创新创业教育系统的制度环境面临又一次重大改变。

与此同时，国务院办公厅发布《关于加快发展体育产业的指导意见》，指出加快体育产业管理人才的培养，提出要"培养既懂经济又懂体育的复合型体育产业管理人才"。并同时提出针对体育人才培养要做到多方投入，高校要开设体育产业人才培养方面的课程和专业。这是体育管理相关人才的培养第一次被写进了国务院发文，预示着我国开始了体育产业创新创业的政策驱动时代。各地政府响应中央号召，对开设体育产业发展相关专业的院校都给予了一定的财政支持。该项政策首次提出高校要开设体育产业相关人才培养的专业和课程，让体育产业人才培养不再局限于专业体育院校，而向普通高校辐射，倡导全面开展体育产业教育，为高校体育产业创新创业教育的开展奠定了坚实的基础。

另外，后奥运时代下我国体育产业的参与主体、生产要素不断增加，产业链不断扩张，体育产业保持稳定增长，"互联网+体育""科技+体育"等新业态开始涌现。政府部门以制度建设为抓手，尝试推动高素质体育产业人才培养工作以填补体育产业人才缺口并保障体育产业发展；体育院校以及综合类大学的体育学院（系/部）在教育改革及高校管理过程中注意到体育产业创新创业教育的重要性，并尝试开展创新创业课程及活动；体育企业与产业基地在快速变革的制度及经济环境下，不断培育新项目、项目团队及创新人才，体育产业链在此过程中不断完善。在这一时期，虽然各利益主体针对体育产业创新创业教育的目标并不一致，但受体育产业快速发展及创新环境不断优化的影响，体育产业创新创业教育雏形业已显现。高校体育产业创新创业教育系统中各利益主体开始尝试利用创新创业教育适应快速发展的外部环境，高校体育产业创新创业教育进入尝试摸索阶段。

3. 实践探索阶段（2014~2020年）

2014年，国务院出台《关于加快发展体育产业促进体育消费的若干意见》，标志着体育产业进入高速发展阶段，意见特别提出要培养一批高新技术体育企业，开发体育场馆管理、中介服务、体育经纪等诸多体育服务业，要建立产学研一体化平台，加强政、企、校三方交流，在人才培养过程中，高校要关注企业用人的实际需求，企业也要为高校提供实习实践方面的支持。同时，这一意见首次提出对体育产业创新创业人才实行奖励机制，着重培养体育创新型人才。2014~2015年，体育产业总产出分别同比增长26.0%与11.1%，体育产业环境的变革为体育企业发展带来了巨大机遇，体育企业一方面不断创新生产要素、提高生产效率，另一方面也向环境中汲取更多信息、资源及能量，渴望吸纳体育产业人才及创新项目来应对快速发展、复杂多变的产业环境（见图11）。

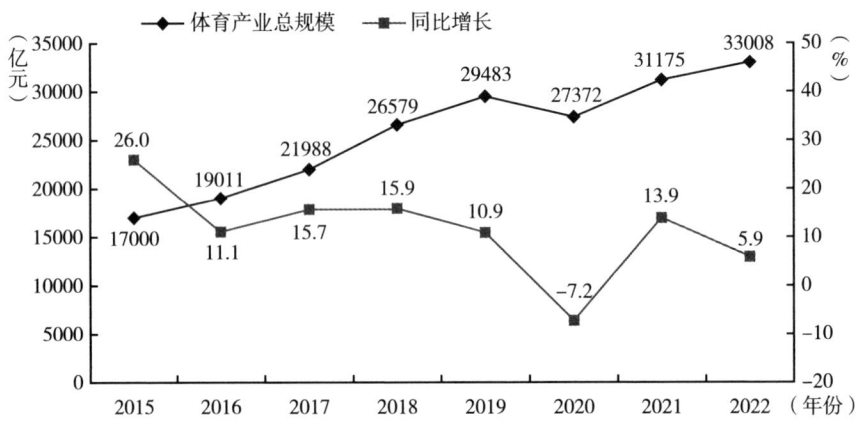

图11 2015~2022年我国体育产业总产出量与同比增长率

2015年，国务院办公厅出台《关于深化高等学校创新创业教育改革的实施意见》，意见指出高校要"调整专业课程设置，挖掘和充实各类专业课程的创新创业教育资源，在传授专业知识过程中加强创新创业教育"，并强调了创新创业教育的重要性。在政策的大力支持和推动下，全国各大院校均积极开展"大学生创新创业大赛""寒暑期社会实践活动""挑战杯论文大赛"等创新创业赛事活动。在高校创新创业教育改革、体育产业改革制度环境与产业环境双重推动下，我国高校体育产业创新创业教育主体进入新的发展循环轨道，政府、高校、企业及学生通过外部环境迅速辨识信息、积蓄能量、整合资源，并通过课程建设、平台搭建、师资优化等"系统行为控制过程"，获取利益以实现主体及系统整体发展。

从具体来看，随着创新创业税收、产业基地、示范校评选、导师评定等配套政策的不断出台，高校体育产业创新创业教育发展的保障及评估机制不断完善。2015~2019 年，在国家体育总局与教育部的推动下，"全国体育院校大学生体育产业创新创业策划大赛""全国大学生体育产业创新创业论坛""全国大学生体育产业创新创业大赛""全国大学生体育产业创新创业培训"相继开展。2016 年，全国体育院校体育产业创新创业服务平台在天津体育学院建立，为体育产业创新创业教育信息、资源与能量整合提供了发展平台。在这期间，体育院校及综合类大学的体育学院（系/部）均积极开展创新创业教育工作，开设创新创业课程、组建专职教师队伍以及在校内设立创新创业教育机构。"政、产、学、研、用"主体间交互、协同、聚集效应不断增强，新项目、新要素、新方法不断涌现，信息、资源、能量在环境、系统与系统主体间快速流动，高校体育产业创新创业教育迎来实践探索阶段，系统整体进入快速发展期。

4. 未来稳定深耕阶段（2021~ ）

2019 年末，突如其来的新冠疫情为快速发展的体育产业按下了暂停键，国家统计局数据显示，2020 年我国体育产业总产出为 27372 亿元，同比下降 7.16%，体育企业等体育产业基地等产业主体为适应突如其来的环境变更，开始走向转型升级的道路以应对"产业寒冬"。高校在面临新冠疫情挑战的同时，将更多的线下体育产业创新创业交流活动转移到线上举行，系统演化过程中信息、资源、能量流动已大大放缓，高校体育产业创新创业教育虽平稳运行但发展速度明显减慢。2021 年，国务院办公厅为促进大学生就业、创业，出台《关于进一步支持大学生创新创业的指导意见》，意见进一步明确了未来我国创新创业教育的发展目标及任务，并提出了减税降费、社

会资本支持、成果转化等保障措施。2021~2022 年，虽然体育产业的传统业态在疫情中受到冲击，但受冬奥举办与互联网移动端载体等生产要素变革影响，诸如线上健身指导、线上体育用品销售、冰雪体育等体育产业新业态快速发展，高校体育产业创新创业人才培养方式及内容迎来关键转型。未来，我国体育产业创新创业教育系统要面临当今世界百年未有之大变局以及中华民族伟大复兴战略全局。高校体育产业创新创业教育系统未来将更加注重顶层设计、机制优化以及平台构建及运营，以加强系统主体间、系统与国家大系统间的联系，不断适应复杂多变的国内国际环境，确保高校体育产业创新创业系统稳定发展，我国高校体育产业创新创业教育系统由实践探索阶段向未来稳定深耕阶段演变。

四 我国高校体育产业创新创业教育系统演化调控路径

（一）加强教育规范系统建设，促进系统稳定发展

现阶段，我国高校体育产业创新创业教育多遵循创新创业教育政策、体育产业政策及标准指导，高校体育产业创新创业教育缺乏专项政策及标准支持，创新创业教育配套政策及国家标准也并不完善。我国高校体育产业创新创业教育的主体价值认知依旧有偏差，企业对高校体育产业创新创业教育的认知和行为呈现"重创业结果，轻创新过程"，我国多数地区家长受"学而优则仕"等传统思想影响，认为创新创业教育的目的仅仅是"鼓励学生创办企业"，对学生参与高校体育产业创新创业教育并不支持。

高校体育产业创新创业教育价值体系建设既要重塑"小众化""精英化"教育理念，实现体育产业创新创业教育"广谱化"发展；还要重塑高校教育方式，培育高校体育产业创新创业文化；既要重塑高校教育形态，推动"情景创设"向"社会实践"过渡，还要重塑教育理念，推动体育专业"专创融合"发展，实现"技能培养"与"精神塑造"齐头并进。从标准建设的角度来讲，高校体育产业创新创业现阶段要及时推进高校体育产业创

新创业教育标准顶层设计，加大高校体育产业创新创业教育标准建设支持力度，发挥体育院校体育产业创新创业教育示范引领作用，鼓励多方参与体育产业创新创业教育标准研究工作，建立高校体育产业创新创业教育多元协同参与机制。从制度建设的角度而言，需聚焦双创教育改革，提升大学生双创能力；落实政策激励保障，优化大学生双创环境；合理整合社会资源，加强大学生双创服务平台建设；注重教育成果导向，完善大学生双创教育评价。

高校体育产业创新创业教育规范系统是复杂适应系统理论中内部模型的现实体现，加强教育规范系统建设，要从价值体系、专项制度、配套政策建设以及标准研制出发，力求树立系统主体体育产业高素质人才的教育目标，建设良好的高校体育产业创新创业教育价值环境、文化环境、制度环境，激发系统主体参与体育产业创新创业教育的内在驱动力，并保障高校体育产业创新创业教育系统在复杂条件下的稳定发展。

（二）丰富教育实施系统内容，促进系统构建块"聚集"及"多元化"发展

课程、师资、平台是我国高校体育产业创新创业教育实施系统的三大重要组成部分，这里所说的平台是广义的，即赛事、培训、论坛、互动载体等都属于本文所述平台范畴。教育实施系统是我国高校体育产业创新创业教育系统与外环境接触的最后一环，也是我国高校体育产业创新创业教育系统产生"涌现"效应的关键场所。教育实施系统建设首先要建设我国体育产业创新创业教育师资体系，在社会和高校中营造体育产业创新创业文化氛围，建设"一校一品牌文化工程"，结合院校或专业特点，打造具有本校、本专业特色的创新创业文化，让创新创业文化更"接地气"，文化氛围更加浓厚，师生产生更多共鸣，共同致力于创新创业教育发展，通过文化塑造吸引更多教师加入创新创业师资队伍，提高基础力量。优化师资体系要素联动机制，并加快建设高校体育产业创新创业各类师资考核机制。其次，建设与优化高校体育产业创新创业课程，课程建设要以体为本，突出体育产业的学科特点，并合理设计学时，开发体育产业创新创业个性化课程，丰富课程形

式，增强实践类课程占比。在课程建设中要加强校企联合，增进同业界的联系，尽快推进高校体育产业创新创业教育课程标准研制开发，并进一步建立课程评价指标体系。最后，加强"三位一体"体育产业创新创业平台建设，明确发展方向，将平台建设纳入高校教育改革顶层规划，实现创新创业教育与高校发展共赢；发挥主体优势，将信息化资源作为平台建设核心，构建数字化知识服务体系；发掘平台动力，将竞赛驱动作为平台实践育人的重要途径，完善和创新高质量人才培养模式；加强协同合作，将协同发展作为平台的重要支柱，构建体育产业持续健康发展新格局；贯通发展链条，将双创培训、赛事育人、成果孵化与转化一体化推进，积蓄平台高质量发展新动能。

（三）推动教育保障系统发展，加强教育保障系统宣讲普及

教育保障系统是主体对自身未来发展预测的重要参照，也是我国体育产业创新创业教育系统演化的"安全阀"，其中包括制度落实、评价机制健全以及建设利于发展的友好型系统环境，而提高主体认知、改变主体态度及激发主体参与行为是教育保障系统发展的关键一环。推动教育保障系统发展，首先要把政策任务落实落细，设置合理的体育产业创新创业教育课程体系，构建完善的高校体育产业创新创业孵化体系，提供充足的体育产业创新创业资源保障，探索新颖的体育产业创新创业宣传模式，建立及时的创新创业教育实施反馈系统。其次要加快构建高校体育产业创新创业评价体系，树立系统思维，建设高质量发展考核评价体系；优化指标体系，树立推动高质量发展鲜明导向；创新考核方式，全方位考核创新创业工作实效；提高经费投入，推动体育产业相关政策落实实施；强化目标导向，聚焦体育产业创新创业杰出人才。最后，要加快构建高校体育产业创新创业教育友好社会生态环境体系，形成高校长期全面的培训支持体制，创新市场主体深入参与的体制机制，并积极营造以成果为导向的学生参与氛围。

（四）促进多元主体系统协同，增强系统及主体"适应力"

现阶段，我国正处于服从服务于"两个大局"的关键阶段，这就要求

我国体育产业创新创业教育系统及系统主体能够对复杂的外部环境做出迅速反应，增强系统及系统主体对环境的"适应力"，以促进能量、信息及资源向系统内部流动，并在主体间交互及系统行为控制完成新生产要素的"涌现"，实现多元化主体"聚集效应"，促进系统随环境快速演变，并服务于我国教育与体育产业系统发展。从微观出发，在高校体育产业创新创业教育演化多元主体协同过程中，要通过教育规范系统明确各利益主体职责、保障各利益主体权益。建设多元主体系统协同及信息、能量、资源整合载体，以加强主体与环境、主体与系统间交互效应与主体间的聚集效应，增强系统及系统主体获取及辨识信息、利用及整合资源、储存及优化能量的能力。与此同时，高校体育产业创新创业教育系统演化应不拘泥于主体协同，要在发挥主体主观能动性的同时，加强部门间、高校间、地域间、学科及产业间的协同交互，促进有限资源下的高校体育产业创新创业教育系统"效益最大化"。

从宏观出发，政府应发挥其宏观调控作用，提供政策支持和资金保障。通过制定相关政策和法规，政府可以为体育产业创新创业提供良好的发展环境。同时，政府需进一步提高专项资金利用效率，支持高校、企业、产业基地和科研院所开展体育人才培养和创新创业项目。高校作为体育人才培养的主要阵地，应加强与政府、企业、产业基地和科研院所的沟通与合作。高校可根据市场需求和产业发展趋势，调整和优化体育专业设置和课程设置，培养具备创新创业精神和实践能力的体育人才。同时，高校还需依托地域体育产业发展优势，进一步加强产教融合，促进高校体育产业创新创业教育发展。企业在多元主体系统中扮演着重要角色。企业可根据需要，提供实习岗位，积极参与高校体育产业创新创业赛事、培训、论坛等活动，帮助高校教师及学生了解体育产业的市场需求和运营方式。产业基地和科研院所是体育科技创新的前沿阵地，在数字体育快速发展，体育业态逐渐升级的大环境下，产业基地和科研院所应通过高校体育产业创新创业课程、赛事等平台，加速科研成果孵化，与高校共同培养高质量高素质体育产业人才。

五　结语

　　目前，我国高校教育改革及体育产业发展正处于百年未有之大变局及两个百年奋斗目标交汇的关键时期，高质量、创新型体育产业人才培养不仅为我国体育学科高校教育改革提供了发展方向，也为复杂环境下我国体育产业发展提供了新鲜血液及充足动力。随着体育产业快速发展与高校教育改革工作的推进，我国高校体育产业创新创业教育也从"萌芽阶段"走到了与地域产业特征、高校特点相融合的"深耕阶段"。高校体育产业创新创业教育的政策目标日趋明确，如何明晰国家及地区发展大局，落实落细高校体育产业创新创业教育政策，服务好学生创新创业就业需求，是我们每一个教育工作者的责任，高校体育产业创新创业教育未来发展任重道远。

参考文献

白丽、孙晨晨：《互联网时代体育产业人才的培养》，《体育学刊》2016 年第 4 期。

朱雄、徐伟宏：《体育产业创新人才培养模式研究——以武汉体育学院研究生创新创业培养基地建设为例》，《体育研究与教育》2015 年第 1 期。

李蔚然、宋昱：《众创空间新平台推进上海市体育产业创新创业的策略分析》，《南京体育学院学报（自然科学版）》2017 年第 5 期。

张向前、许梅枝：《基于 CAS 理论的知识型人才流动与产业集群互动研究》，《科技进步与对策》2014 年第 3 期。

谭跃进、邓宏钟：《复杂适应系统理论及其应用研究》，《系统工程》2001 年第 5 期。

陈一壮：《论贝塔朗菲的"一般系统论"与圣菲研究所的"复杂适应系统理论"的区别》，《山东科技大学学报（社会科学版）》2007 年第 2 期。

陈禹：《复杂适应系统（CAS）理论及其应用——由来、内容与启示》，《系统辩证学学报》2001 年第 4 期。

廖守亿、戴金海：《复杂适应系统及基于 Agent 的建模与仿真方法》，《系统仿真学报》2004 年第 1 期。

熊励、孙友霞、蒋定福、刘文：《协同创新研究综述——基于实现途径视角》，《科技管理研究》2011 年第 14 期。

刘霞：《基于 CAS 理论的高职产教融合平台建设》，《教育与职业》2020 年第 8 期。

杨尚剑：《我国运动员退役安置系统特征、演化及调控机制——基于复杂适应系统理论》，《北京体育大学学报》2021 年第 4 期。

刘艳、闫国栋、孟威等：《创新创业教育与专业教育的深度融合》，《中国大学教学》2014 年第 11 期。

曾骊、张中秋、刘燕楠：《高校创新创业教育服务"双创"战略需要协同发展》，《教育研究》2017 年第 1 期。

B.13
"专创融合"视域下高校体育产业
创新创业课程建设路径研究

阎隽豪　段贺然　王锦钰*

摘　要：　"专创融合"是深化我国高校体育产业创新创业教育改革的重要引领，高校体育产业创新创业教育必须迎合"专创融合"的需要。我国高校体育产业创新创业课程基本形成以传统线下课程教学为主、线上课程教学及社会实践课程教学为辅、新型教学模式稳步探索并尝试融入的模式。针对"专创融合"视域下高校体育产业创新创业课程建设的短板，提出专创融合视域下高校体育产业创新创业课程的建设路径：以"专创融合"为基础构建高校体育产业创新创业课程体系，以"专创融合"为着力点，明确高校体育产业创新创业教学目标，以"专创融合"平台建设为切入点，加大高校体育产业创新创业课程资源供给，以"专创融合"为锚定点，加强高校体育产业创新创业课程衔接。

关键词：　"专创融合"　体育产业　创新创业教育　课程建设

　　党的二十大报告指出，"科技是第一生产力、人才是第一资源、创新是第一动力"，再次凸显创新与人才的重要价值，也对高等学校创新创业教育改革发展提出新的时代命题。随着我国体育强国、教育强国建设深入推进，体育产业迎来巨大发展机遇与挑战。体育产业创新创业作为国家创新创业体

---

　　* 阎隽豪，北京体育大学2023级博士研究生，主要研究方向为体育管理、体育产业创新创业教育；段贺然，中央财经大学2023级硕士研究生，主要研究方向为体育管理；王锦钰，华东政法大学商学院2023级本科生，主要研究方向为体育金融、体育产业经济。

系的重要组成部分，正在快速融入新征程、新使命、新目标的伟大变革发展中。创新创业课程是创新创业教育的核心，教育部办公厅《关于做好深化创新创业教育改革示范高校 2019 年度建设工作的通知》中首次将创新创业教育线上"金课"建设与"专创融合"特色示范课程建设作为阶段工作的重点，并从教育改革全局层面将"专创融合"提高到全新战略高度。"专创融合"的提出为体育产业高素质人才培养指明了新的发展方向，也为我国高校体育产业相关课程体系建设、发展、重塑提供了新的"锚定点"。

我国学界普遍认为，课程体系建设是体育产业创新创业教育发展的重中之重，"专创融合"作为高校教育改革的新理念、新方向，应更多运用到体育产业创新创业课程体系建设中，但在理论探讨、工作定位、融合方式等方面研究仍不够深入。相对于其他领域，尽管我国创新创业教育快速发展已十年有余，但体育产业创新创业教育仍处于边缘地位，高校体育产业创新创业教育课程体系建设缺乏、课程平台建设滞后、课程介入平台不深入、各类创新创业课程与体育产业人才培养的嵌入与融合不足等问题普遍存在，高校体育产业创新创业教育课程建设亟待推进。

一 "专创融合"：高校体育产业创新创业 教育深化的逻辑理路

（一）"专创融合"是高校体育产业创新创业教育改革的必然要求

离开"专创融合"谈创新创业教育是没有出路的，这样的创新创业教育无异于无源之水、无本之木，不仅不利于提升学生的创新精神与创业能力，还有可能影响高校原有专业教育的发展质量，高校体育产业创新创业教育亦是如此。与之相反，"专创融合"能强化专业教育与体育产业创新之间的联系，强化专业教育与体育产业发展间各类资源的双向流动。"专创融合"不仅能大大丰富高校教育方式、课程形式、人才培养模式，促进高校教育改革高质量发展，还能作为产学研合作交流的重要桥梁，加强人才、信

息、资金在高等教育及体育产业发展主体间的流动，形成更高质量的体育产业创新创业产出，促进专业教育质量提升，彰显体育产业创新创业价值。

随着新时代知识生产模式转型速度的加快，将创新创业教育融入专业教育，将有助于专业教育快速自我革新，使之由单一学科教学模式向多学科融合的教学模式转变，由自上而下的"灌输式教育"向"自下而上"的"自发式学习""问题导向""启发式教育""帮扶式教育"转变，由注重旧知识的获取向侧重新知识的创造转变，才能更好地促使大学生"敢想会创"，并通过综合能力的培养积极应对快速发展、复杂多变的时代环境，这更进一步体现了"专创融合"不仅仅是体育院校与体育专业发展、高等教育改革的必然要求，更是我国社会主义现代化人才培养的重要抓手。因此，专业教育与体育产业创新创业教育是相互发展、相互促进、相互交融的，推动专业教育与创新创业教育的融合发展将为我国高校体育产业创新创业教育改革提供强大创新力及内生动力。

（二）高校体育产业创新创业教育必须迎合"专创融合"的需要

高校体育产业创新创业教育是国家产业升级、体育产业发展与高等教育改革的时代产物，是政府及高校为培养体育高素质人才，促进体育类院校及专业发展，改善体育产业创新、创业、就业情况，在新时代体育产业及高等教育环境下所进行的授课、培训、平台建设等一系列教育活动。体育产业创新创业教育是在体育产业环境下创新精神、创业意识以及创新创业能力的教育，是在创新创业教育深入开展的基础上面向多元化、高质量体育产业人才培养的新教育理念与新教育模式，是除"学术性高等教育"与"职业性高等教育"之外的第三种教育模式。《中华人民共和国高等教育法》第五条明确规定："高等教育的任务是培养具有创新精神和实践能力的高级专门人才，发展科学技术文化，促进社会主义现代化建设。"国务院办公厅《关于印发体育强国建设纲要的通知》中提出："加快体育人才培养，制定全国体育人才发展中长期规划，实施高层次人才培养专项计划。"创新创业教育作为知识经济时代下提出的教育改革新理念、新思路、新模式，不仅需要在高职教育、理工科教育中获得发展,"受环境影响较大"、产业链"横向发展易但纵向发展难"、多学科融合、"中下游产业"等特点意味着体育产业更需要通过创新创业教育等新理念、新模式培养多元化、复合型人才。因此,将高校体育产业创新创业教育乃至课程建设蕴含于我国体育院校、体育专业教育改革的使命中,并随着我国体育产业转型升级、要素创新、生产资料积累的进程而不断深入发展,是一项紧迫的任务。

二 高校体育产业创新创业课程教学模式

自国务院办公厅《关于深化高等学校创新创业教育改革的实施意见》(以下简称《实施意见》)出台以来,我国体育类院校以及其他院校相关专业管理者对高校体育产业创新创业课程教学开展积极探索,目前已基本形成高校主导、政府及企业等组织积极参与的"参与型课程体系"。体育产业创新创业通识课程自经管类专业向外逐步普及,通识必修课比例逐年增加,体育产业创新创业通识课在体育类院校及其他院校相关专业的普及度稳步提升;体育产业创新创业课程积极融入我国"互联网+线上"的授课模式,部分院校已参与到体育产业创新创业优质慕课(MOOC)建设工作中;高校教师在体育产业创新创业课程教学中开始认识到"翻转课堂""混合式课程"建设的重要性并进行尝试;部分体育院校经管学院开始探索虚拟仿真在体育产业创新创业教育中的运用,寻求由"互联网+教育"向"智能+教育"的升级并尝试建设相关课程;高校体育产业创新创业项目参与"互联网+"大学生创新创业大赛等社会实践"大课"的积极性逐渐提升,全国大学生体育产业创新创业大赛等体育产业领域实践平台持续推进。我国高校体育产业创新创业课程教学基本形成以传统线下课程教学为主、线上课程教学及社会实践课程教学为辅、新型教学模式稳步探索并尝试融入的模式(见图1)。

(一)传统线下教学模式

课堂教学是现阶段高校体育产业创新创业课程教学的主阵地、主渠道、

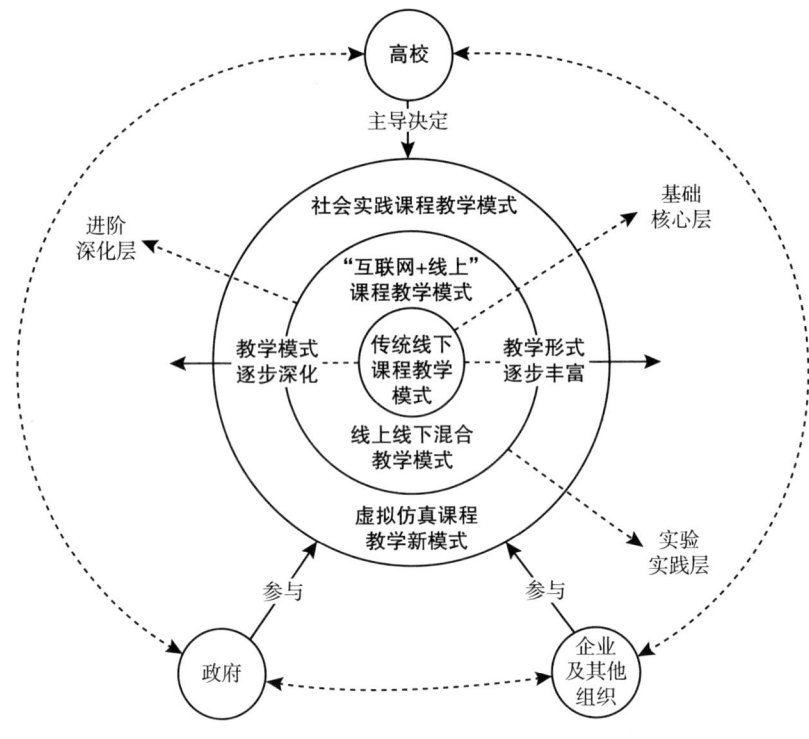

图1　高校体育产业创新创业课程体系

主战场。2015年以来,我国体育类院校及其他院校相关专业对创新创业课堂教学模式展开了积极探索,超九成的体育类院校已开设创新创业公共必修课或通识选修课,体育产业创新创业教育以基础课程普及的形式在体育类院校得到发展;在此基础上,部分体育类院校尝试将创新创业教育与专业教育结合,面向特质学生开设"专创结合"体育产业创新创业课程。如北京体育大学在创新创业导师资格认证、创新创业师资培训连年开展的基础上,加强创新创业课程建设,并积极响应高等教育改革号召,开展"新商科背景下我国体育产业创新型人才培养模式探索与实践"等人才培养教学模式研究工作;上海体育学院不仅注重体育产业创新创业公共必修课或通识选修课等"广谱型"传统线下创新创业基础课程建设,而且依托创新创业学院探索体育产业创新创业课程体系建设以培养体育创新型人才。综合、工商、师范等类型的院校对体育产业创新创业教育的认知较弱，更多依赖其体育学院、系、部或其他相关专业管理者在专业建设过程中主动寻求与创新创业或体育产业的结合。清华大学经济与管理学院成立体育产业发展研究中心，并与清华大学体育部开展合作，推动体育产业人才培养、体育产业课程研究工作，清华大学体育部依托本校创新创业线下必修及选修课程资源开展专业课程体系建设，为我国体育产业发展输送高质量人才。温州大学体育与健康学院依托区位优势及本校创新创业课程体系推动体育专业课程建设，积极引导、鼓励学生选修普及类或进阶类创新创业课程，为体育产业发展输送大量"敢想会创"的创新创业人才。

（二）"互联网+线上"教学模式

"互联网+线上"课程教学体系经过多年发展，已经成为创新创业课程体系建设工作不可或缺的一部分。2015年国务院办公厅在《实施意见》中指出各地区、各高校要加强创新创业优质课程信息化建设，推出一批资源共享的慕课、视频公开课等在线开放课程，并建立课程学习认证及学分认证配套制度。近年来，体育类院校为推进体育产业创新创业教育、完善专业课程体系，已率先开展创新创业优质慕课建设工作。如北京体育大学建设的"大学生精益创新创业实践"慕课在2020~2021年被评为"北京市就业创业金课"并入选教育部在线教育研究中心"拓金计划"第一批示范课程。上海体育学院的"学科引领下体育创新创业人才培养模式创新与实践——产教、专创双融模式的探索"获得2022年上海市优质教学成果奖，并开设"创新创业在线讲堂"，完善该校体育产业创新创业课程教学体系建设。体育类院校及其他院校相关专业在探索体育产业创新创业在线课程建设的同时，也在积极引进优质在线精品课程融入体育产业创新创业课程体系建设及专业建设中。2017~2018年，教育部开展国家精品在线开放课程认定工作，依托爱课程（中国大学MOOC）、智慧树、华文慕课等在线课程平台，"创新与创业管理""创课——大学生创新创业基础""互联网与营销创新"等一系列国家级创新创业精品课程以线上基础选修课的形式被运用到高校体育产业创新创业教育中。高校通过内部建设与外部引入已基本满足了自身创新创业及专业教学需求。

（三）线上线下混合教学模式

传统线下课程教学与线上课程教学发展到一定程度，就是模糊了边界的混合课，如翻转课堂就是线上线下混合课程教学的有效策略和方式，它推动了传统课堂"以师为主"教学模式向"以学生为中心"教学模式的转变，高校创新创业教育尤其需要这种教学模式的创新。上海体育学院近年来积极探索线上线下混合教学课程建设，2021年共有3项线上线下混合式专业课程获得省级一流课程立项，与此同时，上海体育学院亦将相关经验运用到创新创业学院及创新创业课程体系建设中。上海体育学院在线上线下混合教学模式上的探索只是我国高校专业课程改革及创新创业教育课程改革的缩影。2021年国务院办公厅《关于进一步支持大学生创新创业的指导意见》进一步推动我国创新创业教育课程体系建设走向深化，我国体育类院校及其他院校相关专业管理者均在寻求深化创新创业教育改革的"新路"，而线上线下混合教学模式及混合型创新创业课程建设无疑为高校体育产业创新创业教学提供了新思路、新方法及课程发展新方向。在此环境下，我国体育产业创新创业混合课程建设也逐渐度过"萌芽期"，进入新的发展阶段。

（四）社会实践课程教学模式

社会实践课程是当代大学生由"创新精神激发"到"创业、就业能力培养"过渡的重要桥梁，也是我国创新创业项目培育孵化的重要平台。"互联网+大学生创新创业大赛"作为中国最大的创新创业社会实践"金课"，一年有265万人同上这门课，产生64万个项目。其中2021~2022学年度上海体育学院共有2503人报名参赛，北京体育大学共有1350人报名参赛，这也是现阶段体育产业创新创业教育中影响力最大、参与学生最多的社会实践"大课"。2015年《实施意见》出台以来，我国高校也在积极建设体育产业创新创业平台，建设体育产业创新创业社会实践"大课"。2015~2021年，天津体育学院相继举办全国体育院校体育产业创新创业大赛、全国大学生体育产业创新创业大赛、全国大学生体育产业创新创业培训及论坛等社会实践活动，活动参与人数也从 2015 年的 165 人增长到 2021 年的近千人，为高校提供了体育产业创新创业专项社会实践课程教学平台。与此同时，高校依托地区及高校资源建设创新创业社会实践课程，并寻求融入国家创新创业社会实践课程、社会实践平台的路径。如北京体育大学依托校内资源按年度举办"赫石杯"创新创业大赛及"冲鸭—互联网+"创新创业系列培训活动，形成了较为完善的体育产业创新创业社会实践课程教学模式，并同时举办国家级、市级创新创业赛事的校内选拔活动，选拔优质创新创业项目团队及高素质创新创业人才并与国家级、市级创新创业社会实践平台接轨。我国创新创业赛事、培训、论坛等活动，不仅已成为创新创业教育改革的载体，同时也成为促进高校学生全面发展、促进体育产业产学研用融合、推动体育产业创新创业课程体系建设乃至教育体系建设的关键纽带。

（五）虚拟仿真课程教学模式

国务院办公厅在《实施意见》中指出各高校要加强专业实验室、虚拟仿真实验室、创业实验室建设，推动虚拟仿真实验课程发展。虚拟仿真课程教学深度融合了信息技术、智能技术与实验教学，破解了高等学校专业教育及创新创业教育中实验、实习、实训的问题。2018 年，教育部上线"国家虚拟仿真实验教学课程共享平台"，推动高校间虚拟仿真课程发展、共享、评价。截至 2023 年 1 月，共有 30 门体育学类虚拟仿真课程在平台上完成课程资源共享，其中国家一流虚拟仿真课程 10 项，省级一流虚拟仿真课程 14 项；共有创新创业类虚拟仿真课程 4 项，均未达到国家及省级一流课程水平。从体育产业创新创业课程建设的角度看，一方面，目前可用于体育产业创新创业课程教学的虚拟仿真课程相对较少，但高校对专业建设及创新创业课程建设的需求也有限，形成了"供微需少"的局面；另一方面，我国体育类院校及其他院校的相关专业管理者已意识到虚拟仿真课程教学不仅是深化高校改革、优化专业课程体系的关键一环，也可为体育产业创新创业课程体系建设提供多元选择。如 2022 年上海体育学院有在建省级以上虚拟仿真课程教学实验项目 10 个，北京体育大学有在建省级以上虚拟仿真课程教学

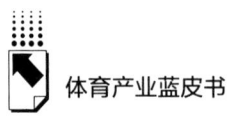

实验项目 3 个，其中"体育类虚拟仿真实验教学平台的建设与应用"等项目均可服务于体育产业创新创业课程体系建设，推动高校专创融合发展，高校对体育产业创新创业虚拟仿真课程教学的探索已经展开。

三　高校体育产业创新创业课程建设短板

（一）高校体育产业创新创业教育课程目标不明确

教育目标是体育产业专创融合课程开展的驱动力，课程目标是体育产业专创融合课程开设的出发点和落脚点，也是检验课程实施的重要"标靶"，二者缺一不可。国务院办公厅在《实施意见》中不仅提出要注重创新创业人才培养、课程建设等目标，更提出了"融合"的创新创业教育发展理念。从高校管理者、师资的认识执行结果来看，培养体育产业创新创业人才、激发学生创新创业精神及促进高校产学研用一体化发展是目前高校体育产业创新创业教育的主要目标，独立建制的体育院校更加注重多元化体育产业创新创业教育目标的设立，在项目孵化、产学研合作、传承大学使命与功能的教育目标设立比例明显高于其他类型院校，体育产业创新创业"一线工作者"的教育理念及目标已经初步形成（见表1）。

表 1　各类型高校体育产业创新创业教育目标

教育目标	院校类型				
	独立建制的体育院校	综合性大学的体育学院/系/部	体育高职高专	其他体育类院校	非体育类院校或专业
占比	列 N%	列 N%	列 N%	列 N%	列 N%
培养体育产业创新创业人才	88.4	85.8	85.2	84.0	84.3
孵化体育产业创新创业项目	73.8	66.2	73.8	58.0	62.0
丰富高校教育教学内容	68.9	69.2	63.1	67.0	71.8
促进高校产学研用一体化发展	79.1	69.0	60.7	57.0	62.2
激发学生创新创业精神	76.0	72.7	75.4	64.0	68.3
传承大学使命与功能	41.3	37.7	36.9	24.0	41.3

教育目标	院校类型				
	独立建制的体育院校	综合性大学的体育学院/系/部	体育高职高专	其他体育类院校	非体育类院校或专业
占比	列 N%	列 N%	列 N%	列 N%	列 N%
响应国家社会创新创业需要	57.8	56.9	51.6	46.0	59.1
其他	3.1	1.4	4.1	3.0	3.9
	$N = 2151$　　$X^2 = 91.441$　　$P < 0.001$				

资料来源：2022 年高校体育产业创新创业教育调查问卷（师资问卷）。

但就更深层次的"专创融合"发展及体育产业创新创业课程目标的确立而言，现阶段依旧存在各级目标不明晰、导向不清楚的问题。我国体育产业创新创业教育发展轨迹是"由点及面"的，即占据体育资源高地的独立建制的体育院校逐渐向全国高校辐射发展。但从 2021～2022 年 15 所独立建制体育院校教学质量报告来看，虽然多数高校报告中提出要建立"创新创业教育与专业教育紧密结合的教学体系"，但并未提出如何深入推进"专创融合"，更未在学年发展计划中提及高校专业课程与创新创业课程体系的建设目标、发展路径，高校体育产业"专创融合"课程目标亟待确立，体育产业专创课程体系从无到有、从结合到融合的发展任重道远。

（二）高校体育产业创新创业课程体系建设缺乏

我国高校体育产业创新创业课程缺乏体系化设计、体系化融合及嵌入，开设主体单一，"专创融合"类课程研发缓慢、开设量很少，具体表现在以下几个方面。

第一，体育产业创新创业课程的差异化、专业化并未显现。调研结果显示，我国创新创业课程以选修课为主，其中创新创业概论、创业类课程以必修课和实践课形式出现的比例较高，实践型创新类课程在创新类课程中的占比相对更高（见表 2）。体育产业创新创业概论类课程开设比例相对较低，我国高校体育产业创新创业多沿用创新创业教材、教学方法、课程内容等，具有体育产业特质的创新创业课程开设量很少，体育产业创新创业课程体系化、差异化、专业化设计缺乏，体育院校及其他院校相关专业的"专业培养方案、专业教学内容与模式、专业与课程建设等培养体系缺乏创新创业能力培养要素，创新创业教育与专业教育相互脱节"现象较为普遍。

表2　高校体育产业创新创业课程开设情况

课程内容	课程类型							
	必修课		选修课		实践课		其他	
行/列占比	行 N%	列 N%	行 N%	列 N%	行 N%	列 N%	行 N%	列 N%
创新创业概论	43.3	69.6	77.6	61.8	56.7	66.9	2.2	51.3
创新类课程	40.2	61.8	79.3	60.4	59.4	67.2	1.8	41.0
创业类课程	43.0	69.2	79.1	63.2	57.6	68.2	2.2	51.3
经营管理类课程	41.6	66.5	80.1	63.5	57.0	67.1	2.7	61.5
体育产业创新创业概论	40.8%	58.4%	79.8%	56.6%	59.2%	62.2%	2.7%	56.4%
其他	37.5%	4.8%	66.7%	4.2%	50.0%	4.7%	25.0%	46.2%

$N=2151$　$X^2=390.838$　$P<0.001$

资料来源：2022年高校体育产业创新创业教育调查问卷（师资问卷）。

第二，体育产业创新创业课程建设未深入贯彻"双创"教育及"专创融合"教育理念。在国家政策的支持及高校制度的优化下，高校管理者、教师逐渐虽然意识到创新创业教育的重要性，但高校创新创业课程开设良莠不齐的状况依旧存在，部分体育院校或体育产业相关专业开设的课程多为通识类课程，多数高校管理者及教师对创新创业教育的理解仅停留在"开设创新创业类课程、帮助学生创业"的1.0阶段，而没有认识到创新创业教育与专业课程深度融合的重要性。这使得部分高校存在体育产业创新创业课程开设随意、通识类创新创业课程师资水平不高、进阶型及专业型创新创业课程覆盖面较小的情况普遍存在。

第三，创新创业课程与专业知识与技能的互动较少，体育产业创新创业课程内容亟待丰富。目前我国体育产业创新创业教育"双师型"教学人才缺乏、社会力量引入不足、激励制度不健全等问题依旧存在，使得体育产业创新创业课程体系建设以及专业课程改革工作推进缓慢，体育产业创新创业教材研发、课程内容教研工作相对滞后，创新创业课程开设质量不高，无法建立各专业之间的联系。创新创业课程未能将专业知识有机融入自身课程体系，富有体育产业、体育专业特色的创新创业课程难以彰显，导致体育类院校与其他高校的课程大同小异，体育专业特色、院校特色难以区分，院校区域优势难以发挥。

（三）高校体育产业创新创业课程资源匮乏且整合不足

体育产业创新创业课程资源匮乏是一个综合性问题，统计数据显示，我国各地区体育类院校体育产业创新创业教育效率值在 2017～2021 年增长缓慢，中西部地区体育产业创新创业教育效率值甚至出现负增长（见图 2）。目前"专创融合"视域下高校体育产业创新创业资源匮乏且整合率低主要表现在以下 4 个方面。

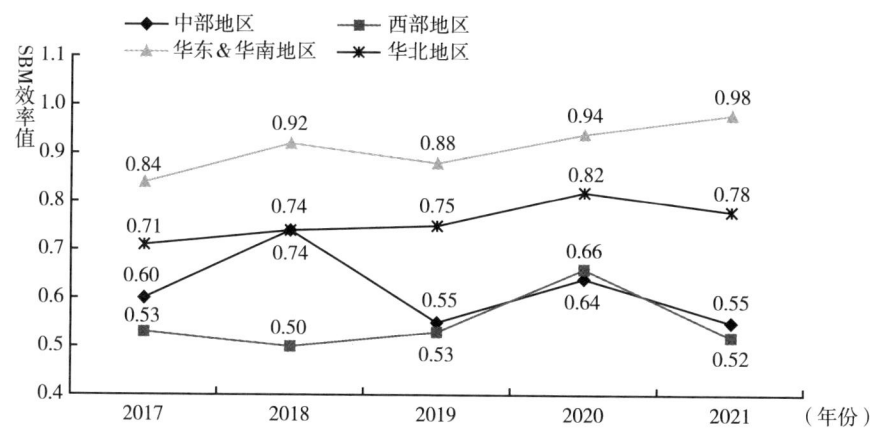

图 2　2017～2021 年我国体育类院校体育产业创新创业教育 SBM 效率均值变化

资料来源：西部地区包括内蒙古、广西、重庆、四川、贵州、云南、陕西、甘肃、青海、宁夏和新疆 11 省区市（5 所院校样本），中部地区包括山西、吉林、黑龙江、安徽、江西、河南、湖北和湖南 8 省（12 所院校样本），华东＆华南地区包括上海、江苏、浙江、福建、广东、海南 6 省市（9 所院校样本），华北地区包括北京、天津、河北、辽宁、山东 5 省市（11 所院校样本）。

第一，体育产业创新创业课程配套资源匮乏。目前多数体育类院校以及其他院校的相关专业开设了创新创业教育课程，在学分设置、课程开设数量

上落实了国家政策要求、满足了学生学习需求。但专业教育与创新创业的深度融合在部分高校并未落实，创新创业课程种类单一、课程内容同质化严重的问题依旧存在。地区间、高校间、各专业间资源流动及使用效率较低，且近年来高校体育产业创新创业教育效率、课程建设效率改善缓慢，部分地区体育类院校体育产业创新创业教育效率出现负增长。高校创新创业课程建设主管部门缺乏资源支持及部门间协同配合，教学设备、教材、师资等可利用资源较少，多元化课程体系建设缓慢，专业建设与创新创业教育课程体系融合发展依旧需要制度支持。

第二，高校体育产业创新创业教育师资构成单一、师资力量薄弱制约课程体系建设发展。近年来，我国体育类院校响应国家号召，在"双师型"师资队伍建设、创新创业专职教师培养、社会师资引进等方面开展工作并取得成效，但体育产业创新创业教育师资构成单一、师资力量薄弱的问题依旧制约着多数高校"专创融合"课程开展。部分专业授课教师兼任行政职务无法做到专职授课，"双师型"教师比例相对较少，多数高校未将体育产业创新创业课程建设及"专创融合"的体育专业课程建设纳入师资评估制度中，高校教师、管理者的积极性未被完全激发，高校师资体育产业创新创业激励机制尚需完善。

第三，体育产业创新创业及"专创融合"配套教材研发滞后。创新创业教育是顺应时代发展的教育，是在高校学生专业知识学习的基础上传授国家发展战略、社会发展动态及产业发展方向等新知识，是在培养学生创新意识的基础上同时实践传授学生新方法，这就对体育产业创新创业及"专创融合"配套教材提出了更高要求。但在高校创新创业通识课程开展过程中，2010年出版的"大学生职业生涯规划与就业创业指导"与2014年出版的《大学生创业基础知能训练教程》依旧是多所学校的常用教材；近年来，体育产业创新创业教材研制工作也在持续推进，但仅有《体育产业创新创业教育》《体育创业与创新》等4本体育类创新创业教材，2019年后体育类创新创业教材出版迟滞，"专创融合"类创新创业教材研发工作亦进展缓慢，脱离教材的体育产业创新创业课程开展在高校内并不鲜见。

第四，体育产业创新创业课程高质量平台建设及融入严重迟滞。虽然近年来我国体育类院校进行了"互联网+线上"课程教学模式、虚拟仿真课程研发、社会实践课程建设、线上线下混合教学模式等多维课程体系探索，但在创新创业课程研发、体育产业创新创业课程高质量平台建设及融入方面发展迟缓。目前，高等教育阶段的体育类课程高质量平台建设仍是空白，体育产业创新创业课程仅能通过融入与嵌入的形式纳入国家级、省级课程平台中，北京体育大学的"大学生精益创新创业实践"虽然取得了创新创业课程建设的突破，但依旧是通识类课程，与体育产业、体育专业的结合很少。高校体育产业创新创业赛事作为社会实践平台自 2015 年以来"多点开花"，但赛事级别、赛事规模、赛事内容仍需进一步提升，"政—产—学—研—用"一体化体育产业创新创业社会实践平台的建设工作缓慢，仍需进一步推进。截至目前，在教育部上线的"国家虚拟仿真实验教学课程共享平台"上共有创新创业类实验课程 4 项，均未达到国家及省级一流课程水平，体育类创新创业虚拟仿真课程、专创融合虚拟仿真课程建设仍处于空白，新兴课程模式及与高质量平台的融合有待进一步探索。

（四）高校体育产业创新创业课程衔接性不强

近年来，高校为响应国家教育改革政策号召，开始探索多元化专业课程体系建设的新路，但在专业建设过程中，还存在体育产业相关专业课程与创新创业课程融合度较低、创新创业各类教学模式间衔接性不强、各级各类体育产业创新创业课程衔接性不强、课程体系不完善等问题，具体表现在以下三个方面。

第一，专业知识与体育产业创新创业教育融合度低，创新创业教育及理念与专业课程体系的嵌入度低。专业建设与体育产业创新创业的融合情况应从明与暗、融入与嵌入两个维度进行分析。一方面，专业知识与体育产业创新创业教育的融合度较低，体育类院校及其他院校相关专业的创新创业线上及线下通识课程中鲜见体育专业知识，而面向特质学生的实习实践类、社会实践类、创新创业类课程专业融合单一、课程建设缓慢、课程影响力小的问题在高校中普遍存在，专业知识与创新创业课程教学的显性融合不足。另一方面，创新创业教育理念与专业课程体系的嵌入度低，体现在"双师型"教师比例较低，体育类院校及其他院校相关专业课程依旧在"教师讲、学生听"或"教师问、学生答"的基础教学阶段，对于情感的输出、知识与观点的引导性批判教学较少，对于国家新政策、社会发展新方向、产业发展新动态的引导式教学有限，创新思维及创业技能培养与专业课程体系建设的结合并不紧密，专业教师对学生创新意识的培养缺乏引导，无法激发学生参与体育产业创新创业教育的积极性。

第二，各类教学模式间衔接性不强，导致高质量创新创业人才培养链缺乏衔接。一方面，通识类、普及类创新创业课程与体育专业知识、体育产业发展的衔接性不强，导致学生在通识类、普及类创新创业课程学习中积极性较低，学生很难将创新创业理论、产业发展状况与自身所学知识结合，学生参与热情未被激发，传统线下通识课程教学模式"以师为主"，学生只能被动接受，且师资水平较低，线上课程教学形式及内容单一，无法体现专业特色。另一方面，面向特质学生的体育产业创新创业类课程体系尚需探索且建设缓慢，创新类、创业类、专业类及社会实践类课程缺乏衔接，体育产业创新创业课程体系建设缺乏统一领导，学校创新创业教育执行主体缺乏话语权，理论课程、专业课程、创业与社会实践类课程各自为战，缺乏沟通与协同，直接影响体育产业创新创业人才培养质量。

第三，体育产业创新创业理论与实践之间衔接性不强。在学生的创新创业实践中，学生多数会选择自己感兴趣或熟悉的领域进行创业。但在体育产业创新创业课程开设中，部分课程脱离了教学调研与社会、市场调研，课程开发目标与理念不符合实际，课程提倡的潜在创新点与实际需求有差距，课堂中识别的创业机会缺乏调研支撑，不能实际解决市场痛点，反而误导了学生的专业学习方向。体育产业创新创业理论课程有待进一步开发，体育产业创新创业实践课程内容有待进一步加强，与体育专业建设有待进一步融合。

四　专创融合视域下高校体育产业创新创业课程的建设路径

（一）以"专创融合"为基础构建高校体育产业创新创业课程体系

"专创融合"是高校体育产业创新创业课程体系建设的基础，现阶段高校体育产业创新创业课程体系建设应从显性课程与隐性课程、各级各类创新创业课程及专业课程、理论课程与实践课程等多维度、全方位入手，将"专创融合"理念及课程贯穿体育创新创业人才培养的全过程。

在"专创融合"显性课程建设中，第一，体育类院校及其他院校相关专业应面向全体学生建设具有体育产业特色、融合体育专业知识的创新创业公共必修课、通识选修课，丰富传统线下课程教学内容，加快体育类创新创业线上优质慕课研发建设，开设体育创新管理、体育技术创业、体育企业运营、体育技术与创业实践等创新创业与体育专业的学科交叉类线上线下课程，满足学生创新创业学习需求。第二，要将创新创业知识、课程内容、发展前景等融入专业课程体系建设中，不断优化体育专业及体育产业相关专业基础课程，高校教师应积极探索"翻转课堂""虚拟仿真实验""创新批判型教学"等新模式、新方法在专业基础课程中的运用，培养学生创新思维以及加强专业知识与创业实践的融合，进一步丰富"专创融合"必修、限选类课程建设，激发学生自主学习、自主创新意识。第三，针对有体育产业创新创业"深层次"需求的学生开设创新创业能力提升、创新创业精英班，探索体育产业创新创业精英教学模式与专业课程体系，将理论学习、项目训练、创业实践与原始资源积累紧密结合，培养综合素质人才。第四，体育类院校可尝试探索面向特质学生开设创新创业双学位课程，充分发挥学生课程学习自主性，加强学生创新精神、创业意识与能力的培养，充分体现体育产业创新创业课程实践与开放性特征，如北京大学创新创业管理方向双学位、天津大学创新创业双学位等。第五，依托体育产业"政—产—学—研—用"

平台，推动国内外体育产业合作交流项目在"专创融合"课程体系建设工作中发挥更大作用。创新创业课程建设需打破主体界限、地域界限，消除及淡化政、校、企之间的壁垒，加强创新创业教育资源的整合利用，培育具有社会责任感、全球化视野的体育产业创新创业人才。

隐性课程主要指未列入教学计划，没有明确规定，具有潜在性、广泛性、独特性育人效果的，对学生品格培养、习惯养成、能力提升具有明显效用的课程。在被誉为"第二课堂"的隐性课程中，一方面要加强体育产业创新创业平台建设，推动体育产业领域平台融入国家创新创业教育大平台，依托平台建设与融入，面向全体学生积极开展创新创业训练项目交流、创新创业竞赛及路演、创新创业培训、创新创业论坛与讲座等社会实践课程，扩大全国大学生体育产业创新创业大赛等体育产业社会实践课程影响力，高校应积极组织、遴选、辅导体育产业创新创业优质项目参与"互联网+大学生创新创业大赛""全国大学生电子商务'创新、创意及创业'挑战赛"等国家级社会实践平台活动，提高优质体育产业创新创业训练项目关注度，为优质训练项目完成初步资源积累。另一方面要通过与各类显性课程、社会实践课程的充分衔接融合，加强高校在创新创业项目培育与孵化工作中的作用，通过创新创业隐性课程，指导特质学生项目改进、孵化、加速成型（见图3）。

（二）以"专创融合"为着力点，明确高校体育产业创新创业教学目标

高校体育产业"专创融合"教育要深入贯彻落实"将创新创业教育贯穿人才培养全过程"这一教育总方针、总目标，课程建设要处理好知识、能力、素质的关系，高校"专创融合"教育目标的制定要致力于将专业教育、创新创业教育与品德教育深度融合，形成以专业知识为基础、创新意识与创业能力培养为中心、素质教育与品德教育为归宿融合的体育产业"专创融合"课程目标。

第一，"横向融合"打破专业知识与创新创业教学壁垒。高校体育产业创新创业教育不应局限于单一专业知识教授与创新创业通识课程教学，而是

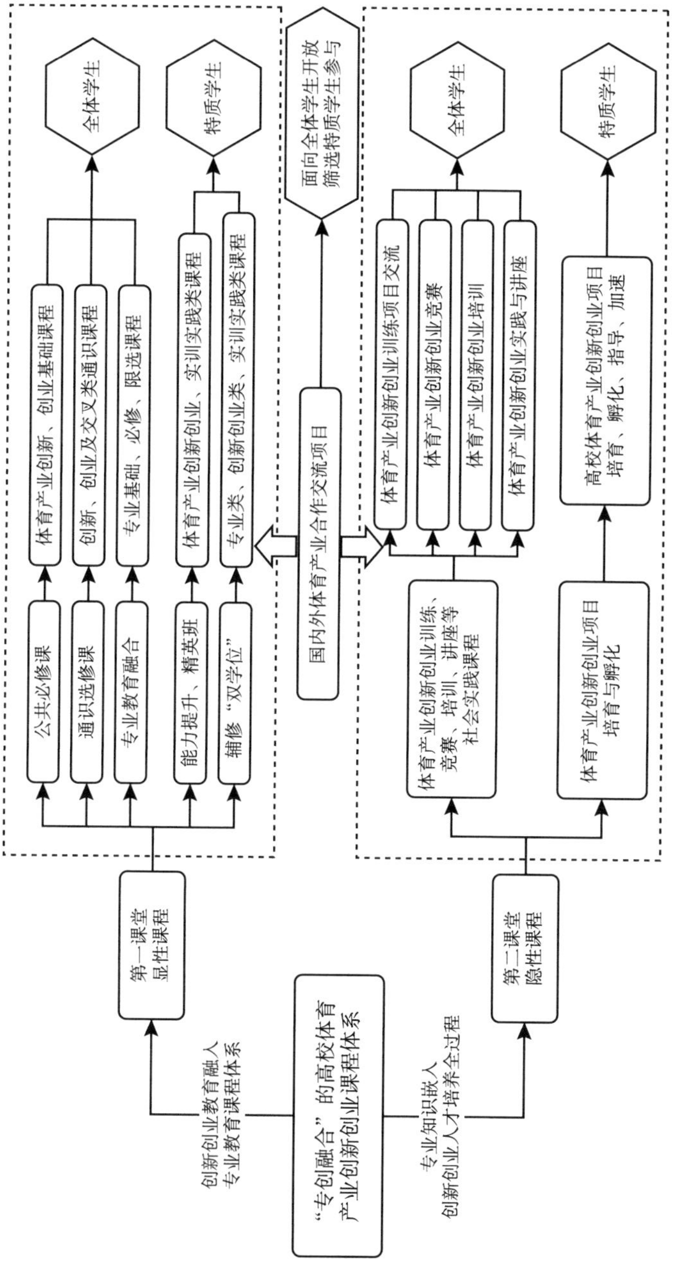

图 3 以"专创融合"为基础的高校体育产业创新创业课程体系构建

要在专业课程中充分融入专业前沿发展知识、使用多种授课模式充分发挥学生自主学习能力，激发学生创新意识。在创新创业系列课程建设中，不仅要注重创新创业知识与专业知识、专业技能的衔接，还要兼顾国家政治、经济发展规律，体育产业环境，教育与产业变革方向等课程内容，在体育产业创新创业通识课程中充分融入专业岗位要求、产业趋势、就业环境等要素。如在专业课程教学中以专业知识传授与专业技能培养为明线，以创新创业教育内容为暗线建设课程；在创新创业课程教学中，以创新创业知识、专业岗位要求、产业趋势、就业环境等课程要素为明线，穿插专业知识内容，"明暗交替"推动专业知识与创新创业教学的"横向融合"，打破高校体育产业"专创融合"教学壁垒。

第二，"纵向贯通"将体育产业创新创业教育嵌入高校体育人才培养全过程。"专创"能力是体育高质量人才培养的核心，在打好专创知识基础上，着力提高学生的专创能力，勇于突破传统课堂单向度传授知识的桎梏，建构一个科学的"专创"能力框架，以知识带动能力的提升。这就需要明确高校学生在每个阶段需要掌握的创新创业知识与专业技术技能。高校应根据体育人才培养阶段进行"专创融合"课程体系建设，并加强专业教育与创新创业教育"奖惩制度""学分制度""保障制度"的建设和融合，将体育产业"专创融合"教育纳入体育高质量人才培养体系中。

第三，"并行交融"培养具有优秀专业素质、创新意识、创业能力以及良好品行的体育产业高素质、复合型人才。"专创融合"就是要求学生在学习专业知识和专业技能的基础上，具备体育产业创新创业的环境适应能力、社交能力、承受不断失败的心理素质、为社会做力所能及的贡献理念等综合素质。这就要求高校体育产业"专创融合"课程体系建设不能孤立地看待"横向交融"与"纵向贯通"这一教学理念，而是在融合中交替上升，在发展中获得更深层次的融合，满足学生各阶段学习需求。

（三）以"专创融合"平台建设为切入点，加大高校体育产业创新创业课程资源供给

政府、高校、产业园区与企业是高校体育产业创新创业教育最主要的利

益相关主体，现阶段，高校是体育产业"专创融合"课程体系建设的主导者，高校教师、管理者是课程体系的主要建设者，而政府、企业与产业园区则较少地参与专创融合课程体系建设工作。推动高校体育产业专创融合课程体系建设、加大高校体育产业创新创业课程资源供给，不仅要注重盘活存量资源，更要加强利益主体间协同，加强专创融合平台建设，让更多增量资源加入课程体系建设中。

第一，激发四方积极主动性，推动体育产业创新创业平台建设，优化高校体育产业创新创业存量课程资源。体育类院校及其他院校相关专业加强师资队伍建设，在加强高校师资培训的同时，打破政府、产业园区及企业师资引进壁垒，一方面"做减法"，改革及优化专业课程建设，创新创业通识课、公共课授课模式，合并类似课程，削减不合时宜的旧课程，丰富存量课程内容；另一方面"做加法"，除了开设创新创业类必修课程，将其纳入学分管理外，还可以以体育产业创新创业平台为依托，加强多元师资引进，为体育专业学生增设金融、法律、营销、财务等内容的选修课作为有益补充。

第二，加强四方组织协同性，在体育产业创新创业平台建设基础上，加强各级各类平台融合，加强体育产业创新创业增量课程资源建设。高校体育产业创新创业增量课程建设，应秉持政府、高校、企业及产业园区协同发展理念，注重"内培外引"师资队伍建设与"增减并重"课程体系建设的有机融合。一方面利用政府、社会资源构建"基础理论+实践理论"的专业教学模式，加强专业实训实践课程建设；另一方面以"专创融合"平台建设为切入点，促进高校体育产业创新创业赛事、论坛、培训等社会实践课程开展，并通过激发社会力量参与积极性，整合多方资源，推动虚拟仿真课程、线上线下课程等教学新模式融入创新创业基础、精英班、实训实践等课程建设工作中。

第三，促进各方广泛参与课程制度、标准、教材研制，以体育产业创新创业平台为载体，加强高校体育产业创新创业课程保障。各级各类制度建设、标准研制是各方权益保障的基础，配套教材是"专创融合"建设必不可少的硬件。首先，在明确体育产业"专创融合"教育发展方向的基础上，体育产业创新创业制度及标准建设和融合要"两手抓"，通过政府主导、高校调研、社会力量积极参与的模式，加强学分制度、课程评选制度、教育保障制度等建设并与各级各类制度有序衔接。其次，要利用平台整合资源，积极推动体育产业专创融合教材研制、更新与改革，要有针对性地解决教材使用过程中的乱、多等问题，规范体育类院校及其他院校体育专业教材使用章程，明确使用的标准，一方面，要坚持全国一盘棋，坚持正确价值导向，坚持借鉴国外，以我为主；另一方面，加大教材的特色创新力度，吸引政府、企业、学校三方的力量，编写形式活泼、内容丰富的活页式、手册式教材，将理论与实践、体育产业专业知识与创新创业知识深度融合，保障"专创融合"课程建设工作开展（见图4）。

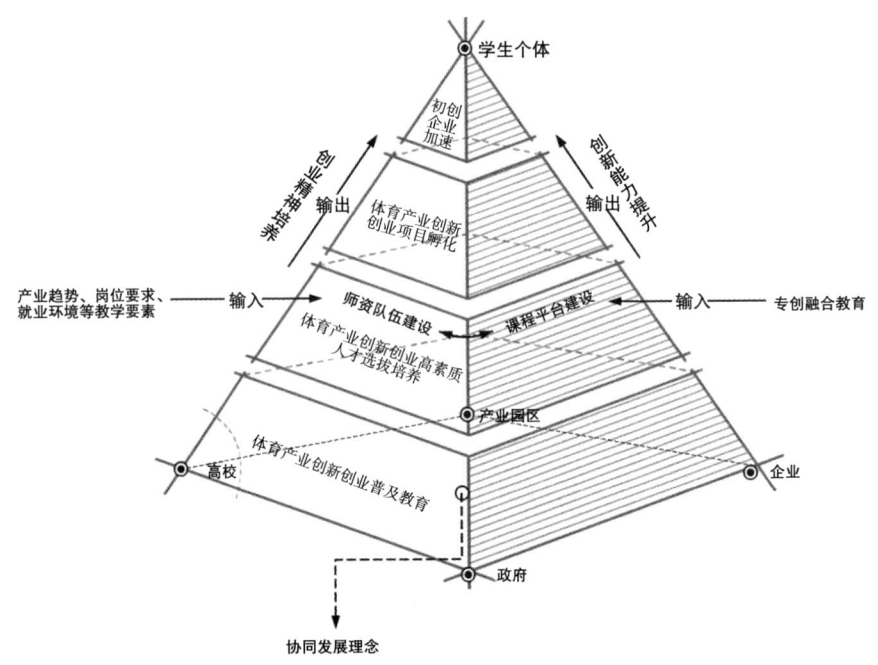

图4　四方协同保障高校体育产业创新创业课程资源供给

（四）以"专创融合"为锚点，加强高校体育产业创新创业课程衔接

体育类院校及其他院校的体育专业要加强创新创业课程的衔接，以系统

论观点为指导，把创新创业课程与专业课程看作独立运行、相互作用、相互影响的子系统，并加强顶层设计及优化使其系统效用最大化。

第一，要加强高校体育产业创新创业课程与专业课程的衔接。创新创业课程与专业课程的衔接是"专创融合"的基础，高校管理者要明晰创新创业课程与其他专业课程的显著区别，又能看到它们之间的共同点。能将二者之间的共同点有效区别，加以剥离，在创新创业课程中所体现出来的关于创新创业的基本观点、基本常识，相关专业课程就不需要反复出现。能理解二者之间本与源的关系，专业课程是基础和内核，创新创业课程则是表象，学生的创新创业通常都是以专业知识为支撑来进行的。

第二，要加强高校体育产业创新创业理论课程与实践课程的衔接，依据体育人才培养阶段采用递进式创新创业理论课程与实践课程设计，形成理论与实践渗透式融合。既可以依据二级学院特点与专长，鼓励打造符合自身专业特色的创客空间，也可以依托专业的创新创业实践平台开展多种形式的项目式竞赛活动，让学生做到从校园到职场的无缝转接。

第三，要加强各级各类体育产业创新创业课程的衔接与融合。要积极探索建设体育产业创新创业慕课及优质虚拟仿真课程，丰富高校体育产业创新创业课程开设形式。加强体育产业创新创业高校线上课程平台的建设工作，并加强与政企共建国家线上课程平台的交流融合。注重高校体育产业创新创业课程体系建设"多"与"细"并存，"多"就是开设多类课程供学生选择，为学生创新精神创业能力培养做好铺垫；"细"就是加强创新创业课程的内部衔接与融合，做好高校体育产业创新创业教育的统一规划，推进教材研制、教学方法研讨、教学工作评价、教学质量保障，建设成熟完备的高校体育产业创新创业课程体系。

五　结语

"专创融合"是我国高等教育改革的重要举措，也为我国体育专业教育、体育产业创新创业教育提供了新的发展方向。高校要以"专创融合"

为基本点，重新审视传统教育与创新创业教育理念，建设更加创新、更加多元、更具时代化的体育产业创新创业课程内容，建设更加前卫、更加协同、更加融合的体育产业创新创业课程体系，将前瞻性、阶梯性的体育产业创新创业教育贯穿体育高质量人才培养全过程，扎实解决好专业课程与体育产业创新创业课程建设的融合衔接，优化课程存量、盘活课程增量，推动我国教育改革及体育人才培养工作持续向前发展。

参考文献

吴岩：《建设中国"金课"》，《中国大学教学》2018 年第 12 期。

李德丽、刘俊涛、于兴业：《融入与嵌入：创新创业课程体系建设与模式转型》，《高教探索》2019 年第 3 期。

卢卓、吴春尚：《专创融合改革的理论逻辑、现实困境及突围路径》，《教育与职业》2020 年第 19 期。

胡天佑、李晓：《应用型本科高校"专创融合"的价值导向、阻滞因素及推进策略》，《黑龙江高教研究》2022 年第 12 期。

李明：《高校专创融合教育体系及实践平台建设研究》，《黑龙江教育（高教研究与评估）》2021 年第 9 期。

白丽、孙晨晨：《互联网时代体育产业人才的培养》，《体育学刊》2016 年第 4 期。

B.14
中国高校体育产业创新创业政策
支撑体系研究

刘 鹃 赵心怡 牟智佳 成雅欣[*]

摘 要： 通过收集整理相关政策文件，从政策发展脉络、重点领域、政策工具、执行情况等不同维度对我国高校体育产业创新创业政策发展现状进行分析。研究发现，高校体育产业创新创业政策尽管在数量上相对较少，但是持续受到中央政府的高度重视。在政策内容方面，产业创新体系完善、体育产业人才培养、产业链与人才链深度融合等相关领域正逐渐成为中国高校体育产业创新创业政策内容的重点。在政策工具方面，以供给型政策工具与需求型政策工具为主，多种政策工具协调配合。进一步分析中国高校体育产业创新创业政策执行情况，可以发现当前相关政策体系初具规模，政策框架不断健全、政策环境稳步改善、政策红利持续释放。但政策实施过程中面临问题也比较突出，存在政策执行目标较为模糊、政策工具使用失衡、政策执行协同性不足、政策执行监管与评估不足难题。基于此，本文提出了清晰政策目标设定、平衡政策工具使用、动员多主体参与政策执行、加强政策执行监管与评估的可行路径。

关键词： 体育产业 创新创业政策 政策工具

---

* 刘鹃，北京体育大学管理学院副教授，中央财经大学经济学博士，北京师范大学教育学博士后，硕士生导师，主要研究方向为休闲体育、群众体育、体育管理；赵心怡，北京体育大学管理学院硕士研究生；牟智佳，北京体育大学管理学院硕士研究生；成雅欣，北京体育大学管理学院硕士研究生。

一 中国高校体育产业创新创业政策的发展脉络

系统梳理我国高校体育产业创新创业政策对于理解体育产业发展趋势、为相关主体提供决策参考和依据、促进体育产业升级和创新具有重要的意义。基于此，本部分将以历史进程为主线，首先系统回顾我国高校体育产业创新创业政策变迁的关键节点，试图在把握政策发展规律和时代背景基础上正确认知与评价我国的高校体育产业创新创业政策变化，其次将从广泛的创新创业一般性政策与具体的创新创业高校政策两个维度展开分析。

（一）创新创业一般性政策分析

从总体发文趋势来看，相关发文数量呈现先升后降的特点。2015年初至2023年12月期间，我国关于创新创业的政策数量和高校创新创业的政策数量总体呈现先上升后下降的趋势，并在2017年达到峰值，该年的双创发文数量超过1万件（见表1）。

表1 2015~2023年全国双创政策数量统计

单位：项，%

年份	全国创新创业政策数量	高校创新创业政策数量	高校政策占比
2015	6168	1250	20.30
2016	9456	2113	22.30
2017	10305	2215	21.50
2018	7063	1456	20.60
2019	5320	1137	21.40
2020	3697	775	21.00
2021	3481	813	23.40
2022	2854	690	24.20
2023	2735	753	27.53

资料来源：白鹿智库（2020~2021）、《中国高校体育产业创新创业报告（2020~2021）》与"北大法宝"。

以发文峰值所在的 2017 年为节点，可以将 2015 年至 2023 年这一时间段划分为 2015~2017 年和 2017~2023 年两个时间段（见图 1）。自 2014 年提出"大众创业、万众创新"后，政府出台一系列政策加快实施创新驱动发展战略。因此，2015 年到 2017 年国家关于创新创业和高校创新创业的政策数量呈现上升趋势。在多项创新创业政策的引导和支持下，我国的创新创业体系已经初步形成，所以对创新创业政策的扶持需求有所降低，相关政策发文数量呈现下降的趋势。

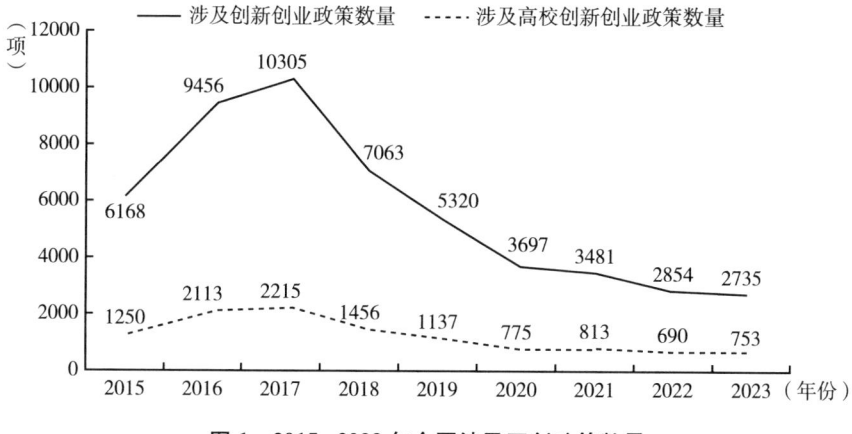

图 1　2015~2023 年全国涉及双创政策数量

资料来源：白鹿智库（2020~2021）、《中国高校体育产业创新创业报告（2020~2021）》与"北大法宝"。

目前，高校已成为创新创业的主力军。根据高校创新创业的政策数量在双创政策总数的占比情况可得知，在 2015 年至 2023 年间，高校创新创业政策数量在全国创新创业政策数量中的占比呈现波动上升趋势（见图 2）。创新创业能力是终身学习的关键能力，高校教育能否培养出适应新工业革命需要的创新创业人才，影响着国家在新一轮工业革命中的竞争力[①]。正因如此，高校创新创业也愈加受到政府的重视，相关政策支持力度不断加大，高

---

① 胡绍华：《高校创新创业教育的多重问题与矫正对策》，《杭州师范大学学报（社会科学版）》2023 年第 3 期。

校创新创业政策数量在全国创新创业政策数量中的占比也呈现总体上升趋势。

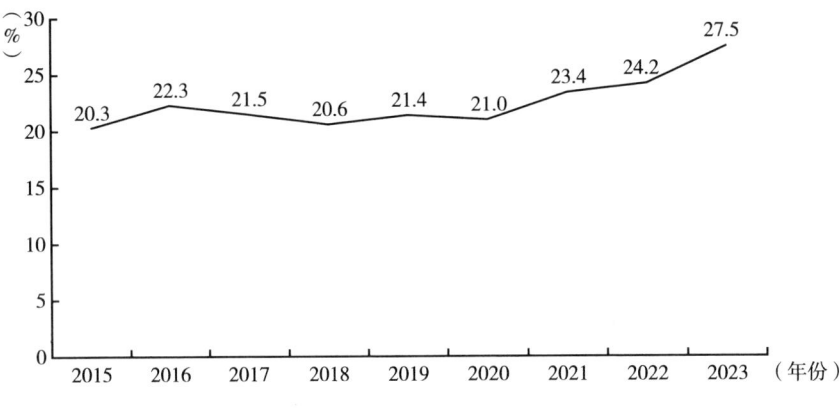

图2　2015~2023年高校双创政策占比

资料来源：作者自绘。

创新创业政策发文主体丰富。由于创新创业得到中央各部门的重视，创新创业发文主体涉及多个政府部门，形成了推动高校创新创业发展的政策合力。在国家层面，国务院办公厅、中共中央组织部、教育部、人力资源和社会保障部、财政部等党中央和国务院各部门纷纷出台政策鼓励创新创业（见表2）。

表2　国家层面高校双创政策概览

发文机关	政策名称	发文字号	概要
教育部	《关于做好2016届全国普通高等学校毕业生就业创业工作的通知》	教学〔2015〕12号	加快推进创新创业教育改革；落实完善创新创业优惠政策；加大创新创业场地建设和资金投入等。
—	《中华人民共和国国民经济和社会发展第十三个五年规划纲要》	—	落实高校毕业生就业促进和创业引领计划，搭建创新创业平台，健全高校毕业生自主创业、到基层就业的激励政策。

续表

发文机关	政策名称	发文字号	概要
国务院	《关于深化产教融合的若干意见》	国办发〔2017〕95号	推进产教融合人才培养改革……推动高水平高校加强创新创业人才培养，赋予学生多样性成长路径……推动探索高校和行业企业课程学分转换互认。
教育部	《关于做好2019届全国普通高等学校毕业生就业创业工作的通知》	教学〔2018〕8号	各地各高校要发挥服务业最大就业容纳器的重要作用，鼓励毕业生到文化创意、健康养老、服务外包等现代服务业就业创业。要发挥学科优势与专业长板，主动对接以技术集成和商业模式创新为特点的新业态人才需求，充分利用平台经济、众包经济、共享经济、数字经济等新业态，积极鼓励与引导毕业生就业多元化发展。
中共中央组织部、人力资源和社会保障部、教育部、财政部、水利部、农业农村部、国家卫生健康委员会、国务院扶贫开发领导小组（含国务院贫困地区经济开发领导小组）、共青团中央	《关于做好2019年高校毕业生"三支一扶"计划实施工作的通知》	人社厅发〔2019〕40号	扶持有创业意愿和创业能力的"三支一扶"人员在基层创新创业，落实考研加分等政策，促进服务期满"三支一扶"人员有序流动、多渠道发展。
国务院学位委员会、教育部	《专业学位研究生教育发展方案（2020—2025）》	学位〔2020〕20号	将创新创业教育融入产教融合育人体系
教育部	《关于做好2022届全国普通高校毕业生就业创业工作的通知》	教学〔2021〕5号	促进创新创业带动就业
国务院	《关于进一步做好高校毕业生等青年就业创业工作的通知》	国办发〔2022〕13号	支持自主创业和灵活就业。落实大众创业、万众创新相关政策，深化高校创新创业教育改革，健全教育体系和培养机制，汇集优质创新创业培训资源，对高校毕业生开展针对性培训，按规定给予职业培训补贴。

发文机关	政策名称	发文字号	概要
人力资源和社会保障部	《人力资源社会保障部办公厅关于开展 2023 年全国人力资源市场高校毕业生就业服务周活动的通知》	—	促进高校毕业生等重点群体市场化社会化就业
教育部	《教育部关于做好 2024 届全国普通高校毕业生就业创业工作的通知》	教就业〔2023〕4 号	贯彻习近平新时代中国特色社会主义思想和党的二十大精神，进一步完善高校毕业生就业创业服务体系，全力促进高校毕业生高质量充分就业。

资料来源：国务院、教育部、人力资源和社会保障部等官网。

（二）高校体育产业创新创业政策分析

体育产业是大休闲大健康背景下随着人民生活不断改善迅速崛起的新兴产业，是幸福产业、绿色产业、朝阳产业，以及具有高度融合性的产业，它在转变经济发展方式、调整产业结构、扩大内需，增加就业机会等方面具有积极作用，助力我国的经济强国建设①。而高校体育产业创新创业教育是连通我国高等教育改革创新、创新创业人才培养的桥梁纽带②。由于中央层面政策发文更加具有宏观性、引领性与方向性，截至 2023 年 12 月，国家层面尚未出台高校体育产业创新创业的专项政策文件，只有在体育产业的综合性政策文件中涉及有关高校体育产业创新创业的表述。因此，本部分的政策数量分析主要以综合性政策为样本进行整理和概述。

首先，总体发文数量较少，频次波动较大。2015~2023 年，国家层面关于中国高校体育产业创新创业政策发文数量共计 7 份（见图 3）。

---

① 黄海燕：《新时代体育产业助推经济强国建设的作用与策略》，《上海体育学院学报》2018年第 1 期。
② 肖林鹏、阎隽豪：《我国高校体育产业创新创业教育发展态势、面临问题与建设路径》，《北京体育大学学报》2023 年第 7 期。

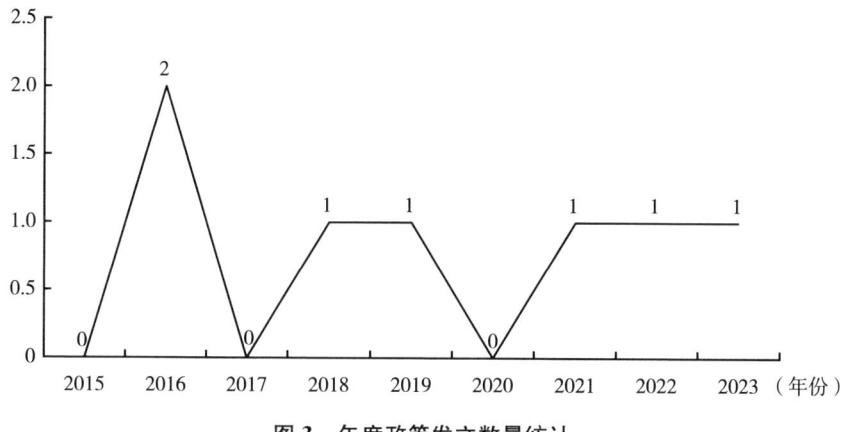

图 3　年度政策发文数量统计

资料来源：作者自绘。

其次，在发文内容方面呈现更加细化具体的特点。2014 年，国务院出台《关于加快发展体育产业促进体育消费的若干意见》。2016 年，国家针对高校体育产业创新创业政策出台了《国务院办公厅关于加快发展健身休闲产业的指导意见》等两份关键政策文件。在此之后，截至 2022 年 12 月，国家又相继出台了《国务院办公厅关于加快发展体育竞赛表演产业的指导意见》《"十四五"体育发展规划》《户外运动产业发展规划（2022—2025年）》《关于推进体育助力乡村振兴工作的指导意见》等体育领域的政策来支持高校体育产业创新创业。可见，随着时间的推移，国家逐渐聚焦体育产业的具体领域，越来越注重高校体育产业的高质量发展（见表 3）。

表 3　2015~2023 年政府关于高校体育产业创新创业政策一览

发文机关	政策名称	发文字号	概要
国家体育总局	《体育发展"十三五"规划》	—	将"大众创业、万众创新"的理念与体育产业发展结合，将体育产业的创新发展与国家创新战略结合。
国务院办公厅	《国务院办公厅关于加快发展健身休闲产业的指导意见》	国办发〔2016〕77 号	建设体育产业创新创业教育服务平台，帮助企业、高校与金融机构三者有效对接。

续表

发文机关	政策名称	发文字号	概要
国务院办公厅	《国务院办公厅关于加快发展体育竞赛表演产业的指导意见》	国办发〔2018〕121号	加强体育产业创新创业教育服务,帮助校、企对接。创新人才培养机制,支持有条件的高等院校设置相关专业和课程。
国务院办公厅	《国务院办公厅关于促进全民健身和体育消费推动体育产业高质量发展的意见》	国办发〔2019〕43号	探寻体育产业创新试验区建设。在体制机制、主体培育、融合发展等方面探索实践,设立国家体育产业发展协同创新中心。
国家体育总局	《"十四五"体育发展规划》	体发〔2021〕2号	引导和支持高等体育院校培养更多具有创新精神和创业能力、行业急需的体育人才。创新全民健身公共服务模式。强化要素创新驱动。
国家体育总局、国家发展改革委等八部门	《户外运动产业发展规划(2022-2025年)》	—	以人民为中心,推动户外产业与高校结合,通过深化改革和加强创新破解户外运动专业人才缺乏、设施与产品有效供给不足、品牌影响力有待提升等问题。
国家体育总局、中央精神文明建设办公室、中央宣传部、国家发展改革委等部门	《关于推进体育助力乡村振兴工作的指导意见》	体群字〔2023〕79号	创新完善体育组织与乡村社会工作者、乡村志愿者、乡村慈善资源联动机制,建设与完善乡村学校体育场地设施建设,健全乡村体育志愿者招募、服务、激励、保障机制。

资料来源:国务院办公厅、国家体育总局官方网站。

二　中国高校体育产业创新创业政策的重点领域

政策文本是记录政府政策意图的有效客观凭证,通常以意见、办法、计划等形式呈现,是政策行为的反映。对政策文本进行分析有利于对我国高校体育产业创新创业政策特征进行深度剖析。本部分将运用内容分析法，对2015 年至 2023 年 12 月期间，国家层面出台的高校体育产业创新创业政策文本进行分析，其中，政策表述涉及中国高校体育产业创新创业的部分，关键领域包括高校创新创业改革、产业创新体系完善、体育产业人才培养、产业链与人才链深度融合等（见图 4）。

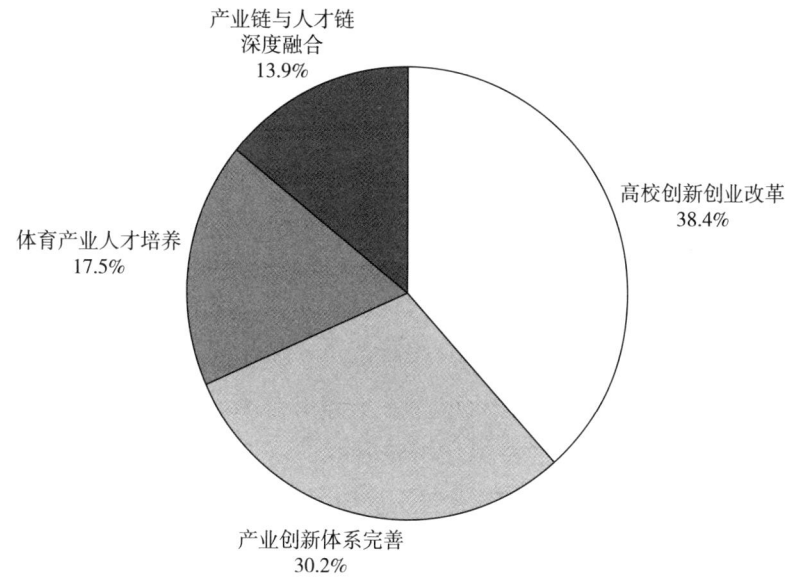

图 4　政策各关键领域出现次数占比

资料来源：作者自绘。

（一）高校创新创业改革

"高校创新创业改革"在相关的政策内容关键词中出现得最为频繁，占比高达 38.4%。2015 年至今，国务院办公厅和教育部相继出台了一系列关于高校创新创业的政策和意见，凸显了创新对时代发展和社会进步的重要性，以及创业对带动就业的重要价值，同时强调了高校开展创新创业的巨大潜力。《国务院办公厅关于促进全民健身和体育消费推动体育产业高质量发展的意见》提出了要进一步促进体教融合发展，青少年体育优秀人

才培养的目标,《户外运动产业发展规划(2022—2025年)》提出要创新体育产业人才培养模式,推动产业发展需求侧与学校人才培养供给侧紧密对接。而《关于推进体育助力乡村振兴工作的指导意见》则将着眼点落在乡村,通过建设与完善乡村学校体育场地设施等措施,更好地发挥体育在促进乡村振兴中的重要作用。由此,关于高校创新创业的政策进一步得到重视。纵观历年来教育部关于高校创新创业重要政策意见,可以观测到如下两种趋势。

1. 鼓励举办中国国际"互联网+"大学生创新创业大赛

从2015年举办首届中国"互联网+"大学生创新创业大赛,到2023年第九届中国国际"互联网+"大学生创新创业大赛,教育部从政策等方面予以高度重视与支持,从时间的选定、主题的规划、承办方的选择,到参赛项目的要求、参赛对象、赛程安排以及比赛赛制和评审规则都做出了相关指示。大赛旨在深化高等教育综合改革,激发大学生的创造力,培养造就"大众创业、万众创新"的主力军;推动赛事成果转化,促进"互联网+"新业态形成,服务经济提质增效升级;以创新引领创业、创业带动就业,推动高校毕业生更高质量创业就业。如今,中国国际"互联网+"大学生创新创业大赛已成为创新创业人才培养的重要手段,也是世界大学生实践创新创业梦想的全球盛会。教育部对于每届大赛主题的选择也是紧扣"创新创业"的核心主旨,并且呈现同中有异、异中有同的选题趋势(见表4)。

表4　双创大赛主题一览

单位:万人

届数	"互联网+"大学生创新创业大赛主题	参赛人数
第一届	"互联网+"成就梦想　创新创业开辟未来	20
第二届	拥抱"互联网+"时代　共筑创新创业梦想	55
第三届	搏击"互联网+"新时代　壮大创新创业生力军	150
第四届	勇立时代潮头敢闯会创　扎根中国大地书写人生华章	265
第五届	敢为人先放飞青春梦　勇立潮头建立新时代	457
第六届	我敢闯　我会创	630

届数	"互联网+"大学生创新创业大赛主题		参赛人数
第七届	我敢闯	我会创	956
第八届	我敢闯	我会创	1450
第九届	我敢闯	我会创	—

资料来源：百度、360、谷歌搜索相关数据。

　　体育领域的创新与其他领域相比起步略晚，一直以来获奖数量不高。然而值得关注的是，近年来，体育相关的创新创业项目组踊跃参与，逐渐开始在全国赛及地区赛的职教赛道、高职赛道中展现锋芒。尤其是在最近举办的第九届双创大赛中，体育领域创新创业项目在金奖中崭露头角——来自江西师范大学的"云舟荡漾——运动训练数字化赋能领航者"项目斩获中国大陆项目金奖；"引力百分佰体育综合体""云力 Again——AI 云运动行为检测私人教练"等项目斩获上海赛区项目金奖。

2. 持续深化创新创业教育改革

　　国务院办公厅 2015 年发布《国务院办公厅关于深化高等学校创新创业教育改革的实施意见》，2016 年发布《国务院办公厅关于加快发展健身休闲产业的指导意见》，进一步推动创新创业教育改革在体育领域的开展，提出要高效发挥运动员创业扶持基金作用，鼓励退役运动员创业创新，为健身休闲产业提供良好的准入环境。建设体育产业创新创业教育服务平台，帮助企业、高校、金融机构三主体之间有效对接。在后续一系列政策文件中，都直接或间接地对深化创新创业教育改革有所涉及。例如，《"十四五"体育发展规划》指出，要深化体校改革、培养青少年体育社会组织；《户外运动产业发展规划（2022—2025 年）》和《国务院办公厅关于加快发展体育竞赛表演产业的指导意见》强调了推动产业发展需求侧与学校人才培养供给侧紧密对接的重要性。《关于推进体育助力乡村振兴工作的指导意见》指出，要推进乡村体育人才队伍建设、乡村体育教师队伍建设和体教融合。同时，教育部于 2015 年、2016 年先后召开座谈会和经验交流会，每年评定创新创

业改革示范高校，以此激发各高校的改革热情，推动改革的持续推进。2017
年清华大学、北京大学等 99 所高校被教育部认定为首批"全国深化创新创
业教育改革示范高校"，其中，有 55 所是国家"双一流"大学；2017 年 8
月，教育部认定中国人民大学、南开大学等 101 所高校为第二批"全国深
化创新创业教育改革示范高校"。

（二）产业创新体系完善

观察我国体育产业发展历程可知，创新是推动体育产业发展的重要内驱
力，坚持创新驱动战略与科技创新引领，进而实现创新引领下的体育产业高
质量发展已成为新时代体育强国建设中的重要环节①。因此，我国也不断加
快体育产业领域的改革创新，自 2015 年至今，国务院办公厅及国家体育总
局相继出台了一系列涉及体育产业创新发展的政策意见，强调了创新在体育
产业发展中的重要地位。历年来政府关于体育产业改革创新的政策描述主要
呈现以下特点。

1.始终坚持创新发展导向

纵观 2015 年至 2023 年中央和地方出台的体育产业相关政策，几乎所有
的政策文件都以直接或间接的形式强调了创新之于体育产业的重要地位与价
值。如 2016 年国家体育总局发布的《体育发展"十三五"规划》，将"大
众创业、万众创新"的理念与体育产业发展结合，将体育产业的创新发展
与国家创新战略结合，是关键的政策表述。又如，2022 年《户外运动产业
发展规划（2022—2025 年）》就体育产业之一的户外运动产业提出，要以
改革为动力，破除制约户外运动产业发展的瓶颈难题；以创新为引领，通过
管理创新、技术创新、服务创新和产品创新，提高发展的质量和效益。

2.政策方向逐步具体

2010 年的《国务院办公厅关于加快发展体育产业的指导意见》仅提及

---

① 刘冬磊、崔丽丽、孙晋海：《构建体育产业创新生态系统的理论设计与路径研究》，《体育
科学》2023 年第 9 期。

创新的必要性和重要性，并未对创新的主体和方式作进一步阐述。而 2014 年的《国务院关于加快发展体育产业促进体育消费的若干意见》对"体育创新"提出"支持企业联合高等学校、科研机构建立产学研协同创新机制，建设产业技术创新战略联盟"的新要求，对高等学校、科研机构和企业在创新中的作用进行了强调。此后，2015~2023 年的系列政策则更聚焦于高校与企业对体育产业创新的推动作用，政策中对于创新的表述亦逐步细化，如《国务院办公厅关于促进全民健身和体育消费推动体育产业高质量发展的意见》提出的体育产业创新试验区建设，即在体制机制、主体培育、融合发展等方面探索实践，设立国家体育产业发展协同创新中心。

3. 新政策强调产业环境的重要地位

2020 年 9 月的科学家座谈会上，习近平总书记指出，"我国科技队伍蕴藏着巨大创新潜能"，"关键是要改善科技创新生态，激发创新创造活力"。近年出台的《"十四五"体育发展规划》《户外运动产业发展规划（2022—2025 年）》和《关于推进体育助力乡村振兴工作的指导意见》中，产业环境均占据了浓墨重彩的地位。《"十四五"体育发展规划》从宏观层面强调了产业环境对体育产业发展的重要性。政策提出要推动体育融入国家重大区域发展战略，促进区域体育协调发展，在东、中、西部分别培育一批具有较大影响力的体育城市，形成多中心、多层级、多节点的体育产业增长极网络。《户外运动产业发展规划（2022—2025 年）》则从微观层面将产业环境建设的路径进一步具体化。政策指出要坚持生态优先原则，深入贯彻"两山"理念，通过推动自然资源开放、推进运动装备器材便利化运输和搭建运动产业发展平台三方面来优化运动产业发展环境；通过促进区域运动产业协调发展、优化重点项目空间布局和加强运动场地设施建设三路径来完善运动产业发展布局。而《关于推进体育助力乡村振兴工作的指导意见》将着眼点落至中国乡村，强调加强乡村全民健身公共服务体系建设，巩固拓展体育扶贫成果，改善乡村健身环境，提升乡村全民健身公共服务供给水平。

（三）体育产业人才培养

体育领域的创新创业人才是具有创新创业思维、能力、技术等多方面素养的复合人才，作为体育产业发展的参与者和推动者，是体育产业乃至所有产业发展的核心。[①] 然而，目前我国体育产业处在由高速发展向高质量发展的过渡阶段，体育产业高质量发展的核心在于明确人才要素配置与产业发展的双向促进作用关系。截至 2023 年 12 月，我国政府已经出台了一系列政策鼓励体育产业人才培养。从文件表述内容来看，政府在鼓励人才培养的政策表达上日趋细化，也更加具有明确的可操作性。例如，体育总局协同其他七个部门出台《户外运动产业发展规划（2022—2025 年）》，提出了多种人才的培养方式（见表 5）。

表 5　政府关于体育产业人才培养的政策文件一览

发文机关	文件名称	发文字号	概要
国务院办公厅	《国务院办公厅关于加快发展健身休闲产业的指导意见》	国办发〔2016〕77 号	鼓励校企合作，培养应用型的专业人才，做好从业人员的技能培训、激励保障等。
国务院办公厅	《国务院办公厅关于加快发展体育竞赛表演产业的指导意见》	国办发〔2018〕121 号	体育总局和教育部帮助企业和高校等主体有效对接，创新人才培养机制。
国务院办公厅	《国务院办公厅关于促进全民健身和体育消费推动体育产业高质量发展的意见》	国办发〔2019〕43 号	鼓励普通高校、职业院校设置体育产业相关专业，形成有效支撑体育产业发展的高水平人才培养体系，此外，进一步完善教练员水平评价制度。
国家体育总局	《"十四五"体育发展规划》	—	进一步推动体教融合发展，促进青少年体育健康发展：加强青少年体育优秀人才培养、深化体校改革、培养青少年体育社会组织、完善青少年体育竞赛体系、强化青少年体育骨干队伍建设。

[①]　孙中祥、汪紫珩、陶玉流等：《新时代人才强国战略背景下体育产业创新创业人才培养研究》，《西安体育学院学报》2022 年第 6 期。

续表

发文机关	文件名称	发文字号	概要
国家体育总局、国家发展改革委等八部门	《户外运动产业发展规划（2022—2025 年）》	—	鼓励普通高等学校、职业院校开设户外运动产业相关课程，创新户外运动产业人才培养模式，推动产业发展需求侧与学校人才培养供给侧紧密对接。鼓励相关企业联合普通高等学校、职业院校、科研院所建立户外运动教学、科研和培训基地，培养户外运动研究型、技能型、应用型人才。加强与国际户外运动行业组织、机构和企业的交流合作，引进高层次人才。鼓励和支持退役运动员从事户外运动产业，扩大专业人才队伍。
国家体育总局、中央精神文明建设办公室、中央宣传部、国家发展改革委等部门	《关于推进体育助力乡村振兴工作的指导意见》	体群字〔2023〕79 号	加强乡村体育人才队伍建设。具体而言，通过建立健全乡村社会体育指导员培训体系和工作机制，推进乡村中小学体育教师"县管校聘"改革和实施乡村体育后备力量"雏鹰计划"以深入推进体教融合，助力乡村人才振兴。

资料来源：国务院办公厅、国家体育总局等官方网站。

　　尽管"创新创业"一直以来是一个高频词，但如何开展相关创新创业实践，如何选定研究主题、研究过程中的注意事项以及科研资金的来源，这些问题对于高校学生而言都需要予以解答。因此，政府需要不断出台相关政策，鼓励学校开设相关咨询机构和课程，引导大学生创新创业。教育部统计数据显示，截至 2022 年 2 月底，全国高校开设创新创业教育专门课程 3 万余门、在线开放课程 1.1 万余门，聘请 17.4 万名行业优秀人才担任创新创业专职与兼职教师，1000 余所高校的 139 万名大学生参加"国家级大学生创新创业训练计划"。[①] 这一举措正是政府不断推动大学生创新创业教育的生动体现。

---

① 《我国高等教育进入普及化发展阶段》，中国政府网，https：//www.gov.cn/xinwen/2022-05/17/content_ 5690837. htm? eqid=d940451e000ebdbf0000000664573ad5。

（四）产业链与人才链深度融合

党的二十大报告明确指出，加快实施创新驱动发展战略，强化企业科技创新主体地位，推动创新链产业链资金链人才链深度融合。高校在体育产业创新创业的理论方面具有明显优势，其拥有强大的科研能力和丰富的人才储备；企业则在实践层面拥有丰富的市场经验，对当前市场存在的痛点难点有深刻的认识。所以，通过校企合作，促进产业链与人才链的深度融合，将高校和企业的优势进行互补，用高校的学术能力应对企业所面临的挑战，有助于最大限度地发掘高校和企业各自的价值。在高校体育产业创新创业政策中，产业链与人才链深度融合也成为关键领域，占比达13.9%。产业链与人才链深度融合在具体政策中主要体现为校企合作、平台建设与资源整合以及产业链与人才链深度融合实践三方面。

1. 校企合作

高校体育产业创新创业的政策文本涉及"产业链与人才链深度融合"，这启示中国高校应当围绕中国体育产业面临的现实问题与需要，在研究成果和实践经验等方面与企业共享，共同推动体育产业创新发展。同时，产业链与人才链融合在高校体育产业创新创业政策中的表述越来越深入具体，例如，《国务院办公厅关于加快发展体育竞赛表演产业的指导意见》提到"加强体育产业创新创业教育服务，帮助校、企对接"；在最新出台的《户外运动产业发展规划（2022—2025年）》则多处提及校企合作推动户外运动产业发展的途径，例如通过校企合作建立户外运动产学研基地，建立户外运动教学、科研和培训基地等（见表6）。

表6　政府关于校企合作的政策文件一览

发文机关	文件名称	发文字号	概要
国家体育总局	《体育发展"十三五"规划》	—	以高等院校、体育科研院所和重点实验室为基础，推进竞技体育专项研究平台、群众体育科学健身指导平台、体育产业科研服务平台建设。

发文机关	文件名称	发文字号	概要
国务院办公厅	《国务院办公厅关于加快发展健身休闲产业的指导意见》	国办发〔2016〕77号	建设体育产业创新创业教育服务平台,帮助企业、高校、金融机构三者有效对接。
国务院办公厅	《国务院办公厅关于加快发展体育竞赛表演产业的指导意见》	国办发〔2018〕121号	加强体育产业创新创业教育服务,帮助校、企对接。
国务院办公厅	《国务院办公厅关于促进全民健身和体育消费推动体育产业高质量发展的意见》	国办发〔2019〕43号	推动智能制造、大数据、人工智能等新兴技术应用于体育制造领域。鼓励体育企业与高校、科研院所协同创建体育用品研发制造中心。
体育总局、发展改革委等八部门	《户外运动产业发展规划(2022—2025年)》	—	鼓励高校、科研院所建立户外运动产学研基地,加强理论与实践研究,推动研究成果转化。支持校企合作开发覆盖全年龄段的户外运动技能培训课程,发挥户外运动达人、户外运动明星等名人效应,培养户外运动参与人群。鼓励相关企业联合普通高等学校、职业院校、科研院所建立户外运动教学、科研和培训基地,培养户外运动研究型、技能型、应用型人才。

资料来源:国务院办公厅、国家体育总局等官方网站。

2. 平台建设与资源整合

政策鼓励创新平台充分发挥资源整合的作用,鼓励平台将企业丰富的经验优势与高校优秀的学术科研能力相结合,共同推进体育产业高质量发展。所提及的创新平台包括但不限于《国务院办公厅关于促进全民健身和体育消费推动体育产业高质量发展的意见》提及的体育产业创新试验区、体育产业发展平台,以及《国务院办公厅关于加快发展健身休闲产业的指导意见》中涉及的体育产业创新创业教育服务平台建设等(见表7)。

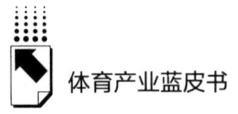

表7 政府关于平台建设和资源整合的政策文件一览

发文机关	文件名称	发文字号	概要
国务院办公厅	《国务院办公厅关于加快发展健身休闲产业的指导意见》	国办发〔2016〕77号	开展体育产业创新创业教育服务平台建设,帮助企业、高校、金融机构有效对接。
国务院办公厅	《国务院办公厅关于加快发展体育竞赛表演产业的指导意见》	国办发〔2018〕121号	通过完善产业链条、健全产业标准、打造发展平台和深化国际合作来优化产业布局,加强平台建设。
国务院办公厅	《国务院办公厅关于促进全民健身和体育消费推动体育产业高质量发展的意见》	国办发〔2019〕43号	通过发挥政府资金引导带动作用、建设体育产业发展平台和推动体育社会组织发展来加强平台支持,壮大市场主体。
国家体育总局	《"十四五"体育发展规划》	—	加快数字平台建设,助力篮球人才选拔培养。加强体育文化创作及平台建设,比如打造体育文化品牌活动,推动体育文化展示平台建设,促进中国体育文化博览会创新发展。
国家体育总局、国家发展改革委等八部门	《户外运动产业发展规划(2022—2025年)》	—	搭建户外运动产业发展平台,将户外运动产业项目纳入体育产业资源交易平台,推动户外运动产业资源公平、公正、公开流转。

资料来源:国务院办公厅、国家体育总局等官方网站。

3. 产业链与人才链深度融合实践

自2015年起,全国体育院校积极落实推进创新创业教育,陆续建设高校众创空间(见表8)。高校众创空间主要以高校为主体运营,以满足师生的创新创业需求为主要目标,提供所需的工作空间、网络空间、社交空间以及资源共享空间等,为创新创业活动提供高质量的服务平台,具有成本低、便利化、全要素、开放式等特征[①]。

---

① 肖林鹏、靳厚忠主编《中国高校体育产业创新创业发展报告(2022)》,社会科学文献出版社,2022。

表8 部分体育院校已建设的高校众创空间

体育院校	建设众创空间
北京体育大学	2018年10月揭牌成立北体创客空间
上海体育学院	2009年11月挂牌成立上海体育国家大学科技园,园区建设有科技园本部——众创坊
天津体育学院	2015年建设成立天津体育学院众创空间
广州体育学院	2015年11月建设广体信息科技众创空间

资料来源：肖林鹏、靳厚忠主编《中国高校体育产业创新创业发展报告（2022）》，社会科学文献出版社，2022，第145页。

三 中国高校体育产业创新创业政策的政策工具

政策工具是组成政策体系的重要元素，是政府将具体目标转化为实质性行为的路径和机制，依据罗斯维尔（Rothwell）分类法，可根据着力领域将政策工具分为供给型、需求型和环境型三大类①，每种大类又可继续分为若干细分的政策工具（见图5）。供给型政策工具是指政府从供给端自上而下直接作用于人才、资本、技术等生产要素，以推动高校体育产业创新创业目标实现的政策条文。需求型政策工具是指政府面向高校体育产业创新创业的需求面，针对政府、企业、高校、社会组织、公众等各类主体出台的刺激其消费、投资和国际往来的相关政策，以减少高校体育产业创新创业过程中可能存在的障碍因素。环境型政策工具则是为贯通供给端和需求端，打造有利于高校体育产业创新创业的健康、有序的环境和平台而制定的相关保障性的政策条文，对高校体育产业创新创业目标的实现具有间接影响和潜移默化的渗透作用。②

① ROTHWELL R, ZEGVELD W："An assessment of government innovation policies", Review of policy research, 1984, 3 (3/4): 436-444.
② 张耀坤、王永军、杨成等：《基于三维分析框架的中国碳中和政策体系研究》，《全球能源互联网》2021年第6期。

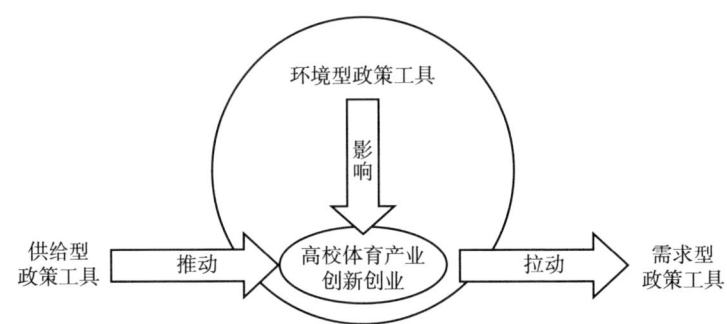

图5 政策工具对高校体育产业创新创业的作用方式

资料来源：作者自绘。

本研究参照 Rothwell 的政策划分依据，按照政策工具的作用方式，将
2015～2023 年高校体育产业创新创业相关政策工具划分为供给型政策工具、
需求型政策工具和环境型政策工具，其中，供给型政策工具占比 33.2%，
需求型政策工具占比 45.5%，环境型政策工具占比 21.4%（见图6）。

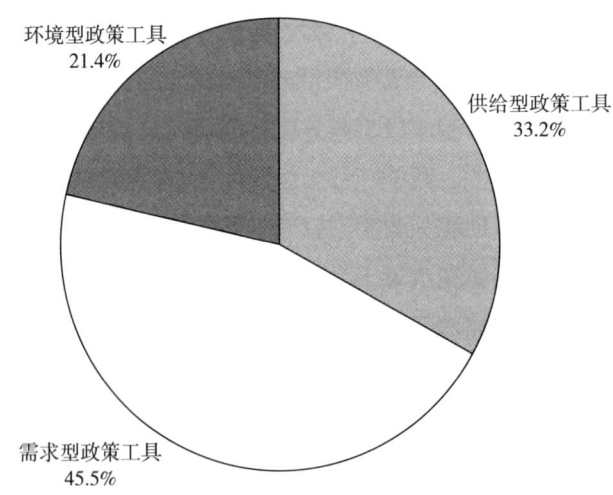

图6 2015～2023 年高校体育产业创新创业各类政策工具占比

资料来源：作者自绘。

（一）供给型政策工具：从供给端推动高校体育产业创新创业发展

在 2015～2023 政府关于高校体育产业创新创业政策中，供给型政策占比 33.2%，约占总政策类型的 1/3。

表 9 供给型政策工具的名称及含义

工具类型	工具名称	工具描述
供给型政策	设施提供	通过优化体育产业供地、建设全民健身体育设施、规范体育场馆公共安全服务等多种方式实现设施提供。
	信息服务	政府通过搭建信息平台,建立、整合和发布体育产业相关审批事项,加强体育行业信用体系建设,完善信息公开与资源交易平台等方式,为高校体育产业创新创业提供信息服务。
	资金投入	政府通过划拨专项资金,以直接投入资金、发放资金补贴、提供研发经费和建设经费等形式提供财力支持。
	人才培养	通过鼓励校企合作、加强从业人员技能培训、完善激励保障等方式,构建有效支撑高校体育产业创新创业的高水平人才培养体系。

资料来源：作者自绘。

具体而言，在使用供给型政策工具时，国家通过提供设施、信息服务、资金投入和人才培养等方式，推动体育产业的发展。

在设施提供方面，主要指的是为体育产业发展提供基础性场地与设施服务。《国务院办公厅关于加快发展健身休闲产业的指导意见》指出，通过完善基础设施网络、提高体育场馆资源的利用率和打造特色健身休闲设施建设等方式来加强健身休闲设施建设。《国务院办公厅关于促进全民健身和体育消费推动体育产业高质量发展的意见》指出推动公共资源向体育赛事活动开放，推动自行车、运动船艇、滑雪板等体育器材装备的公路、铁路、水运、民航便利化运输，同时，建设场地设施，增加要素供给。《户外运动产业发展规划（2022—2025 年）》也提到，推动自然资源向户外运动开放，推动户外运动装备器材便利化运输，同时推广"政府建设、企业运营""政府和企业成立合资企业建设运营"等公建民营模式。《国务

院办公厅关于加快发展体育竞赛表演产业的指导意见》也提到，推进体育赛事审批制度改革，建立健全体育竞赛相关机构和人员的信用体系，并做好信息公开。国家体育总局出台《"十四五"体育发展规划》，明确指出要利用中央财政支持地方推进全民健身场地设施建设。国家体育总局联合多个部门出台《关于推进体育助力乡村振兴工作的指导意见》，要求建设并完善乡村的全民健身设施。由此可见，设施提供政策工具主要应用于公共体育场地与设施建设，旨在为体育产业发展提供基础性支撑，扩大场地与设施供给。

在信息服务方面，主要体现为通过多元途径及时准确发布体育产业信息、打造体育信息平台。例如《国务院办公厅关于加快发展健身休闲产业的指导意见》指出，要持续推动"放管服"改革，减少健身休闲活动相关审批事项，强化体育行业信用体系建设，搭建信息公开与资源交易平台，以及完善健身休闲标准体系。《国务院办公厅关于加快发展体育竞赛表演产业的指导意见》也提到，推进体育赛事审批制度改革，建立健全体育竞赛相关机构和人员的信用体系，并做好信息公开。《国务院办公厅关于促进全民健身和体育消费推动体育产业高质量发展的意见》指出，鼓励符合条件的中小体育企业服务平台申报国家中小企业公共服务示范平台，搭建体育产业发展平台。《"十四五"体育发展规划》规定开发国家社区体育活动管理服务系统，推动建立国家、省（自治区、直辖市）、市三级互联互通的全民健身信息服务平台。上述政策均强调了信息公开与信息平台搭建，旨在为体育产业创新创业发展提供信息支持，加快相关体育信息平台的建设与完善。

在资金投入方面，主要指对各类体育产业创新项目提供经费投入，对相关产业发展提供资金支持与资金补助。《国务院办公厅关于加快发展健身休闲产业的指导意见》指出，应为符合条件的健身休闲产业项目和企业提供资金支持。《国务院办公厅关于促进全民健身和体育消费推动体育产业高质量发展的意见》指出，鼓励银行业金融机构在体育企业应收账款、知识产权等方面进行质押贷款创新。《关于推进体育助力乡村振兴工作的指导意见》规定中央财政要利用现有的资金渠道支持乡村体育工作的开展。根据上述文件可看出，一方面政府为体育产业直接提供资金支持，另一方面对相关体育企业进行资金帮扶，体现了资金供给的供给政策工具特点。

在人才培养方面，相关政策体现为对创新型人才的引进与培养，从而更好为体育产业创新创业提供人力保障与智力支持。《国务院办公厅关于加快发展健身休闲产业的指导意见》指出，鼓励校企合作，培养应用型的专业人才，建立从业人员的技能培训、激励保障等机制。《国务院办公厅关于加快发展体育竞赛表演产业的指导意见》也提到，要求体育总局和教育部帮助企业和高校等主体有效对接，创新人才培养机制。《国务院办公厅关于促进全民健身和体育消费推动体育产业高质量发展的意见》指出，鼓励高校开设体育产业相关专业，并完善教练员水平评价制度。《户外运动产业发展规划（2022—2025 年）》也提到，鼓励普通高等学校、职业院校开设户外运动产业相关课程，创新户外运动产业人才培养模式，推动产业发展需求侧与学校人才培养供给侧紧密对接。鼓励相关企业联合普通高等学校、职业院校、科研院所建立户外运动教学、科研和培训基地，培养户外运动研究型、技能型、应用型人才。加强与国际户外运动行业组织、机构和企业的交流合作，引进高层次人才。鼓励和支持退役运动员从事户外运动产业，扩大专业人才队伍。《"十四五"体育发展规划》多处提及体育人才培养，要求加快引进国际高端专业人才，推进与国际优质教学资源合作办学，提高专业人才水平。可见，在创新产业这类十分强调人力资源的产业中，政府力图通过人才资源的投入来直接促进体育产业发展，强调相关主体加大人力资源培养力度，加强专业人才的供给。

（二）需求型政策工具：从需求端拉动高校体育产业创新创业发展

在 2015～2023 年政府关于高校体育产业创新创业政策中，需求型政策占比 45.5%，是政府使用较多的政策工具类型。

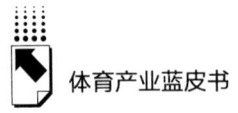

表10　需求型政策工具的名称及含义

工具类型	工具名称	工具描述
需求型政策	多方协同	通过建立多部门协同的机制,促进政府跨部门协调,并引导企业、体育行业协会、高校等社会力量参与;同时加强体育与教育、互联网、医疗等产业融合发展。
	体育交流	政府鼓励开展体育交流座谈会、大型体育赛事等促进体育交流和合作。
	示范工程	开展试点示范工作,加快体育产业发展。

资料来源:作者自绘。

在使用需求型政策工具时,政府主要通过推动多方协同、体育交流等基本政策工具,来拉动体育产业的发展。

在推动多方协同方面,相关政策工具着力点在于强调政府、企业、高校多部门协调合作,以实现责任共担、信息共享,促成资源合理调配,形成推动体育产业发展的强大合力。《国务院办公厅关于加快发展健身休闲产业的指导意见》提到,建立多部门协同的机制,并引导企业、体育行业协会、高校等社会力量参与健身休闲产业建设。《国务院办公厅关于加快发展体育竞赛表演产业的指导意见》则是明确了体育竞赛表演产业的发展相关责任主体,并鼓励企业、中介机构、金融机构、高校等主体发挥积极作用。《国务院办公厅关于促进全民健身和体育消费推动体育产业高质量发展的意见》指出,大力推动"互联网+体育"、体医融合、体旅融合、体教融合等"体育+"行动,促进产业融合发展;同时,加快发展冰雪产业,促进冰雪产业与相关产业深度融合。《户外运动产业发展规划(2022—2025年)》也提到,建立跨部门协调机制,加强体育与发展改革、教育、自然资源、生态环境、住房和城乡建设、文化和旅游、卫生健康、应急管理、林草等部门沟通。同时,推动户外运动与教育、卫生、健康、养老、文化、现代农业等产业融合发展。显然,多方协同的需求政策工具主要通过鼓励多元协同的一系列举措,对体育产业创新创业发展形成"拉力"。

在鼓励体育交流方面,主要体现为政府为鼓励开展体育交流合作,促进学习体育产业建设经验所制定的一系列举措。例如《体育发展"十三五"

规划》提到，鼓励通过开展体育交流座谈会、大型体育赛事促进对外和对港澳台的体育交流与合作。《关于推进体育助力乡村振兴工作的指导意见》也表示要支持各地开展乡村篮球、乒乓球等赛事交流活动。

在体育产业示范工程方面，主要指的是优秀体育产业成果的展示与示范，以及为促成示范所开展的服务或工作。例如《"十四五"体育发展规划》多处提到要通过体育示范工程，优先支持具有良好基础的企业、学校等各类主体在特定领域的发展，例如：在部分优秀体育传统特色学校、体校开展体教融合健身普及示范试点工作，推广使用分年龄段基础体能训练设施；打造100个国家体育旅游示范基地；推广国家体育消费试点城市创新经验，择优确定10个国家体育消费示范城市，探索激发体育消费潜力的长效机制。综上所述，示范工程相关的需求型政策工具主要作用于标杆企业的选定、示范点的确定、相关项目的推广等，以发挥示范带动作用。

（三）环境型政策工具：从环境营造影响高校体育产业创新创业发展

在2015~2023年政府关于高校体育产业创新创业政策中，环境型政策占比21.4%，相较于其他类型政策工具而言，占比最低。

表11　环境型政策工具的名称及含义

工具类型	工具名称	工具描述
环境型政策	财税支持	政府对体育产业创新创业相关的企业、组织和个人给予赋税上的减免，并通过信贷、融资、风险投资、财务分配或放宽金融限制、创造融资条件等金融支持手段推动各类主体积极参与高校体育产业进步，推动创新创业发展。
	目标规划	对要达成的体育产业发展环境、产业布局、产业结构和产品供给等目标进行总体规划和描述。
	文化弘扬	通过举办体育赛事、开展中华民族传统体育项目等传播体育文化。

资料来源：作者自绘。

在使用环境型政策工具时，政府主要采用财税支持、目标规划和文化弘扬等具体的政策工具来影响体育产业的发展。

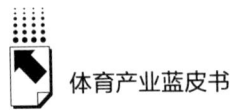

在财税支持方面，主要指的是政府通过相关金融手段，为体育产业发展创造良好的金融环境。《国务院办公厅关于加快发展健身休闲产业的指导意见》鼓励符合条件的企业通过发行企业债券来融资；《国务院办公厅关于加快发展体育竞赛表演产业的指导意见》提出，政府鼓励金融机构研发适合体育竞赛表演产业发展特点的金融产品和融资模式。《国务院办公厅关于促进全民健身和体育消费推动体育产业高质量发展的意见》指出，要落实已有税费政策并加强知识产权保护。《户外运动产业发展规划（2022—2025年）》提到，要切实落实国家支持体育产业发展的各类税费优惠政策，鼓励各地充分利用现有资金渠道，支持户外运动产业发展。显然，通过给予相关利益主体税收减免、定制相关金融产品等优惠措施为体育产业发展营造了良好的外部发展环境。

在目标规划方面，主要表现为指政府为体育产业发展所制定的总体目标和长期规划。《国务院办公厅关于加快发展健身休闲产业的指导意见》和《国务院办公厅关于加快发展体育竞赛表演产业的指导意见》两份政策文件都预计了相应产业的发展总规模，后者更是对体育精品赛事项目数量、体育竞赛表演品牌数量进行了明确规定。《户外运动产业发展规划（2022—2025年）》则对户外运动产业的发展环境、产业布局、产业结构和产品供给等目标进行总体规划和描述。因此，政府通过对各类细分体育制定政策规划、规定要求等，对相关工作绘制蓝图，以把控体育产业工作推进的大方向。

在文化弘扬方面，主要指政府对体育产业相关的活动及赛事进行积极宣传，营造良好政策执行环境的举措，同时也有弘扬中华体育文化之意。例如《体育发展"十三五"规划》指出要通过举办体育赛事、开展中华民族传统体育项目等传播体育文化。《"十四五"体育发展规划》也提到要推动运动项目文化建设、加强体育文化创作及平台建设，以及加强优秀传统体育项目保护利用和传承。《关于推进体育助力乡村振兴工作的指导意见》提出注重乡村传统体育非物质文化遗产的传承与发展，注重提升乡村民俗体育文化的品质，丰富中华优秀传统文化的时代精神。显然，文化弘扬型的需求政策工具着重强调文化的宣传与引导，以发挥宣传推广作用。

四 中国高校体育产业创新创业政策执行情况

为深入了解我国高校体育产业创业创新政策执行现状，本部分将深入分析我国高校体育产业创业创新政策的体系构建、体系优化、政策生态以及实施效果，以期获得更加全面而深入的认识，为未来的政策制定和调整提供有价值的参考和建议。

（一）政策体系初具规模，政策供给与产出较为稳定

根据上文对创新创业一般性政策与高校体育产业创新创业政策的分析，可得出当前高校体育产业创新创业政策初具规模的结论。国家自2015年至今发布了大量"双创政策"，为高校体育产业创新创业政策奠定了良好基础，相关数据也从2015年高校双创政策占比20.30%增长至2023年底的27.53%，并且相关政策发文数量不再呈现快速增长趋势，这充分意味着相关政策体系已初步搭建完成，度过了快速增长环节，下一步将进入稳定发展阶段，政策的供给与产出都较为稳定。并且，国务院于2018年颁布《关于推动创新创业高质量发展打造"双创"升级版的意见》、2021年颁布《关于进一步支持大学生创新创业的指导意见》均表明下一阶段将迎来从量到质的转换，将打造高质量的政策供给体系。

当前已经发布的高校体育产业创新创业政策文件已经形成了一套较为完整的政策框架，覆盖了高校体育产业的多个方面，如体育科研、运动员培训、竞技赛事、户外体育产业等，并且相关文件政策包括财政、税收、贷款、奖励、补贴等多方面的政策。政府各职能部门基于本部门职责范围，供给了系列政策制度，共同构建了一个较为全面而系统的政策体系，能够较好满足体育产业创新创业实践的前、中、后三个环节的主要需求。从政策工具使用也可看出，供给型、需求型和环境型三大类政策工具均有所使用，政策体系初具雏形，但从三类政策使用的结构与频率也可看出，政策体系还不够成熟，有待后续进一步完善。综合看来，当前政策体系已初具规模，并且随

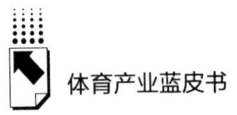

着政策体系的完善，各级政府部门的政策供给与政策产出也趋于稳定状态，但仍旧需要不断优化完善政策体系，搭建更高质量的高校体育产业创新创业政策体系。

（二）政策框架不断健全，高校体育产业创新创业教育改革不断深入

在高校体育产业创新创业领域，政府或相关管理机构通过不断完善政策服务体系和相关工作机制，为行业的发展提供了更加稳定有力的支持。纵览各省市政府在高校创新创业方面颁布的政策可以发现，围绕高校学生创新创业的配套政策在不断完善。政府出台文件多通过财政支持、税收优惠、创新激励、营造市场环境、完善创新创业产品和服务政府采购等政策措施，建立完善知识产权管理服务体系，为人才发展提供利好环境等多种方式，为高校体育产业创新创业提供更加全面和有力的政策支持。同样，围绕高校体育产业创新创业教育也出台了更具综合性的服务支持，例如强化"双创"项目指导与培训，严格"双创"项目管理过程，为"双创"项目入驻基地并孵化成长提供配套支持，为高校对接企业提供便利支持，在全国高校推广创业导师制，深化产教融合。综合来看，当前政策体系为高校体育产业创新创业提供了金融服务、场地服务、行政服务、人才服务等多种配套服务政策。

随着政策服务体系的不断充实扩展，高校体育产业创新创业教育改革也得以不断深入，叠加"双一流"学科建设等其他高校改革因素，当前许多高校愈加重视创新创业教育，在人才培养方案、教育课程体系、教育教学改革方面也取得了较大突破，各高等院校纷纷建立起产学研育人新机制。从全国范围来看，创新创业教育作为高校创新人才培养的重要抓手，呈现出如火如荼的发展态势，特别是在各级各类"双创"赛事的牵引下，"敢闯会创"已成为中国高校人才培养的新质量标准①。总的来看，我国在创新创业这一教育发展的新赛道上并未落后，甚至在"双创"教育的体量上优势明显，

① 吴岩：《中国式现代化与高等教育改革创新发展》，《中国高教研究》2022 年第 11 期。

创新创业教育基本普及，但也要看到，我国高校"双创"教育仍存在机会分布不均、整体质量不高、育人实效不彰等现实问题①，需要持续深入改革。

（三）政策环境稳步改善，高校体育产业创新创业平台持续优化

2015 年科技部为深入贯彻落实《国务院办公厅关于发展众创空间推进大众创新创业的指导意见》和《国务院关于大力推进大众创业万众创新若干政策措施的意见》文件精神，印发了《发展众创空间工作指引》，进一步明确众创空间的功能定位、建设原则、基本要求等，推动众创空间科学构建、健康发展。同年，科技部火炬中心印发《关于开展众创空间备案工作的通知》，根据备案标准和流程，开展国家级众创空间审核及公示工作。

2022 年 12 月，科技部火炬中心发布《关于公布 2021 年度国家备案众创空间复核结果的通知》，对 2251 家国家级众创空间资格进行重新复核。其中，有 2091 家众创空间符合国家备案资格，160 家众创空间因未符合条件而被取消国家备案资格。

在符合国家备案资格的众创空间中，有 214 家高校众创空间，占总数的 10.2%（见图 7），但由于高等体育院校过于聚焦，因此资料获取较为受限，图 7 主要呈现了高校众创空间与其他类型众创空间的占比，并未涉及高等体育院校、体育职业院校或综合性大学体育学院为主体建设的高校众创空间。

（四）政策红利持续释放，高校体育产业创新创业政策实施初显成效

2014 年提出"大众创业、万众创新"后，"双创"事业不断受到国家重视，政策资源得以快速聚集，经过数年资源积累与实践沉淀，高校体育产业创新创业也取得了长足的进步和优异的成绩，举办了系列创新创业项

---

① 阮平章、董辉、刘许：《面向人人的双创教育：何以可能及如何可行》，《华东师范大学学报（教育科学版）》2023 年第 9 期。

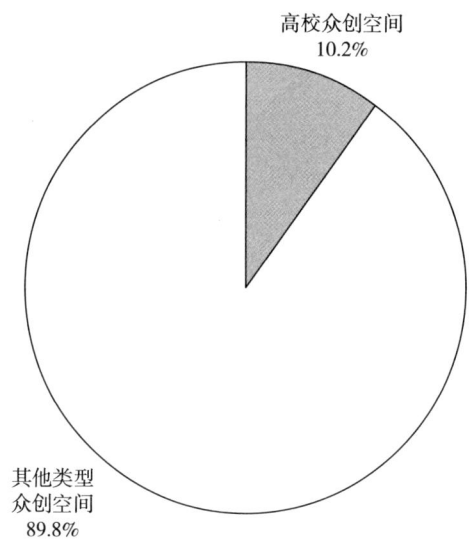

高校众创空间
10.2%

其他类型
众创空间
89.8%

图7 国家级备案空间分布情况

资料来源：作者自绘。

目赛事，发挥体育赋能效应。中国国际"互联网+"大学生创新创业大赛、全国大学生电子商务"创新、创意及创业"挑战赛、全国大学生创新创业训练计划项目、全国大学生体育产业创新创业大赛以及部分省份自行举办的比赛（河北省体育产业创新创业大赛、湖北省体育产业创新创业大赛等）等赛事项目开展如火如荼，诞生了许多优秀创新创业实践项目，仅中国国际"互联网+"大学生创新创业大赛便可产生4100个项目入围总决赛，赛事举办极大地推动了高校成果落地与应用，例如在2023年度的中国国际"互联网+"大学生创新创业大赛中，部分院校参赛项目与青少年运动健康、智慧全民健身、运动康复及慢病干预、体育科技创新研发等紧密相关，使得体育与健康、科技、乡村振兴等元素巧妙结合，部分项目还运用于实践中，取得了良好实践效果。中国青年创业就业基金会和泽平宏观研究团队所发布的《中国青年创业发展报告（2022）》显示，当前中国青年创业群体画像中的典型人群——超半数大学生创业者参加过创业大赛。

同时，由于政策资源倾斜，相关政策能够给予学生金融支持、市场准入、落户积分等多项优惠政策，这也在很大程度上降低了学生投资风险和经营压力，极大鼓励了学生创业。2022 年 5 月，国务院印发《关于进一步做好高校毕业生等青年就业创业工作的通知》，支持自主创业，落实"大众创业、万众创新"相关政策，汇集优质创新创业培训资源，按规定给予一次性创业补贴、创业担保贷款及贴息、税费减免等政策，有效缓解了当前高校毕业生的就业难问题，根据 2022 年前三季度数据，25~59 岁的就业主体人群失业率为 4.4%，低于二季度 5.0% 的均值水平。此外，高校体育产业创新创业政策颁布以来对高校教育改革、高校创新创业能力、校企合作、产学研深度协作等方面均发挥了巨大作用。

五　中国高校体育产业创新创业政策存在的问题

我国政府在促进高校体育产业创新创业过程中制定了一系列有力政策，利用供给、需求、环境等政策工具推动我国高校体育产业发展迈向新的台阶。然而，当前我国高校体育产业还处于起步探索阶段，发展过程中仍然面临诸多挑战。我国高校体育产业创新创业相关政策也存在许多有待优化和改善的地方，我们仍需正视当前政策中存在的一些缺陷和不足，以便推动高校体育产业创新创业工作可持续发展。可将当前政策工具所面临的难题概括为以下四个方面。

（一）政策执行目标较为模糊

一方面，当前我国高校体育产业创新创业政策存在政策目标内容表述不清晰，难以科学量化评价的问题。当前相关政策所颁布的主体多为中央政府，各省市政府在针对具体的高校体育产业创新创业领域较少有专门的政策发文，或者各级政府发文多为纲领性、方向性文件，未针对高校体育产业创新创业这一具体领域颁布具体实施方案及其他配套文件，导致了政策目标过

于宏大、政策目标表述不清晰等问题，一定程度上使得政策执行目标模糊困难。另一方面，政策的制定与颁布主体之间缺乏协同性，也进一步导致政策执行目标较为模糊。具体而言，自"大众创新，万众创业"政策颁布至今，并没有政府部门专门负责大学生创新创业活动或通过设立工作小组、办公室来系统统筹高校创新创业活动，因此导致了政府各职能部门在政策分工上存在交叉，或表现为职责分工不清晰，进一步使得相关政策或支持政策散布在不同部门各种类型的政策文件中，缺乏系统性，不仅使相关资源整合不到位，还会产生政出多门，政策执行目标不清晰、不统一，甚至政策目标冲突等情况。

（二）政策工具使用略显失衡

政策工具之间的协同作用未能得到充分发挥。具体而言，2015～2023年的高校体育产业创新创业相关政策主要以供给型政策工具（33.2%）和需求型政策工具（45.5%）政策工具为主导，对供给型政策工具与需求型政策工具形成了一定的依赖。环境型政策工具（21.4%）使用明显不足，影响力有限。三种政策工具结构失衡、缺乏协同，导致高校体育产业创新创业的稳定性受到影响，从而影响了其发展的可持续性。同时，环境型政策工具丰富度欠缺，在财税支持和文化弘扬等方面缺乏足够的力度。具体而言，环境型政策工具对政策目标主要起到间接促进作用，通常体现为通过目标、计划、法规、金融与税收等方式提供有利的政策环境，涉及目标规划、税收优惠和法规管制等。而当前工具内部细分条目少、次级结构不完整。当前的政策工具主要可以划分为财税支持、目标规划和文化弘扬三种，工具内容指向性虽明确，然而存在缺乏实际可操作性的情况。还需要注意，政策工具在产业发展阶段中存在缺位现象。高校体育产业作为体育领域的战略性新兴产业，政府需要结合产业活动的自身规律和特点制定政策，才能促进产业的快速发展。然而，从前文的统计结果来看，政府在2015～2023年发布的相关政策数目偏少，产业在发展的各阶段均存在政策工具的缺位现象，这将造成政策工具无法跟产业过程较好地契合。政策与产业发展需求不相匹配会直接造成产业的畸形发展，不利于形成健康、完备的高校体育产业发展体系。

（三）政策执行协同性仍待提升

高校体育产业创新创业政策体系应是一个有机系统。政府、高校、企业、社会组织，甚至家庭都应该参与其中，共同营造良好的体育产业创新创业氛围。然而反观现实，从整个系统外部看，在当前的政策系统中，企业与社会组织、学生、家庭参与角色都较为薄弱，未能形成强有力的政策合力。从政策制定、政策执行和政策监督、政策评估到政策变迁、终结的过程中，除政府、高校等核心主体外，大学生等其他微观主体对体育产业创新创业政策的有效参与不足。同时，作为最关键的主体之一，企业当前在高校体育产业创新创业政策系统中作用发挥也十分有限，当前许多高校的校企合作程度还不足，企业多以提供实习岗位等形式参与高校创新创业，参与程度有限。即使是在政府内部，一方面，在不同的政府层级方面，存在政策协同性不足问题，当前许多省市级政府制定政策多呈现出照搬方式，在中央政府或上级政府所颁布的政策基础之上进行"小修小补"甚至简单落实，而非提供综合配套措施鼓励大学生参与体育产业创新创业，也少有地方政府进一步结合自身实际，编制可行性较强的高校体育产业创新创业实施政策。另一方面，如前文所述，政府内部不同职能部门间相互独立，难以统筹，导致政策主体行动不一致，使得政策之间相互掣肘，最终导致高校体育产业创新创业政策效力下降。

（四）政策执行监督评估不足

根据前文分析，当前我国高校体育产业创新创业政策措施逐渐增多，政策方向逐步具体。但在政策执行的具体过程中，政策监管却显乏力。目前并未有专门的职能部门对高校体育产业创新创业政策执行进行监管，各项扶持性政策尤其是金融支持政策执行缺少相应的监管与监督。同时，在政策评估方面更加不足。当前，我国整体创新创业政策评估系统性较差，政策资源分散导致评估结果"碎片化",政策内容多,涉及部门多,各部门考核标准不同、难以整合①。甚至在实践中,许多政策在实施过程中,缺乏单独的考核评估环节,即使有一定评估与审核要求的许多项目也存在考核标准不清晰、考核标准难以量化评价或者考核轻质重量等不同层面的问题,例如《国务院办公厅关于进一步支持大学生创新创业的指导意见》及《国家级大学生创新创业训练计划管理办法》颁布后,各省市也结合本地情况发布了相应的指导文件,但许多文件对具体的考核管理细节并未做出详细规定,并且存在考核指标重视量化指标、轻视质量过程管理的问题。许多省份针对大学生创新创业的评估指标不够科学,通常会以科学成果转化率为衡量指标,例如规定对 1~2 年有成果转化的项目予以通过等,忽略了创新创业项目异质性。

六　中国高校体育产业创新创业政策改进建议

高校是创新创业人才的孵化器,其培养人才的数量和质量对我国体育产业高质量发展具有重要影响。目前我国高校体育产业创新创业政策存在政策执行目标模糊、政策工具使用失衡、政策执行协同性不足、政策执行过程中监管与评估不足等问题,必须紧密围绕国家宏观政策,结合当前社会发展实际,有的放矢提出优化高校体育产业创新创业政策的对策建议,使之成为一项拉动国民经济增长的重要引擎。

(一)明确政策目标,加强政策统筹工作

针对政策目标表述不清晰、内容过于宽泛等问题,可从明晰政策需求、细化政策目标出发,以完善高校体育产业创新创业政策方案为抓手。具体而言,各省市应在中央出台相关政策以后,进一步制定具体行动计划或具体的实施方案,有步骤、有计划地将部分宏大的政策目标分解成具体、可操作的子目标,以便各高校及地方政府更好地量化和实施对应目标,将政策目标划

---

① 包云娜:《创新创业政策评估体系建构》,《中国高校科技》2020 年第 4 期。

分为阶段性任务，逐步推进，既能够为高校体育产业创新创业成果转化留足时间，又能够进一步促进政策实施。同时，针对政策不成系统、政策部门条块分割所导致的政策目标不清晰问题，可通过建立工作统筹机制、明晰职责分工等措施进一步优化。在部分教育强省强市，可考虑成立专门工作领导小组来整合协调各公共部门与其他相关利益主体，在统一领导管理下进行工作统筹；或发挥社会组织作用，在政府资源有限条件下，考虑建立高校体育产业创业创新教育委员会，协助政府部门统筹政策目标。着重关注高校体育产业创新创业政策的系统性、整体性，以"拉清单"方式明确政府内部各部门职责分工，例如明晰教育部门、财政部门、人社部门、科技部门等的具体细则，在各关键工作部分，明确责任主体，辅之以绩效考核，确保政策目标清晰可执行。

（二）平衡政策工具，推动政策提质增效

多元政策工具组合有利于充分释放政策工具潜能，因此政府应当重视金融支持、法规管制、税收优惠和目标规划等多元政策工具的使用。例如针对我国将于 2035 年实现的体育强国梦，政府应当注重政策工具实施的系统性和协调性，充分发挥各类政策工具的作用。而高校体育产业是市场经济的一部分，应明确政府与市场的分工，界定责任边界，根据高校体育产业的性质，定位好政府在其中扮演的角色，通过平衡高校体育产业发展的政策工具占比，打牢高校体育产业发展的基础。同时，需要重点增加环境型政策工具的使用。政府是推进体育产业发展的主体之一，但不是唯一的参与者，政府应当顺应时代发展，简政放权，为体育产业发展营造良好政策环境。一方面，所谓"简政"，就是要简化政府机构，重新配置物质和人力资源，避免无端浪费和重复配置，提高政策制定、执行和评估的效率。另一方面，所谓"放权"就是将部分权力下放给市场和体育组织，让专业的人和机构做专业的事情，使资金和资源最大化，提高体育服务、产品的质量。此外，政府应做好体育产业发展的必要保障，比如科学制定中国高校体育产业创新创业的政策目标，并通过规章、许可、监督检查、行政处罚和行政裁决等方式，对

相关主体的行为进行必要的约束，规范市场秩序。另外，对促进体育产业创新创业的相关重要领域或相关企业、组织和个人提供税收优惠，还鼓励通过信贷、融资、财务分配等金融支持手段推动各类主体积极参与体育产业创新创业，促进体育产业的可持续发展。

（三）优化工作机制，促进多元主体协同

高校体育产业创新创业是一个有机系统，涉及不同相关主体，这些不同主体之间具有行动差异，同时各个主体内部也可被视为一个小型系统，例如政府部门、高校内部，因此需从不同主体与主体内部关系出发，进一步整合资源，构建起互通联动的工作机制，进一步提升系统协同性。具体而言，面对社会公众为代表的多元主体参与不足的问题，可通过扩大利益相关者在内参与范围与程度来进行缓解，将高校学生代表、家长代表、行业代表等纳入政策制定过程中，积极征求政策相关主体的意见建议。在高校体育产业创新创业政策、项目的评议人员中吸纳一定比例的高校师生、家长、企业人员参与。同时，可通过深入高校、企业进行组织调研、座谈访问，广泛吸纳高校师生、家长等高校体育产业创新创业政策客体意见，充分听取各方意见，调动有关资源，统一多元主体行动，形成政策合力。针对企业这一关键主体，可通过"企业进校园、学生进企业"方式来搭建高校与企业的合作平台，深化校企互动。积极探索企业参与高校体育产业创新创业活动的路径，例如举办高校体育产业创新创业训练营、成立高校体育产业创新创业专项基金支持相关活动、为高校学生提供优质学习资源（导师、平台、实习机会）、搭建创新创业实践基地等多种方式来实现企业与高校学生之间的互利共赢。此外，针对系统内部所存在的协同不足问题，特别是针对政府与高校两个关键主体而言，也需要进一步完善工作统筹领导机制，加强行动协同。对政府而言，可通过制定阶段性、系统化的政策方案促使不同政府层级在各个阶段拥有关键任务，有效避免下级政府直接照搬上级政府发文问题。同时，也需要进一步在不同政府部门之间明确权责，由省级政府统一出台文件，明晰政府各职能部门具体职责，避免有关部门的责任缺位现象。在高校内部，应进一

步优化资源分配，例如优化高校财政资源投入，平衡课程设计、师资队伍搭建。

（四）加强监管评估，确保政策落地见效

针对高校体育产业创新创业政策监管乏力问题，可通过强化、细化政策监管举措来进行缓解。首先，成立独立的监管部门，在政府内部建立健全监管机制，包括制定相关法律法规、政策文件，明确监管责任和权限，确保监管部门有足够的权力和资源来履行监管职责。在政府外部也应构建起监督机制，充分利用第三部门、公众、舆论力量，打造干净透明的高校体育产业创新创业活动体系与项目流程。同时，运动式治理能够在短期内产生治理绩效，并为常规治理借势赋能，嵌入常规治理①。因此，可适时开展高校体育产业创新创业专项整治行动，推动高校体育产业创新创业政策的专项整改工作有效进行，对政策执行过程中的偏差现象，例如骗取金融补贴、违规获取资金支持等行为进行重点整改，加强对高校体育产业创新创业领域中的重点问题和关键环节的监管，建立严格的监管执法和处罚制度，对相关违法违规行为进行严厉打击，营造创新创业活动的公平竞争环境。其次，应加快构建高校体育产业创新创业政策综合评估体系，提升政策评估效果。利用科学的评估方法是政策评估的前提，在高校体育产业创新创业政策评估过程中，应将利益相关方纳入评价体系，全面综合评估政策实施效果，增强政策评估的透明性与系统性。在具体的评估方法上，可结合实际情况选择性采用内外评估、360评估、公众评估等科学评估方法进行政策效果评估。与此同时，科学的政策评估指标也必不可少，各政府部门可根据高校体育产业创新创业政策的目标和要求，制定一套科学、全面的评估指标体系，例如从政策的经济效益、社会效益、创新能力、创业环境等方面出发设计一套科学指标。最后，应在监管和评估基础上建立政策的监测和反馈机制，定期对政策的实施

---

① 文宏、杜菲菲：《借势赋能："常规"嵌入"运动"的一个解释性框架——基于A市"创文"与营商环境优化工作的考察》，《中国行政管理》2021年第3期。

情况进行监测和评估，及时发现问题并采取相应的措施进行调整和改进，基于监测数据和信息，开展评估研究工作，采用定量和定性的方法，对政策的各项指标进行评估和分析，评估政策的实际效果和问题。

七　结语

"创新是社会进步的灵魂，创业是推动经济社会发展、改善民生的重要途径。"实施高校体育产业创新创业政策是推动我国创新创业高水平发展，促进经济社会高质量发展的重要手段。系统梳理我国高校体育产业创新创业政策的发展脉络，掌握创新创业政策发展特点有助于深化政策认识，从而更好把握政策内涵与目标。面向新发展阶段，高校体育产业创新创业政策关键领域发生转变，主要涉及高校创新创业改革、产业创新体系完善、体育产业人才培养、产业链与人才链深度融合领域；供给型、需求型和环境型政策工具的组合使用对高校体育产业创新创业发展起到了明显推动作用，优化了资源配置，增强了政策的可持续性，从而更有效地推动政策目标的实现。在分析高校体育产业创新创业政策执行现状的基础上，也要看到当前政策执行中存在的问题，持续优化政策体系。下一步，我国高校体育产业创新创业政策需紧密围绕国家宏观政策，结合社会发展实际进行政策更新，重点从政策目标设定、政策工具选择、政策执行主体参与、政策执行监管与评估处着手，提高体育产业创新创业政策的有效性，激发创新创业活力，推动高校体育产业不断发展壮大，开创高校体育产业创新创业发展新局面。

参考文献

傅首清：《区域创新网络与科技产业生态环境互动机制研究——以中关村海淀科技园区为例》，《管理世界》2010 年第 3 期。

高志刚、战燕、王刚：《论高校创新创业教育课程教学体系构建》，《黑龙江高教研究》2016 年第 3 期。

黄汉升、陈作松、王家宏、季浏、方千华、贾明学：《我国体育学类本科专业人才培养研究——〈高等学校体育学类本科专业教学质量国家标准〉研制与解读》，《体育科学》2016 年第 8 期。

刘传江、吴晗晗、胡威：《中国产业生态化转型的 IOOE 模型分析——基于工业部门 2003—2012 年数据的实证》，《中国人口·资源与环境》2016 年第 2 期。

梅伟惠、孟莹：《中国高校创新创业教育：政府、高校和社会的角色定位与行动策略》，《高等教育研究》2016 年第 8 期。

陶喜红：《中国传媒产业生态系统健康评价研究》，中国社会科学出版社，2019。

田贤鹏：《教育生态理论视域下创新创业教育共同体构建》，《教育发展研究》2016 年第 7 期。

王焰新：《高校创新创业教育的反思与模式构建》，《中国大学教学》2015 年第 4 期。

吴刚、韩青海、蓝盛芳：《生态系统健康学与生态系统健康评价》，《土壤与环境》1999 年第 1 期。

吴玉剑：《高校创新创业教育改革的困境与路径选择》，《教育探索》2015 年第 11 期。

谢和平：《以创新创业教育为引导　全面深化教育教学改革》，《中国高教研究》2017 年第 3 期。

谢幼如、黄瑜玲、黎佳、赖慧语、邱艺：《融合创新，有效提升"金课"建设质量》，《中国电化教育》2019 年第 11 期。

杨柳青：《协同创新视阈下大学生创业资金保障体系的构建策略》，《中国大学生就业》2020 年第 14 期。

Abstract

The Fifth Plenary Session of the 18th CPC Central Committee put forward that "to persist in innovation and development, we must put innovation at the core of the overall development of the country, and constantly promote innovation in theory, system, science and technology, culture and other aspects, so that innovation can run through all the work of the party and the country and become a common practice in the whole society". General Secretary Xi Jinping put forward in the report of the 19th National Congress of the Communist Party of China: "Innovation is the first driving force for development and the strategic support for building a modern economic system." In the Party's Report to the 20th CPC National Congress, General Secretary Xi Jinping emphasized the core position of innovation in the overall situation of China's modernization, and made arrangements for accelerating the implementation of the innovation-driven development strategy. "Grasping innovation means grasping development, and seeking innovation means seeking the future." "Grasping innovation will seize the bull's nose that affects the overall economic and social development."

In 2016, the Central Committee of the Communist Party of China and the State Council issued the Outline of National Innovation-Driven Development Strategy, which clarified the "three-step" strategic goal of building China into a world power of scientific and technological innovation, and proposed "promoting educational innovation, reforming talent training mode, and cultivating scientific spirit, innovative thinking, creativity and social responsibility throughout the whole process of education". As an important part of the tertiary industry, sports industry occupies an important position in economic development. It is an inevitable demand for the development of national education and sports to cultivate a group of sports industry talents who know both sports and economic management, and have both innovative spirit and entrepreneurial ability.

This report consists of three parts: general report, sub-reports and special topics. In the general report, it analyzes the new situation, new requirements and new tasks of innovation and entrepreneurship of college sports industry in China under the background of the new era. In the sub-report, the development of innovative and entrepreneurial teachers, training, competition, achievement transformation, training plan implementation and social service platform in college sports industry is summarized and analyzed. In the special topics, combining theory with practice, research on the impact of innovation and entrepreneurship education in the sports industry of universities on students' participation behavior, analyze the evolution logic of the education system of innovation and entrepreneurship in China's college sports industry, explore the development trend of innovation and entrepreneurship in China's college sports industry in the digital age, and analyze the practical difficulties and countermeasures of innovation and entrepreneurship in China's college sports industry. By collecting and sorting out relevant policy documents, this paper analyzes the development status of innovation and entrepreneurship policy of sports industry in colleges and universities in China from different dimensions such as policy development context, key areas, policy tools and implementation.

This report is compiled on the basis of the research results of "Research on the Education System of Innovation and Entrepreneurship of China's Sports Industry in the New Era" (21BTY011). At the same time, based on the research of blue books and research reports of sports industry in 2021−2022, supported by policy texts and various theories, this report analyzes the research data of more than 10000 teachers, students and entrepreneurs in China for three consecutive years, so as to fully analyze the actual work of innovation and entrepreneurship of sports industry in colleges and universities in China. At present, China's colleges and universities pay more and more attention to innovation and entrepreneurship education in sports industry, the innovation and entrepreneurship platform has been initially established, the innovation and entrepreneurship courses have been steadily promoted, the construction of teachers has been continuously improved,

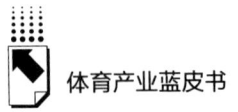

the enthusiasm of students for participation has been improved, the support of supporting policies has been continuously strengthened, and the atmosphere of double innovation public opinion is taking shape. At the same time, the problems such as slow overall promotion, insufficient top-level design, slow platform construction, blank standard construction and imperfect curriculum and teacher system are still outstanding. To promote the education of innovation and entrepreneurship in China's sports industry as a whole, we need to make simultaneous efforts in many directions, such as teaching at different levels, perfecting the system, building a platform, tamping the foundation, collaborative governance, consolidating the position, and teacher-oriented.

Keywords: Sports Industry; Innovation and Entrepreneurship; Higher Education Reform; Entrepreneurship and Employment

Contents

I General Report

Abstract: Innovation and entrepreneurship in university sports industry is an important hand in cultivating high-quality sports talents, an important way to achieve the high-quality development of sports industry, and an important task in realising China's innovation-driven development strategy, the strategy of strengthening the country with talents, and the strategy of strengthening the country with sports. At present, the new situation facing the innovation and entrepreneurship of sports industry in China's colleges and universities mainly includes: the overall rebound of the national economy is good, and the high-quality development is being pushed forward in a solid manner; the new round of scientific and technological revolution and industrial change is developing in depth, and the development trend of scientific and technological innovation has undergone a significant change; the cause of higher education has risen to be a national strategy, and the reform of higher education is being pushed forward rapidly; and the optimisation of the structure of the sports industry is accelerated, and the new industry and new space have accelerated to appear. The Party and the country have put forward a series of new requirements for innovation and entrepreneurship of

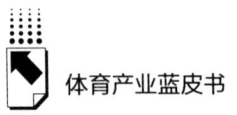
university sports industry: to cultivate a large number of high-quality sports talents from a strategic height; to increase kinetic energy by innovation and promote employment by entrepreneurship; to deeply promote the reform of innovation and entrepreneurship education in colleges and universities; and to promote the high-quality development of the sports industry with innovation as the driving force. Based on the above understanding, the current new tasks of innovation and entrepreneurship in sports industry in China's universities include: strengthening the organisational leadership and constantly improving the system construction; optimizing the curriculum and improving the teaching system; matching and strengthening the team and creating a professional team of teachers; carrying out practical activities and actively broadening the practice platform; and researching and developing the standard system and strengthening the standard norms and regulations to lead the way.

Keywords: Sports Industry; Innovation and Entrepreneurship; Higher Education

Ⅱ Sub-Reports

B.2 Report on the Development of Innovative and Entrepreneurial Faculty in China's Colleges and Universities in the Sports Industry (2023−2024) *An Jingya* / 025

Abstract: In the new era, to build a professional innovation and entrepreneurship faculty team with school-enterprise amphibiousness, teaching and research, both rationality and reality, and integration of speciality and creation is an inevitable requirement for deepening the reform of innovation and entrepreneurship education in higher education institutions and building a high-quality teaching team in the new era, and the construction of sports industry innovation and entrepreneur-ship faculty is an inevitable choice to cope with the changes in social demand as well as the development of the society. The study found that at this stage, the development of innovative and entrepreneurial faculty in China's colleges and universities in the sports industry has problems such as the policy implementation and details are not in place, the human resource structure needs to be optimised, the education and teaching ability is insufficient, the management mechanism is not yet mature, and the team construction innovation fit is low, etc. The study also puts forward the following suggestions: firstly, speed up all kinds of policy formulation, and promote the implementation of policies; secondly, optimise the structure of faculty human resources, and Secondly, optimise the structure of human resources for teachers and promote the construction of professional teacher teams; thirdly, improve the educational and teaching capacity of teachers and promote the effectiveness of talent cultivation; fourthly, strengthen the management mechanism of teacher construction and consolidate the key links of teacher construction; fifthly, vigorously promote the integration of elements of the times and help education to serve the overall situation of the economy.

Keywords: Sports Industry; Innovation and Entrepreneurship; Faculty Construction; Faculty Development

B.3 Report on the Development of Innovation and Entrepreneurship Training in China's University Sports Industry (2023-2024)

Jin Houzhong, Huang Min and Chen Qiwen / 064

Abstract: With the booming development of the sports industry worldwide, innovation and entrepreneurship training in the sports industry in Chinese colleges and universities has become an important direction of education reform, and innovation and entrepreneurship training in the sports industry in colleges and universities has a direct and far-reaching impact on the cultivation of innovative and entrepreneurial talents. This report introduces and explains in detail from the perspectives of training courses, training forms, training teachers, training facilities, training needs, etc., at multiple levels and angles, and further adopts

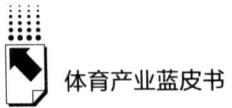

the SWOT analysis method, while comprehensively applying relevant data and information and specific cases to supplement the supporting evidence. The study found that there is a lack of top-level planning for innovation and entrepreneurship training in the sports industry in China's colleges and universities, which fails to be consistent with the overall development strategy of the university; insufficient integration of resources and inefficient use of educational resources; narrow cooperation network and insufficiently extensive external exchanges; outdated teaching methods and disconnection between the teaching content and industry needs; weak innovative atmosphere and low motivation for innovation and entrepreneurship among the students; and a lack of effective feedback and difficulties in sustained improvement of educational reforms. Based on the above problems, the study puts forward the following suggestions: incorporate into the education reform of colleges and universities to build a global vision of innovation and entrepreneurship education; create a resource sharing platform to promote the efficient use of innovation and entrepreneurship education resources; expand the cooperation network to accelerate the domestic and international exchanges and cooperation of innovation and entrepreneurship education; promote teaching innovation to improve the quality and efficiency of innovation and entrepreneurship education; cultivate an innovative culture to shape the campus innovation and entrepreneurship spirit and values; establish a feedback mechanism to ensure that innovation and entrepreneurship education is synchronised with the development goals of universities.

Keywords: Sports Industry; Innovation and Entrepreneurship Training; Higher Education

B.4　Report on the Development of Innovative and Entrepreneurial

　　Events in China's University Sports Industry（2023-2024）

Li Guannan, *Wang Zhe* / 091

Abstract：Innovation is the soul of society, and entrepreneurship is a key initiative to promote economic and social development and improve people's livelihood. The report of the 20th Party Congress emphasises that "innovation is the first driving force", and we should "insist on the core position of innovation in the overall situation of China's modernisation". With the booming development of sports industry, the comprehensive promotion of sports industry innovation and entrepreneurship education in China's colleges and universities, and the success of various types of sports industry innovation and entrepreneurship tournaments, we should be fully aware of its importance. Based on this, we research and analyse the cognitive level, organisational structure, participation, funding sources, teacher support, satisfaction level of sports industry innovation and entrepreneurship events in Chinese universities, and continuously improve and optimise the overall development mode. It is proposed to enhance the way of looking at problems from multiple perspectives, improve the quality of oneself to raise the cognitive level, optimise the operation structure of the event organisation, establish a clear strategic goal for event management, clarify the participation in the event, establish a multi-channel publicity and promotion mode, increase the specialised financial support, promote the active participation of social forces in co-organising the event, enhance the comprehensive capacity of the faculty, cultivate the professional talents in the field of sports events, and deepen the understanding of the evaluation satisfaction of the event and improve the service mode. The six countermeasures and suggestions aim to guide the healthy and orderly development of innovative and entrepreneurial events in China's university sports industry, and to provide continuous power support and reserve force for building an innovative country and promoting the high-quality development of economy and society.

Keywords：Entrepreneurship　Education；Sports　Industry；Events Development

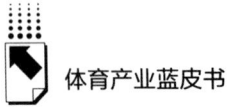
B.5 Report on the Development of Innovation and
Entrepreneurship Achievement Transformation
in China's University Sports Industry（2023－2024）

Zhou Tengjun, Song Xuemeng and Liu Chen / 111

Abstract：High-quality innovation and entrepreneurship cannot be separated from high-efficiency transformation of results, so the transformation of research results has an important academic value for examining the real status of innovation and entrepreneurship in China's university sports industry and deeply grasping its development potential. In this chapter of the research report, firstly, the development status quo of Chinese university sports industry innovation and entrepreneurship achievements in terms of transformation content, transformation path and transformation policy is explored. Then, on this basis, the main problems existing in the process of transformation of innovation and entrepreneurship achievements are put forward, including the achievement transformation policy is still to be improved, the mechanism of achievement transformation needs to be strengthened, the innovation and entrepreneurship environment is relatively lacking, the innovation achievements lack market orientation, and the protection of property rights of innovation achievements is insufficient, and so on. Finally, targeted policy recommendations are put forward to address the above problems：firstly, strengthening the policy support for results transformation and stimulating the innovation vitality of universities；secondly, improving the results transformation mechanism and strengthening the results transformation services；thirdly, accelerating the construction of innovation and entrepreneurship environment and building the innovation and entrepreneurship ecology；fourthly, promoting the results transformation of bi-innovation projects and supporting the landing of the competition projects；and fifthly, strengthening the protection of property rights of the innovation results and implementing the rewards for the results transformation.

Keywords：University Sports Industry；Innovation and Entrepreneurship；Achievement Transformation；Property Right Protection

B.6 Development Report on the Implementation of Innovation and Entrepreneurship Training Programme for China's University Students in Sports Industry (2023-2024)

Peng Xianming / 131

Abstract: Relying on the public data of 'National University Innovation and Entrepreneurship Training Programme Platform', this research adopts a combination of mathematical statistics and text analysis to study the implementation status of China's university students' innovation and entrepreneurship training programmes in the sports industry. The study found that the training programmes have been implemented in many schools and regions, covering a wide range of student populations, and with a certain degree of financial security; however, there are also problems such as uneven distribution of resources, lack of innovation in the selection of topics, a single source of funding, and imperfect guidance and funding system. In view of these problems, it is recommended to strengthen policy guidance, promote interaction between teaching and research, expand funding sources, and optimise the funding structure, so as to promote the cultivation of innovative and entrepreneurial talents in the sports industry.

Keywords: College Students; Sports Industry; Innovation and Entrepreneurship Training; National Innovation Programme

B.7 Report on the Development of Social Service Platform for Innovation and Entrepreneurship in China's University Sports Industry (2023-2024)

Xiao Linpeng, Peng Xianming and Meng Ziping / 156

Abstract: Sports industry innovation and entrepreneurship social service platform is to provide a place or space for exchange and cooperation for college

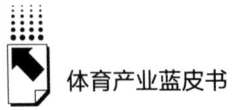

students' innovation and entrepreneurship, and the Party and the State have always attached great importance to and promoted the role of social forces in the construction of innovation and entrepreneurship platform. Through the methods of literature research, questionnaire survey and logical reasoning, the current situation of carrying out the social service platform for innovation and entrepreneurship in sports industry, the problems faced, and the construction of the system are systematically researched. On the basis of systematic sorting out, the types, functions, enterprise situation, funding sources and participation purposes of sports industry innovation and entrepreneurship social service platform, it is found that there are problems such as poor communication between enterprises and universities, insufficient conditions of enterprise resources, insufficient willingness to serve the universities and insufficient atmosphere of social public opinion. On the premise of clarifying the construction model, objectives and principles of the sports industry innovation and entrepreneurship social service platform system, the construction path of the sports industry innovation and entrepreneurship social service platform system is put forward: strong collaboration, promoting the government, universities to strengthen communication and cooperation with enterprises; building standards, strengthening the construction of the sports industry innovation and entrepreneurship standardisation system; multiple guidelines, providing guaranteed and incentivised policies to supply service support; and excellent environment. Vigorously build a friendly society for sports industry innovation and entrepreneurship.

Keywords: College Students' Innovation and Entrepreneurship; Sports Industry; Social Service Platform

III　Special Topics

Abstract: Through the analysis of 11, 134 sample data from 219 colleges and universities in 31 provinces, autonomous regions and municipalities directly under the central government, the study verifies the mediation effect model of college sports industry innovation and entrepreneurship education on students' participation behaviours with the mediating variables of students' ability and willingness in colleges and universities by combining with the structural equation model. The results of the study show that innovation and entrepreneurship education in college sports industry can either directly and significantly positively affect students' participation behaviour, or significantly and positively affect students' participation behaviour through the mediating role of students' ability and willingness. The direct effect of innovation and entrepreneurship education in college sports industry on students' participation behaviour is greater than the mediating effect through the mediating role of students' ability and willingness, and the observational variables reflect a good fit in the model. According to the research findings, the following three inspirations are obtained: firstly, strengthen the popularisation education to broaden the participation channels of innovation and entrepreneurship education in college sports industry; secondly, innovate the cultivation method to strengthen the cultivation of students' innovation and entrepreneurship ability and willingness to stimulate the students' innovation and entrepreneurship in the sports industry; and thirdly, enrich the cultivation content to satisfy the students' diversified participation in innovation and entrepreneurship education of sports industry in colleges.

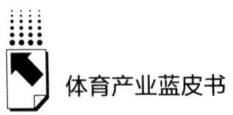

体育产业蓝皮书

Keywords: Innovation and Entrepreneurship Education; Sports Industry; Ability and Willingness; Student Participation Behaviour; Mediating Effect

B . 9 Analysis of Innovation and Entrepreneurship Service Platform of University Sports Industry in the Context of Chinese-style Modernisation   *Wen Lei* / 191

Abstract: In the context of the development of Chinese-style modernisation construction, new requirements and new tasks have been put forward for the development concept and development mode of university sports industry innovation and entrepreneurship service platform. The study found that at this stage, there is a breakthrough in the innovation and entrepreneurship achievements of the sports industry in China's universities, but the transformation of achievements and the construction of the application mechanism are to be improved; universities participate in the double creation event activities to help the development of the regional sports industry, but the mechanism of collaborative sharing is to be perfected; and colleges and universities create a digital education resources ecosystem for the sports industry, but the application of the resources and the continuous optimisation and upgrading are to be perfected. According to the current stage of the development of China's university sports industry innovation and entrepreneurship service platform, the study puts forward the concept of service platform system construction, and puts forward the following four development paths: firstly, constructing a high-quality university sports industry innovation and entrepreneurship service platform system; secondly, strengthening the service function of the university sports industry innovation and entrepreneurship service platform; thirdly, assisting the development of the regional sports industry dual-creation to form a new ecology of the overall synergistic force; fourthly. Forming a new platform of digital and informative college sports industry innovation and entrepreneurship resources.

Keywords: Chinese-style Modernisation; Sports Industry; Innovation and Entrepreneurship in Universities; Platform Construction

B.10   The Reality of Innovation and Entrepreneurship in China's
    College Sports Industry and the Response to it

Jin Houzhong, Wang Zichen and Zhang Ruiqing / 214

Abstract: The innovation and entrepreneurship education of sports industry in Chinese colleges and universities is a necessary way to build a strong sports country and a strong talent country. Nowadays, driven by the innovation-driven development strategy, the development of innovation and entrepreneurship in Chinese universities and colleges in the sports industry has gained rapid momentum, but there are still problems such as cognitive bias, insufficient input of teachers and funds, lack of systematic, insufficient construction of institutional environment, and insufficient performance output. In view of the above dilemmas, we propose a path to get out of the dilemma at six levels: reshaping educational concepts, strengthening the construction of faculty, perfecting the curriculum system, creating an atmosphere of innovation and entrepreneurship, building a service platform, and promoting the collaboration of all parties, so as to promote the high-quality development of innovation and entrepreneurship of sports industry in Chinese colleges and universities.

Keywords: Sports Industry in Higher Education; Innovation and Entrepreneurship; Sports Personnel Training; High Quality Development

B.11 Research on the Development Situation of Innovation and
Entrepreneurship of Sports Industry in Chinese
Universities in the Digital Era

Ma Shujia, *Su Zihao and Wang Shaobo* / 245

Abstract: In January 2024, President Xi Jinping stressed in the eleventh collective study of the Political Bureau of the Communist Party of China Central Committee that it is important to accelerate the development of new quality productivity and solidly promote high-quality development. The digital economy is a high-quality development method of the economy in line with the new quality productivity, with the continuous development of the digital economy and information technology, to promote the deep integration of the digital economy and the innovation and entrepreneurship of China's sports industry is the requirement of the times and the inevitable trend. This paper combs through the current development characteristics of the digital economy and the sports industry, analyses the digital economy for the university sports industry innovation and entrepreneurship to bring the value of the transformation and specific embodiment, sums up the digital era, China's university sports industry innovation and entrepreneurship development path tendency: strengthen the training of complex talents, understand the adaptation of new business models, strengthen the technological innovation and application. In order to promote the digital development of innovation and entrepreneurship in China's university sports industry, and step on the wave of the times to make continuous progress.

Keywords: New Quality Productivity; Digital Economy; Talent Training; Technological Innovation; College Sports Industry

Abstract: Using the viewpoint of system theory, the study elaborates in
detail the elements contained in the normative system, implementation system,
guarantee system and multi-subject system of innovation and entrepreneurship
education in university sports industry from the theoretical foundation of innovation
and entrepreneurship education system in university sports industry as well as the
system framework. Based on the theory of complex adaptive system, the evolution
mechanism of innovation and entrepreneurship education system of sports industry
in colleges and universities in China is logically deduced, and combined with the
actual development of innovation and entrepreneurship education of sports industry
in colleges and universities in China, the development stage is divided into the
early germination stage, the experimentation stage, the practice exploration stage
and the practice exploration stage. stage. Combined with the theoretical model of
university sports industry innovation and entrepreneurship education system and the
evolution process, we put forward the evolution and regulation path of China's
university sports industry innovation and entrepreneurship education system:
firstly, strengthen the construction of education normative system to promote the
stable development of the system; secondly, enrich the content of the education
implementation system to promote the development of the system's "aggregation"
and "diversification" of the system. Secondly, enrich the content of the education
implementation system, promote the "aggregation" and "diversification" of the
system building blocks; thirdly, promote the development of the education
guarantee system and strengthen the popularisation of the education guarantee
system; fourthly, promote the synergy of the multiple subjects system, and
enhance the "adaptability" of the system and the subjects.

Keywords: Sports Industry; Innovation and Entrepreneurship Education;
Complex Adaptive Systems

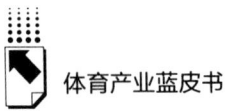
B.13 Research on the Construction Path of Sports Industry
Innovation and Entrepreneurship Courses in Colleges
and Universities under the Perspective of "Specialised
Creation Integration"

Yan Junhao, Duan Heran and Wang Jinyu / 292

Abstract: "Fusion of speciality and creation" is an important lead to deepen the
reform and deepening of innovation and entrepreneurship education of sports industry
in colleges and universities in China, and the innovation and entrepreneurship
education of sports industry in colleges and universities must cater to the needs of
"fusion of speciality and creation". China's university sports industry innovation and
entrepreneurship courses have basically formed a mode of traditional offline course
teaching, supplemented by online course teaching and social practice course teaching,
and new teaching modes are steadily explored and tried to be integrated. Aiming at the
short boards in the construction of sports industry innovation and entrepreneurship
courses in colleges and universities under the perspective of "speciality and innovation
fusion", we put forward the construction path of sports industry innovation and
entrepreneurship courses in colleges and universities under the perspective of "speciality
and innovation fusion", and construct the sports industry innovation and
entrepreneurship course system in colleges and universities based on "speciality and
innovation fusion". In this way, we take "speciality and innovation fusion" as the
focus point, clarify the teaching objectives of sports industry innovation and
entrepreneurship in colleges and universities, take the construction of "speciality and
innovation fusion" platform as the entry point, increase the supply of sports industry
innovation and entrepreneurship curriculum resources in colleges and universities, and
take "speciality and innovation fusion" as the anchor point. Fusion" is the anchor point
to strengthen the articulation of sports industry innovation and entrepreneurship courses
in colleges and universities.

Keywords: Specialised Innovation Integration; Sports Industry; Innovation
and Entrepreneurship Education; Curriculum Construction

B. 14 Research on the Policy Support System for Innovation
and Entrepreneurship in China's University Sports Industry
Liu Jing, Zhao Xinyi, Mu Zhijia and Cheng Yaxin / 315

Abstract: By collecting and collating relevant policy documents, the current status of the development of innovation and entrepreneurship policies for the sports industry in colleges and universities in China is analysed in different dimensions, such as the policy development lineage, focus areas, policy tools, and implementation. It is found that the innovation and entrepreneurship policy of university sports industry has been continuously attached great importance by the central government despite its relatively small number. In terms of policy content, the improvement of industrial innovation system, training of sports industry talents, and the deep integration of industrial chain and talent chain are gradually becoming the focus of Chinese university sports industry innovation and entrepreneurship policy content. In terms of policy tools, supply-type policy tools and demand-type policy tools are the main ones, and a variety of policy tools are coordinated. Further analysing the implementation of innovation and entrepreneurship policies in China's university sports industry, it can be found that the current relevant policy system has taken shape, the policy framework is constantly sound, the policy environment is steadily improving, and the policy dividends continue to be released. However, the problems faced in the process of policy implementation are still prominent, and there are ambiguous objectives of policy implementation, imbalance in the use of policy tools, insufficient synergy in policy implementation, and insufficient supervision and evaluation of policy implementation. Based on this, this paper puts forward the feasible paths of setting clear policy objectives, balancing the use of policy tools, mobilising the participation of multiple subjects in policy implementation, and strengthening the supervision and evaluation of policy implementation.

Keywords: Sports Industry; Innovation and Entrepreneurship Policy; Policy Tools

皮 书

智库成果出版与传播平台

❖ 皮书定义 ❖

皮书是对中国与世界发展状况和热点问题进行年度监测，以专业的角度、专家的视野和实证研究方法，针对某一领域或区域现状与发展态势展开分析和预测，具备前沿性、原创性、实证性、连续性、时效性等特点的公开出版物，由一系列权威研究报告组成。

❖ 皮书作者 ❖

皮书系列报告作者以国内外一流研究机构、知名高校等重点智库的研究人员为主，多为相关领域一流专家学者，他们的观点代表了当下学界对中国与世界的现实和未来最高水平的解读与分析。

❖ 皮书荣誉 ❖

皮书作为中国社会科学院基础理论研究与应用对策研究融合发展的代表性成果，不仅是哲学社会科学工作者服务中国特色社会主义现代化建设的重要成果，更是助力中国特色新型智库建设、构建中国特色哲学社会科学"三大体系"的重要平台。皮书系列先后被列入"十二五""十三五""十四五"时期国家重点出版物出版专项规划项目；自2013年起，重点皮书被列入中国社会科学院国家哲学社会科学创新工程项目。

皮书网

（网址：www.pishu.cn）

发布皮书研创资讯，传播皮书精彩内容
引领皮书出版潮流，打造皮书服务平台

栏目设置

◆ **关于皮书**

何谓皮书、皮书分类、皮书大事记、
皮书荣誉、皮书出版第一人、皮书编辑部

◆ **最新资讯**

通知公告、新闻动态、媒体聚焦、
网站专题、视频直播、下载专区

◆ **皮书研创**

皮书规范、皮书出版、
皮书研究、研创团队

◆ **皮书评奖评价**

指标体系、皮书评价、皮书评奖

所获荣誉

◆ 2008年、2011年、2014年，皮书网均
在全国新闻出版业网站荣誉评选中获得
"最具商业价值网站"称号；

◆ 2012年，获得"出版业网站百强"称号。

网库合一

2014年，皮书网与皮书数据库端口合
一，实现资源共享，搭建智库成果融合创
新平台。

皮书网

"皮书说"
微信公众号

权威报告·连续出版·独家资源

皮书数据库
ANNUAL REPORT(YEARBOOK)
DATABASE

分析解读当下中国发展变迁的高端智库平台

所获荣誉

- 2022年，入选技术赋能"新闻+"推荐案例
- 2020年，入选全国新闻出版深度融合发展创新案例
- 2019年，入选国家新闻出版署数字出版精品遴选推荐计划
- 2016年，入选"十三五"国家重点电子出版物出版规划骨干工程
- 2013年，荣获"中国出版政府奖·网络出版物奖"提名奖

皮书数据库

"社科数托邦"
微信公众号

成为用户

　　登录网址www.pishu.com.cn访问皮书数据库网站或下载皮书数据库APP，通过手机号码验证或邮箱验证即可成为皮书数据库用户。

用户福利

- 已注册用户购书后可免费获赠100元皮书数据库充值卡。刮开充值卡涂层获取充值密码，登录并进入"会员中心"—"在线充值"—"充值卡充值"，充值成功即可购买和查看数据库内容。
- 用户福利最终解释权归社会科学文献出版社所有。

卡号：977951391695
密码：

数据库服务热线：010-59367265
数据库服务QQ：2475522410
数据库服务邮箱：database@ssap.cn
图书销售热线：010-59367070/7028
图书服务QQ：1265056568
图书服务邮箱：duzhe@ssap.cn

基本子库
SUB DATABASE

中国社会发展数据库（下设 12 个专题子库）

紧扣人口、政治、外交、法律、教育、医疗卫生、资源环境等 12 个社会发展领域的前沿和热点，全面整合专业著作、智库报告、学术资讯、调研数据等类型资源，帮助用户追踪中国社会发展动态、研究社会发展战略与政策、了解社会热点问题、分析社会发展趋势。

中国经济发展数据库（下设 12 专题子库）

内容涵盖宏观经济、产业经济、工业经济、农业经济、财政金融、房地产经济、城市经济、商业贸易等 12 个重点经济领域，为把握经济运行态势、洞察经济发展规律、研判经济发展趋势、进行经济调控决策提供参考和依据。

中国行业发展数据库（下设 17 个专题子库）

以中国国民经济行业分类为依据，覆盖金融业、旅游业、交通运输业、能源矿产业、制造业等 100 多个行业，跟踪分析国民经济相关行业市场运行状况和政策导向，汇集行业发展前沿资讯，为投资、从业及各种经济决策提供理论支撑和实践指导。

中国区域发展数据库（下设 4 个专题子库）

对中国特定区域内的经济、社会、文化等领域现状与发展情况进行深度分析和预测，涉及省级行政区、城市群、城市、农村等不同维度，研究层级至县及县以下行政区，为学者研究地方经济社会宏观态势、经验模式、发展案例提供支撑，为地方政府决策提供参考。

中国文化传媒数据库（下设 18 个专题子库）

内容覆盖文化产业、新闻传播、电影娱乐、文学艺术、群众文化、图书情报等 18 个重点研究领域，聚焦文化传媒领域发展前沿、热点话题、行业实践，服务用户的教学科研、文化投资、企业规划等需要。

世界经济与国际关系数据库（下设 6 个专题子库）

整合世界经济、国际政治、世界文化与科技、全球性问题、国际组织与国际法、区域研究 6 大领域研究成果，对世界经济形势、国际形势进行连续性深度分析，对年度热点问题进行专题解读，为研判全球发展趋势提供事实和数据支持。

法律声明

"皮书系列"（含蓝皮书、绿皮书、黄皮书）之品牌由社会科学文献出版社最早使用并持续至今，现已被中国图书行业所熟知。"皮书系列"的相关商标已在国家商标管理部门商标局注册，包括但不限于 LOGO（▐）、皮书、Pishu、经济蓝皮书、社会蓝皮书等。"皮书系列"图书的注册商标专用权及封面设计、版式设计的著作权均为社会科学文献出版社所有。未经社会科学文献出版社书面授权许可，任何使用与"皮书系列"图书注册商标、封面设计、版式设计相同或者近似的文字、图形或其组合的行为均系侵权行为。

经作者授权，本书的专有出版权及信息网络传播权等为社会科学文献出版社享有。未经社会科学文献出版社书面授权许可，任何就本书内容的复制、发行或以数字形式进行网络传播的行为均系侵权行为。

社会科学文献出版社将通过法律途径追究上述侵权行为的法律责任，维护自身合法权益。

欢迎社会各界人士对侵犯社会科学文献出版社上述权利的侵权行为进行举报。电话：010-59367121，电子邮箱：fawubu@ssap.cn。

社会科学文献出版社